DICTIONNAIRE

DES

ARTISTES & OUVRIERS D'ART

DU TARN

DU XIIIe AU XXe SIÈCLE

PAR

CHARLES PORTAL

ARCHIVISTE ET CONSERVATEUR DES ANTIQUITÉS ET OBJETS D'ART DU TARN,

MEMBRE NON RÉSIDANT DU COMITÉ DES TRAVAUX HISTORIQUES.

ALBI

CHEZ L'AUTEUR ET LES PRINCIPAUX LIBRAIRES

—

1925

DICTIONNAIRE

DES

ARTISTES & OUVRIERS D'ART

DU TARN

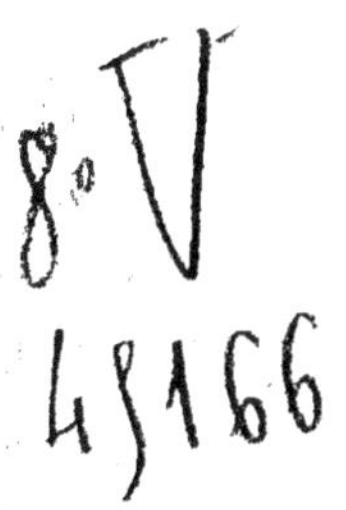

DICTIONNAIRE

DES

ARTISTES & OUVRIERS D'ART

DU TARN

DU XIIIe AU XXe SIÈCLE

PAR

CHARLES PORTAL

ARCHIVISTE ET CONSERVATEUR DES ANTIQUITÉS ET OBJETS D'ART DU TARN,

MEMBRE NON RÉSIDANT DU COMITÉ DES TRAVAUX HISTORIQUES.

ALBI

CHEZ L'AUTEUR ET LES PRINCIPAUX LIBRAIRES

—

1925

INTRODUCTION

Les notices, — plus ou moins étendues, — qui composent ce Dictionnaire concernent environ 1200 personnes, *chiffre que l'homonymie ou la parenté réduit de plus d'une centaine et demie si l'on compte leurs* noms.

On peut classer nos artistes et ouvriers d'art de la façon suivante :

Arts *proprement· dits : architectes et maçons (93 noms), ingénieurs (13), peintres (172), sculpteurs (73), graveurs (15), dessinateurs (17), musiciens (21), facteurs d'orgues et organistes (27), comédiens (4).*

Pour les industries d'art *la répartition pourrait se faire de diverses façons; la plus simple paraît être celle qui a pour base la matière première utilisée. On a ainsi pour*

1° l'emploi des terres, roches et cristaux : des potiers de terre et céramistes (26), marbriers (5), lapidaires (2), un jardinier (architecte-paysagiste), des verriers et vitriers (45) et un miroitier;

2° le travail des métaux : des orfèvres (103), un émailleur, des doreurs (13), des horlogers et serruriers-horlogers (36), un chaudronnier, des potiers d'étain (42), des fontainiers (8), des fondeurs (92), des serruriers (8), un coutelier, des épingliers (3), un forgeron, un fabricant de bombardes, des arbalétriers (7), des armuriers et fourbisseurs (28) et un brigandinier; arbalétriers et armuriers servent de trait d'union avec les industriels du bois et le brigandinier peut être considéré comme un agent de liaison entre le métal et les tissus;

3° le travail du bois : des charpentiers (11) et des menuisiers (23);

4° l'emploi ou la façon des tissus : des brodeurs (17), des passementiers (10), des tapissiers (16), un commerçant de dentelles, un fabricant de bas au métier, un juponnier, un imprimeur sur toile, un teinturier. Et comme le papier est — ou plutôt était — une sorte de sous-produit de l'industrie textile, il est, dans une certaine mesure, permis de ranger dans la même catégorie des papetiers (33), des imprimeurs (26), des libraires et relieurs (22).

En additionnant, on a : pour les arts 435 noms et pour les industries d'art 599, soit ensemble 1034. Le premier rang, au point de vue numérique, appartient aux peintres (173 noms), puis viennent : les orfèvres (103), les architectes et maçons (93), les fondeurs (92), les sculpteurs (73), les verriers et vitriers (45), les potiers d'étain (42), les horlogers (36), les papetiers (33), etc...

Il n'est pas téméraire de supposer que de tous ces individus un bon nombre n'a joué sans doute qu'un rôle assez effacé dans le domaine de l'art et si, par l'effet d'une miraculeuse résurrection, les défunts pouvaient lire les lignes, même très courtes, qui leur sont consacrées, plus d'un serait surpris de voisiner avec un véritable artiste ou un habile ouvrier. Mais comment discerner les uns des autres quand la documentation est insuffisante ? J'ai préféré les admettre tous, au risque de pécher par excès, plutôt que de me livrer à des exclusions arbitraires. Tel modeste personnage peut parfois être le parent, à un degré quelconque, d'un enfant dont les aptitudes se sont éveillées et développées dans l'atelier du très vulgaire travailleur auprès de qui il vivait. Cela se voit encore tous les jours et, pour citer un exemple, c'est le cas, selon toute vraisemblance, des Lafage père et fils.

Il y avait lieu aussi de mentionner quelques professions qui, pour n'avoir aucun ou presque aucun caractère artistique, offrent cependant un intérêt parce qu'elles marquent la réalisation dans le Tarn d'un progrès industriel, l'introduction d'un procédé plus ou moins nouveau de fabrication ou celle d'un commerce de produits encore peu répandus chez nous, ou encore la survivance d'anciens métiers délaissés. Je fais allusion à une maison de confection de bas au métier, à un teinturier venu de Tulle, à un marchand de dentelles originaire du Vivarais, à un imprimeur sur toile, à un brigandinier, à plusieurs épingliers. Je cite même un forgeron

(Priou), mais parce qu'il a collaboré à la façon d'une cloche, un simple chaudronnier (Delior) et un juponnier (Doumaynil) pour cette raison que les détails les concernant fournissent sur l'état économique de l'Albigeois, de la ville d'Albi tout au moins, de 1382 à 1385, des précisions particulièrement curieuses. Ces excursions hors du domaine esthétique sont d'ailleurs exceptionnelles.

Rentrons dans le cœur du sujet. Dans l'enquête à laquelle je me suis livré il n'a pas été possible de remonter au delà de la seconde moitié du XIIIe siècle; les documents antérieurs à cette époque, — relativement rares, — ne donnent aucun renseignement sur la matière. Pour ces années même je n'ai relevé que trois noms et encore le troisième prête-t-il à controverse. Le premier est celui d'un charpentier de Cordes (Garnier) que Alphonse de Poitiers songeait, en 1268, à employer aux préparatifs de la croisade alors projetée; le second (Dert) désigne un maçon-architecte, de Castres probablement, qui construisit ou finit de construire, en 1269, l'hôpital Saint-Jacques de cette ville. Quant au dernier personnage, l'albigeois Malvézi, tout porte à croire qu'il dirigea simplement, avec l'assistance d'une sorte de conseil d'administration, l'édification du cloître de Saint-Salvi terminé en 1270.

Le XIVe siècle est moins pauvre. Son bilan comprend 28 articles dont 7 relatifs à des maçons-architectes ayant travaillé à Albi, Cordes, Labruguière et Lautrec, — 4 orfèvres, 3 verriers ou vitriers, 2 peintres, 2 potiers d'étain,... tous fixés à Albi, — un fondeur et un fabricant de bombardes de Castres, — un charpentier de Cordes. Dans la suite, le nombre des notices continue de croître en raison du rapprochement des temps et des ressources de plus en plus abondantes qu'offrent les moyens d'information. Pour les artistes la série n'est close qu'à l'époque actuelle (vers 1924) tandis que j'ai cru bon de m'arrêter à la Révolution pour ce qui concerne les ouvriers d'art. Les corporations ayant disparu avec l'ancien régime, la liberté du travail industriel supprima tout contrôle de la main d'œuvre et dès lors, le machinisme aidant, les corps de métiers ne furent le plus souvent représentés que par des commerçants revendeurs : un serrurier ne fabrique plus aujourd'hui des serrures, ni un horloger des montres, ni un bijoutier des bijoux (sauf de rares exceptions, dont j'ai tenu compte quand le cas s'est présenté dans le Tarn).

Maints artistes ou ouvriers d'art qui ont trouvé place dans ce Dictionnaire ne sont pas nés dans notre département, ou du moins il n'est pas toujours possible de l'affirmer. En effet il arrive assez fréquemment que les textes n'indiquent pas le lieu d'origine de tel ou tel individu fixé dans l'une ou l'autre de nos localités, soit momentanément, soit d'une façon définitive. Mais dans la première comme dans la seconde hypothèse, il nous appartient ou plutôt nous ne pouvons pas ne pas le citer puisqu'il a laissé dans notre pays une trace matérielle ou un souvenir de son savoir-faire. Il en est ainsi tout particulièrement pour les fondeurs de cloches, gens nomades par excellence, qui pour la plupart étaient Lorrains ou Champenois.

D'autres parties de la France et l'étranger même nous ont fourni d'ailleurs un apport qui n'est pas négligeable. Pour me borner à quelques exemples, je citerai : le doreur Vaslisé d'Aix en Provence, le peintre Pascal de Marseille, le tapissier Franciscou, le peintre de Sacy et le libraire Bretin, Lyonnais tous les trois, le sculpteur Marchal de Châlon-sur-Saône, l'arquebusier Cuny de Metz, le sculpteur Pernet de Châlons-sur-Marne, le sculpteur de France, le peintre Raverolles et le menuisier Tricotet de Paris, le libraire Lenud de Rouen, les sculpteurs Bréau et Hautlepied d'Angers. La Suisse nous a envoyé les potiers d'étain Avèze et Lentin, Genève le libraire Bazin, Liège le peintre Bourguignon, Mons le peintre Hourde, Amsterdam le peintre Andéry ou André, le Piémont le potier d'étain Jean, Malte l'armurier Lucque. Sauf ce dernier qui vivait à la fin du XVIe siècle, tous les autres appartiennent aux XVIIe et XVIIIe. Néanmoins quand les artistes et ouvriers d'art mentionnés ne sont pas sûrement ou probablement Tarnais, comme c'est le cas le plus fréquent, ils viennent de localités peu éloignées telles que Carcassonne, Rodez, Villefranche-de-Rouergue, Saint-Antonin et surtout Toulouse.

Quelques rares notices ont encore été consacrées, d'une façon exceptionnelle, à quelques artistes, des peintres le plus souvent, qui, non seulement ne sont pas nos compatriotes, mais qui pour la plupart, n'ont peut-être, sinon sûrement, jamais connu notre pays. Je les signale quand nos églises ou Musées conservent des spécimens vraiment remarquables de leur œuvre (Agnesius, Goya, Guardi...).

Artistes et ouvriers d'art, issus de familles tarnaises ou venus se fixer dans notre région, y ont parfois fondé des « dynasties » adonnées, de génération en génération, à une même profession. A Albi, ce sont notamment les orfèvres Delpuech ou Dupuy qui ont travaillé du milieu du XV° siècle au milieu du XVI°, Rouziès, du XVII° à la fin du XIX° et Vieusseux, aux XVIII° et XIX°, les peintres Bourdelet durant le XVII°, les tapissiers Carrier de la fin du XVII° à la fin du XVIII°, les fondeurs Gillet depuis la fin du XVII°, les architectes Teyssonnières depuis 1730 environ, les imprimeurs Pech que l'on trouve aux XVII° et XVIII° à Béziers, Montpellier, Albi et Toulouse, les menuisiers et sculpteurs sur bois Rustan qui, de la seconde moitié du XVII° à la fin du XVIII° et peut-être après, ont eu des ateliers à Pampelonne, Carmaux, Rodez, Albi, Rabastens et Toulouse. Pour Castres on peut citer les orfèvres Debrus, de la seconde moitié du XVII° à la fin du XVIII° siècle.

*⁎
⁎ ⁎*

Les données statistiques par lesquelles débute cette introduction permettent de constater grosso modo la diversité des formes de l'activité artistique dans notre département et la fréquence de chacune d'elles. Avant d'essayer d'émettre quelques observations sur les résultats obtenus, il n'est pas interdit de jeter un coup d'œil rapide sur plusieurs détails plus ou moins curieux. On sait que le mathématicien Hollandais Huyghens a fait, en 1657, la première adaptation du pendule aux horloges qui, jusqu'alors, étaient pourvues d'un balancier horizontal; ce fut là un progrès décisif dans l'art de mesurer le temps et il serait intéressant de noter les étapes de cette révolution mécanique. Il semble qu'elle n'ait fait son apparition chez nous qu'assez tard puisque c'est seulement durant l'année consulaire 1736-37 que la ville d'Albi fit « mettre en pendule » l'horloge de son hôtel de ville et que Cordes ne fit subir qu'en 1788 la même transformation à l'horloge de l'église paroissiale du lieu.

Dans plusieurs baux à besogne, de 1664 à 1679, on relève l'importance que l'on attachait à l'emploi par les peintres du bleu d'outremer (1) (Voy. Bourguignon, Labadie, Rave-rolles). Ailleurs il est donné la description de filigranes de papiers fabriqués à Gaillac au milieu du XVII⁰ siècle (Ver-dier) et aux Salvages au XVIII⁰ (Bel); nos archives départe-mentales possèdent même un spécimen de la marque impri-mée en rouge sur les ballots provenant de la dite papeterie de Gaillac de même que (H. 38) un spécimen d'un très beau papier fabriqué à Mazamet au milieu du XVIII⁰ siècle (Valade). D'autre part, ce sont les Castrais Brieu et Galiber qui ont introduit dans le Tarn, en 1776-78, les premiers cylindres remplaçant le maillet triturateur des chiffons, cylindres dont se servaient les papetiers de Hollande. Enfin on peut noter en passant que parmi les redevances que payait, à la veille de la Révolution, un papetier de Mazamet (Gailhardon) figure une rame de papier à lettre.

Je citerai encore la façon par le fondeur Chanay, en 1715, de plaques en cuivre jaune devant servir de plats à un « gros bréviaire », sans doute un livre de plain-chant, reliure qui est à rapprocher d' « une garniture d'un grand livre en cui-vre doré » portée, en brumaire an IV, sur l'inventaire du matériel se trouvant à ce moment dans les bureaux ou maga-sins du District d'Albi (Arch. du Tarn, L. 706, f⁰ 155 v⁰).

On peut s'en tenir à ces détails, exposés à titre d'exemples, — on en trouvera çà et là une quantité d'autres, — et en venir à cette question : quelle a été la valeur artistique des œuvres de toute nature exécutées dans nos trois anciens dio-cèses? La réponse paraît tout d'abord se heurter à l'impossi-bilité d'apprécier des objets dont la majeure partie n'existe plus. Toutefois, à examiner l'affaire de près, on arrive à cons-tater que, si les pertes ont été incontestablement fort nom-breuses, elles sont loin d'atteindre la totalité de ces produits

_____

(1) On obtenait cette couleur en porphyrisant du lapis-lazuli, pierre rare et par suite coûteuse.

de l'art ou des industries d'art et les spécimens qui subsistent autorisent, sinon des jugements rigoureux, tout au moins des hypothèses assez vraisemblables.

Il ne faut pas perdre de vue que si la Convention et surtout plusieurs de ses représentants en mission se sont efforcé de combattre les croyances et les pratiques religieuses, leurs décrets ou arrêtés ont revêtu parfois un caractère tellement outrancier que leur exécution en devenait impossible, comme (par exemple) le « nivellement » des clochers. D'ailleurs dans bien des cas, tantôt pour une raison, tantôt pour une autre, ces prescriptions sont restées lettre morte ou ont comporté tout au moins de nombreuses exceptions de fait. C'est ainsi que, — pour nous en tenir à Albi, — le jubé de la cathédrale n'a pas été démoli, les orgues de la même église et de Saint-Salvi ont été conservés bien que l'étain de leurs tuyaux offrit une ressource très appréciée.

Sans doute les objets en or ou en argent ont été généralement envoyés à la fonte, ce qui peut passer pour une nécessité de circonstance et maintes cloches ont servi à faire du billon ou des canons. Mais il en est beaucoup qui n'ont pas ainsi disparu : celle de Candeil est à cette heure à Gaillac et de nombreuses églises se servent encore de cloches fondues sous l'ancien régime. L'inventaire de brumaire an IV, auquel il a été déjà fait allusion, mentionne (f° 155) « 44 cloches pesant 123 quintaux, 72 livres, plus une cloche ayant appartenu au ci-devant chapitre de Saint-Salvy, pesant environ 36 quintaux, plus 4 grosses cloches non pesées qu'on croit n'être pas de ce district [d'Albi] et être venues de l'Aveyron ». Je souligne ce dernier membre de phrase parce qu'il montre bien ce qui s'est passé, non pas pour les cloches seulement, mais aussi, sinon surtout, pour le mobilier des églises d'une façon générale. Il s'est produit fréquemment des déplacements quand le volume de l'objet, tel qu'un grand rétable, ne s'y est pas opposé. D'un couvent supprimé, d'une église désaffectée on a souvent transporté dans un autre édifice cultuel des boiseries, tableaux et autres accessoires. Si leur emplacement originel n'est pas toujours facile à déterminer, on sait cependant que de la Chartreuse de Saïx ont été portées à Castres des toiles de Despax et, selon toute vraisemblance, c'est d'Albi qu'est passé à Sainte-Gemme un bel autel en bois sculpté et doré du XVII° siècle. On peut ajouter, preuves en main, qu'un rétable de l'abbaye de Candeil fut attribué, le 5 juillet 1792, à la paroisse de Castelnau-de-Montmiral (Arch. du Tarn, L. 183, f° 14); que, le 17 octobre de la même année, un particulier, acquéreur de l'église de Sainte-Martiane d'Albi, vit rejeter sa prétention aux objets mobiliers, « rétables » et autres, de cet édifice pour cette raison que « tout ce qui est utile au culte (avait) été réservé lors de l'adjudication », donc nullement détruit (Id., L. 704, f° 104). Enfin, le 22 janvier 1793, le maire de Cunac était autorisé à acheter pour sa commune, au prix de 100 livres, le maître-autel et le rétable du couvent de la Visitation d'Albi (Id., L. 706, f° 75).

Et à la date du II vendémiaire an IV (3 octobre 1795), le District d'Albi, répondant à la municipalité de Saint-André d'Alban qui réclamait la cloche de son église, écrivait : « Les cloches seront remises aux communes et non pas aux paroisses » (Id., L. 741, f° 59 v°). La distinction était sans conséquences car la commune ne pouvait placer la cloche restituée que dans le clocher paroissial. D'ailleurs plus d'une centaine d'objets de caractère cultuel ont été mis, à des dates récentes, sous la sauvegarde de la loi sur les monuments historiques et il en est bien d'autres, dans le département, qui seraient susceptibles d'être également « classés ». Le Répertoire archéologique du département du Tarn d'Hippolyte Crozes, édité en 1865, permet au surplus de constater qu'il existait, à cette date, dans nos églises de campagne beaucoup d'objets anciens qui ont depuis lors disparu, vendus à des antiquaires, souvent à vil prix, ou échangés contre d'horribles choses de fraîche fabrication. Nul n'ignore que, depuis la fin de la guerre surtout, il se fait un brocantage intensif de curiosités de ce genre.

Mais, pour les temps antérieurs au XIX⁰ siècle, il nous reste plus que du mobilier d'église. Nous avons une quantité de dessins de Lafage qui dénotent une virtuosité exceptionnelle, nous avons des portraits anonymes de consuls du XVII° siècle peints sur des feuillets du cartulaire AA. 7 d'Albi, lesquels ne sont pas dépourvus d'un réel mérite et que l'on peut opposer aux horribles toiles des Buscaillat et des Hourde. Des sculpteurs tarnais, les Viguier, de Salles, localité voisine de Cordes, ont travaillé à la décoration de la belle Chartreuse de Villefranche-de-Rouergue et de la cathédrale de Rodez. A Cordes, telle façade du XIV⁰ siècle (maison Séguier) a été traitée avec un soin et un goût incontestables par un artiste inconnu mais qui pouvait bien être de la même région que les Viguier. Etait-il aussi notre compatriote cet architecte qui dressa le plan de la cathédrale d'Albi aux contreforts intérieurs, dispositif ingénieux (1) *qui a fait école? Nul ne peut provisoirement l'affirmer,... ni le nier.*

Si nous passons au mobilier, nous constatons que les vieilles boiseries de nos églises (autels, tabernacles, rétables, pupitres, etc.) sont pour la plupart l'œuvre de bons praticiens, à la fois menuisiers et sculpteurs, d'un honnête talent. Les nombreux échantillons de la poterie de Giroussens, collectionnés çà et là, dénotent un art plutôt rustique et un peu monotone, mais répondent cependant à une inspiration et à une technique originales. Bien supérieurs sûrement durent être les produits, aujourd'hui anéantis ou dispersés, de l'orfèvrerie albigeoise. Sans doute Albi n'eut, à aucune époque, une « école d'orfèvrerie », comme on l'a écrit, mais il est certain que ses « argentiers », jusque dans le premier tiers du XVI⁰ siècle tout au moins, ont fabriqué des pièces d'une réelle valeur. Je fais allusion notamment à ces coupes que les consuls offraient à leur nouvel évêque venant prendre possession de son siège; celle de 1465, sortie de l'ouvroir d'un Delpuech, est qualifiée de « moult bela » par le trésorier de la communauté. Il y a lieu de rappeler aussi que la superbe croix filigranée et gemmée de Castelnau-de-Montmiral, remontant au début du XIV⁰ siècle, sinon à la fin du XIII⁰, est marquée en plusieurs endroits du poinçon d'ALBI (2). *Tout cela fait présumer que d'autres œuvres*

---

(1) Toutefois la cathédrale d'Albi n'est pas la première église bâtie suivant ce plan adopté dans le Languedoc au XIII⁰ siècle. Voy. sur ce sujet la magistrale conférence de J.-A. Brutails sur *La géographie monumentale de la France aux époques romane et gothique* insérée dans *Le moyen âge*, n⁰ de janv.-avril 1923, et à part, in-8, de 35 p. avec cartogrammes.

(2) On en trouvera une photogravure dans mes *Notes sur l'orfèvrerie à Albi...*

*d'un caractère également artistique ont dû être fabriquées
par les orfèvres albigeois.*

*On peut donc, pour résumer, soutenir, sans tomber dans
l'exagération à laquelle conduit parfois un maladroit patrio-
tisme local, que l'art et les industries d'art ont été pratiqués
dans notre département, aux temps antérieurs à la Révolution, avec une indéniable habileté, parfois un talent de premier ordre, par plusieurs individus dont le nombre serait
probablement plus élevé s'il subsistait ou si l'on connaissait
plus de spécimens de leurs travaux. Ni Albi, ni Castres, ni
aucune autre de nos localités ne peut cependant revendiquer
le titre de « ville d'art célèbre » et l'on a l'impression que
cette situation moyenne s'explique par le voisinage de la
métropole artistique que fut et qu'est restée Toulouse et peut-
être aussi un peu par la proximité de Rodez qui a fait preuve,
dans le même domaine, d'une activité indéniable.*

*Nous pourrions mieux — et pour cause — apprécier
l'œuvre des Tarnais qui se sont adonnés à l'art durant ces
cent dernières années : peinture, dessin, fusain, pastel,
lithographie, gravure, sculpture, céramique, architecture,
génie civil,... sont brillamment représentés par une pléiade
de compatriotes. Je n'en nommerai aucun pour ne pas faire
de jaloux même posthumes. Il suffira de faire remarquer
que si le passé nous a légué des souvenirs intéressants et
quelques œuvres remarquables, l' « âge d'or » pour le Tarn
correspond non pas aux siècles lointains mais au temps
présent, je veux dire aux cent dernières années écoulées. Il
y a toutefois une ombre au tableau : nos artistes contemporains se sont presque tous formés hors du département et,
sauf de très honorables exceptions, ce n'est pas le milieu
qui les a vus naître qui les a inspirés dans la conception de
leurs œuvres.*

*
*   *

*Il ne reste plus qu'à indiquer sommairement les principa-
les sources d'information où j'ai puisé la substance de ce
Dictionnaire. C'est d'abord, naturellement, nos archives
locales, surtout une section de la série E (notaires) et les*

séries G. H. des archives départementales, les séries CC (comptabilité) et GG. (état civil) des archives communales d'Albi.

Quant aux ouvrages généraux à consulter sur ces matières il serait superflu d'y insister, tout le monde connaît ou est censé connaître les recueils de biographies de Ch. Blanc, de Bellier de La Chavignerie et L. Auvray, de Théodore Guédy concernant les peintres, de Ch. Bauchal pour les architectes, de Stanislas Lamy pour les sculpteurs, de Fétis pour les musiciens,... et le Dictionnaire artistique et documentaire des peintres, dessinateurs, graveurs et sculpteurs de tous les temps et de tous les pays *publié par E. Bénézit de 1911 à* [1923] *en 3 gros vol. grand in-8, illustrés, dont le premier donne une bibliographie du sujet. J'ajoute simplement le précieux* Dictionnaire historique des arts, métiers et professions d'Alfred Franklin (*Paris, 1906, grand in-8*).

Il est indispensable de connaître aussi d'autres travaux qui se rapportent ceux-ci à la province du Languedoc dont nos trois anciens diocèses faisaient partie, où à une région voisine, le Rouergue. Ce sont, dans l'ordre chronologique de leur impression :

L. Bion de Marlavagne. Histoire de la cathédrale de Rodez (Rodez-Paris, 1875, in-8), *où un appendix (p. 346-392) est consacré à une centaine de notes concernant des artistes et ouvriers d'art du Rouergue. C'est là, à ma connaissance, le premier bon travail qui ait été fait dans notre Midi du Sud-Ouest dans cet ordre d'idées (1).*

. Joseph Berthelé. Enquêtes campanaires (*Montpellier, 1903, in-8, avec fig.*), *travail considérable et des plus intéressants auquel font suite des* Mélanges, *en 1906, et la revue* Ephemeris campanographica, *à partir de 1910.*

Sylvain Macary. L'orfèvrerie à Toulouse aux XVe et XVIe siècles, 1460-1550, *dans le* Bulletin archéologique du Comité

---

(1) La même année (1875), Ernest Roschach publiait dans les *Mémoires de la Société archéologique du Midi*, 2e série, t. IX, p. 1-14, une *Simple note sur quelques artistes qui ont travaillé à Toulouse du* XIIe *au* XVIe *siècle*. Je n'ai pas eu à faire usage de ce travail pas plus que de celui, beaucoup plus important, de Monsgr C. Douais sur *L'art à Toulouse. Matériaux pour servir à son histoire du* XVe *au* XVIIIe *siècles*, inséré dans la *Revue des Pyrénées* (1900-1903) et tiré à part avec addition de tables (Toulouse, 1904, in-8).

des travaux historiques et archéologiques, 1904 (15 pages).

Saint-Quirin (pseudonyme du colonel de Casenove). Les verriers du Languedoc, 1290-1790 (*Montpellier, 1904, in-8, avec blasons*).

Léon Dutil. L'état économique du Languedoc à la fin de l'ancien régime, 1750-89 (*Paris, 1911, in-8*).

Henri Rachou. Catalogue des collections de sculpture et d'épigraphie du Musée de Toulouse (*Toulouse, 1912, in-8*) *et 2ᵉ édition du* Catalogue des collections de peintures du Musée de Toulouse *d'E. Roschach* (*Toulouse, 1920, in-8*).

Henri Graillot. Nicolas Bachelier, imagier et maçon de Toulouse au XVIᵉ siècle (*Toulouse, 1914, in-8*).

Jules de Lahondès. Les monuments de Toulouse (*Toulouse, 1920, in-4, avec fig. et plans*).

Il va de soi que le Bulletin de la Société archéologique du Midi abonde en communications du plus haut intérêt pour tout ce qui touche à l'histoire de l'art dans le Languedoc. Celles surtout de notre compatriote le Baron de Rivières sont, pour le Tarn, particulièrement précieuses.

Dans le domaine de la bibliographie purement départementale, à laquelle nous arrivons, la Revue du Tarn *(1876-1914) et le Bulletin de la Société des sciences, arts et belles-lettres du Tarn, qui lui a succédé en 1921, jouent le même rôle que les publications de la Société archéologique du Midi. Je dois rappeler que pour les 25 premières années de la dite* Revue *(1876-1900 : tomes I à XVII) il existe un fascicule de* Tables *auquel je renvoie souvent le lecteur pour éviter des accumulations de références.*

Les ouvrages, brochures et articles que j'ai le plus fréquemment cités, sont — toujours dans l'ordre chronologique de l'édition — :

Cᵗᵉ *Raymond de Toulouse-Lautrec.* Rapport sur l'Exposition départementale de peinture, d'objets d'art et d'antiquités [de 1863] *dans le vol. du* Congrès archéologique de France, XXXᵉ session, p. 499-514 *et à part* (*Albi, 1863, in-8 de 28 p.*).

Docᵗ *J. Bégué.* Notice sur une exposition de peintures anciennes à Albi en 1863. *Extrait du* Journal de Toulouse, *in-8 de 41 p.*

Ville d'Albi. Concours régional. Exposition artistique et archéologique ouverte le 28 avril 1866. Livret (*Albi, petit in-8 de 112 p.*).

Louis Desazars. Rapports sur l'exposition des beaux-arts (section des artistes vivants) faits au nom du jury (*de l'Exposition ci-dessus*), *dans le* Compte-rendu du Concours régional... de 1866, *p.* 174-207, *et à part* (*Albi,* 1867, *in-8 de 46 p.*).

Charles Pradel. Notice sur l'imprimerie à Castres, *dans les* Mémoires *de l'Académie des sciences, inscriptions et belles-lettres de Toulouse,* 8ᵉ *série, t. IV* (1882), *p.* 220-260.

Emile Jolibois. Les beaux-arts dans le département du Tarn depuis la Renaissance, *dans la* Revue du Tarn, *t. VI* (1886-87), *p.* 257-267.

Ville d'Albi. Concours régional. Exposition artistique et archéologique ouverte le 4 juin 1893. Livret (*Albi, petit in-8, de 124 p.*).

Charles Portal. Extraits de registres de notaires, documents des XIVᵉ-XVIᵉ siècles concernant principalement le pays albigeois, *dans la* Revue du Tarn, *t. XIII* (1896) *à XVIII* (1901) *et à part fascicule VII des* Archives historiques de l'Albigeois (*Albi,* 1902, *in-8*).

Emile Rieux. Les poteries de Giroussens, *dans la* Revue du Tarn, *t. XVII* (1900), *p.* 276-309, *avec fig., et à part* (*Albi,* 1901, *in-8 de 43 p. avec fig.*).

Ville d'Albi. 1ᵉʳ Salon des artistes albigeois, 1902, chez Corbière et Julien, ouvert du 15 février au 15 mars. Catalogue (*Albi,* 1902, *petit in-8 de 11 p.*).

Exposition artistique [d'Albi], 1902. Catalogue (*manuscrit de 3 p. aux archives départementales*).

Charles Peyronnet. Documents sur quelques artistes du pays albigeois, *dans la* Revue du Tarn, *t. XIX* (1902), *p.* 29-38.

Emile Marty. Délibérations des conseils politiques de Rabastens, [1567-1848], *dans la* Revue du Tarn, *t. XX* (1903) *et XXII* (1905).

Charles Portal. Notes sur quelques fondeurs de cloches du XVᵉ au XVIIIᵉ siècle, *dans le* Bulletin archéologique *du* Comité des travaux historiques et archéologiques, 1905.

Auguste Vidal. Douze comptes consulaires d'Albi du XIVe
siècle, [1360-98] (*Albi, 1906-11, 2 vol. in-8*).

Emile Marty. Archives des notaires de Rabastens, [1363-
1907], *dans la* Revue du Tarn, *t. XXV* (1908) *à XXIX* (1912) *et
à part* (*Albi, 1912, in-8*), *avec addition d'une table.*

G. Dumons (pseudonyme du capitaine Rey-Lescure). Les
réfugiés du pays castrais, *dans la* Revue du Tarn, *t. XXVII*
(1910) *à XXX* (1914), *travail incomplet de la fin et paru
récemment dans un tirage à part* (*Mazamet, 1924, in-8*) *avec
les articles complémentaires.*

Ville de Castres. *Adalbert Chamayou*. Catalogue raisonné
du Musée, 4e *édition* (*Castres, 1911, in-8 de 72 p.*).

Auguste Vidal. L'ancien diocèse d'Albi d'après (pour *dans*)
les registres de notaires [*de l'étude Malphettes d'Albi*] (*Albi,
1913, in-8*).

Charles Portal. Notes sur l'orfèvrerie à Albi du XIVe
siècle à la fin du XVIIIe, *dans le* Bulletin archéologique *du
Comité des travaux historiques et archéologiques*, 1914,
avec fig.

*Je renvoie toujours au tirage à part quand le travail extrait
d'un périodique forme un volume ou fascicule. De plus, je
rappelle que ces listes bibliographiques n'ont pas un caractère limitatif, il est bien d'autres études, moins fréquemment
utilisées, qui sont citées avec toutes les références voulues
quand il y a lieu.*

*Enfin une dernière ressource documentaire m'a été four-
nie par l'obligeance de plusieurs compatriotes tels que
M. l'abbé Louis de Lacger, professeur au Grand séminaire
d'Albi, M. Urbain Cabrol, auteur d'une remarquable monographie de l'atelier monétaire de Villefranche-de-Rouergue,
M. Théodose Bessery, l'historien de Lavaur, M. Crayol, notaire dans la même ville,... et surtout M. l'abbé Emile Thomas,
curé de Montdragon, qui s'est donné la peine de recueillir à
mon intention de nombreux renseignements dans les minutes
notariales de Lautrec, Montdragon, Graulhet qu'il compul-
sait pour ses travaux personnels. J'adresse à ces bienveil-
lants collaborateurs l'expression de ma très vive reconnaissance.*

Il serait sûrement superflu de faire remarquer qu'un

Dictionnaire *comme celui-ci ne peut pas être complet. C'est ainsi que, pendant l'impression de ce volume, M. l'abbé Thomas m'a signalé la façon d'un rétable, en 1667, par Germain Cayrou pour le prix de 240 livres. On n'a pas la description de ce meuble mais des documents conservés au presbytère de Moularès détaillent les frais de son transport de Rodez au dit lieu. Il ne s'y trouve plus. D'autre part, le comte Bégouen a inséré tout récemment dans le* Bulletin de la Société archéologique du Midi *pour les années 1917-21 (p. 204-208) une note des plus intéressantes sur le dessinateur Raimond Lafage.*

Que de lacunes encore seraient à combler! Je les lègue à mes successeurs.

DICTIONNAIRE

DES

ARTISTES ET OUVRIERS D'ART

DU TARN

Abounenque, Jean, architecte. — Son décès, le 2 avril 1678, est porté sur un registre de la paroisse de Saint-Julien d'Albi. Il est qualifié « architecte de Monseigneur l'Archevêque d'Albi ». On indique son âge (60 ans) mais non le lieu de sa naissance (Arch. d'Albi, GG. 70, f° 118).

Adhémar ou **Azémar,** Antoine, orfèvre. — Quelques lignes lui ont été consacrées dans mes *Notes sur l'orfèvrerie à Albi*. Je rappelle simplement que Ant. Adhémar eut de son mariage avec Catherine Planche trois enfants, dont un garçon, Géraud, né en 1618. Il travaillait en 1631 pour le chapitre collégial de Saint-Salvi.

Adhémar, Antoine, verrier de Castres, acquérait, en 1513, une vigne dans la paroisse de Saint-Jean-de-Bordelles (ou Belle-celle) (Arch. du Tarn, E. 508, f° 1).

Adrien (Le Père), facteur d'orgues. — L'orgue de l'église paroissiale de Rabastens fut construit par un religieux appelé « le Père Adrien », dont on ignore le nom de famille. Le 26 août 1663, les consuls du lieu décidaient de procéder à la réception des travaux et de payer ce qui restait dû (Em. Marty. *Délibérations des conseils politiques de Rabastens*, dans la *Rev. du Tarn*, t. XXI (1904), p. 305).

Affre, Jacques, horloger. — Vers la fin du xvie siècle, les consuls de Castres confiaient à Jacques Affre l'entretien des horloges de la ville (Arch. de Castres, CC. 2).

Affre, Jean, maçon. Voy. Trantoul.

Affre, Pierre, sculpteur. — Pierre Affre, sculpteur de Rabastens, s'engageait, en 1655, à exécuter en bois, pour l'église paroissiale du lieu, un buste de saint Aubin que devait décorer l'orfèvre toulousain Lasserre. (Voir ce nom.) C'est peut-être le même Pierre Affre qui, en 1627, à Toulouse, changeait les bras d'une statue tombale pour en faire une Clémence Isaure (De Lahondès. *Les monuments de Toulouse*, p. 480).

Agar, Pierre, peintre. — Un notaire de Lisle-sur-Tarn retient, le 19 juin 1685, l'acte par lequel « Pierre Agar, maistre peintre de Villemeur » (Villemur, Haute-Garonne), met en apprentissage, pour une durée de deux ans, son frère Etienne chez un chirurgien de Lisle (Arch. du Tarn, E. 608, f° 466 v°). L'un des témoins est Jacques Agar, chirurgien de Villemur. C'est probablement Pierre Agar (ou son fils) qui peignait, au xviii° siècle, les murs de la nouvelle chapelle de Saint-Roch à Rabastens (Em. Marty. *Mémoires de l'abbé Gaubert*, dans l'*Albia christiana*, t. X (1913), p. 272). — Le *Dictionnaire* de Bénézit signale deux peintres parisiens du nom d'Agar qui vivaient à la même époque, Jacques, protestant réfugié au Danemarck, et son fils Charles. Il y aurait lieu de rechercher si les Agar de Paris ne venaient pas de Villemur, ou inversement.

Agasse, maçon. — Dans son *Histoire de la cathédrale de Rodez* Bion de Marlavagne nous apprend que le clocher de l'église de Saint-Jean-Baptiste d'Espalion a été construit par un maçon originaire de Cordes, appelé Agasse. D'après le bail à besogne conclu en 1503, Agasse devait recevoir 100 livres tournois, 6 setiers de seigle et 2 pipes de vin; de plus, une chambre à deux lits serait mise à sa disposition. (Cf. *Revue du Tarn*, t. II (1878-79), p. 98.)

Agasse-Lafont, *Léon*-Charles-Marie, peintre. — Né à Albi le 13 juillet 1874, mort le 13 août 1908, cet artiste, dont la trop courte existence n'a pas permis à ses aptitudes de prendre leur complet essor, a laissé des peintures, des dessins et des aquarelles dispersés en grande partie dans des collections particulières. Il se plut à exprimer surtout des attitudes, des gestes d'enfants, de jeunes filles et jeunes femmes dans des intérieurs des plus simples. Son coloris est grisâtre et son pinceau laisse toujours les contours indécis, ce qui donne à sa peinture un caractère vaporeux.

Il a exposé en 1907, au Salon d'automne, une étude (dessin) et aux Artistes indépendants un *Intérieur d'atelier*, une *Fillette*, une *Nature morte;* — en 1908, aux Indépendants, un autre *Intérieur d'atelier*, une autre *Fillette* et une *Danseuse.*

Il a fourni des caricatures à divers journaux tels que l'*Indiscret*, le *Bon Vivant*, *Frou-Frou*, le *Sourire*, l'*Illustré national*, la *Caricature*, la *Vie pour rire*. Il signait ces dessins « Toto, Marville, Merville, Alfiodi, L.-A. Lafont, Lafont ou A. ».

Plusieurs revues (*Gallia*, *Poésie*, *La Plume*) ont inséré de ses articles sous le pseudonyme de Maximin Dupré (dans *Gallia*) ou les initiales M. G. (dans *Poésie*). On a aussi de lui un traité (manuscrit) des *Lois de la couleur*. Enfin Agasse-Lafont fut poète et il a été imprimé, après sa mort, un petit recueil de ses vers sous le titre *Du jardin de mon cœur...* (in-8 de 48 p., s. l. ni d.).

Au sujet de ses travaux artistiques voir les journaux suivants : le *Petit Temps* du 21 mars 1907 (art. d'Etienne Charles), — la *Liberté* du 27 mars 1907 (Thiébaud), — le *Journal des artistes* du 24 avril 1908 (Hoffmann), — les *Artistes indépendants*, 1908 (Chassevent), — la *Petite République* du 20 mars 1908 (Pellier), — et tout particulièrement Henri Montassier : *Léon Agasse-Lafont* (Paris, 1913, in 4° de 80 p.), qui contient un portrait fac-similé de la peinture exécutée en 1908 par l'artiste parisien Chartier, plus des reproductions de peintures et de dessins.

Agnesius, Jacques, sculpteur sur ivoire. — Mgr Ramadié, archevêque d'Albi, léguait à cette ville, en 1884, un superbe ivoire représentant le martyre de saint Barthélemy. C'est un groupe, d'une hauteur totale de 0^m38, composé du saint lié à un arbre et de deux bourreaux qui l'écorchent. Il porte l'inscription : « 1638 JACOBVS AGNESIVS CALUENSIS SCULP. » (E. Jolibois. *Les beaux-arts dans le département du Tarn*, dans la *Revue du Tarn*, t. VI (1886-87), p. 266).

Le *Dictionnaire* de Bénézit attribue cette œuvre à l'école allemande et traduit Caluensis (ou Calvensis) par Calw, localité du

Wurtemberg. Mais il a existé en Italie un évêché *Calvensis* ou *Calviensis* (Calvi), suffragant de Capoue et, d'autre part, la forme latine Agnesius semblerait correspondre à un nom italien tel que Agnesio, plutôt qu'à un nom allemand.

Aguyer, Jean, peintre. — Les bailes de la confrérie des Cinq plaies, établie dans la chapelle des Augustins de Lisle-du-Tarn, conviennent, le 7 juin 1616, avec Jean Aguyer, prêtre et chanoine du chapitre de Saint-Paul-cap-de-Joux, de la façon d'un tableau qui représentera les cinq plaies de N. S., composé d'un « crucifix, d'une Magdeleine et autres choses requises... de la hauteur de douze palms et neuf de large (environ $2^m65 \times 2^m$), le tout peint à l'huile »; le prix est fixé à 48 livres (Arch. du Tarn, H. 90).

Aimoin, Abel, verrier. — Parmi les tenanciers du chapitre collégial de Cordes à Puycelci, en 1633-34, figure Abel Aimoin, verrier (Arch. du Tarn, G. 448).

Alas, Géraud, arbalétrier. — « Guiraut d'Alas, balestyé », habitait, à Albi, la rue droite de Ronel en 1555 (Arch. d'Albi, CC. 21, f° 111).

Alaux, Pierre, tapissier. — Le 2 décembre 1759, sur la paroisse de Sainte-Martiane d'Albi, il est procédé à l'ondoiement et à la sépulture d'un enfant de Pierre Alaux, tapissier (Arch. d'Albi, GG. 64, f° 195).

Albarède, Pierre, passementier. — Etabli d'abord sur la paroisse de Saint-Julien d'Albi, Albarède se transporte, entre 1665 et 1667, sur celle de Sainte-Martiane, comme le prouvent les actes de baptême de ses quatre filles, nées, l'une en 1667 et baptisée à Saint-Julien (Arch. d'Albi, GG. 68, f° 176v°), les trois autres en 1667, 1673 et 1675 et baptisées à Sainte-Martiane (GG. 58, f° 158 v°, GG. 59, f°s 101 et 138). Entre temps, le 5 août 1668, sa première femme, Jeanne Salvaige, mourait et était ensevelie « dans » l'église de Saint-Julien, de même que, en 1774, l'une de ses filles (GG. 68 f° 202, GG. 70, f° 69), ce qui indique que Albarède possédait un caveau de famille dans l'intérieur de cet édifice.

Albiès ou **Albès,** sculpteur. — Il est question, dans une délibération du chapitre collégial de Gaillac, du 2 juillet 1672, d'un contrat passé avec le sculpteur toulousain Albiès pour la façon, moyennant 900 livres, du « jubé du chœur de l'église de Saint-Michel avec un rétable au devant et une tribune au dessus » (Arch. du Tarn, G. 484). Une partie du prix convenu fut payée à Albi (*sic*) en 1677 (*id.*, G. 541). Il est dit, à la date du 1er mai 1711, que le sculpteur Albiès « vient de mourir », après avoir entrepris la confection d'un rétable destiné à la chapelle de sainte Catherine, dans la même église (*id.*, G. 485). D'autre part un cadastre de Toulouse mentionne un Jean Albès, sculpteur, et sa sœur Suzanne comme cohéritiers *ab intestat* d'Isabeau Artus Legoust aussi sculpteur; la mutation est de 1749. Il est vraisemblable que ce Jean Albès était le fils de l'artiste avec qui le chapitre de Gaillac avait été en relations.

Albrespy, André, peintre, né à Montauban en 1823, exposait à Toulouse, en 1858, une *Vue de Castres*, un portrait et une copie du Guide, puis, à Albi, en 1866, une *Vue de Castres* et une *Nature morte*, de valeurs inégales, mais pour lesquelles il obtint une médaille de bronze. Le Musée de Castres conserve sa *Vue de Castres*, prise du Pont vieux (L. Desazars. *Rapports...* p. 29, *Bull. de la Soc. litt. et scient, de Castres*, t. II, p. 292 et 295, *Catalogue du Musée de Castres* 4e éd.).

Aldibert, « horloger chez M. Teysset », est porté sur le livre de la capitation d'Albi de 1789 (Arch. du Tarn, C. 577, f° 21 v°). On le retrouve, établi dans la même ville en prairial an II (L. 700, f° 127).

Aldibert, Antoine, orfèvre. — Cet « orfèvre de profession » fut employé, dès 1773 au plus tard, dans l'atelier de Jean-Bernard Vieusseux (voy. ce nom). Il était originaire de Montauban et peut-être le frère de l'horloger précité. Il abjura, en 1788, « l'hérésie des protestants », dans l'église de Sainte-Martiane (Arch. d'Albi, GG. 67, f° 264).

Alexandre, Nicolas, fondeur. — Deux fondeurs, originaires du département actuel de la Haute-Marne, Nicolas Alexandre, de Huilliécourt, et Jean-Baptiste Soyer, de Levécourt, fondent, en 1756, une cloche destinée à l'église paroissiale de Réalmont. Le prix convenu est de 160 livres, toutes fournitures comprises ainsi que la mise en place, plus 20 sous pour livre de métal ajouté à celui de la cloche à remplacer. L'acte stipule une garantie d'un an et un jour. Quittance fut délivrée au nom des fondeurs l'année suivante (Berthelé. *Ephemeris camp.*, nov. 1913, p. 75, d'après une communication de l'abbé Thomas).

Algan, sculpteur ou menuisier, touchait, en 1695 et 1696, des acomptes pour la façon d'un tabernacle qu'il s'était engagé à fournir aux Jacobins de Castres (Arch. du Tarn, H. 467).

Allaire (Madame), voy. Bousquel.

Alricy, Pierre, armurier. — Sa femme (veuve?) est inscrite sur le livre des mutations cadastrales d'Albi, gache du Vigan, en 1785 (Arch. d'Albi, CC. 35, f° 144 v°).

Amalric, Pierre, tapissier. — Obligé de quitter Castres à raison de son protestantisme, Pierre Amalric se rend à Genève en 1685. Deux ans après, il épouse, à Magdebourg, Gertrude Brunne et est reçu, en 1714, dans la colonie française de cette ville où on le trouve encore en 1721 (G. Dumons. *Les réfugiés du pays castrais*, dans la *Revue du Tarn*, t. XXVII (1910), p. 48).

Amanet, Jean, peintre. — Cet artiste, dont le nom a été lu fautivement « Amancet », réclamait en 1634 devant la justice royale de Castres le solde du prix d'un tableau que les marguilliers de Notre-Dame de Noaillac (com. de Boissezon) lui avaient commandé en 1630. Le sujet à représenter était l'Assomption de la Vierge et le prix convenu 75 livres dont 30 avaient été payées. Or « le dict Amanet aiant faict le dict tableau sept ou huit jours après et l'aiant apporté à Boissezon, on y recogneut beaucoup de deffaultz desquels mesmes le dict Amanet tascha despuis en réparer quelques ungs, sur quoi feust convenu entre eulx, à la présence du recteur de l'esglise de Nouailhac, que le dict tableau seroit porté ches feu Monseigneur l'évesque de Castres pour estre visité et jugé s'il estoit recepvable, au quel cas ils (les consuls) y prouverent (pourvoiraient) de luy parfaire la dicte somme de septante cinq livres, autrement que le dict Amanet reprendroit le dict tableau et luy (*pour* leur) rendroict les dictes trente livres qu'il avoit recues... Le dict tableau ayant esté apporté ches le dict seigneur évesque, il fut jugé ne valloir plus haut que d'une pistole... »

Amanet n'accepta pas cette estimation, la pistole valant un louis d'or, soit 10 livres, et réclama un examen d'experts auquel le juge de Castres ordonna de procéder. La suite de l'affaire est inconnue (Arch. du Tarn, B. 37, f° 76 v°).

M. l'abbé Thomas a découvert récemment dans un registre du notaire Cléfeu de Graulhet que Jean Amanet, « maître peintre de Graulhet », fils de Claude, épousa en ce lieu, au mois de mars 1640, Marguerite Lambert, veuve de Jean Azémar, de la dite localité.

Amblard, Pierre, brodeur. — Le 14 février 1558 (1559 n. s.) un brodeur d'Albi, Pierre Amblard, s'engage envers la confrérie des archers du Bout-du-pont à décorer, moyennant la somme de douze livres, un drap mortuaire en velours noir, bordé de satin violet et doublé de bougran (forte toile). Il représentera : au centre un saint Sébastien, lié à un pilier et percé. de flèches; à droite et à gauche un archer avec son arc; au dessus et au dessous « un Ave Maria » (inscription ou monogramme?). Il est convenu que la tête et les pieds du saint, la tête des archers et leur arc seront brodés en or et la corde de l'arc en argent. Le fond sera orné de dix-huit étoiles d'or et d'argent et portera la date de la fondation de la confrérie en quatre lettres (chiffres romains) d'or. Enfin aux quatre coins du drap seront adaptés des glands de soie noire (Aug. Vidal. *Revue du Tarn*, t. XXVIII (1911), p. 354 et *L'ancien diocèse d'Albi*, n° 2191).

Andéry ou **André,** Jean, peintre. — La confrérie de Notre-Dame-de-Confort établie dans l'église de Notre-Dame-du-Château de Rabastens, chargeait, le 10 juin 1632. le peintre Jean Andéry, natif « d'Amsterdam en Flandre », de lui faire une Nativité analogue à celle que possédaient les Jésuites dans leur église du Bourg. Le prix convenu est de trente livres (Ch. Peyronnet. *Documents sur quelques artistes*, dans la *Revue du Tarn*, t. XIX (1902), p. 35).

Ce Jean Andéry est évidemment le même artiste que le peintre Jean André, natif d'Amsterdam, que cite Em. Marty dans ses *Archives des notaires de Rabastens*, d'abord comme témoin dans un acte de 1630, puis comme l'auteur du tableau que fit faire en 1632 la confrérie de Notre-Dame-de-Confort (*Revue du Tarn*, t. XXVIII (1911), p. 88 et 92 et à part p. 154 et 159).

André, organiste. — Le chapitre collégial de Gaillac chargeait, le 27 novembre 1755, « le sieur André, 'organiste », d'examiner l'orgue de son église de Saint-Michel, nouvellement réparé et « augmenté » (Arch. du Tarn, G. 486).

Andrieu (Madame), voy. Ichanson.

Antoine, orfèvre. — Il fut payé en 1518 par les consuls d'Albi à « Mᵉ Anthoni l'argentié », pour la façon d'une coupe d'argent doré offerte à l'évêque Jacques Robertet, la somme de 87 livres, un denier représentant la valeur de 5 marcs, 2 onces d'argent fin, à 13 livres le marc, la dorure (6 ducats) et le travail de l'orfèvre (10 livres, 10 sous) (Ch. Portal. *Notes sur l'orfèvrerie à Albi*).

Aragou, potier de terre. — Ce nom est porté, aux xviiᵉ et xviiiᵉ s. par une famille de potiers de Giroussens (Em. Rieux. *Les poteries de Giroussens*, p. 37).

Arché, Pierre, commerçant de dentelles. — Décès, le 3 février 1768, de Pierre Arché, « marchand de dentelles, de la ville de Pradelles, en Vivarès (Vivarais), diocèse de Viviers » (Pradelles, Haute-Loire, arr. du Puy), habitant la paroisse de Sainte-Martiane d'Albi (Arch. d'Albi, GG. 66, f° 7 v°).

Arcis, sculpteurs. — On fait généralement naître Marc Arcis à Mouzens, canton de Cuq-Toulza, Tarn, mais il semble préférable de croire, avec l'historien de Toulouse Raynal et avec Em. Jolibois (*Annuaire du Tarn*, 1882) qu'il a vu le jour dans un village tout voisin, Le Cabanial, canton de Caraman (Haute-Garonne). La tradition a sans doute conservé le nom de la localité la plus marquante des deux au détriment du Cabanial qu'on n'eût jamais cité sans raison majeure.

Arcis naquit en 1655 (d'aucuns disent à tort en 1651 ou 1652) et mourut à Toulouse, sur la paroisse de Saint-Etienne, le 26 octobre 1739, âgé de 84 ans. Il fut l'élève, dans cette ville, d'abord du peintre et sculpteur Jean-Pierre Rivals (1625-1706), puis du religieux Augustin Ambroise Frédeau (1589-1673) qui avait reçu les leçons de Simon Vouet.

De 1674 à 1677 il fait plusieurs bustes pour la galerie des célébrités toulousaines. On le trouve ensuite à Paris où il sculpte, en collaboration avec Van Clève, les anges du maître-autel de la Sorbonne. Il travaille aussi à Versailles dont les jardins ont conservé de lui un vase ainsi qu'un terme en marbre, *le Printemps*, couronné de fleurs et tenant une guirlande. Il exécute, d'autre part, un médaillon en marbre représentant l'apôtre Marc écrivant son Evangile sur des tablettes portées par un lion. Ces divers travaux, le dernier surtout, paraît-il, lui valent d'être « agréé », en juin 1682, par l'Académie de peinture et de sculpture dont il devient membre titulaire le 26 août 1684.

Mais il ne tarde pas à s'éloigner de la capitale. Il est, dans tous les cas, en 1690 à Pau où il modèle une statue de Louis XIV, avec reliefs, suivant peut-être une esquisse qu'il avait précédemment soumise aux Capitouls de Toulouse. A Montauban, il orne la façade de la cathédrale de dix statues colossales; à Rieux il construit le mausolée des évêques. Toutefois, c'est tout particulièrement à Toulouse et dans les environs immédiats que s'exerce son activité. Un riche habitant de cette ville, M. de Vandages, lui confie la décoration d'une chapelle (Notre-Dame du Mont-Carmel) qu'il vient de fonder dans l'église des Carmes et Arcis sculpte à cet effet des statues des *prophètes Elie et Elisée*, des *saints Albert et Augustin*, qui subsistent, ainsi que d'autres qui ont disparu. Pour la salle des fêtes toulousaines c'est un grand relief (*Apollon et les neuf Muses*); pour les Augustins un relief; pour les Pénitents blancs divers objets exécutés de 1708 à 1712, notamment un *Enfant Jésus* en bois doré (Arch. de la Haute-Garonne, E. 931 et *Bull. de la Soc. archéol. du Midi*, 1906-9, p. 443); pour *Saint-Sernin* le martyre du saint; pour la chapelle des Filles repenties un *Christ au jardin des oliviers;* pour l'église de Saint-Jérôme des *Vertus théologales et morales*. A cette énumération ajoutons une *Diane* et un *Zéphyre*, les bustes du président au Parlement, *François de Nupces*, de *M. de Vandages*, de *Jean-Pierre Rivals* et même le sien.

On conserve au Musée de Toulouse les quatre statues colossales, en terre cuite, d'Elie, d'Elisée, des saints Albert et Augustin, déjà citées, — des modèles, en terre cuite aussi, de la Religion, de l'Espérance, de saint Mathieu, de saint Jean, de Diane, de Zéphyre, — un médaillon en marbre de Louis XIV, — les bustes de Fr. de Nupces, en marbre, de Rivals et de l'artiste, en terre cuite, — une cire de la statue équestre de Louis XIV, projetée pour Toulouse, — enfin un fragment d'un relief en marbre provenant du tombeau du comte de Gélas, placé dans l'église de Saint-François de Lavaur et détruit en 1796 (*Rev. du Tarn*, II (1878-79), p. 260).

Mais cette dernière œuvre, quoique attribuée à Marc Arcis par les successifs catalogues du Musée, ne semble pas pouvoir lui appartenir car c'est en 1762 que mourut le « maréchal de Lautrec », Daniel-François, comte de Gélas, vicomte de Lautrec, marquis d'Ambres et maréchal de France, et Marc Arcis était décédé en 1739, soit 23 ans plus tôt. L'auteur du dit mausolée a pu être l'un de ses élèves, sinon son fils (?), Jean-Marc.

On a de plus émis l'hypothèse que l'on devrait à Marc Arcis le Génie ailé qui termine la colonne de la place Dupuy, à Toulouse. M. de Lahondès a montré que c'était là une erreur; ce Génie est une « dame Tholose » modelée par J. Raincy, fondue en 1550 et placée alors sur le toit du donjon du Capitole (*Les monuments de Toulouse*, p. 243).

Arcis eut pour élèves Parant, qui a décoré la façade du Capitole, et Pierre Lucas. Avec Jean-Pierre et Antoine Rivals et l'architecte Guillaume Cammas, il prépara la fondation de l'Académie des beaux-arts de Toulouse.

On a dit de lui que si ses œuvres ne sont pas d'un style et d'un goût ni très purs ni très élevés, on ne saurait en faire reproche à l'artiste; c'était précisément le goût et le style en honneur à la fin du xviie siècle et au commencement du suivant. Mais il y a là du mouvement, de la vie, une ampleur d'allures, une chaleur et une facilité d'exécution bien remarquables (Ol. Merson). Le *Dictionnaire* de Bénézit discerne dans sa manière l'influence de Girardon.

Voir : [De Lamothe-Langon] *Biographie toulousaine* (Paris, 1823, 2 vol. in-8, t. I, p. 19-21), — *Musée de Toulouse*. E. Roschach. *Catalogue des antiquités et objets d'art* (Toulouse, 1865, in-8) et H. Rachou. *Catalogue des collections de sculpture et d'épigraphie* (Toulouse, 1912, in-8), — *Association française pour l'avancement des sciences. Toulouse*, 1887 (Toulouse, 1887, in-8, p. 587-588, art. de B. Bénezet), — *La Grande Encyclopédie* (art. d'Olivier Merson), — E. Bénézit. *Dictionnaire des peintres, sculpteurs,...* t. I (Paris, 1911, in-8), — J. de Lahondès. *Les monuments de Toulouse*, p. 52, 90, 149, 168, 298, 526, 527, 529.

Jean-Marc était peut-être le fils de Marc. Les consuls d'Albi, pour remplacer leur vieil hôtel de ville, achetaient, en 1728, un immeuble qui n'est autre que la mairie actuelle. Voulant commémorer cette nouvelle installation, ils s'adressèrent à l'artiste toulousain, Jean-Marc Arcis, pour la gravure sur plaques de marbre de deux inscriptions dont l'une ne comprenait pas moins de 485 lettres. « Monsieur Arcis, m^e sculpteur près les Pénitens bleus à Toulouse », reçut de ce chef un acompte de 30 livres le 5 décembre 1730. Mais, vainement, semble-t-il, il réclama, à plusieurs reprises, le paiement intégral du prix stipulé, soit 88 livres, 5 sous et les plaques se trouvaient encore dans son atelier à la date du 5 mai 1732, terminées « depuis deux ans ». Ce travail fut-il refusé ou bien la municipalité albigeoise fit-elle à Arcis une seconde commande complémentaire, on ne sait trop. Dans tous les cas, Arcis écrivait aux consuls, le 5 décembre 1735, qu'il avait « reçu le marbre » et allait entreprendre sa tâche. Deux mois après (le 1er février 1736), il donnait quittance de 42 livres « pour la façon de lettres (qu'il avait) faictes ou pour le sciage ou polissage du marbre qui et (*sic*) pour les Messieurs d'Alby ». Cette plaque unique a disparu, comme les deux autres (Arch. d'Albi, BB. 153, CC. 523 et DD. 17).

D'autre part, Jean-Marc Arcis concluait le 22 août 1758 avec le curé de Colomiers, canton de Toulouse, un marché pour la confection d'un « autel à tombeau » moyennant la somme de 350 livres (*Bull. de la Soc. archéol. du Midi*, 1894-95, p. 64).

Arlès, Jacques-Antoine, orfèvre. — Etabli à Albi, Arlès eut de son mariage avec Elisabeth Boyer quatre fils et deux filles, nés de 1785 à 1792 (Ch. Portal. *L'orfèvrerie à Albi*). Il est porté, en vendémiaire an VII, sur la liste des vingt orfèvres du département (Arch. du Tarn, L. 258, f° 118 v°).

Arnaud, Isaac, armurier de Castres, protestant réfugié à Halle en 1698 (G. Dumons. *Les réfugiés du pays castrais* dans la *Revue du Tarn*, t. XXVII (1910), p. 159).

Arquier, Jean, orfèvre. — On lit dans les comptes consulaires d'Albi (CC. 463) que l'un des consuls fut remboursé, le 9 mars 1562 (n. s.), d'une somme de 25 livres avancée par lui « à Jehan Arquier, orfèvre de Tholose, en déduction du priz à luy accordé pour fere la couppe que la ville a donnée et fait présent à Monsr le cardinal Estrozzi (Strozzi), evesque d'Alby, quand feist son entrée [le 6 octobre 1561] comme seigneur temporel du dit Alby ». Le même trésorier note d'autre part : « Plus ay fournis pour le surpayer (Arquier) de la couppe que a esté donnée à Monsr le cardinal II liv., x s. »

Arquier (parfois Arquié ou Alquier), Jacques, maçon. — Les Jacobins de Castres, faisant reconstruire leur église d'après les plans de l'architecte Pierre Catinau, arrêtent avec le maçon Jacques Arquier diverses conventions, de 1666 à 1675, relatives aux trois chapelles du côté Ouest qui doivent être semblables à celles de l'Est, au nombre de trois également, à la nef et à sa voûte. Les prix stipulés s'élèvent à 1300 livres pour les chapelles, à 1740 pour la nef, à 1500 pour les derniers travaux comprenant sans doute la réfection du clocher. Le solde du « prix fait pour l'église » (la nef) fut payé en 1678 et diverses sommes furent mandatées au nom d'Arquier en 1685 et 1686 à raison de la construction du clocher (Arch. du Tarn, H. 446 et 465).

Jacques Arquier, qualifié architecte, possédait en 1691 et habitait probablement une maison située dans la rue des Grosses (Arch. de Castres, CC. 29). Il est question de ses héritiers en 1732 (Arch. du Tarn, H. 527).

Artigue, Bernard-*Joseph*, peintre. — Originaire de la Haute-Garonne, — il est né à Muret le 27 avril 1859, — Artigue a travaillé à Toulouse, à Paris et ailleurs. Il peut être considéré comme tarnais d'adoption, étant donné sa résidence intermittente à Blaye depuis son mariage (1899) avec une personne de cette localité. Il s'est fait le peintre de la vie rurale dans l'Albigeois, peintre de talent, pratiquant le crayon, le fusain, la pointe sèche, le pastel tout comme le pinceau.

Il exposait à Albi, en 1893, une *Vanneuse* et la *Vie aux champs* (crayons), un *Asthmatique* (fusain), encore une *Vanneuse*, une *Fileuse*, un *Pâtre*, *A la campagne* (peintures), la *Communion* et *Retour aux champs* (pointes sèches). A Paris, il a exposé aux Salons de 1895, 97 et 98, à la Société nationale des beaux-arts en 1902, aux Indépendants depuis 1907, aux Arts décoratifs en 1909 diverses œuvres parmi lesquelles *La main chaude*, *Vanneuse*, *Bêcheur*, *Repas aux champs* (1902), un portrait de Mlle S. G. (1909), *L'aveugle*, *Toilette pour la procession*, *Le poète*, *Les promis*, *L'aïeule*, *Le bouvier*. On trouve çà et là chez des amateurs d'Albi des toiles et des pastels de cet artiste (*Exposition artistique et archéol. d'Albi* 1893. Livret, *Revue du Tarn*, t. XIX (1902), p. 186, t. XXVI (1909), p. 179, Bénézit. *Dictionnaire....*).

Assier, Jacques, musicien. — Le chapitre cathédral d'Albi engage à son service, le 20 décembre 1584, Jacques Assier, musicien originaire de Moussan, commune de Narbonne, pour « chanter la musique, sonner au cueur de haute-contre, chanter sa partie et fere tout le service utile et nécessaire », moyennant 20 livres par an (Aug. Vidal. *L'ancien diocèse d'Albi*, n° 639).

Assier, François, charpentier. — L'évêque Daillon du Lude confie, le 29 février 1668, au charpentier d'Albi, François Assier, divers travaux à exécuter au château qu'il fait construire dans son jardin (l'asile du Bon-Sauveur aujourd'hui). Assier recevra la somme de 500 livres, plus une pipe de vin (Aug. Vidal. *L'ancien diocèse d'Albi*, n° 311).

Ce même ouvrier procédait, en 1677, au nom de l'héritier de Daillon du Lude, à la visite des églises situées dans les deux claveries de Castelnau-de-Montmiral et de Cordes. Il exposait, dans un assez long mémoire, daté du 10 octobre, l'état de ces édifices et les réparations à y effectuer (Aug. Vidal. *Id.*, n° 319).

Astruc, orfèvre, est porté sur la liste des 20 orfèvres du Tarn en vendémiaire an VII; il était établi à Puylaurens (Arch. du Tarn, L. 258, f° 118 v°).

Aubertin, orfèvre. — Exerçant sa profession à Castres, cet orfèvre donnait quittance, en 1664, au chapitre cathédral de cette ville de la somme de 6 livres, 10 sous qui lui était due à raison de réparations faites à divers objets tels qu'un calice, un encensoir... (Arch. du Tarn, E. 284).

Aubron, Vincent, fondeur. — Une pieuse personne de Castres, Denise Gouet, prend à sa charge, en 1764, les frais de refonte de la grosse cloche des Jacobins de cette ville. Le bail à besogne, conclu le 10 janvier avec le fondeur de Toulouse Vincent Aubron, porte que celui-ci recevra, outre les matières nécessaires (fer, métal [de la cloche rompue], bois, etc.) la somme de 700 livres payables la moitié lors de la mise en place et le reste un an après. Si Aubron a du bronze en excédent, on lui en tiendra compte à raison de 24 sous la livre; s'il est obligé d'en ajouter, on le lui payera 30 sous la livre. Le fondeur de Castres, Jean

Soulié, cautionne Aubron. A la suite est une quittance de 350 livres signée par Aubron le 7 mai suivant.

Mais la fonte avait été manquée et, au lieu de s'en tenir aux conventions arrêtées qui autorisaient une tolérance de poids de 40 à 50 livres, le fondeur avait fait un moule tel que la nouvelle cloche avait pesé de 6 à 7 quintaux de plus que l'ancienne. Denise Gouet protestait, à la date du 28 février, et déclarait qu'elle n'admettrait pas un excédent de plus de 60 livres. Le 8 mai, Aubron recevait 138 livres pour le métal ajouté par lui, ce qui, à 30 sous la livre-poids, représente 92 livres-poids de surplus.

La nouvelle cloche n'eut qu'une existence éphémère. Bénite le 15 avril et montée le 17, elle était déjà rompue dans les premiers jours du mois de mars de l'année suivante 1765. Les Jacobins se substituent alors à leur bienfaitrice pour exercer des poursuites contre le fondeur et sa caution; ils nomment un expert, le « fondeur d'étain », Cammas, de Castres, et invitent Soulié à en désigner un autre. Celui-ci reconnaît ses obligations et s'engage à refondre la cloche à ses frais. L'opération fut effectuée par [Jean-Baptiste] Chrétiennot, Soulié restant « toujours caution », cela « jusqu'au septième du mois de juillet de l'année prochaine 1766 ». C'est donc le 7 juillet 1765 que la nouvelle cloche fut placée dans le clocher. La pesée faite au poids public accusait 1914 livres à quoi « il (fallait) ajouter cinq livres et demi que pesoint les deux petites cloches que M. Chretienot a reçues ». Cette note suffirait à prouver que le fondeur définitif fut bien Chrétiennot; ce qui d'ailleurs ressort de textes explicites (Arch. du Tarn, H. 529 et 448).

Résumons cette longue histoire : rupture de la grosse cloche des Jacobins; première fonte avec excès de poids par Aubron, fonte manquée; deuxième fonte et rupture; troisième fonte par Chrétiennot.

Sur Aubron voir Jos. Berthelé. *Enquêtes campanaires.*

Audoy, verriers. — « Noble » Guillaume Audoy était verrier dans la juridiction de Penne en 1494. — Jacques exerçait la même profession en 1497 à Mongach, commune de Castelnau-de-Montmiral (Ch. Portal. *Extraits de reg. de notaires*). On trouvera dans les *Documents épars*, 2ᵉ série, de M. A. de Bourdès (Albi,

1914, in-8°) de nombreuses citations de membres de cette famille de verriers, notamment l'analyse d'un livre de raisons pour les années 1495 à 1531.

Augé, chaudronniers-fondeurs. — Guillaume et Jean Augé, « marchans chauderoniers de Tholose », s'engagent, le 18 avril 1663, envers la communauté de Cordes à « fondre une cloche défaicte du poids d'environ troys cens cinquante livres à laquelle ils seront teneus y mesler l'estain de *grisle* (?) nécessaire », moyennant 14 sous pour livre. Ils reçoivent un acompte de 21 livres et toucheront le reste à la livraison qui devra avoir lieu dans un mois. Ce ne fut toutefois que le 18 juillet qu'ils donnèrent quittance de 214 livres, 18 sous pour « fin de paye » de la somme de 235 livres, 18 sous « à quoy (montaient) 337 livres du pois de la cloche » destinée à l'horloge de la porte de la Bouteillerie (Arch. de Cordes, DD. 21).

Augé, orfèvres. — Deux frères, de ce nom, originaires de Sainte-Colombe-sur-l'Hers, Aude, s'étaient établis à Albi, l'un, l'aîné (Jacques), vers 1771, l'autre, le cadet (Jean-Pierre), en 1780. Ils figurent sur la liste des 20 orfèvres du Tarn arrêtée en vendémiaire an VII (Arch. du Tarn, L. 258, f° 118 v°), mais à cette époque, Augé aîné (Jacques) était à Castres tandis que Jean-Pierre se trouvait toujours à Albi. Un fils de ce dernier, Jacques-Philippe a pu lui succéder. Il a été donné ailleurs (Ch. Portal. *L'orfèvrerie à Albi*) des détails sur la famille assez nombreuse de chacun d'eux : Jacques avait épousé Marie Laroque et en eut quatre garçons et quatre filles; de l'union de Jean-Pierre avec Jeanne-Marie Teysset naquirent au moins six filles et deux garçons. Ces enfants furent baptisés à Albi, les premiers sur les paroisses de Sainte-Martiane et de Saint-Julien, les autres sur les paroisses de Sainte-Martiane et de Saint-Salvi.

Augé, Jean, musicien, était établi à Castres en 1772 (Arch. du Tarn. Acquisitions de 1920. Papiers Payrastre n° 35).

Auger, Pierre, menuisier. — Les Trinitaires de Castres passaient, en 1759, un contrat avec Pierre Auger, menuisier de cette ville, pour la façon de 17 stalles à placer derrière le chœur de leur église, autour du sanctuaire. L'allusion à un croquis de ces boiseries et le prix convenu (561 livres) font supposer un travail assez important (Arch. du Tarn, H. 553).

Aurel, Michel, arbalétrier. — Un des cadastres d'Albi apprend qu'en 1555 Michel Aurel, « arbalestyé » ou « balestié », possédait dans cette ville des immeubles situés dans les gaches (quartiers) de Saint-Etienne et Las Combes et du Vigan (Arch. d'Albi, CC. 22, f° 3 et CC. 23, f° 133).

Auriol, Jean, passementier. — Le 9 juillet 1685, à la veille de la révocation de l'Edit de Nantes (30 octobre), Jean Auriol, passementier « de la ville de Réalmont », abjurait le protestantisme à Albi, dans l'église de Saint-Salvi, avec sa femme et leur fille (Arch. d'Albi, GG. 19, f° 161).

Auriol, horloger. — Sur les comptes consulaires d'Albi, de 1736-37, est inscrite la dépense de 26 livres payées à l'horloger de cette ville, Auriol, pour avoir « mis en pendule » l'horloge de l'hôtel-de-ville (Arch. d'Albi, CC. 411).

Aussenac, Denis, brodeur. — Vers la fin du xviiie siècle, à Castres, Denis Aussenac, « marchand brodeur », était allivré pour une maison située dans la rue du Temple (Arch. de Castres, CC. 21 et 27).

Austry, François, facteur d'orgues. — De son mariage avec Marie-Anne Choquet naissaient à Albi le 16 novembre 1745 un garçon qui fut baptisé le lendemain sur la paroisse de Saint-Salvi et à qui on donna le prénom de Jean-François, puis, le 1er août 1749, une fille, baptisée le 3 dans l'église de Saint-Julien (Arch. d'Albi, GG. 23, f° 142 v° et GG. 73, f° 109).

Austry, Pierre, orfèvre. — Le 29 juillet 1763 mourait à Castres, dans son habitation « près la place publique », l'orfèvre Pierre Austry, laissant trois enfants mineurs, un garçon du prénom de Jean-Jacques et deux filles. Un conseil de famille, dont firent partie le papetier Brieu et le fondeur Jean Soulié, désigna pour tuteurs, le 2 août, Jacques Austry, frère, et Philippe Moulis, beau-frère du défunt. Jacques Austry est qualifié « garçon orfèvre »; il travaillait avec Pierre, son aîné (Arch. du Tarn, B. 195).

Auzerol, Pierre, potier d'étain à Albi, était parrain en 1627, sur la paroisse de Saint-Julien, d'un enfant de Jean Gaultier exerçant le même métier (Arch. d'Albi, GG. 69, f° 32 v°).

Avèze, Barthélemy, potier d'étain. — On relève sur un registre de la paroisse de Sainte-Martiane d'Albi, à la date du 20 octobre 1680, le décès de Barthélemy Avèze, « fondeur d'estain, Suisse de nation » (Arch. d'Albi, GG. 60, f° 14 v°).

Avocat, fondeur. Voy. Lavocat.

Avril, Pierre, fondeur. — On ensevelit dans l'église de Saint-Etienne d'Albi, le 18 janvier 1687, Pierre Avril, « fondeur de bronze, natif de Saint-Julien-sur-Bibost de Lion (Rhône), âgé d'environ 28 ou 30 ans, fils de Claude ». Une addition porte : « Avril [Claude], vivant, marchand de Saint-Julien, et Benoiste Cazard, sa mère [mère de Pierre] (Arch. d'Albi, GG. 42, f° 156).

Aymeric, Raimond, potier de terre, de Giroussens, travaillait en 1646 à la nouvelle fontaine du Bout-du-pont d'Albi (Arch. d'Albi, CC. 493).

Azaïs, Hyacinthe, musicien. — Fils d'un cultivateur de Ladern, Aude, où il naquit en 1742, Hyacinthe Azaïs mourut à Toulouse en 1795. Tout jeune encore il reçut les leçons des maîtres de chapelle de Carcassonne et d'Auch. Dans cette dernière ville, la composition d'un *Dixit* et d'un *Dominus regnavit* lui valut la bienveillance de l'intendant de Montigny qui l'envoya à Paris. Il fit là quelques connaissances utiles, celle notamment du célèbre compositeur Gossec qui lui procura la bonne place de secrétaire d'un riche et original amateur, le baron de Bagge.

L'Ecole de Sorèze venait d'être réorganisée quand le Bénédictin dom Lacroix l'emmena dans cette localité (1760). Il épousa, vers cette époque, Marie L'Epine, fille d'un facteur d'orgues renommé, puis, après la mort de sa mère, Gossec le fit nommer directeur de l'Opéra et d'un concert d'artistes et amateurs de Marseille.

Rappelé à Sorèze par le nouveau directeur de l'Ecole, dom Despaulx, Azaïs y fonda un concert et, de temps à autre, mit en musique des pièces de dom François Ferlus. Il composa aussi quelques morceaux pour violoncelle et publia, en 1776, une *Méthode de musique sur un nouveau plan, à l'usage des élèves de l'Ecole royale, militaire* [de Sorèze], *dédiée à M. l'abbé Roussier.*

Il quitta Sorèze en 1782 pour aller diriger l'Opéra de Toulouse et réalisa alors une petite fortune que la Révolution amoindrit fortement. Compromis par ses idées politiques, il dut se réfugier à Bagnères-de-Bigorre, sous la protection du général Arnault dont il avait épousé la sœur (en secondes noces). Revenu à Toulouse, il se borna à cultiver un domaine qu'il avait acquis à Montastruc et mourut bientôt après.

Des trois enfants qu'il eut de Marie L'Epine, l'un, Pierre-Hyacinthe, né à Sorèze en 1766, mort à Paris en 1845, est le célèbre auteur *Des compensations dans les destinées humaines.*

Il est fait mention d'Hyacinthe Azaïs dans l'*Essai sur la musique ancienne et moderne* de Benjamin de La Borde (1780) ainsi que dans le travail de Dessale-Régis sur *La musique dans le Midi de la France* (1837).

Voir : Magloire Nayral. *Biographie castraise*, t. I (Castres, 1833, in-8), — Fétis. *Dictionnaire*, 2ᵉ édition, — F. Raugel. *Les maîtres de l'ancienne facture française d'orgues*, dans le *Bull. de la soc. française de musicologie*, 1917, p. 30.

Azaïs, *Louis*-Denis-Marie-Joseph, peintre. — Né à Castres le 11 juin 1855, conservateur du Musée de cette ville qui possède de lui deux marines : *Vue d'Antibes* et *Les Martigues*. L. Azaïs s'est spécialisé dans le paysage (*Catalogue du Musée de Castres*, 4ᵉ éd.).

Azaïs, Paul, armurier. — Protestant réfugié en Suisse, Paul Azaïs, fils de David, de Gijounet, fut reçu citoyen de Genève en 1747 (G. Dumons. *Les réfugiés du pays castrais*, dans la *Revue du Tarn*, t. XXVII (1910), p. 167).

Baffet, Jean, papetier. — Le chapitre cathédral de Castres avait baillé, en 1747, moyennant une redevance annuelle et perpétuelle de 230 livres, son moulin du Cayrol, sur la Durenque, « au fond du jeu du mail, du costé de Villegoudou » et hors de la porte de ce nom, à Jean Baffet, maître papetier des Salvages. Deux meules y servaient à cette époque à moudre le millet et une troisième le blé. Baffet « rangea » cet aménagement et fit du Cayrol un moulin à papier qui fonctionna jusqu'aux premiers jours de l'année 1760, date à laquelle le papetier disparut de Castres. Ses créanciers requirent alors la saisie de ses meubles et immeubles et le chapitre réclama son moulin avec le jardin en dépendant (Arch. du Tarn, B. 197 et Arch. de Castres, CC. 29).

On retrouve Baffet à Albi en 1777, époque à laquelle une veuve Dumas, du Castelviel, mettait son fils en apprentissage chez ce maître papetier « originaire de Mulat (Murat), actuellement habitant du dit foiral du Castelviel et de la papeterie nouvellement construite au moulin de Gardès, scitué dans le consulat du dit Castelviel, appartenant au s^r Lugan, bourgeois du dit foiral ». L'apprentissage doit durer trois ans; le patron instruira et nourrira l'apprenti et, à partir de la deuxième année, lui donnera un sol par jour; la veuve Dumas remettra 12 livres à Baffet qui ne pourra pas congédier le jeune homme sans motif grave pas plus que celui-ci n'aura le droit d'abandonner son maître avant la fin des trois années (Arch. du Tarn. Acquisitions de 1921. Reg. du notaire Bole, f° 707).

Bajolet, fondeurs. — Le 2 mars 1642, par devant Me Cléfeu, notaire de Graulhet, Jean Mollot et Jean Bajolet, fondeurs de cloches « natifs de Romans-sur-Meuse, proche de La Mothe en Lorraine » (Romain-sur-Meuse, Haute-Marne), s'engageaient pour eux et pour Claude Bajolet, père de Jean, à refondre une cloche de l'église de Saint-Pierre-des-ports, com. de Graulhet (Communication de M. l'abbé Thomas).

La même année et le 29 septembre, Claude Imbert, Jean Bajolet, Jean Joly et Jean Mollot, le premier résidant à Milhau, les trois autres à Rodez, promettaient au chapitre collégial de Saint-Salvi d'Albi de refondre une cloche rompue dite de « Malvesi ». Il était convenu que la nouvelle serait semblable à l'ancienne, que le chapitre fournirait tout le métal nécessaire et paierait 70 livres à la livraison qui aurait lieu dans huit jours et 30 autres livres un an après, enfin que les fondeurs garderaient le métal restant dans les soupiraux après la fonte. L'opération fut effectuée le 6 octobre mais la nouvelle cloche fut refusée vu sa tonalité défectueuse. Les fondeurs durent promettre de recommencer leur travail et de l'avoir terminé dans trois semaines, le chapitre leur accorda, outre un quintal et demi de métal en plus, 26 livres à ajouter aux 100 du premier contrat, en se réservant le résidu des soupiraux. Cette somme supplémentaire de 26 livres fut payée le 26 octobre, jour de la livraison de la cloche (Aug. Vidal. *L'ancien diocèse d'Albi*, n° 951, J. Berthelé. *Ephemeris camp.*, fasc. XI-XIII, p. 65).

Un peu plus tard, en 1650, Bajolet fondait deux cloches pour l'église de Notre-Dame-de-Beaulieu de Briatexte; il fournit le métal à raison de 12 sous la livre (J. Berthelé, *Op. cit.* p. 66, d'après une communication de l'abbé Thomas puisée dans les Arch. du Tarn. Acquisition de 1893. Don Rossignol, n° 28.)

Balanguier, Pierre, maçon. — Le déchiffrement de ce nom paraît avoir offert quelque difficulté, on relève en effet les leçons Palangier, Galangier et Balanguier. J'adopte la dernière qui figure dans un rapport annuel (1894) de l'archiviste de l'Aveyron.

Pierre Balanguier, « massonnier » d'Albi, a construit, de 1514 à 1524, l'église et le clocher de Belmont dans l'arrondissement de Saint-Affrique. Cet intéressant édifice, classé comme monument historique, mesure 32 m. de long sur 18 de large; son plan n'est pas sans analogie avec celui de la cathédrale d'Albi. Le clocher atteint 67 m. de hauteur en y comprenant sa flèche très élancée, en pierre. Il est fait mention dans le bail à besogne d'un plan de la construction projetée, un « pourtraict en deux feuilles de papier par long enfilées et adjointes », qui fut soumis au chapitre collégial et aux consuls du lieu (Bion de Marlavagne. *Hist. de la cathédrale de Rodez*, p. 364. Cf. *Revue du Tarn*, t. II (1878-79), p. 98.)

Balat, Pierre, serrurier-horloger. — Les consuls de Cordes, voulant changer l'horloge de la porte de la Bouteillerie, traitaient, le 11 février 1663, avec Pierre Balat, « maistre serrurier de Tolose », qui prenait l'engagement de « faire un orloge entier, réservé la cloche (Cf. ci-dessus au nom Augé) et montre, de la grandeur de trois pans (environ 0 m. 75) à tout carré (*pour* côté), avec ses roues et autres ressorts à proportion de la grandeur, ensemble le marteau et esguille pour la dite montre, moyennant la somme de cent dix livres » dont il recevait 50 en acompte. Il est dit qu'il touchera le solde dans deux mois, terme fixé pour l'achèvement du travail. Il devra « poser la dite montre sur le lieu », mais la communauté prendra à sa charge les frais de port ainsi que l'entretien de Balat à Cordes seulement « et non par le chemin ». Enfin si « aucune roue du dit orloge viendroit à se rompre dans quatre ans prochains », la réparation incomberait au fournisseur. Le 18 juillet, Balat donnait quittance du solde de 60 livres, sans signer, faute de savoir (Arch. de Cordes, DD. 21).

Barateau, brodeur. — Le chapitre collégial de Gaillac fait confectionner à Toulouse par Barateau plusieurs chasubles et une étole, de 1754 à 1759. Le nom de ce fabricant n'est jamais accompagné de l'indication de sa profession et il n'est pas fait

mention de broderies ornant les objets qu'il fournit, mais le
métier de chasublier se confond ordinairement avec celui de
brodeur, titre qu'il est par suite admissible de lui attribuer
(Arch. du Tarn, G. 557 et 564).

Baratta, marbriers. — Dans un registre de délibérations du
chapitre collégial de Saint-Michel de Gaillac, il est fait allusion
à un marché conclu le 22 octobre 1757 avec deux marbriers
italiens appelés Barratta et Charles pour la confection d'un autel
dans le chœur de l'église Saint-Michel moyennant 1200 livres
(Arch. du Tarn, G. 486). D'une correspondance échangée avec
Baratta père et son fils Andrea, de 1768 à 1770, il ressort qu'un
autel construit par Andrea à Agde servit de modèle à celui de
Gaillac (Id. G. 564).

L'église de la Platé, à Castres, possède une *Assomption de la
Vierge* et des fonts baptismaux décorés d'un groupe représentant
le baptême du Christ, le tout par Baratta père et fils. L'*Assomption* fut exécutée en 1754. Ces artistes appartiennent, selon toute
vraisemblance, à cette famille Baratta, de Carrare, d'où sont
sortis maints sculpteurs et peintres depuis tout au moins le
XVIIᵉ siècle.

Barcouda, imprimeurs. — D'après Ch. Pradel, Bernard Barcouda imprima à Castres, en 1653, pour le compte du typographe toulousain Arnaud Colomiez; le premier livre portant son
nom est daté de 1657. La ville de Castres l'avait installé, dès
1648, dans son collège d'où il fut expulsé en 1664 au profit des
Jésuites, quoique bon catholique; il reçut à cette occasion une
indemnité de 75 livres.

Son fils aîné, Raimond, marié en 1669 avec Catherine Barbaza,
lui succéda en 1674 et fut, comme lui, l'imprimeur de la ville
et du diocèse de Castres. Après la révocation de l'Edit de Nantes,
il dut, avec le libraire Bessière, se dessaisir de tous ouvrages protestants qu'il pouvait avoir dans ses magasins, détail qui prouve
que son atelier se doublait d'une boutique de librairie. Raimond
Barcouda fut l'un des consuls de Castres en 1689 et en 1700. Ses
impressions de 1699 à 1706 portent son nom associé à celui de
de son fils Jean-Pierre. Celui-ci a signé seul un unique ouvrage,
le dernier de la série, en 1721, époque vers laquelle la maison
Barcouda cessa de recevoir les commandes du diocèse et ses

gratifications annuelles. Toutefois Jean-Pierre était encore qualifié d'imprimeur en 1731.

De ces presses sont sortis surtout des livres religieux ou de
philosophie tels que de nombreux sermons du pasteur Raimond
Gaches, les statuts synodaux du diocèse de 1665 et 1699, diverses
œuvres de Jean Bon, professeur à l'Académie protestante de
Montauban transférée à Puylaurens, et aussi des tarifs des impositions diocésaines... La liste de toutes ces impressions, de 1653
à 1721, a été soigneusement établie par M. Pradel (Arch. du Tarn,
B. 279, C. 1030 à 1032, 1036, 1068, 1072, 1098, — Arch. de Castres, BB. 22, 26, 27, CC. 36, 50, 51, GG. 11, — Ch. Pradel. *Notice
sur l'imprimerie à Castres* dans les *Mémoires de l'Académie des
sciences... de Toulouse*, 8ᵉ série, t. IV (1882), p. 226-228 et 238-
249).

Bardet, Antoine, verrier. Voy. Riols.

Bardin, Jérémie, libraire. — On trouve Jérémie Bardin faisant
le commerce de la librairie à Castres en 1667 et 1669. Il fit imprimer pour son compte, à Genève, une « Descente de Jésus-Christ
aux enfers » du pasteur Pierre Cazaux (sans date) et un « Sermon
sur la première épitre de saint Pierre » par Hercule de La Roque-
Boyer (1667) (Ch. Pradel. *Notice sur l'imprimerie à Castres*,
p. 236 et 256).

Bardou, Jean-Jacques, fondeur. — Les Jacobins de Castres
lui louaient, dans cette ville, une maison en 1727 et une boutique
en 1734 (Arch. du Tarn, H. 452, 453, 468, 469).

Barjou, Jacques, menuisier. — Une délibération du chapitre
collégial de Gaillac, du 16 novembre 1610, décide qu'il sera
passé avec Jacques Barjou, menuisier de la localité, un contrat
pour la façon du portail du chœur de l'église de Saint-Michel
« semblable à celui du cœur de l'esglise Sainct-Salvy d'Alby » et
aussi des deux portes latérales du même chœur. Le portail sera
en noyer et Barjou le garnira des ferrures nécessaires; il touchera
pour son travail et ses fournitures la somme totale de 90 livres
(Arch. du Tarn, G. 481).

Barrau, fontainiers. — La communauté de Lisle-sur-Tarn paye,
le 2 août 1673, 43 livres et 12 sous à Dominique Casaux, fondeur
de Toulouse, « demeurant dans la paroisse de Saint Nicolas au

faubourg de St Ciprien », et à Bernard Barrau, fontainier, « habitant de Casselardit (les Sept deniers, dans un autre document) dans le gardiage du dit Tholose », pour fournitures et réparations à la fontaine de Lisle. Casaux ni Barrau n'ont su signer la quittance.

Antoine Barrau, cadet, fils sans doute de Bernard, et, comme lui, fontainier à Toulouse, remet, en 1713, aux consuls de Lisle un rapport sur l'état de leur fontaine publique. On le retrouve mentionné, à l'occasion toujours de cette fontaine, de 1768 à 1770 (Arch. du Tarn, E. 2478).

Barrau, Pierre, maçon. — Les consuls de Lisle-sur-Tarn traitent, le 22 avril 1618, avec Pierre Barrau, maître maçon de « Château neuf de Montmiral » (Castelnau-de-M.), qui s'engage, moyennant la somme de 160 livres, à « couvrir tout le chœur de l'esglise des Pères Agustins (Augustins) de la dite ville [de Lisle] et le remettre en la forme qu'esté (estoit) antienemant et de mesme haulteur qu'est le toid de la dite esglise », il fournira les bois, tuiles et autres choses nécesaires; de plus, il construira un « guaict » (guêt) sur le clocher du même édifice, « afin que ung homme s'y puisse pourmener, faisant le guaict et descouverte en temps de guerre »; ce poste d'observation sera « fermé et couvert » pour que le guêteur soit à l'abri des intempéries (Arch. du Tarn, E. 559, f° 236 v°).

Le mois suivant, le 28 mai, Barrau s'entend avec un charpentier de Lisle, appelé Jean Salve, qui dressera les charpentes nécessaires pour les « arcades, voûtes et autres réparations » dont le dit Barrau a entrepris l'exécution à l'abbaye de Candeil par acte du 28 mars 1617 retenu par le notaire de Rabastens André de Lagarrigue. Ces travaux « tant dans la nef de l'esglise que cloistre de la dite abbaye » obligeront de « descouvrir le toid de la dite esglise à l'endroict que sera nécessaire et après [le] recouvrir et remettre en bon estat ». Il faudra aussi « fere une sentenelle (poste de guêt) au dessus du clocher du couvant des Pères Agustins (de Lisle)... en la forme et manière qu'est celle de l'esglise de S. Pierre de Gualliac (Gaillac) pour ce qui regarde la fusterie sullement, de mesme (à) remettre et couvrir le toid du cœur de la dite esglise des Pères Agustins et le remettre en la forme qu'estoit antienemant qu'est la mesme haulteur que l'autre toid de la dite esglise et finallement (à) ferc et dresser une eschelle bonne et soffisante pour monter à la sentenelle... » Barrau fournira et fera porter à pied d'œuvre bois, tuiles, clous et autres objets utiles; il donnera à Salve 200 livres pour ses peines (E. 559, f° 311).

Barrois, Pierre-François, graveur au burin. — Le Musée de Lisle a acquis en 1897 un cuivre de cet artiste (né à Paris vers 1788) représentant André Dacier, d'après un portrait de Ferdinand (*Revue du Tarn*, t. XIV (1897), p. 323).

Barthe, Guillaume, papetier. — Le 13 octobre 1693 étaient célébrées, sur la paroisse de Saint-Salvi d'Albi, les obsèques de Catherine Alibert, veuve de Guillaume Barthe, papetier (Arch. d'Albi, GG. 22, f° 22 v°).

Barthélemy, Jean, menuisier. — Il s'engage, le 14 novembre 1618, à faire pour l'église de Saint-Julien d'Albi une chaire à prêcher, moyennant la somme de 40 livres (Aug. Vidal. *L'ancien diocèse d'Albi*, n° 1141).

Bathalier, François, maçon. — Deux maçons d'Albi, François Bathalier et Claude Journès, s'engagent, le 3 juillet 1681, envers le couvent des Annonciades de cette ville à construire, au prix de 1900 livres, un bâtiment à trois étages entre la muraille « de la gualerie qui va aux lieux communs du dit monastère jusques à l'autre muraille du corps d'icelluy monastère, appelé de Rabastens, et tout le long de celle de leur clôture du costé de l'archevesché » (Aug. Vidal. *L'ancien diocèse d'Albi*, n° 1975).

Batut, peintres. — Jean-*François* Batut, né et mort à Castres (26 juin 1828-21 mai 1907), fut, à Paris, l'élève de Charles Valette et exposa aux Salons de 1861 à 1868 et aussi à Castres en 1879. Cet artiste s'est spécialisé dans le portrait et le pastel. Le Musée de Castres possède de lui des portraits du sculpteur Cambos, du député Jaurès, de Léopold Batut (son fils) et de lui-même (*Revue du Tarn*, t. II (1878-79), p. 305, t. XXIV (1907), p. 235, Bellier de La Chavignerie et L. Auvray. *Dict. gén. des artistes français*, t. I, p. 51, Bénézit. *Dictionnaire, Catalogue du Musée de Castres*).

Léopold-Jean-François, fils du précédent, naquit et mourut aussi à Castres (5 juin 1858-1902). Il fut l'élève de son père et de

Gérôme. Les Salons parisiens firent connaître en 1886 son *Dans mon jardin*, en 1887 *Un intérieur d'étable*, en 1895 six études et portraits miniature. A sa mort, son père survivant, donna au Musée de Castres une intéressante collection de 34 peintures et aquarelles exécutées par le défunt; ce sont des paysages ou coins de paysages castrais (*Intérieur d'étable*, *Le Carras*, *L'Agout en amont du pont Miredame*, *Source sous bois*, etc.) et encore un profil de femme, une *Jeune bohémienne*, plus des fleurs, roses, chrysanthèmes, anémones, lilas... (*Revue du Tarn*, t. VI (1886-87), p. 47 et 255, t. XII (1895), p. 128, t. XX (1903), p. 124, *Catalogue du Musée de Castres*).

Bau, Barthélemy, potier de terre, figure parmi les contribuables du hameau de La Pelforte (com. de Giroussens) en 1767 (Em.' Rieux. *Les poteries de Giroussens*, p. 28).

Baunouaret, Jean, brodeur, est taxé pour la capitation à Albi en 1695 (Arch. du Tarn, C. 531, f° 83 v°).

Baurens, imprimeurs. — Le 11 février 1738, sur la paroisse de Saint-Julien d'Albi, était bénite l'union de Jean-Baptiste Baurens, « imprimeur de Monseigneur l'Archevêque, fils de feu Dominique, m° sellier, et d'Anne Cabrol, de la ville de Toulouse, paroisse de la Dalbade », avec « Françoise Andrieu, fille de Vital et de feue Catherine Lafargue, de la ville de Cahors » (Arch. d'Albi, GG. 72, f° 79 v°). Il est vraisemblable que Baurens était déjà établi à Albi depuis quelque temps, peut-être depuis 1735, comme l'a écrit Em. Jolibois (*Annuaire du Tarn* pour 1882), mais on ne connaît aucun produit de ses presses antérieur à l'année de son mariage.

Il ne cessa pas de résider dans la paroisse de Saint-Julien où furent baptisés, de 1739 à 1756, ses nombreux enfants, six garçons et quatre filles : Dominique-André, né le 2 mars 1739, baptisé le 8 (GG. 72, f° 90), Pierre, né le 17 septembre 1740, décédé le 26 (GG. 73, f°ˢ 7 v° et 8, GG. 22, f° 272 v°), Jean-François, né et baptisé le 1ᵉʳ août 1741 (GG. 73, f° 18), une fille, baptisée le 13 décembre 1742 (GG. 73, f° 35), Alexandre, né le 5 mars 1744, décédé en 1747 (GG. 73, f° 54, GG. 23, f° 205 v°), Jean-François-Antoine, né le 27 juillet 1745, baptisé le lendemain (GG. 73, f° 71), Jean-Baptiste, né le 7 décembre 1746, décédé en 1747 (GG. 73, f° 89, GG. 23, f° 210), enfin les 9 août 1749,

15 août 1750 et 1ᵉʳ mai 1756, trois filles (GG. 73, fᵒˢ 109 et 7 ᵛᵒ, 79 de la 2ᵉ pagination).

Jean-Baptiste Baurens mourut, à l'âge de 70 ans, le 11 février 1771 (GG. 74, fᵒ 109). Sa femme décéda au même âge sur la paroisse de Sainte-Martiane le 25 février 1786 (GG. 66, fᵒ 140). Il est à remarquer que le nom de cette personne, Françoise Andrieu « fille de Vital » [Andrieu] a été parfois transformé en « Vital-Andrieu » ou (le plus souvent) en « Vidal ».

Baurens acquérait, en 1745, un immeuble dans la « gache » (quartier) de Sainte-Martiane, puis lui et son fils aîné devenaient propriétaires, de 1748 à 1780, d'autres maisons dans la rue du Puits d'En Grèze (CC. 37, fᵒ 141). Il est cotisé sur le registre de la capitation de 1760 dans la gache de Saint-Affric (Arch. du Tarn, C. 555, fᵒ 84 ᵛᵒ), mais sa résidence fut constamment la paroisse de Saint-Julien où il se maria, baptisa ses enfants et mourut; les limites des gaches ne se confondaient pas d'ailleurs avec celles des paroisses.

Il recevait de la ville d'Albi une gratification annuelle de 30 livres (CC. 412, 415, 422, 531) en sus du prix des impressions d'ordre administratif qui lui étaient commandées, comme, par exemple, un « privilège des vins » de 1757 (CC. 422). Les consuls lui firent payer 6 livres, vers le début de sa carrière, pour avoir fait graver sur bois les armes municipales qui, sans doute, servirent à des travaux de ce genre (CC. 524). Divers établissements religieux furent aussi ses clients : le chapitre collégial de Gaillac, entre autres, qui lui fit imprimer ses statuts (Arch. du Tarn, G. 548), les Jacobins d'Albi à qui il livrait en 1759 des exemplaires d'un « programme des discours à l'entrée des classes » du premier professeur de théologie, le P. Dhéran (Arch. du Tarn, H.373).

Après sa mort (1771), sa veuve continua pendant quelque temps à diriger l'imprimerie. Deux impressions tout au moins sont sorties des ateliers de la « Veuve Baurens »; elles sont datées de 1776.

Cette même année, le fils aîné, Dominique-André (qui intervertit ses prénoms sur les titres de ses publications), se marie et remplace sa mère. L'acte de son mariage est inscrit sur les registres des deux paroisses de Saint-Julien et de Saint-Salvi à un jour d'intervalle : le 3 juin 1776 Dominique-André Baurens « imprimeur-libraire », fils de feu Jean-Baptiste et de Françoise Andrieu, « de la paroisse de Saint-Julien », épouse sur la paroisse de Saint-

Salvi Catherine Féral, fille de Philippe, marchand, et de feue Thérèse Gisbert (GG. 26, f° 326). Le lendemain, 4, la même cérémonie est notée comme ayant eu lieu dans l'église de Saint-Julien (GG. 75, f° 191 v°). On peut supposer que la bénédiction nuptiale fut donnée à Saint-Salvi, paroisse sans doute de la mariée, et que le lendemain, à Saint-Julien, le desservant de cette dernière paroisse crut bon de noter, dans ses registres, le mariage de l'un de ses fidèles, quoique célébré ailleurs.

Les deux premiers enfants de Dominique-André, une fille née le 28 mai 1777, et un garçon, Jean-François-Marie, né le 7 mai 1778, furent baptisés à Saint-Julien (GG. 75, f°ˢ 200 et 206 v°), mais trois autres garçons reçurent ce sacrement à Sainte-Martiane : Antoine-Pascal-Catherine, né le 5 avril 1781, Jean-Baptiste-Antoine-François, né le 30 juillet 1782, et Jacques-Urbain-François, né le 25 mai 1785 (GG. 67, f°ˢ 45, 85 v° et 172 v°). Donc, entre 1778 et 1781 Baurens dut transférer sa résidence de la paroisse de Saint-Julien dans celle de Sainte-Martiane où sa mère l'avait suivi et finit ses jours. Il mourut le 2 avril 1820. On le trouve taxé pour la capitation de 1789 dans la gache de Saint-Affric, comme son père (Arch. du Tarn, C. 577, f° 68). Il avait été, en 1785, l'un des consuls d'Albi dont il était l'imprimeur en titre de même que celui du diocèse (AA. 7 et GG. 67, f° 172 v°).

Les deux Baurens, père et fils, furent à la fois imprimeurs et libraires. Leurs travaux ayant été classés par M. Masson, bibliothécaire, il serait aisé de dresser un catalogue détaillé d'une cinquantaine environ qui sont datés de 1738 et années suivantes pour ce qui concerne Jean-Baptiste, de 1776 pour sa veuve, de 1776 à *1823* pour « André-Dominique » qui imprima en collaboration avec Collasson en 1809 et avec Rodière en 1818. Dominique-André étant mort en *1820*, il faut croire que ses héritiers ont continué jusqu'en 1823 de diriger ses ateliers en en signant les produits du nom du défunt.

Baynes, Samuel, orfèvre à Castres, était l'un des tenanciers des Chartreux de cette ville en 1656 (Arch. du Tarn, H. 205).

Bazin, Jean, libraire. — Originaire de Genève, Bazin s'était fixé à Castres où il fut arrêté en 1642 pour avoir vendu une brochure de Pierre Dumoulin intitulée *Le Capucin*. Il réussit à s'échapper (Ch. Pradel. *L'imprimerie à Castres* dans les *Mémoires de l'Académie des sciences,... de Toulouse*, 8ᵉ série, t. IV, p. 229).

Beaujeu (de), Jean, architecte. — On ignore le lieu de sa naissance, mais les archives communales d'Albi ont permis à M. Stein d'établir que cet artiste, l'un des architectes de la cathédrale d'Auch, séjourna à Albi de 1518 à 1539 environ et y épousa Jeanne Bolangier. Il mourut à Auch en 1568, laissant trois enfants dont un garçon, Justin, et deux filles.

« Mestre masson jurat de la universitat d'Alby », il visite, sur l'ordre des consuls, en 1536, les murailles de la ville, le pont du Tarn, le « griffol » (fontaine) du Bout-du-pont, le pont de Font-vialane, divers chemins, puis des moulins drapiers qu'on bâtissait près du pont du Tarn. A cette dernière occasion il remet un rapport autographe, daté du 8 juillet 1537 (Arch. d'Albi, CC. 459 et DD. 31, documents utilisés par H. Stein. *L'architecte Jean de Beaujeu*, dans les *Annales du Midi*, t. XXI (1909), p. 474-483).

Le secrétaire des consuls de 1537-38 mentionne, d'autre part, plusieurs paiements faits en novembre et décembre 1537 à Jean de Beaujeu. On lit (Arch. d'Albi, CC. 244, fᵒˢ 18, 18 vᵒ et 21 vᵒ) : « Item ay pagat à Mᵉ Johan de Beaujeu, mestre dels massos, la soma de sieys livras, sinc soultz t. per los campanhos de las canonieyras, coma aper per lo mandamen del xxɪx de novembre [1537]... Item ay pagat à Mᵉ Johan de Beaujeu, masson, la soma de sieys liuras, quinze soultz t., coma aper per lo mandamen lo secon jor de dézembre [1537] ». Enfin il lui est alloué 6 livres, 15 sous « per aver devisadas las canonieyras de las muralhas ». Jean de Beaujeu a donc, dans les derniers mois de 1537, dressé les plans et devis (*devisadas*) de petits bastions ou réduits destinés à abriter des pièces d'artillerie sur la ligne des fortifications de la ville et il en a dirigé l'exécution.

Sur J. de Beaujeu, voir un article du *Nouv. dictionnaire des architectes français* de Ch. Bauchal.

Bédos, peintre. — L'église paroissiale de Cordes possède une toile signée « Bedos » et représentant deux saintes (Luce et Catherine?) portant une palme chacune et ayant à leurs pieds, l'une des ciseaux, l'autre une épée. Cette peinture, très médiocre, peut remonter au xvɪɪᵉ siècle.

Bel, Jean, maçon. — Par un bail à besogne du 5 avril 1400, les maçons (*peyrerii*) Jean Bel et Antoine Gentil s'engageaient à reconstruire en pierre parties d'une des enceintes de Cordes correspondant à deux brèches. Ce mur devait avoir deux empans et demi d'épaisseur (env. 0ᵐ62) et être soutenu par trois contreforts. Le prix convenu est de 7 gros d'argent par canne de maçonnerie (Ch. Portal. *Extraits de reg. de notaires*, p. 114).

Bel, Jean, papetier. — Le siège de la sénéchaussée de Castres avait à s'occuper, le 22 juillet 1721, d'une plainte de Jean Bel, « marchand papetier » des Salvages, consulat de Burlats, contre Donados, papetier du moulin de Roquerlan, près de Mazamet. Celui-ci, au dire de Bel, avait « contrefait la marque du papier de la papeterie des Salvages parce que ce papier était en grande réputation dans tout le royaume et que celui de Roquerlan se vendait toujours dix sols de moins par rame ». La visite du magasin d'un marchand de Castres avait permis de constater en effet que le papier provenant de Roquerlan portait « sur l'enveloppe, en teinture rouge, ce mot SALVATGES, avec la représentation de deux soleils... et en dedans (en filigrane) une cloche et un P et D » (Arch. du Tarn, B. 144). On ignore la suite de l'affaire.

Le moulin des Salvages appartenait à Marc-Antoine Donnadieu de Pélissier du Grès qui, l'année suivante (1722), traitait avec Jean Court et, le 13 janvier 1723, lui affermait la dite papeterie dont Jean Bel cessait ainsi d'avoir la direction (Arch. du Tarn, B. 146).

Belhomme, orfèvre, était établi à Castres en 1772 et en l'an VII (Arch. du Tarn, Acquisition de 1920, papiers Payrastre et L. 258, fᵒ 118 vᵒ).

Belot, Guillaume, potier d'étain. — Le couvent des Annonciades d'Albi soutint un assez long procès, de 1626 à 1636, contre les héritiers de Belot, de la dite ville (Arch. du Tarn, H. 782).

Bénazech, Mathieu, potier de terre, était établi à Graulhet en 1625 et se reconnaissait, à cette date, débiteur du potier Jean Goxo, d'Albi (Communication de M. l'abbé Thomas d'après un reg. du notaire G. Clefeu, de Graulhet).

Bénezet, Bernard, peintre. — Cet artiste, né à Lagrasse, Aude, le 21 janvier 1835, et mort à Toulouse, le 19 mai 1897, suivit les cours de l'Ecole des beaux-arts de Toulouse et fut, à Paris, l'élève

de François Picot. Il s'est spécialisé dans la peinture murale et
on lui doit la composition de la décoration de l'église de La Drèche, dont il dirigea l'exécution par l'abbé Maurice Valette, de
1877 à 1894 (H. Rachou. *Catalogue des collections de peinture du
Musée de Toulouse*, p. 29 et ci-après l'article Valette). Bénezet
a aussi orné le chœur de l'église de Saint-Paul-cap-de-Joux de
plusieurs épisodes de la vie de saint Paul; dans deux chapelles
attenantes il a peint une Vierge et un Sacré-Cœur.

Bérail, François, musicien. — Le chapitre collégial de Gaillac
confère, en 1611, une prébende à François Bérail, ancien enfant
de chœur, musicien jouant du serpent (Arch. du Tarn, G. 481).

Bermond, *Marie*-Gabrielle-Antoinette, peintre. — Fille de
Louis Bermond, avocat, maire d'Albi, cette future artiste naquit
dans la dite ville le 30 octobre 1859.

Mlle Bermond fut, à Paris, une des élèves de l'Académie Julian
et du sculpteur Emile Bourdelle, puis séjourna quelque temps en
Tunisie. Bon nombre de ses œuvres ont été vues à Albi, en 1893,
à une Exposition parisienne de femmes peintres, la même année,
aux Salons du Champ de Mars, de 1894 à 1900, au Salon d'automne de 1900, aux Salons de la Société nationale des beaux-arts
depuis 1901, aux galeries de l'Art nouveau de Bing, en 1902, aux
Indépendants, de 1903 à 1905, à l'Exposition Devambez en 1907,
aux Arts décoratifs de 1909... Une de ses toiles (*Baigneuse*, 1909)
est conservée au Musée de Cannes, un de ses pastels (portrait) a été
récemment (1923) donné par l'Etat au Musée d'Albi.

C'est surtout le pastel qu'a pratiqué Mlle Bermond et longue
serait la liste des portraits qu'elle a exécutés par ce procédé. On
lui doit aussi quelques peintures et des « improvisations », sortes
d'esquisses rapidement tracées sur un papier spécial à l'aide d'un
mélange de couleur à l'huile, de pastel et d'essence.

On cite parmi ses pastels les plus remarquables : la *Femme au
nœud rose* (exposée en 1899), la *Jeune fille tenant des roses* et *La
rose* (1900), la *Femme au nœud vert*, la *Tête aux cerises*, les *Lau-
rirs roses*, un *Pont sur l'Agout* à Castres (1902), une *Jeune fille
sentant une rose* et le portrait des petites-filles de M. Max Michaël
(1903) et, parmi ses toiles, assez rares, la *Baigneuse*.

Femmes, fleurs et fruits constituent les éléments de ces compositions simples, dessinées d'une façon à la fois précise et vapo-

reuse, vivement éclairées et d'une tonalité vibrante. La recherche des effets de couleurs juxtaposées est la préoccupation dominante de cette artiste. Toutes ces belles images sont comme la réalisation délicate de rêves colorés (*Revue du Tarn*, t. X à XVII (1893-1900), *passim* (voir la Table des 25 premières années) et t. XVIII (1901), p. 122, t. XIX (1902), p. 185, t. XX (1903), p. 123 et 236, t. XXI (1904), p. 128, t. XXII (1905), p. 66 et 192, t. XXIII (1906), p. 97, t. XXIV (1907), p. 234 et 236, t. XXVI (1909), p. 179, t. XXVII (1910), p. 204, t. XXX (1913), p. 248, — *Exposition artistique et archéol. d'Albi*, 1893. Livret, — les articles publiés par Tristan Klingsor dans *L'œuvre d'art international* de janv.-févr. 1904, avec fig., et de J. Pérès dans *La revue du bien dans la vie et dans l'art* de janv. 1905, avec fig., — Bénézit. *Dictionnaire...*).

Bernadou, Gabriel, sculpteur. — Né à Rayssac, canton de Montredon, admis à l'Ecole des beaux-arts de Paris en 1899, Bernadou a reçu les leçons de Falguière, de Mercié, de Denys Puech. Il obtint des récompenses dans les examens de l'Ecole et prit part au concours pour le prix de Rome en 1904.

Il a exposé aux Salons, de 1900 à 1905, plusieurs bustes (portrait de Mlle M. R., de M. Armand C., etc.), puis en 1909 et 1910 à la Société nationale des beaux-arts, divers objets tels que bonbonnières, vase à couvert de cuivre, poteries de grès ornées de fleurs et de fruits... (*Revue du Tarn*, t. XVII (1900), p. 111 et 112, t. XIX (1902), p. 185, t. XX (1903), p. 123 et 300, t. XXI (1904), p. 253, t. XXII (1905), p. 193, t. XXVI (1909), p. 179, t. XXVII (1910), p. 204 et Bénézit. *Dictionnaire...*).

Bernoye (de), verrier. — Son nom figure sur un arpentement des biens du chapitre collégial de Cordes, de 1729-31, à raison de tenures situées à Saint-Beauzile (Arch. du Tarn, G. 462).

Bert, Guillaume, verrier. — Jean Bert, fils de Guillaume, verrier, était baptisé, le 8 juin 1617, sur la paroisse de Sainte-Martiane d'Albi (Arch. d'Albi, GG. 56, f° 20 v°).

Berthault, Pierre-Gabriel, graveur. — Né à Saint-Maur, Seine, en 1748, mort en 1819, cet artiste, qui a travaillé surtout en Italie et à Paris, terminait vers 1779 le plan d'Albi dessiné par Laroche et gravé en majeure partie par Chalmandrier (Voy. ce nom).

Vers la même époque, en 1777, l'ingénieur Saget lui avait fait graver une réduction de son immense plan de Toulouse dressé en 1750 (Bon Desazars. *Bull. de la Soc. archéol. du Midi*, 1897-98, p. 110).

Sur P.-G. Berthault voir le *Dictionnaire* de Bénézit.

Bertié, imprimeurs. — Pierre Bertié, né à Montauban le 15 septembre 1609, mort dans la même ville le 8 août 1688, imprima d'abord à Montauban, puis, de 1665 à 1667 ou 1668 à Puylaurens. Dans cette dernière localité il édita une *Logica* de Jean Bon, professeur à l'Académie protestante (1665), une autre *Logica* du professeur Ramondou (1667) et une *Physica* du même auteur (1667).

Antoine Bertié, fils de Pierre et son successeur en 1668, était né à Montauban le 5 janvier 1647, il mourut entre 1678 et 1682. Il est sorti de ses presses de Puylaurens onze thèses, de 1670 à 1674. Après la révocation de l'Edit de Nantes, il ferma ses ateliers et travailla, à Montauban, aux gages de son oncle Samuel Dubois (Em. Forestié. *Hist. de l'imprimerie et de la librairie à Montauban* (Montauban, 1898, in-8).

Berton, Paul, imprimeur. — Il était établi à Limoges quand il imprima, pour le compte de Léonard Fardelet, libraire à Albi, les Statuts synodaux du diocèse d'Albi de 1528 (Ch. Portal. *Note sur un incunable de la bibliothèque d'Albi*, dans la *Revue du Tarn*, t. VIII (1890-91), p. 91-93, et Em. Forestié. *Hist. de l'imprimerie... à Montauban*, p. 7).

Bertrand, horloger. — Le sieur Bertrand, horloger à Castres, s'engage, le 10 octobre 1638, à entretenir l'horloge de la cathédrale de cette ville, mécanisme qui « se destraque ordinairement ». Pour ses peines il recevra tous les ans un setier et deux cartières de blé moussole (bladette) (Arch. du Tarn, G. 265).

Besot, Thomas, fondeur. — Le 14 novembre 1474, deux fabriciens de l'église de Bleys, canton de Cordes, reconnaissent devoir à ce fondeur, habitant « loci Clarmontis de Alvernha » (Clermont-Ferrand), la somme de 36 écus et demi, plus 4 livres tournois pour la façon d'une cloche et la fourniture de 3 quintaux, 66 livres de métal. Deux jours après, la fonte ayant dû accuser un poids supérieur aux prévisions, les mêmes personnes s'engageaient à payer en outre à Besot 10 écus et 10 doubles tournois, l'écu étant compté pour 27 sous, 6 deniers (Ch. Portal. *Extraits de reg. de notaires*, p. 30 et *Notes sur qqs fondeurs de cloches*).

Sur les Bezot (avec un z) des xviiᵉ et xviiiᵉ s. voir Berthelé. *Enquêtes campanaires*. Ces derniers étaient originaires du Bassigny.

Bessière, Guillaume, brodeur. — La confrérie de sainte Catherine de Sienne, établie dans l'église des Jacobins d'Albi, confie, le 19 mars 1645, à Guillaume Bessière, brodeur Toulousain, résidant à Albi, le soin de décorer un drap mortuaire de velours noir. Sur du satin blanc à coudre au centre du drap l'artiste représentera une sainte Catherine d'environ deux empans de haut (env. 0ᵐ45) « tenant ung libre, ung crucifix et ung lis blanc à une main et l'autre main sur la poitrine, avec ung dragon soubs les pieds, ainsin qu'est acoustumé, et ung (une) corone dans ung escusson »; six flammes en fils d'or compléteront cette ornementation. Le prix stipulé est de 25 livres (Aug. Vidal. *L'ancien diocèse d'Albi*, n° 2124).

Bessière, papetiers. — Un registre de la paroisse de La Madeleine d'Albi mentionne, à la date du 3 novembre 1669, le décès d'une fille d'Antoine Bessière, papetier (Arch. d'Albi, GG. 45, fᵒ 35).

Dans la même ville et sur la paroisse de Sainte-Martiane mourait, le 12 décembre 1680, à l'hôpital, un enfant en bas âge d'André Bessière, papetier aux Avalats, commune de Saint-Juéry (Arch. d'Albi, GG. 60, fᵒ 16 vᵒ).

Voy. Bussière.

Bessière, Jean, libraire. — Le sieur Bessière (sans prénom), libraire, était choisi pour « bedeau » (appariteur) par l'Académie de Castres, le 28 décembre 1660 (Arch. de Castres, II. 10).

Ce personnage est sans doute le même que le libraire *Jean* Bessière cité par M. Pradel sous les dates extrêmes de 1679 et 1686 (*Notice sur l'imprimerie à Castres*, p. 227 et 255). Jean Bessière fut l'un des consuls de Castres en 1680 et 1687 (Arch. de Castres, BB. 25 et 26) et son nom se retrouve sur le livre de la capitation de 1695 (Arch. du Tarn, C. 1098). On a vu, à l'article Barcouda, que les ouvrages protestants de son magasin furent saisis en 1686, après la révocation de l'Edit de Nantes. — Voy. Bussière.

Bessol, François, menuisier. Voy. Pelet.

Besson, René-Jean, sculpteur. — Fils d'Amédée Besson, antiquaire, René-Jean est né à Albi le 24 juin 1889. Il a suivi les cours de l'Ecole des beaux-arts de Toulouse de 1905 à 1910 et reçu les leçons de J. Rivière, de Raynaud et de Louis Oury.

Cet artiste a exposé : à l'Union artistique de Toulouse, en 1906 et 1907, une statuette de jeune fille lisant, un buste en bois (*Les roses*) conservé au Musée de l'Ecole et dont la maquette a été donnée à la ville d'Albi, — à Albi, un plateau bois (*Eglantines*), une terre cuite (*Liseuse*), — à Toulouse et à Albi plusieurs bustes, surtout de femmes, — au Salon des artistes français, en 1910, une femme couchée (*Paresse*) (Léon Belot. *Nos artistes, R.-J. Besson*, dans la *Revue du Tarn*, t. XXX (1913), p. 90-93).

Bicau, Jean-Baptiste, doreur de Toulouse, s'engage, le 5 décembre 1736, à dorer, moyennant la somme de 1400 livres, un rétable placé dans le chœur de l'église de Saint-Michel de Gaillac (Arch. du Tarn, G. 490).

Biunac, organiste. — Le chapitre collégial de Gaillac achetait à Rodez, le 5 septembre 1684, des orgues « belles et bonnes qui n'avaient encore jamais servi ». Un prêtre fut envoyé à Rodez pour apprendre à en jouer sous la direction de l'organiste Biunac qui d'ailleurs se rendit à Gaillac pour accorder l'instrument; il l'essaya « plusieurs fois au gred du chapitre et des principaux habitans » (Arch. du Tarn, G. 485).

Blanc, *Charles*-Alexandre-Philippe-Auguste, graveur et littérateur. — Le graveur Charles Blanc est surtout connu par ses travaux d'histoire et de critique d'art, tels que la *Grammaire des arts du dessin* (1867), l'*Histoire des peintres de toutes les écoles* (14 vol. in-4, 1849-75), des études sur Rembrand, Ingres... Il n'appartient à notre département que par le fait tout fortuit de sa naissance à Castres le 17 novembre 1813; il ne résida pas dans le Tarn et mourut à Paris le 17 janvier 1882.

Directeur des Beaux-arts de 1842 à 1852, puis de 1870 à 1873, professeur d'esthétique et d'histoire de l'art au Collège de France de 1878 à 1882, l'Académie des Beaux-Arts lui conféra le titre de membre libre en 1868 et l'Académie française celui de membre titulaire en 1876. Sa vie et ses œuvres sont exposés dans les dictionnaires des contemporains, ce qui dispense d'y revenir ici.

Voir Bellier de La Chavignerie et L. Auvray. *Dictionnaire général des artistes français*, t. 1.

Blanchard, Jacques, peintre. — L'archevêque Le Goux de La Berchère, qui occupa le siège d'Albi de 1693 à 1703 et mourut en 1719, fit don à la cathédrale d'une toile représentant *Saint Pierre recevant les clefs du paradis de l'enfant Jésus posé sur les genoux de la Vierge* et non pas une *Sainte famille*, comme on l'a parfois écrit. Le tableau est signé dans une banderole BLANCHARD (en capitales) et daté de 1628 et non de 1618; cette dernière erreur est due à un grattage du chiffre 2 dont on distingue néanmoins fort bien les extrémités.

L'œuvre est d'ailleurs remarquable et digne de l'artiste qu'on a appelé « le Titien français » (1600-1638). Malheureusement elle a eu à souffrir d'un vernissage excessif et de quelques retouches. Elle est classée parmi les monuments historiques (J. Bégué. *Albi. Exposition de peinture*, 1863, p. 26, — *Revue du Tarn*, t. V (1884-85), p. 241, c. r. des séances, — E. Jolibois. *Les beaux-arts dans le départ du Tarn...*, même recueil, t. VI (1886-87), p. 264.

Sur Blanchard, voir Ch. Blanc, *Hist. des peintres.*

Bled, Bernard, potier de terre à La Pelforte, commune de Giroussens, figure en 1762 sur le livre des impositions locales (E. Rieux. *Les poteries de Giroussens*, p. 28 et 37).

Boat, Antoine, facteur d'orgues. — Il est fait allusion, dans les archives du chapitre collégial de Saint-Salvi d'Albi, à un acte du 21 juin 1673 par lequel Jean Maurel, prêtre de Bozouls, Aveyron, et Antoine Boat, « organiste » de Rodez, s'engageaient à construire un orgue destiné à l'église de Saint-Salvi. Le 29 octobre suivant, il leur était payé 400 livres « pour le prix fait du travail de l'orgue à neuf ». Puis, l'organiste Pierre Sudre, prébendier de Saint-Salvi, était envoyé à Rodez afin de se perfectionner dans son art sous la direction de Boat.

Un nouveau contrat fut passé le 29 octobre 1675 avec ce dernier seul qui promit de faire un jeu de bourdon « pour l'augmentation de l'orgue » moyennant la somme de 120 livres. Enfin, le 12 septembre 1678, il était convenu que Antoine Boat et Antoine Corbin « faiseur d'orgues, natif de Rieupeyroux », Aveyron, confectionneraient au prix de 150 livres, « un jeu de bourdon de quatre pieds sonant de huit, composé le plain jeu d'une nouvelle compo-

sition, langayer la voix humaine et faire parler le mieux qu'il se
pourra, relepver le dit orgue, le faire parler et mettre d'accord »
(Arch. du Tarn, G. 363).

Il est à noter que l'historien de Saint-Salvi, Hip. Crozes, ne
signale pas d'orgue dans cet édifice avant 1727, époque où le chapitre fit l'acquisition du vieil orgue de la cathédrale. Il est vraisemblable qu'on utilisa alors, pour la façon de l'instrument qui
existe encore et porte la date de 1727, le métal tout au moins de
l'orgue de Boat et de celui de Sainte-Cécile.

Bodin-Legendre, architecte et ingénieur. — Camille Bodin-
Legendre remplissait les fonctions d'inspecteur des édifices diocésains quand il dressa, en 1860, le plan de restauration et
d'agrandissement de l'église de La Drèche, travaux entrepris
l'année suivante et terminés en 1865 (Arch. du Tarn, V 2, Albi et
Abbé Valette. *Notre-Dame de La Drèche*, Albi, 1911, petit in-8,
avec fig.).

Paul, son fils, né à Saumur, Maine-et-Loire, le 20 septembre
1849, a vécu à Albi durant sa première enfance, est passé par
l'Ecole centrale où plus tard (1892) il devait professer en même
temps qu'il devenait ingénieur, puis administrateur de la Société
de constructions des Batignolles. On doit à cet éminent ingénieur
la création de nombreux ponts métalliques, notamment du pont
Troitsky sur la Néva à Pétrograd et du viaduc du Viaur, dont
l'architecture basée sur un système de « fermes en arc équilibrées
par encorbellements ou culasses », est la réalisation magistrale
d'une nouvelle et savante conception. Tout le monde connaît
l'élégant viaduc du Viaur, sur la ligne de Rodez à Castelnaudary,
dont la première pierre fut posée en 1896 et qui fut inauguré le
5 octobre 1902; l'ouverture à l'exploitation eut lieu le 18 décembre suivant. Je me borne à rappeler que cette œuvre d'art mesure
460 m. de long, dont 410 pour la partie métallique, que la portée
de la grande arche centrale atteint 220 m. (tandis qu'à Garabit
elle n'est que de 165) et domine, à la flèche, le niveau du Viaur
de 116 m. Loin de nuire au paysage, si pittoresque en cet endroit,
le viaduc, qu'on a comparé à une immense toile d'araignée tendue
d'une rive à l'autre, en rehausse l'attrait (*Discours de M. P.
Bodin.*, *extrait des Mémoires de la Soc. des ingénieurs civils de
France, janvier* 1903, in-8 avec fig., C.-E. Curinier. *Dict. national*

des contemporains, t. IV (1903), p. 322-323, A. de Berne-Lagarde. *Le Viaduc du Viaur.* « *Pont Bodin* » (Albi, 1921, petit in-8 de 46 p. avec portrait et fig.).

Boissière, Joseph, peintre, de Rabastens, exposait en 1900 au Salon de la Société des artistes français (*Revue du Tarn*, t. XVII (1900), p. 111).

Bonbon, B., fondeur. — L'église de Montans possède une cloche fondue en 1706 et signée B. BONBON FECIT, avec la légende « Sit nomen Dei benedictum ste Martine ora pro nobis » (Arch. du Tarn, E. 2794 (donnant la date de 1706) et E. Rossignol. *Monographies de l'arr. de Gaillac*, t. II, p. 36).

Sur les Bombon (avec un *m*), fondeurs du Bassigny aux xviie et xviiie s., voir J. Berthelé. *Enquêtes campanaires.*

Boneau ou **Bonnaud,** papetiers. — En 1664, Jean « Boneau » papetier, est témoin d'un mariage à Saint-Juéry (Arch. du Tarn, E. 5054).

Pierre « Bonnaud », « maître papetier », fils de Jean, marié avec Anne Bousquet, fait baptiser, le 20 juillet 1710, sur la paroisse de Saint-Salvi d'Albi, son fils Auguste, né le 18 (Arch. d'Albi, GG. 20, f° 301). Il fut le premier fermier du moulin à papier construit en 1686 à Rayssac, sur le Dadou (*Albia christiana*, t. IX (1912), p. 286).

Bonhoure, Ernest, peintre, né à Burlats, exposait au Salon de la Société des artistes français en 1900 et 1901, notamment un portrait de Mad. O. (*Revue du Tarn*, t. XVII (1900), p. 111 et t. XVIII (1901), p. 122).

Boniol, Jacques, libraire. — Parmi les témoins du testament de François-Roger de Comminges, chanoine du chapitre cathédral d'Albi, acte de l'année 1592, figure Jacques Boniol, libraire d'Albi, qui, en 1602, fournissait aux consuls de cette ville deux grands registres (*Revue du Tarn*, t. VII (1888-89), p. 223 et Arch. du Tarn, C. 428).

Bonnafous, peintre, de Gaillac, exposait au Salon toulousain en 1891 (*Revue du Tarn*, t. VIII (1890-91), p. 291).

Bonnaud. Voy. Boneau.

Bonnet, Antoine, menuisier. — Le juge d'Albigeois, Roch de

Combettes, commande, en 1611, à Antoine Bonnet, menuisier de Rabastens, un meuble composé de « cinq portes garnies de placards et frontispice, chambranle bien faict et agrémenté,... de bon bois noir, sec et belle couleur » (Ch. Peyronnet. *Documents sur quelques artistes du pays albigeois*, dans la *Revue du Tarn*, t. XIX (1902), p. 33).

Bonnet, Ernest-François, dessinateur. — Né à Albi, exposait en 1893 une *Sortie de classe*, d'après Geoffroy (dessin à la plume) et *Les Moccoli* (dessin au crayon) (*Exposition artistique et archéol. d'Albi*, 1893. Livret).

Bor, Gaillard, sculpteur. — Les religieuses de Notre-Dame de Fargues d'Albi passent, le 25 juillet 1678, avec Gaillard Bor, sculpteur de Saint-Félix de Caraman, un contrat d'après lequel ce dernier doit confectionner pour leur chapelle, moyennant la somme de 900 livres, un rétable conforme au dessin qu'il leur a soumis. Toutefois, à la place d'une grande peinture (?) centrale existant, Bor mettra « une Annonciade en basse tailhe (bas-relief) et, autour du cadre du dit tableau (autour de l'encadrement) seront placées les dix Vertus, aussy en basse tailhe; au corps d'en haut le Père éternel en bosse et à demy-corps; dans les niches d'entre les deux colonnes, une saincte Jeanne [de Valois] en royne, avec la couronne sur la teste et le sceptre à la main, portant un manteau royal retroussé sur le devant pour y peindre l'hermine, et, de l'autre costé le Père Gabriel Maria en Cordelier, avec une crosse et [une] mître à ses pieds. Et, au dessus des crédances, il y aura un sainct Joseph et un sainct Jean-Baptiste en basse tailhe, lequel contretable (rétable), bien conditionné et en la forme susdite le dit sieur Bor sera tenu... d'avoir mis en place... dans tout le moys de may prochain ». Le 15 avril 1680 Bor donna quittance de ce qui lui restait dû (Aug. Vidal. *L'ancien diocèse d'Albi*, nᵒˢ 1969 et 1972). Le texte de ce bail à besogne de 1678 se retrouve dans les archives du Tarn (H. 677, fᵒ 352).

Quelques années plus tard, en 1692, Bor est à Lisle-sur-Tarn, traitant avec la fabrique de l'église paroissiale, dite de Notre-Dame de Jonquière, pour la façon d'un tabernacle destiné à remplacer celui qui vient d'être violé par des malfaiteurs. Le bail est ainsi rédigé : « Nous soubsignés (archiprêtre et fabriciens) avons convenu pour la faction du tabernacle comme s'ensuit. Premièrement

que le s^r Bor, entrepreneur du dit ouvrage, faira sur le haut du
rétable, là où est le balustre, un sépulchre de la Vierge avec deux
figures hautes à ronde bosse, une de chaque costé, une représentant une Magdelaine, l'autre représentant un des apostres; pour
le corps d'en haut du tabernacle il faira, à la place du tableau, un
Dieu le père en haut dans les nues avec des chérubins et le Saint
Esprit; soubs la dicte figure du Père éternel il faira une grande
corniche susportée par sept colonnes lesquelles seront torces
(torses) avec des ornemens entrelassés; il sera fait sur l'auteur de
la corniche d'en bas, où estoit le tableau, un tronc qui sera élevé
de quatre degrés embelis d'ornemens convenables au dernier
duquel sera l'Agneau occis; deux anges seront élevés à la proportion convenable en l'air qui tiendront une corone pour couvrir le
Saint Sacrement qui s'exposera sur la teste de l'Agneau; une
gloire, qui prendra son point du Saint Esprit, se répendra
avec de petits chérubins et autres ornemens que le s^r Bor advisera;
entre les trois colonnes du milieu il y aura quatre grands anges
sur le trône qui adoreront et sept séraphins seront placés aussi
autour du trône entre les ailes desquels on pourra mettre un
cierge pour représenter les sept esprits et les sept lampes; et le dit
s^r Bor sera aussi obligé de faire quatre roulleaux avec un petit pied
d'estal au milieu des deux sur lesqels il faira un petit buste de
chaque costé avec deux petits anges aussi de chaque costé sur les
roulleaux et autres ornemens nécessaires pour remplir le vuide de
chaque costé des dits roulleaux et le tout ci dessus sera de plastre.
Quant à ce qui regarde le bas du tabernacle le s^r archiprestre pour-
voira à faire faire à ses despens le bois des deux côtés et ne sera
tenu le s^r Bor que luy tirer les quatre tailles basses dont le s^r archiprestre a les creux et les adjancer proprement dans les corniches.
Sera tenu aussi le dit s^r Bor de faire la porte du tabernacle de bois
qu'il fournira pour cela seulement et il représentera sur la dite
porte l'Arche d'aliance avec les deux chérubins dessus et, entre
les deux ailes des dits chérubins, un calice sera représenté et une
hostie par dessus avec des nues autour... » Le prix convenu est de
140 livres payables en plusieurs termes. L'archiprêtre devra
« nourrir et entretenir le dit s^r Bor pendant le dit travail et faire
blanchir son linge et luy fournir tout le plastre et autres choses
nécessaires pour le dit ouvrage et de faire faire la menuiserie du
bas du tabernacle à l'exclusion de la dite porte... » Le même jour

le menuisier Pierre Magaud et le sculpteur sur bois Morissot, tous deux de Rabastens, se chargent des travaux complémentaires (Arch. du Tarn, E. 2545).

M. Desazars a eu l'occasion de rappeler (*Bull. de la Soc. archéol. du Midi*, 1892-93, p. 75) que Bor exécuta les sculptures du Carmel de Toulouse et « s'était déjà fait remarquer par le grand rétable de l'abbaye de Grandselve et passa dès lors pour un des plus grands sculpteurs de son temps. Il se surpassa dans la décoration de la chapelle [du Carmel] et Marc Arcis compléta son œuvre ».

Borde, François, papetier. — Il signe, le 3 novembre 1669, l'acte de décès, à Albi, sur la paroisse de La Madeleine, d'une fille du maître papetier Antoine Bessière (Arch. d'Albi, GG. 45, f° 35).

Borderiès, Jacques, horloger. — Les consuls de Rabastens font réparer, en 1594, l'horloge communale par un « rellougieur » venu de Saint-Antonin, appelé Jacques Borderiès (Em. Marty. *Délibérations des conseils politiques de Rabastens* dans la *Revue du Tarn*, t. XX (1903) p. 343).

Bordes, brodeur de Toulouse, confectionne, en 1715, pour le chapitre collégial de Gaillac un voile de calice et une étole « de ligature de Flandres » (Arch. du Tarn, G. 544).

La maison Vᵉ Bordes et Larroque, brodeurs à Toulouse, livrait, en 1740, à l'hospice de Graulhet deux chasubles, l'une « de satin fleuri », l'autre de camelot noir pour le prix total de 53 livres (Arch. de Graulhet, GG. 37. Communication de M. l'abbé Thomas).

Borel, peintre. — Il fut payé en 1720 par la ville d'Albi au peintre Borel (sans prénom indiqué) la somme de 160 livres pour la façon d'un tableau que les consuls avaient décidé de faire faire à l'occasion d'une épidémie de peste (Arch. d'Albi, GG. 88). Cette toile, d'une valeur artistique plutôt moyenne et intéressante surtout au point de vue historique, mesure environ 2ᵐ de haut sur 1ᵐ de large; elle est exposée dans l'église de Saint-Salvi. On y voit les six consuls en robe rouge, agenouillés devant un autel; au dessus, deux personnages, l'un vêtu d'un grand manteau gris et coiffé d'une mître (saint Salvi), l'autre, pauvrement habillé, nu-tête, montrant une plaie à la cuisse (saint Roch), tous deux implorent une Vierge mère qui couronne la scène. La manière dont sont placés les consuls fait penser aux *Capitouls* de 1623 peints par J. Chalette † en 1645 (Musée de Toulouse).

M. Jolibois a attribué au même artiste les armoiries du consul Lavedan en exercice en 1726-27 et en 1732-33 (Arch. d'Albi, AA. 7, f° 104 et Em. Jolibois, *Les beaux arts dans le dép* du Tarn...*, dans la *Revue du Tarn*, t. VI (1886-87), p. 264). Je n'ai pas su découvrir le fondement de cette affirmation dont l'objet n'est d'ailleurs que d'une très faible importance.

Il est fort probable que ce Borel n'est autre que le peintre de Castres, de même nom, qui donnait quittance en 1740 aux Chartreux de cette ville du prix de 40 livres pour un tableau — dont le sujet n'est pas mentionné, — destiné à l'église de Fontiès-Cabardès, Aude (Arch. du Tarn, H. 327).

Borel, Jacques, architecte. — Architecte de la ville de Castres, Jacques Borel est chargé, en 1742, de vérifier des usurpations de terrain commises sur le chemin de ronde des anciennes fortifications. En 1749 il est l'un des experts qui s'assureront s'il convient d'établir une fontaine dans le quartier avoisinant le moulin du Cayrol. On le retrouve en 1752 collaborant à la reconnaissance des limites communes aux consulats de Castres d'une part, de Labruguière et de Lagarrigue de l'autre (Arch. de Castres, BB. 29).

Borles, François, potier d'étain. — Son décès, sur la paroisse de Saint-Etienne d'Albi, à l'âge de 70 ans, est mentionné à la date du 17 juillet 1673 (Arch. d'Albi, GG. 42, f° 71).

Borrilho, Etienne, armurier. — Par un bail à besogne conclu le 6 décembre 1352, Etienne Borrilho, « constan (habitant) à Castelnou-de-Brassac en l'evesquat de Castras », s'engage envers les consuls de Cordes à confectionner 60 armures en plaques munies de tous accessoires et à l'épreuve « de un cotel ponhal fi (poignard à fine lame) e de una balesta de un pe » (arbalète lançant des traits de un pied de long). Ces cuirasses seront « cubertas de coier (cuir) blanc sufficientamen » et, pour chacune, Borrilho recevra trois florins et demi d'or « del grand pes » (Ch. Portal. *Extraits de reg. de notaires*, p. 14).

Bosc, Jean, tapissier. — De son union avec Claire Durand ce

« maître tapissier » d'Albi n'eut pas moins de quatre garçons et six filles (dont deux jumeaux), tous baptisés dans l'église de Saint-Salvi, de 1677 à 1698, encore les registres de cette paroisse présentent-ils une lacune portant sur les années 1692 à 1694. Les garçons furent appelés : Pierre (baptisé le 12 mars 1681), François (baptisé le 2 juin 1684, né la veille), Pierre (baptisé le 25 novembre 1685) et Joseph (baptisé le 25 mars 1688) (Arch. d'Albi, GG. 19, f°s 15 v°, 85 v°, 116, 142, 166 v°, 216, 290, 310, — GG. 20, f° 14 v°). Une des filles mourut en 1722 (GG. 21, f° 142) et Jean Bosc décéda, âgé « d'environ 90 ans » le 24 novembre 1732 (GG. 22, f° 48 v°). Son nom se retrouve sur les registres de la capitation de 1695 et de 1701 (Arch. du Tarn, C. 531, f° 174 v° et C. 543, f° 189), ainsi que sur un livre des mutations cadastrales de la gache de Verdusse, où il fut inscrit en 1721 et rayé en 1756 (Arch. d'Albi, CC. 32, f° 327).

Les consuls d'Albi lui allouaient 10 livres en 1719, pour avoir « dressé un autel près la porte du Vigan pour servir de reposoir le jour de la Fête-Dieu » (CC. 516).

Bosc, serrurier-horloger. — L'église paroissiale de Cordes avait encore, en 1787, une horloge « à balancier » dont le fonctionnement était « très irrégulier »; il fut décidé, à cette époque, qu'elle serait « mise en pendulle ». Le sieur Bosc (sans prénom), maître serrurier « de Cordes », se chargea de ce travail, en juin 1788, moyennant 280 livres (Arch. de Cordes, BB. 88).

Cet artisan ne doit pas être confondu, semble-t-il, avec le célèbre ferronnier toulousain Joseph Bosc qui vivait à la même époque et à qui l'on doit la grille du cours Dillon, exécutée en 1784 et 1785, sans compter plusieurs belles rampes d'escaliers et des balcons ornant divers hôtels particuliers de Toulouse (Voy. le *Bull. de la Soc. archéol. du Midi*, 1896-97, p. 19, 1899-1901, p. 349 et J. de Lahondès. *Les monuments de Toulouse*, p. 342, 439 et 518).

Boucher, Jacques, sculpteur. — Cet artiste, habitant de Rabastens, reconnaît, le 7 août 1661, avoir reçu des consuls de Lisle-sur-Tarn la somme de 6 livres « pour avoir faict la modelle des armoiries de la dite ville et de quatre masques (mascarons), le tout posé à l'arbre de la fontaine de la dite ville » (Arch. du Tarn, E. 2478 et Ch. Peyronnet. *Documents sur quelques artistes*

du pays albigeois, dans la *Revue du Tarn*, t. XIX (1902), p. 33).
Sur cette fontaine, voy. l'article Pouzols.

Une vingtaine d'années plus tard, le 9 avril 1682, Boucher se
charge de la façon d'un rétable pour la chapelle de la confrérie
de Notre-Dame de Confort dans l'église du Château de Rabastens, moyennant 185 livres, puis, le 5 août 1685, d'un rétable
et d'un tabernacle pour l'œuvre de Notre-Dame de Consolation
dont la chapelle se trouve dans l'église de Guiddal, pour 155
livres (Em. Marty. *Arch. des notaires de Rabastens*, p. 189).

Boude, imprimeur. — Les Boude imprimaient à Toulouse au
xviie siècle. L'un d'eux dirigea pendant quelques semaines
l'atelier albigeois de François Patron (voy. ce nom), du jour du
décès de ce dernier (4 avril 1687) à celui (1er mai) où Pech en
prit possession. Boude donnait quittance au diocèse de 6 livres,
le 24 avril, pour l'impression à 150 exemplaires d'un formulaire
de l'état des biens des communautés (Arch. du Tarn, C. 645).

Boudret, Géraud, orfèvre. — L' « argentier » de Lavaur
Géraud Boudret n'est connu que par l'acte de vente, en 1549,
d'un âne « de poil gris » (Ch. Portal. *Documents sur le commerce des draps à Lavaur* au xvie s., p. 70 (Albi, 1915, in-8).

Boudret, Arnaud, fondeur. — Le 20 septembre 1613, les
consuls de Lisle-sur-Tarn passent, à Toulouse, un contrat avec
le « maistre fondeur » Arnaud Boudret, de cette ville, par lequel
celui-ci s'engage à « leur faire ung arbre laton pour mettre à la
fontaine de la dicte ville et ce suivant le modelle, grandeur,
haulteur et façon que le seigneur (*sic*) Orasio Ferray, fontanier,
a baillé au dict Boudret ». Le travail sera terminé le 15 novembre au plus tard, le port restera à la charge de la communauté
de Lisle. « Le dict Boudret prandra de chesque livre que le dict
arbre poysera sçavoir huict soulz pour la matière et huict soulz
pour la façon ». Oratio Ferray s'assurera que la fonte a été con-
venablement exécutée. Boudret reçoit immédiatement un acompte
et donne quittance le 21 novembre, puis le 17 janvier 1614 de ce
qui reste dû; on constate que « l'arbre » livré pèse 110 livres
(Arch. du Tarn, E. 2478).

C'est encore pour Lisle que travaille le même fondeur en 1619.
Par acte du 7 avril de cette année il est convenu qu'il fera une
cloche « de bon métalh et bronze pour mettre au cloché de

l'esglise St Martin du dit Taur, du poix de deux quintals (env.
102 kilogr.), garnye, ce que le dit Boudret a promis de faire
entre icy et le dernier [jour] du mois de may prochain et ce
moyenant le prix et somme de quatre vingts dix livres et la
quantité de quatre vingt deux livres métalh qu'ils ont, aparte-
nant à la communauté du dit lieu du Taur, lequel métalh seront
tenus luy deslivrer de jour en jour quant en seront requis ».
Le fondeur touchera un acompte de 30 livres dans un mois et le
reste à la Toussaint. Si la cloche pèse plus de deux quintaux,
l'excédent sera payé à raison de 12 sous la livre; dans le cas contraire Boudret défalquera de sa créance 8 sous pour chaque livre.
En marge sont portées les quittances aux dates des 16 avril et
29 mai. Le 29 octobre on constata que la cloche pesait deux
quintaux et demi (Arch. du Tarn, E. 560, f° 186).

Le 27 mai de la même année 1619, Boudret prenait l'engagement de construire pour le chapitre collégial de Gaillac « ung
grand lampessier (lampadaire, lustre) du poix de deux quintauls,
(au *biffé*) plus [ou moins?] de bronze (environ 102 kilogr.) moienant la somme de treitze sols pour livre... il y aura vingt
lampes portant huile et la figure [de] saint Michel (au centre sans
doute). Ce travail sera terminé le 15 août au plus tard. Boudret
recevra deux acomptes et le solde au moment de la livraison du
lustre qu'il devra mettre en place. Le 8 novembre seulement le
contrat fut cancellé. Le fondeur avait touché 200 livres, à quelques sous près, et le « lampessier » pesait 308 livres et demie
(environ 126 kilogr.) (Arch. du Tarn, G. 482, f° 115). Voy. Ch.
Portal. *Notes sur quelques fondeurs de cloches*, p. 6 et Baron de
Rivières qui a publié, en laissant passer quelques fautes assez
graves d'impression, le texte de ce bail dans le *Bull. de la Soc.
archéologique du Midi*, 1901-3, p. 33.

Boudret, potiers d'étain. — Il est fort probable que cette
famille n'est autre que celle d'Arnaud Boudret, le fondeur toulousain dont il vient d'être question.

Le registre de la capitation d'Albi de 1695 mentionne un Jean
Boudret, potier d'étain défunt et père de François qui suit (Arch.
du Tarn, C. 531, f° 16).

François, « potier d'estain », eut de son mariage avec Cécile
del Bousquet deux garçons : Pierre, né le 6 mars 1688, et Jean,

né le 30 janvier 1692, et deux filles, nées en 1686 et 1690. Tous furent baptisés sur la paroisse de Saint-Salvi (Arch. d'Albi, GG. 19, f⁰ˢ 183, 214 v°, 269, — GG. 22, f° 1). Cécile del Bousquet mourut le 25 février 1692 (GG. 22, f° 3). On retrouve François Boudret sur le registre de la capitation de 1695, comme il a déjà été dit, et sur celui de 1701 (Arch. du Tarn, C. 543, f° 15). D'autre part, il fut inscrit en 1712 sur le livre des mutations cadastrales de la gache du Vigan (Arch. d'Albi, CC. 35, f° 297).

Paul, — le frère peut-être de François, — épousait, le 2 février 1681, Françoise Faure (Arch. d'Albi, GG. 19, f°81v°). Il se remaria avec Ursule (appelée parfois Françoise) Portes qui lui donna, de 1687 à 1702, au moins six enfants dont deux filles nées en 1687 et 1702 et quatre garçons : Thomas-François, né le 21 décembre 1695, Paul, né le 18 janvier 1697, décédé le même jour, Marc-Antoine, né le 15 juin 1698, Pierre, né le 23 mars 1700. Tous les baptêmes furent administrés dans l'église de Saint-Salvi (Arch. d'Albi, GG. 19, f⁰ˢ 193 v°, 322, 347, — GG. 20, f⁰ˢ 11, 51, 105 v°). Sur la même paroisse furent célébrés les deux mariages successifs de l'une des filles, Marie-Anne, avec Jean Couderc, potier d'étain d'Albi, le 23 octobre 1721 (GG. 21, f° 133 v°) et avec Dominique Buccalenx, potier d'étain de Rodez, le 24 juillet 1732 (GG. 22, f° 41 v°). A la première de ces deux dates Paul Boudret (souvent appelé François) était décédé. Son nom — avec le prénom Paul — figure sur les registres de la capitation de 1695 et de 1701 (Arch. du Tarn, C. 531, f° 34 v° et C. 543, f° 42), de même que sur le livre des mutations cadastrales de la gache du Vigan pour des acquisitions d'immeubles de 1694 à 1706 (Arch. d'Albi, CC. 35, f° 284).

Pierre Boudret, aussi potier d'étain et parent sans doute des précédents, faisait baptiser à Saint-Salvi, le 16 janvier 1693, une fille née de son union avec Marguerite Cabanes (Arch. d'Albi, GG. 22, f° 14).

Boulsset, Théodore, peintre. — Elève de l'Ecole des beaux-arts de Bordeaux, cet artiste faisait don, en 1901, au Musée d'Albi d'une toile, *L'inspiration*. Dans la dite ville il exposait, l'année suivante, une collection de 15 sujets divers en peinture, aquarelle et crayon (*Revue du Tarn*, t. XVIII (1901), p. 122 et *Exposition artistique d'Albi*, 1902. Catalogue manuscrit).

Bounes, orfèvres. — J'ai déjà eu l'occasion de signaler trois orfèvres de ce nom (*Notes sur l'orfèvrerie à Albi*, p. 30).

Pierre et son fils Antoine s'associaient, en 1696, pour la fabrication et le commerce d'objets d'orfèvrerie. Antoine mourut l'année suivante.

Jean-Baptiste, aussi fils de Pierre et de Marie Rouziès, décéda en 1712. Les uns et les autres étaient des paroissiens de Saint-Salvi.

Bouquier, papetiers. — En 1739, Louis Bouquier était fermier du moulin à papier de Burlats, tandis que Pierre (son frère ?) tenait au même titre celui des Salvages (Arch. de Castres, HH. 6). On retrouve Pierre, en 1748, expert dans un procès de deux papetiers castrais, Antoine Grasset et Jean-Pierre Brieu, il est dit alors « papetier de La Bracadelle », commune de Burlats (Arch. du Tarn, B. 171).

Bourc, Jean, « pechairé » (potier d'étain), figure sur le cadastre d'Albi de 1601, quartier du Vigan (Arch. d'Albi, CC. 29).

Bourdelet, peintres. — Cette famille a fourni à la ville d'Albi deux générations de peintres consulaires (Cf. E. Jolibois. *Les beaux-arts dans le dép^t du Tarn depuis la Renaissance*, dans la *Revue du Tarn*, t. VI (1886-87), p. 260-261).

Elle est venue de Carcassonne où naquit Louis Bourdelet (Arch. d'Albi, CC. 31, f° 176), fils de Nicolas, marchand, et de Philippine Coup. Nicolas était décédé avant 1628, époque où sa veuve était marraine d'un fils de Louis (GG. 69, f° 36); celle-ci, « Philippe Coupete », mourut sur la paroisse de Saint-Salvi le 2 juin 1641 (GG. 18, f° 21).

Louis Bourdelet, « peintre », épousait, le 23 avril 1626, en l'église de Saint-Julien, Marie Almond (GG. 69, f° 37) dont il eut au moins quatre enfants : Jean, baptisé le 15 juin 1628 et une fille, le 18 février 1631, tous deux à Saint-Julien (f°s 36 et 40), puis Nicolas, baptisé le 2 octobre 1637, et une fille, le 9 mars 1641, ces deux derniers à Saint-Salvi (GG. 18, f°s 10 v° et 39 v°). On serait tenté de confondre l'aîné, Jean, avec Innocent qui, quoique absent de cette énumération, fut incontestablement le frère de Nicolas. Toutefois celui-ci, venant toujours en premier lieu quand il est mentionné en même temps qu'Innocent, il semblerait qu'il ait été le plus âgé des deux. Leur père fut enseveli

« dans l'église » de Saint-Salvi le 20 novembre 1658 (GG. 18, f° 68);
il avait dû transporter son domicile de la paroisse de Saint-Julien
dans celle de Saint-Salvi après 1631 et avant 1637, vu les lieux
de baptême de ses enfants.

C'est dans un livre de mutations cadastrales de la gache de
Verdusse, où il est inscrit en 1654, que Louis Bourdelet est dit
« natif de Carcassonne » (CC. 31, f⁰ˢ 176 et 177). L'immeuble
acquis alors était une maison de la rue du Puech Brenguié qui
fut aliénée par ses successeurs en 1700 (CC. 32, f° 208).

Les travaux de ce peintre sont assez nombreux. Ils s'échelon-
nent entre les années 1627 et 1653.

Le 19 juillet 1627 les consuls de Cordes traitent avec lui pour la
façon d' « une peinture au cueur de l'esglise Sainct-Michel de la
dite ville ». Cette décoration consistera dans la représentation
« du cousté de la sacristie du mistère de la Passion de Nostre
Seigneur J. C. au jardin des oliviers et de la condempnation
d'icelluy faicte par Pilatte dans le prétoire, avec la flagellation;
et de l'autre cousté, qui est devers la chere de Mons. l'archiprestre
et de Mess. les consuls, [il devra] y peindre les mistères, savoir :
la Rézurection de Nostre Seigneur J. C. avec son Assension, le
tout en grands personnages avec de collurs convenables requises
et nécessaires, au détrempe et en grands tableaux dans la muralhe, laquelle muralhe les sieurs consuls feront préparer et randre
preste à y mettre les dites peintures à leurs despens et le dit
Bourdelet fera le surplus à ses cousts et despens ». Il devra avoir
terminé son travail dans six semaines et recevra 40 livres dont
une pistole (7 livres, 8 sous) lui est délivrée immédiatement en
acompte (Ch. Portal. *Hist. de la ville de Cordes*, p. 635).

En 1634 il fait le frontispice d'un cartulaire bien connu d'Albi
(AA. 7), avec les armes et une. vue de la ville prise des bords du
Tarn; cette page est signée « Lˢ Bourdᵗ fecit 1634 ». Il dessine
aussi et colorie la première grande lettre du dit « livre des
consuls » ainsi qu'un portrait du roi orné d'armoiries (CC. 316
et 489). Bon nombre de blasons consulaires dont ce registre en
parchemin est rempli doivent être de lui, mais les comptes des
trésoriers ne sont formels sur ce point que pour l'exercice 1640-41
(CC. 319). On lui attribue encore, dans le même recueil, cinq
portraits des consuls de 1648-49 et quatre de 1652-53, assez médiocres d'ailleurs, surtout les derniers.

Reprenons l'ordre chronologique. Les Clarisses lui commandent le 11 avril 1637, un tableau à l'huile de la Crucifixion avec, aux côtés du Christ, la Vierge et saint Jean, sainte Cécile et saint Joseph, et à ses pieds Marie-Madeleine. D'autre part Bourdelet repeindra et dorera des figures en relief de sainte Claire, des saints François et Louis, confesseurs, de sainte Catherine, logées dans des niches du rétable du maître-autel. Le prix convenu est de 200 livres (Aug. Vidal. *L'ancien diocèse d'Albi*, n° 2024).

L'année suivante, notre artiste dresse le plan de la nouvelle fontaine de Verdusse et peint sur la pierre les armes de la ville (Arch. d'Albi, CC. 317). En 1640-41, on lui paye la peinture des mêmes armoiries sur la porte de la maison commune et au premier feuillet d'un « livre du Rosaire » (CC. 319). Il peint encore dix armoiries de la ville sur un drap posé sur le maître autel de la cathédrale à l'occasion des honneurs funèbres rendus à la mémoire de la reine mère, Marie de Médicis, décédée en 1642 (CC. 493).

Il reçoit de la ville, en 1643, une somme de 15 livres pour un tableau de 7 empans et demi de haut sur 5 et demi de large (env. 2^{m}45 sur 2^m), destiné à la maison commune. C'est un Christ en croix, accosté de la Vierge et de saint Jean, avec, dans le fond, une vue d'Albi et ses armes au pied de la croix (Arch. d'Albi, CC. 322 et 493). Cette toile se trouve actuellement dans l'église de Cahuzaguet, commune de Saint-Grégoire.. Le 16 novembre de la même année, il promet d'exécuter pour l'église de Saint-Salvi, moyennant le prix total de 50 livres, deux tableaux d'égales dimensions (12 empans de haut sur 8 de large, soit env. 4^{m}46 sur 1^{m}79) représentant un Christ en croix avec la Vierge et saint Jean sur l'un, saint Benoît et saint Salvi sur l'autre. Ces deux toiles seront placées à droite et à gauche du maître autel (Aug. Vidal. *L'ancien diocèse d'Albi*, n° 953).

Les comptes consulaires de 1644-45 (CC. 323) mentionnent la peinture, plus modeste, des armes de la ville sur des feuilles de fer blanc avec inscription interdisant aux revendeurs étrangers d'acheter sur le marché avant dix heures. Puis, en 1647, c'est encore les mêmes armoiries et divers décors qu'exécute Louis Bourdelet, en collaboration avec les peintres Hourde et Molinier, à l'occasion de l'entrée du comte d'Aubijoux, lieutenant général de Languedoc (27 juillet) (CC. 495). Il avait dessiné, en 1646, divers motifs décoratifs pour la nouvelle fontaine du Bout-du-pont (CC. 493).

Il s'engage, le 11 août 1648, à repeindre pour 15 livres une Notre-Dame des Anges du couvent des Cordeliers d'Albi (Aug. Vidal. *L'ancien diocèse d'Albi*, n° 1806). Le 9 mars 1653 il donne quittance de 20 livres pour solde de 80 que la ville devait lui payer pour des « veues figurées qu'il a faictes du plain (plan) du palais épiscopal », dessins à produire dans un procès contre l'évêque qui avait émis la prétention « de faire une porte pour sortir et entrer dans son palais du cousté de la rivière du Tarn » (CC. 331). La série est close par les portraits des quatre consuls (sur six) en exercice en 1653-54 et l'artiste meurt, comme il a été déjà dit, en 1658.

En somme, quelques peintures murales, des toiles surtout, à sujets religieux, et divers travaux de décoration, parfois des plus modestes, tel est le bilan de Louis Bourdelet dont le talent ne paraît pas, si les portraits des consuls de 1648-49 et 1652-53 sont de lui, s'être élevé au dessus d'un niveau simplement moyen.

Ses fils, Nicolas et Innocent, — qui signent toujours « Bordelet », — ont vécu ensemble, à mêmes pot et feu, comme l'indiquent notamment les rôles de la capitation de 1695 (Arch. du Tarn, C. 531, f° 170 v°). Ensemble ils acquéraient, en 1686, des biens à Montsalvi (Arch. du Tarn, E. 3315 et 3318, f° 157) et maintes fois une somme due par la ville d'Albi à l'un d'eux est acquittée par l'autre.

Nicolas, né en 1637 dans la paroisse de Saint-Salvi, fut inhumé, le 11 juin 1696, « dans l'église » de Sainte-Martiane (Arch. d'Albi, GG. 61, f° 73 v°). En 1663 les consuls de Cordes lui faisaient peindre les deux « montres » en bois de l'horloge de la Bouteillerie (Ch. Portal. *Hist. de Cordes*, p. 515). Quelque temps après, le 3 mars 1666, les fabriciens de Virac s'entendaient avec lui pour la façon, au prix de 48 livres, d'un tableau de douze empans de haut, sur neuf de large (env. 4ᵐ46 sur 2ᵐ) qui représenterait « un Crucifix avec la Vierge à la droite, avec saint Jean, de l'aultre costé saint Victor, la Magdeleine au pied de la croix, ensemble deux anges pour remplir le tableau ». (Arch. du Tarn, Fonds Maraval, n° 256, f° 94). Je tiens de M. l'abbé Gineste, desservant de la paroisse, qu'il se trouve dans une dépendance du clocher de Virac une toile en très mauvais état qui paraît conforme aux données ci-dessus.

L'année suivante, le 30 janvier 1667, la confrérie de sainte Catherine, établie dans l'église des Jacobins d'Albi, commandait à Nicolas Bourdelet « la peinture de la chapelle destinée à (la dite) confrérie, qui est dans la dite église à main gauche,... comme aussi à peindre à l'huile l'image de sainte Catherine avec bordure d'or, ensemble la niche et dorer les fuilles qui sont autour et aussi fere doutze tableaux aussi à l'huile représentant la vie de miracles de la dite sainte », tout cela pour 53 livres (Arch. du Tarn. Fonds Maraval, n° 257).

Innocent Bourdelet eut, de son union avec Françoise Bories, un garçon, Gaspard, né le 7 décembre 1677 et baptisé le surlendemain sur la paroisse de Sainte-Martiane (Arch. d'Albi, GG. 59, f° 173 v°). Sa femme étant morte, en 1696 (GG. 61, f° 76), il se remaria, le 15 janvier de l'année suivante, avec Marie Issam, de Lescure; à cette occasion il est dit « peintre de la paroisse de Sainte-Martiane » (f° 79). Son décès est porté sur les registres de cette église à la date du 30 septembre 1699, sans la mention d'usage de son âge (f° 102).

On ne connaît de lui aucune toile, mais son frère et lui, tantôt l'un, tantôt l'autre, ont exécuté pour la ville d'Albi d'assez nombreux petits travaux. C'est ainsi qu'ils ont peint dans le cartulaire AA. 7 des armoiries consulaires pour lesquelles ils touchaient chaque fois la somme fixe de 4 livres, 10 sous, comme le prouvent plusieurs budgets communaux de 1666 à 1686-88 (CC. 501, 503, 504, 505, 349, 352, 353, 356, 360, 365). L'un d'eux, Nicolas, recevait 3 livres, en 1655, pour avoir colorié « la gravure des pierres pozées à la réparation de la maison de ville et [à la] fontaine de la Rivière » (CC. 501). L'un ou l'autre dorait les armes d'Albi sculptées sur la porte Neuve (1663-64, CC. 342), peignait le même blason, avec ceux de l'évêque et du roi, ainsi que les noms des consuls en charge sur la cheminée en pierre sculptée de la maison commune (1665-66. CC. 344).

Bourdil, orfèvre. — La veuve Bourdil, à Puylaurens, figure sur la liste des vingt orfèvres du département en vendémiaire an VII (Arch. du Tarn, L. 258, f° 118 v°).

Bourel, Jean, potier d'étain. — Bernard Gilabert, de Graulhet, met, en 1612, son fils Barthélemy en apprentissage chez Jean Bourel, potier d'étain, d'Albi (Communication de M. l'abbé Thomas d'après un reg. du notaire Escrive, de Graulhet).

Bourguignon, Pierre, peintre. — Au dire d'Em. Jolibois, Pierre Bourguignon était depuis deux ans à Castres quand le peintre Coupelet l'appela à Albi en 1660 (*Les beaux-arts dans le dép. du Tarn...* dans la *Revue du Tarn*, t. VI (1886-87), p. 261). Cette affirmation n'est accompagnée d'aucune référence. Dans tous les cas, on constate, avec preuve à l'appui, la présence de Bourguignon à Albi en 1661, année où il faisait baptiser, le 21 octobre, sur la paroisse de Sainte-Martiane, un garçon, né le 18, de son mariage avec Jeanne Fouillade et à qui fut donné le prénom de Rolland (Arch. d'Albi, GG. 57, f° 166 v°). En 1667, une fille, née le 2 mars, est baptisée dans la même église (GG. 58, f° 155) et, après cette date, on ne trouve plus trace de Bourguignon.

La *Revue du Tarn* (t. I (1876-77), p. 255) contient le texte du contrat passé le 14 juin 1662 par la ville d'Albi avec « Pierre Bourguinhon, maître peintre, natif du pays de Liège, de présent résidant à Albi », qui s'engage à faire tous les ans, sa vie durant, « six tableaux à demi figure (en buste) de cinq palmes de hauteur et quatre de largeur chacun (env. 1ᵐ10 sur 0ᵐ90) représentant les sieurs consuls revesteus de leurs robbes consullaires rouges avec leurs manteaux comtals avec de belles et voyantes colleurs... moyennant la somme de cent cinquante livres tous les ans, qui sera vingt cinq livres pour un chacun... » Il est entendu que tel consul qui désirerait se « feré tirer à entière figure » (en pied) aurait à débattre le prix avec le peintre (Arch. d'Albi. Cote non indiquée). Bourguignon toucha ces 150 livres annuelles de 1662 à 1666 (CC. 340 à 343, 500 et 501) sauf en 1663. Le 17 août de cette année il n'avait pas encore mis la main à la besogne et les consuls en charge allaient être remplacés; le conseil communal décida que, du moment que Bourguignon était à Castres où il prétendait avoir encore du travail « pour plus d'une année », chaque consul recevrait 25 livres et se ferait « tirer » comme bon lui semblerait (BB. 112, f° 22). Notre artiste peignait alors pour les Trinitaires de Castres un saint Roch « sur une toile qui avait esté imprimée (esquissée) par un autre peintre », il lui fut payé de ce chef 30 livres (Arch. du Tarn, H. 566).

L'année suivante, 1664, on le trouve à Cordes où, par acte du 21 juillet, il promet de « faire pour l'hostel de ville un tableau à huile où sera représenté un Crucifix avec une Vierge d'un costé et un s^t Jean de l'autre, lequel tableau aura sept pans d'hauteur et cinq et demi de large (env. 1^m56 sur 1^m23); le dit Bourguignon s'oblige encore de mettre à la draperie de la Vierge de bleu d'outre mer et, de plus, de faire trois tableaux d'armoiries, les deux auront trois pans tout carré (0^m67) et l'autre, pour la chambre, aura quatre pans de large et trois pans d'hauteur (0^m89 sur 0^m67), moyenant 75 livres et la toile et chassis des armoiries... » (Arch. de Cordes, DD. 13).

On lui attribue ordinairement les six portraits consulaires de 1660-61 peints dans le cartulaire d'Albi AA. 7. Mais ces miniatures sur parchemin ne sauraient être confondues avec les toiles de 1^m10 sur 0^m90 qui étaient payées ensemble 150 livres et nulle part on ne relève la moindre allusion à la rémunération par la communauté des dites miniatures. Il faut supposer que celles-ci étaient payées par les intéressés et rien n'empêche de croire que Bourguignon a exécuté celles de 1660-61, sensiblement meilleures que les petits portraits de 1648-49 et de 1653-54 dus (?) au pinceau de Louis Bourdelet.

Il a été avancé, d'autre part, que Bourguignon était l'auteur des tableaux de la *Vie de saint Salvi* conservés dans l'église de ce nom (Jolibois. *Les beaux arts...* cités ci-dessus). Or le chroniqueur Albigeois Gardès affirme que c'est le prévôt du chapitre de Saint-Salvi, Antoine de Metge, qui fit faire en 1736 « les six grands tableaux qui est la vie de saint Salvi, rangés aux côtés et derrière du maître autel ». Gardès vivait vers cette époque et son témoignage n'est pas sans valeur.

On a attribué encore à Bourguignon un *Martyre de sainte Julianne* (non signé) donné au Musée d'Albi en 1880 par M. Polier, notaire à Rabastens (*Revue du Tarn*, t. III (1880-81), p. 33).

Bourse, Amans, musicien. — Par une délibération du 25 août 1607 le chapitre collégial de Gaillac baille la maîtrise de son église de Saint-Michel à Amans Bourse, qualifié de professeur de musique du dit lieu, qui recevra annuellement 18 setiers de blé moussole, 6 pipes de vin et 90 livres en espèces (Arch. du Tarn, G. 479). Le 15 juillet 1609 il lui confère une prébende, mais

Bourse s'étant absenté, deux ans plus tard, fut remplacé d'abord provisoirement puis à titre définitif le 6 juin 1612 (G. 481).

Bousquel, Marie (Mad. Allaire), peintre, née et décédée à Albi, 1ᵉʳ juin 1838—7 février 1913. — Cette artiste amateur a peint quelques paysages, notamment une *Vue d'Albi* prise du Bout-du-pont, vers 1850, une *Vue de Villeneuve du Tarn*, esquisse, un intérieur de cloître, un intérieur d'hôpital (guerre d'Italie), divers portraits de famille (Castagné, secrétaire du cardinal de Bernis, Castagné, membre du Conseil des Cinq-cents, copies, son père Is. Bousquel), des types napolitains et un moine en prière, copies. Deux paysages ont été exposés à Albi en 1866 qui, suivant le rapporteur de l'Exposition, dénotaient un pinceau « facile, élégant, vigoureux. On dirait des pastiches de Michalon » (L. Desazars. *Rapports sur l'exposition des beaux-arts...* Albi, 1867, in-8, p. 34).

Boyals, C., sculpteur. — Le Musée de Lisle-sur-Tarn recevait, en 1907, un buste en plâtre de Beethoven, œuvre de C. Boyals, de Rabastens (*Revue du Tarn*, t. XXIV, p. 115).

Boyals, Lucie, dessinateur. — La Société des artistes français exposait, en 1911, une composition lithographique, *Vieille femme tarnaise*, de cette artiste, fille aînée du docteur Boyals de Rabastens (*Revue du Tarn*, t. XXVIII (1911), p. 127).

Boyer, charpentiers. — Les frères Boyer, « fustiers d'Albi », se chargeaient, en 1538, des réparations à effectuer au pont de la Daurade de Toulouse (H. Graillot. *Nicolas Bachelier*, p. 92).

Boyer, François, horloger, était consul de Castres en 1757 (Arch. de Castres, BB. 30).

Boyer, Jean, maçon, dirigeait, en 1439, des travaux de réparation aux fortifications de la ville d'Albi (Arch. d'Albi, CC. 188).

Boyer, Raimond, « veirié », figure sur le cadastre d'Albi de 1524, gache du Vigan (Arch. d'Albi, CC. 10, f° 187 v°).

Boyer, Vital, peintre. — Il peignit des pannonceaux que portèrent des enfants lors de l'entrée du Dauphin, le futur Louis XI, à Albi, le 12 octobre 1439 (Arch. d'Albi, CC. 188).

Brandela, imprimeur, est porté sur les rôles de la capitation de 1772 à Castres (Arch. du Tarn. Acquisitions de 1920 (Payrastre n° 35).

Bras, Pierre, ouvrier fondeur. — Le 23 novembre 1784 était baptisée à Albi, sur les fonts de Sainte-Martiane, une fille de Pierre Bras, « fondeur garçon chez Gilet dit Besançon, aussi fondeur, le dit Bras natif de Villefranche-de-Rouergue », et de Jeanne Vaissière (Arch. d'Albi, GG. 67, f° 156 v°). Bras dut se remarier puisque le 3 septembre 1791 il était procédé à la sépulture d'un enfant, né la veille, dont la mère est appelée Jeanne Rogles (GG. 66, f° 192 v°).

Bréau, Jean, sculpteur. — Lors de la réfection à neuf d'une arche du pont d'Albi, en 1615, deux sculpteurs d'Angers, Jean Bréau et Mathurin Hautlepied, touchèrent la somme de 29 livres pour avoir représenté les armes de la ville et gravé les noms des consuls en charge sur cinq pierres encastrées dans cette construction. Conformément à un bail à besogne du 9 avril 1618, ils sculptaient encore le blason albigeois, cette fois sur plaques de marbre, destiné à la nouvelle porte du pont du Tarn, rive gauche, travail qui fut payé 105 livres (Arch. d'Albi, CC. 295 à 297 et DD. 31).

Brenel, fondeur. — D'après une communication faite par M. Sahuc à M. Berthelé (*Ephemeris campanographica*, fasc. XI-XIII (1913), p. 77), la cloche de l'église de Boissezon-de-Matviel, commune de Murat, porte le nom de Brenel et la date de 1789. Une croix à double croisillon, figurée sur cette cloche, laisse supposer que le fondeur était Lorrain.

Bresson, Claude, architecte. — L'église de Notre-Dame de La Platé, de Castres, dont l'origine remonte, dit-on, au ix° siècle, a subi d'assez nombreuses transformations que relate M. Estadieu dans ses *Annales du pays castrais.* (Castres [1893], in-4, p. 247-249.)

Reconstruite en dernier lieu, en 1639, sur un plan trop modeste, il parut nécessaire, au siècle suivant, de la rebâtir en lui donnant de plus amples proportions. Un architecte de Montpellier, Claude Bresson, se chargea de la besogne par acte du 21 août 1742, moyennant la somme de 93400 livres. Dix ans après, seulement, en 1752, il fut procédé à une réception provisoire des travaux qui n'étaient pas sans défauts et l'acceptation définitive de l'œuvre n'eut lieu qu'en 1754, à la suite d'une transaction entre les intéressés. Le culte fut rétabli à La Platé en 1755 (Arch. de Castres, BB. 29).

Pour les modifications apportées à l'édifice au xixᵉ siècle, voir E. Jolibois. *Eglise Notre-Dame de La Platé de Castres* dans la *Revue du Tarn*, t. II (1878-79), p. 158-159.

Bretin, Mathurin, imprimeur. — En se retirant à Montauban, en 1617, le phototypographe de Castres, Pierre Fabry, laissa à cette ville son matériel qui fut vendu, le 15 juin de la même année, pour 240 livres, au Lyonnais Mathurin Bretin, établi à Montpellier (Arch. de Castres, DD. 5). La municipalité faisait réparer l'immeuble servant d'atelier, en 1620 (DD. 6), et le diocèse accorda à Bretin des subventions de 50 livres, sinon tous les ans, tout au moins en 1620 et 1622 (Arch. du Tarn, C. 1056 et 1024). Cet imprimeur mourut vers 1623, dans une rixe, alors, dit M. Pradel, qu'il venait d'entreprendre l'impression des Mémoires de Gaches.

On ne connaît qu'un livre sorti de ses presses à Castres. C'est un in-8, daté de 1619 et intitulé : « Questions proposées aux pasteurs et ministres de la parole de Dieu en l'église de Castres de la part du Jésuite Cotton, avec réponse d'iceux pasteurs » (Ch. Pradel. *Notice sur l'imprimerie à Castres* dans les *Mémoires de l'Acad. des sciences... de Toulouse*, 8ᵉ série, t. IV (1882), p. 224 et 236).

Bridel, fontainier. — Le sieur Bridel, « ingénieur idrolique », dressait, en 1713, un devis de réparations à exécuter à la fontaine publique de Lisle-sur-Tarn. Au verso de cette pièce il est dit « fontanier à Labastide (*pour* Labessière)-Candeil ». Il fut payé de ses peines l'année suivante. Une lettre de lui est datée de Labessière en 1715 (Arch. du Tarn, E. 2478).

Briet, orfèvre à Castres en 1666 (Arch. du Tarn, B. 10, fᵒ 146 vᵒ). Il est dit « de Castelnaudary » dans des pièces de comptabilité relatives à la reconstruction du chœur de la cathédrale de Castres, de 1674 à 1706 (B. 124).

Brieu, papetiers. — Isaac Brieu, « marchand papetier, habitant de Rayssac de Jannes », était, en 1711, témoin du mariage d'un autre papetier de Raissac, François Coste, cérémonie qui eut lieu à Albi sur la paroisse de Sainte-Martiane (Arch. d'Albi, GG. 62, f° 164).

Jean Brieu, « maître papetier, demeurant en son moulin à papier scitué sur la rivière de Durenque, aux fauxbourgs de Castres, quartier de Villegoudou », fit testament en 1729. Il ne mourut probablement pas cette année puisque l'acte ne fut « contrôlé » que le 17 août 1731 (Arch. du Tarn, B. 152). Dans tous les cas, il ressort de ce document que Jean Brieu avait épousé Jeanne Besson en secondes noces, qu'il avait eu d'un premier mariage avec Jeanne Molinier un garçon appelé Jean-Pierre et deux filles du second. On est quelque peu surpris de lire que le testateur « a dit ne sçavoir » signer ses dernières volontés.

Jean-Pierre, fils de Jean, était marié depuis 1722 avec Christine Barbaza, à la date du testament dont il vient d'être question. On le trouve, en 1748, en procès avec un autre papetier de Castres, Antoine Grasset, qui lui avait affermé son moulin sur la Durenque (Arch. du Tarn, B. 171). En 1763 il fait partie d'un conseil de famille appelé à désigner des tuteurs aux enfants laissés par l'orfèvre castrais Pierre Austry (B. 195).

Antoine, fils sans doute et successeur de Jean-Pierre, fit venir de Hollande, en 1778, un ouvrier qui installa dans sa papeterie un cylindre destiné à remplacer les maillets qui servaient à triturer la matière première, grâce à quoi le rendement de la fabrique fut quadruplé. En 1782 seulement les Etats généraux de la province lui accordèrent une subvention de 1400 livres (L. Dutil. *L'état économique du Languedoc à la fin de l'ancien régime.* Paris, 1911, in-8, p. 608).

Enfin l'auteur que je viens de citer signale (p. 603) un autre Brieu (sans prénom) qui possédait, en 1789, un moulin à papier à Lacaze.

Briguiboul, Pierre-Jean-*Marcel*-Numa, peintre et sculpteur. — Marcel Briguiboul, né à Sainte-Colombe-sur-l'Hers, Aude, le 2 novembre 1837, est décédé à Nîmes en mars 1892 et a été inhumé à Castres, dont il avait fait sa patrie d'élection, le 25 de ce mois. Entré à l'Ecole nationale des beaux-arts en 1859, il y obtint, en 1863, une 3e médaille. Il fut l'élève du peintre d'histoire et portraitiste Léon Cogniet (1794-1880). Les Salons de

1861 à 1868 ont fait connaître plusieurs de ses toiles : *Danaë,
Job,* un portrait d'homme, *Vénus et Adonis, Robespierre dans
la salle du Comité de salut public.* A Castres, en 1879, Briguiboul
exposa une *Jeune algérienne* qu'il offrit, en 1883, au Musée de
cette ville. Il lui avait déjà donné son *Mars et Minerve* et le
Remords de Caïn. Après son décès, le même établissement s'en-
richit d'autres tableaux, au nombre de 30 à 40, légués par lui
ou donnés par sa famille. Son portrait fut légué, l'année suivante,
au dit Musée, par son fils Pierre-Jean-Joseph, mort à Nice le
7 mars 1893 et qui, par le même testament, laissa au Louvre ce
qu'il possédait de l'œuvre de son père et à Castres des toiles de
provenances diverses (*Revue du Tarn*, t. II (1878-79), p. 296, —
t. IV (1882-83), p. 320, — t. IX (1892), p. 111, 160, — t. X (1893),
p. 76, 171, *Catalogue du Musée de Castres*, 4ᵉ éd. et Bénézit.
Dictionnaire...). Briguiboul fut aussi sculpteur; son *Fauconnier,*
en bronze, orne le jardin de l'évêché de Castres.

Brouat, verrier. — A l'occasion d'une épidémie de peste, en
1518, la communauté d'Albi chargea le maître verrier Brouat de
« far la semblansa de la vila » pour être offerte en *ex-voto* à
Notre-Dame de Lagarde, commune de Paulinet (E. Jolibois *Matériaux...* dans l'*Annuaire du Tarn* pour 1883).

Bruel, Bernard, imprimeur. — Marie Bouffart, âgée d'environ
90 ans, veuve de Bernard Bruel, imprimeur, décéda sur la paroisse
de Saint-Etienne d'Albi le 6 avril 1695 (Arch. d'Albi, GG. 42,
fᵒ 205).

Bruel, Arnaud, libraire et relieur. — Arnaud Bruel, « libraire », fils sans doute de Bernard, épouse, le 12 janvier 1696, dans
l'église de Saint-Julien d'Albi, Anne Junie (Arch. d'Albi, GG. 71,
fᵒ 51). Les rôles de la capitation de 1695 et 1701 le qualifient de
« relieur » (Arch. du Tarn, C. 531, fᵒ 124 et 543, fᵒ 139).

Bruger ou **Brugier,** maçons. — Deux maçons de Gaillac,
François Brugier et Jacques Mirandol, se chargent, le 5 juin 1607,
des travaux de reconstruction du chœur de l'église de Saint-
Michel de cette ville, à raison de 30 sous par cânne carrée de
maçonnerie (Arch. du Tarn, G. 479).

Ce sont sans doute les descendants immédiats de François
Brugier qui traitent, le 7 février et le 23 juillet 1635, avec le

chapitre collégial de Saint-Michel de Gaillac pour l'exécution de diverses constructions dans son église, celle notamment de la voûte de l'abside. Ils sont appelés Pierre et Jean Bruger, père et fils (Arch. du Tarn, G. 483).

Brun, potier d'étain. — L'église de Creyssens, commune de Puygouzon, possède un plat à quêter, en étain, portant la légende BASSIN. DV. PVRGATOIRE. S. SERNIN. DENTREMONS. 1683 et le nom du fondeur BRVN (de Rivières. *Bull. de la Soc. archéol. du Midi*, 1892-93, p. 22).

Brusseles (de), Jean, orfèvre. — Les consuls de Rabastens reconnaissent, le 1er juillet 1432, devoir à Jean de Brusselas, argentier de Toulouse, la somme de 15 écus d'or pour prix d'une coupe (gobeletti) en argent doré, pesant 2 marcs et 2 onces (E. Marty. *Archives des notaires de Rabastens*, dans la *Revue du Tarn*, t. XXV (1908), p. 204).

S. Macary avait déjà signalé dans ses notes sur *L'orfèvrerie à Toulouse* (*Bull. archéologique*, 1904) un Barthélemy de Brusselas qui fabriquait à Toulouse, en 1470, une croix d'argent pour l'église de Montgey, canton de Cuq-Toulza.

Buccalenx, potiers d'étain. — Antoine Buccalenx, potier d'étain, « habitant (*pour* originaire?) de Rodez », meurt à Albi, le 25 février 1732 sur la paroisse de Saint-Salvi, à l'âge de 70 ans (Arch. d'Albi, GG. 22, f° 31).

Dominique, aussi potier d'étain, fils de feu Antoine et de Marion de Pertuis, « de la paroisse de Saint-Amans de Rodez », épousait, à Albi, le 24 juillet de la même année 1732, Marie-Anne Boudret, veuve de Jean Couderc, potier d'étain, fille de feu François Boudret, exerçant aussi le même métier, et de Françoise Portes (même reg., f° 41 v°). Le 4 octobre 1733 les nouveaux époux faisaient baptiser une fille sur les fonts de Saint-Salvi (f° 75).

Bugarel, Antoine-Salvi, orfèvre. — Etabli à Albi, dans la paroisse de Sainte-Martiane, il eut de son union avec Adélaïde-Marie Camp, de 1786 à 1791, trois garçons et une fille : Antoine-Salvi, né le 14 juin 1786, Jean-Bernard, né le 3 décembre 1787, Pierre-Charles, né le 22 septembre 1788, et une fille, née le 17 janvier 1791. On le retrouve sur la liste du 24 vendémiaire an VII (Ch. Portal. *Notes sur l'orfèvrerie à Albi*, p. 38).

Bugarel, Emile, peintre, de Gaillac, exposait à Toulouse, en 1885, une toile représentant *Le quartier de la Courtade* à Gaillac (*Revue du Tarn*, t. V (1884-85), p. 288). .

Bulot, François, tapissier. — Sa femme, Jeanne Pitoge, mourait, le 5 décembre 1666, à l'hôpital d'Albi (Arch. d'Albi, GG. 58, f° 166).

Burdallet, Louis, architecte. — Etait pensionné par la ville d'Albi à l'Ecole des beaux-arts de Toulouse, de 1888 à 1894 (*Revue du Tarn*, t. VII (1888-89), p. 111 et t. XI (1894), p. 120 et 358). Il est mort à Albi en 1895, à l'âge de 22 ans, étant né à Rouen.

Burgaud, Aymar, arquebusier, est inscrit (1641-1647) sur le livre des mutations cadastrales de la gache de Saint-Etienne d'Albi (Arch. d'Albi, CC. 41, f° 11 v°).

Buscaillet, peintre. — A l'occasion de la signature de la paix d'Utrecht (11 avril 1713), les consuls d'Albi ordonnèrent des réjouissances publiques et firent dresser devant leur hôtel de ville un arc de triomphe qu'orna un grand tableau représentant « *Saturne et ses déesses* avec quatre devises et emblèmes alentour », œuvre du prêtre Buscaillet qui toucha 40 livres de ce chef (Arch. d'Albi, CC. 515). Cette horrible toile subsiste (à la mairie).

Bussière, Jean, papetier. — Il est à peu près certain qu'en notant le mariage, le 22 janvier 1684, de Jean Bussière avec Marguerite Muratet (Arch. d'Albi, GG. 70, f° 165 v°), le desservant de l'église de Saint-Julien d'Albi a commis une erreur et aurait dû écrire Bessière (Voy. ce nom).

Cabanes, fondeur, surnom de Couderc (voy. ce nom).

Cabrol, architecte. — Cabrol et Gualibert s'étaient engagés, en 1605, à reconstruire les églises de Saint-Agnan de Brassac et de Notre-Dame de Guior, son annexe. Le chapitre cathédral de Castres était, l'année suivante, en désaccord avec eux à ce sujet (Arch. du Tarn, G. 264).

Cadaux, potiers de terre. — Em. Rieux a relevé les actes de l'état civil de cette famille fixée à Giroussens et dans les environs (à la Verrière, à la Clavelle), documents se référant aux années 1694-1792 (*Les poteries de Giroussens*, p. 28 et 35). D'autre part un Guillaume Cadaux, « potier de Girossenx », acquérait, vers le milieu du xvıı⁰ s. des immeubles à Albi, dans la gache du Vigan (Arch. d'Albi, CC. 34, f° 459).

Cahours, orfèvre à Albi, est porté sur la liste des 20 orfèvres du département en vendémiaire an VII (Arch. du Tarn, L. 258, f° 118 v°).

Cahuzac, Baptiste-*Henri*, peintre. — Né et décédé à Albi (11 juillet 1850-1916). Henri Cahuzac n'a reçu aucun enseignement technique et son œuvre d'amateur délicat est toute personnelle. Elle se compose surtout de portraits de famille, et aussi de quelques paysages, de natures mortes, de plusieurs tableaux de genre.

Cahuzac exposait une toile au Salon de 1885 et, la même année, deux portraits et *Le repos* à Toulouse, à Toulouse encore, en 1888, un portrait et *Gros chagrin*, en 1889, un portrait et *Un syndic*, d'autres peintures en 1891. Une dizaine de toiles (portraits, natures mortes, *Christ à la colonne*, *Les Rameaux*, etc.) lui valurent une première médaille d'argent à l'Exposition d'Albi de 1893. Au Salon albigeois de 1902 on vit quatre de ses travaux : *Rêverie*, *Napolitaine*, *Parisienne* et une étude de femme. Le Musée d'Albi possède de lui son propre portrait, *Carmen l'Espagnole* et *La belle gitana* (*Revue du Tarn*, t. V (1884-85), p. 255 et 288, t. VII (1888-89), p. 112 et 224, t. VIII (1890-91), p. 291, *Exposition artistique et archéol. d'Albi*, 1893. Livret, *1ᵉʳ salon des artistes albigeois*, 1902. Catalogue).

Cailhive, sculpteur. — Le chapitre cathédral de Castres décide, le 15 janvier 1768, de faire demander au sieur Cailhive, « sculpteur de Toulouse », un plan avec devis de la décoration d'une chapelle dans l'église de Saint-Benoît. Il est rappelé que cet artiste est déjà l'entrepreneur du baldaquin qui doit surmonter le maître autel. Pour ce dernier travail Cailhive touchait un solde de 800 livres le 24 mars 1770 (Arch. du Tarn, G. 274).

Cailhive, Jean-Denis, doreur, pourrait bien être le même personnage que le sculpteur toulousain précédent, qui se serait fixé à Castres. On l'y trouve taxé pour la capitation en 1772 (Arch. du Tarn. Acquisition de 1920. Payrastre, n° 35) et pour des immeubles situés dans la gache Fossats, en 1773 et 1782 (Arch. de Castres, CC. 25 et 40). Une liste de détenus, dressée par le comité de surveillance le 18 messidor an II contient le nom de Cailhive, domicilié à Castres, âgé de 60 ans, marié, père de sept enfants de 11 à 22 ans et sans fortune. Il avait été arrêté en septembre 1793 par ordre du Conseil général de la commune comme « fanatique très dangereux, convaincu d'avoir fait des menaces et d'avoir annoncé une contre-révolution à ceux qui allaient à la messe des prêtres constitutionnels, membre du club monarchique, prodigue de propos injurieux contre la Convention ». Il était encore sous les verrous à la date du 25 fructidor de la même année (Arch. du Tarn, L. 301-*38* et 309-*10*).

Caillau, Guillaume, architecte. — Les Jacobins de Castres le font venir de Carcassonne, en 1664, pour visiter l'emplacement de l'église qu'ils se proposent de reconstruire (Arch. du Tarn, H. 463).

Une .douzaine d'années plus tard, le même « architecte de Carcassonne » projetait la réfection du chœur de l'église cathédrale de Saint-Benoît de Castres. Il remettait au chapitre, le 12 février 1678, le plan des travaux à exécuter, avec maquette à l'appui (plan « tant en bois que sur le papier ») et le devis, dont il existe un exemplaire imprimé, était rédigé le 7 mars suivant (Arch. du Tarn, G. 261, 268 et 284). La construction fut faite par Jacques Mounié (voy. ce nom).

Caillot, Denis, libraire, était établi à Castres « devant le clocher de la place » en 1650, date que porte, avec son nom, une traduction de *La pratique de piété* de Louis Bayle, imprimée ailleurs, à Genève probablement (Ch. Pradel. *Notice sur l'imprimerie à Castres* dans les *Mém. de l'Académie des sciences, ... de Toulouse*, 8e série, t. IV, p. 230 et. 256).

Calas, Pierre, orfèvre à Gaillac, était tenancier du chapitre de Saint-Michel de cette ville en 1640 (Arch. du Tarn, G. 483 et 519).

Calaudié, G., verrier. — Le cadastre d'Albi, de 1343, mentionne G. Calaudié, « veirier » (Arch. d'Albi, CC. 2, fº 66).

Calmel-Rey, orfèvre. — A Toulouse, le 28 mai 1637, cet artiste donne quittance à l'évêque de Castres, Jean II de Fossé, de la somme de 104 livres pour la façon d' « un soleil (ostensoir) avec son pied d'argent sizellé (ciselé) en vermeilh doré qu'il m'avoit commandé faire pour le chapitre de Castres, marché faict à

43 livres, dix soulz le marc, oultre un marc, trois onces d'argent guasté que le dit seigneur évesque m'avait bailhé » et aussi pour la dorure d'un ciboire. En marge on lit que le « compagnon orphèvre » reçut 20 sous et que l'étui de l'ostensoir fut payé 3 livres, le tout en plus du prix ci-dessus (Arch. du Tarn, G. 284).

Calmettes, François, potier de terre. — Il exerçait son industrie, dans la seconde moitié du xviiie siècle, à Pibres, commune de Puybegon, non loin de Giroussens (Arch. du Tarn, B. 948, 952 et 953).

Cals (Madame). Voy. Gibert.

Calvet, Guillaume, potier d'étain. — Les consuls protestants de Castres font vendre, en 1562, l'argenterie et autres objets précieux des églises et couvents de cette ville. L'étain provenant des orgues de Saint-Benoît et de Saint-Vincent est acheté par le potier d'étain (de Castres sans doute), Guillaume Calvet (Arch. du Tarn, H. 585).

Camara, fondeurs. — Le 25 mars 1712, à Réalmont, trois fondeurs « de Castilhe la Vieille en Espagne », appelés Joseph de Fonperossa, Joseph de Camara et François de Goual, s'engagent à fondre deux cloches avec le métal de celle qui est rompue et ce qu'ils ajouteront à raison de 9 sous la livre; ils recevront pour leur peine la somme de 60 livres; les consuls leur fourniront « le bois, charbon, brique et manubre nécessaires » (Arch. du Tarn, E. 3555, f° 345).

Eugène de Camara, fils de Joseph (?), procède, en 1735, à la refonte de la grosse cloche de l'église paroissiale de Lisle-sur-Tarn. Nous possédons le compte détaillé des frais de cette opération qui s'élevèrent à 446 livres, 18 sous, 8 deniers, dont 125 livres pour la rémunération du fondeur. La cloche rompue pesait « plus de vingt quintaux » et celle qui la remplaça dut être encore plus lourde, elle n'existe plus (Arch. du Tarn. E. 2545 et Elie Rossignol. *Monographies communales...* t. IV, p. 334).

Enfin M. de Rivières a signalé dans l'église de Creyssens, commune de Puygouzon, une cloche mesurant 0^m50 de diamètre à la base et portant, sur deux lignes, en majuscules de 2 centimètres, l'inscription FIDELES CONVOCO MORTVOS PLORO NVBESQVE REPELLO 1737 et le nom du fondeur M (*pour* magister)

CAMARA ME FECIT. Une croix de feuillages et d'étoiles, un Christ accosté de la Vierge et de saint Jean ornent la panse (*Bull. de la Soc. archéol. du Midi*, 1892-93, p. 22).

Cambos, Jean-*Jules*, sculpteur. — Jules Cambos est né et mort à Castres (27 avril 1828—2 mai 1917). Admis, le 31 mars 1853, à l'Ecole des beaux-arts de Paris, il y fut pensionné par le département du Tarn et reçut les leçons de Jouffroy. Le Musée de Castres possède son portrait par un peintre qui n'a pas signé son œuvre.

A partir de 1857 Cambos a exposé d'abord au Salon unique, ensuite aux Champs-Elysées et, depuis 1904, aux Artistes français : un portrait de la baronne de C. L., statuette marbre, un portrait de M. Henri de T. L., statuette bronze argenté, un buste plâtre du marquis d'E., sénateur (1857), — *Laïs*, statue plâtre, *La douleur*, statuette plâtre, un portrait du maréchal Pérignon, statuette bronze argenté (1859), — *Andromède*, statue plâtre (1861), — *La cigale*, statue plâtre, et le buste marbre du général Auger, celui-ci pour le Musée de Versailles (1864), — *La cigale*, marbre (1865 et 1867), — *La femme adultère*, statue plâtre, et le buste plâtre du jeune S. M. (1866), — le buste marbre d'Alfred de Vigny pour Versailles et le *Jeune chef gaulois*, plâtre (1867), le même *Jeune chef gaulois* en bronze et *La cigale*, bronze (1868), — le buste marbre de l'architecte Ruprich-Robert (1878), — *La paix* (1879), — *La poésie*, pour la ville de Paris (1882), — *Retour du printemps*, statue plâtre (1883), — les portraits de Frédéric Thomas, donné à la ville de Castres, et de Mlle Madeleine G. (1884), — les bustes marbre de Mad. M. G. D. et, plâtre, de Mlle Lucie G. (1885), — le buste marbre de *Louis XIV*, pour la Bibliothèque nationale (1886), — *Jeune mère*, et *La musique vocale*, statuettes plâtre (1887), — *Jeune fille en Minerve*, buste plâtre (1893), — *L'honneur*, statuette plâtre (1894), — *Le retour du printemps*, en marbre, qui figurait à l'Exposition universelle de 1889, à celles de Chicago et d'Anvers et fut acquis (3000 fr.) par la ville de Castres (1895), — *La terre*, bas-relief (1896), — *Eve* (1904), — *La légende de Notre-Dame de Paris* (1905), — *Les constellations de Bérénice*, statuette plâtre et trois autres statuettes dans un cadre : *La paix, La chanson humaine* et *La chanson des oiseaux* (1906), — *Fantaisie* et buste de *Jeune fille en Minerve*

(1907), — *Le message* et *Le concert des bois* (1910), — *La musique* (1911), — *Protection et reconnaissance* (1912), — « *La morale s'impose* » (1913).

On vit à Albi, en 1863, son buste colossal du maréchal Soult, en 1866, une réduction en bronze de *La cigale* et à Castres, en 1879, des réductions exécutées à Vierzon de *La cigale*, de *La paix*, de *La femme adultère*, de *La fourmi* et du *Christ enseignant*.

Cambos a encore exécuté des bustes de *Gambetta* et de *Mirabeau* (1878), une figure en pierre pour la façade principale de l'église de Saint-Ambroise de Paris, une *sainte Solange*, pierre, pour la cathédrale d'Anvers, un buste marbre de *la Guimard* pour l'Académie nationale de musique, un buste marbre de Léopold Batut, une *Lydie*, statue, un buste de *Henri IV*...

La ville de Castres conserve dans son Musée un plâtre coloré de *La femme adultère*, *La paix*, plâtre, et réduction en terre cuite, des moulages de *La cigale*, de *Lydie*, de *La poésie*, des bustes de *Louis XIV* et de *Henri IV*, les bustes marbre de Frédéric Thomas et de Léopold Batut. *La cigale*, bronze, orne le Jardin de l'évêché et *Le retour du printemps* le Jardin du Mail. La mairie de Saint-Paul-cap-de-Joux conserve un moulage plâtre de sa *Jeune mère*.

De nombreuses médailles et autres récompenses ont été attribuées, à partir de 1864, à J. Cambos qui a rempli, d'autre part, à plusieurs reprises, de 1886 à 1907, les fonctions de membre de jurys de sculpture, lors notamment de l'Exposition universelle de 1889.

Le caractère, — au point de vue de la conception, — de son œuvre considérable semble condensé dans *La cigale* qui, à un symbolisme de haute moralité joint le charme d'une interprétation à la fois pittoresque et touchante.

Voir sur cet artiste : *Congrès archéol. de France*, 1863, p. 504 (rapport du Cte R. de Toulouse-Lautrec), — L. Desazars. *Rapports sur l'Exposition des beaux-arts... d'Albi, de 1866* (Albi, 1867, p. 6-8), — *Revue du Tarn*, t. II à XIII (1878-93) (voir les *Tables des 25 premières années*) et t. XXI (1904), p. 128, t. XXII (1905), p. 193, t. XXIII (1906), p. 97, t. XXIV (1907), p. 233 et 234, t. XXVII (1910), p. 204, t. XXVIII (1911), p. 202, t. XXIX (1912), p. 130, t. XXX (1913), p. 249, — C. Valette. *La cigale* et *La femme adultère, statues de M. Cambos*, dans le même recueil, t. V

(1884-85), p. 75-78. — *Musée de la ville de Castres. Catalogue,*
4ᵉ éd., — Bellier de La Chavignerie et L. Auvray. *Dict. général
des artistes français...,* — Bénézit. *Dictionnaire...*

Camel, Antoine, tapissier. — Etabli à Albi, dans la paroisse
de Sainte-Martiane où il acquérait un immeuble en 1674 (Arch.
d'Albi, CC. 36, f° 120 v°), il eut, de son union avec Catherine
Fréjaville, six enfants nés de 1663 à 1684, dont quatre filles; les
deux garçons, Jean et Antoine, furent baptisés le premier le
6 octobre 1666, le second le 30 novembre 1676 (GG. 57, f° 175 v°,
— 58, f° 152 v°, — 59, fᵒˢ 156 et 187, — 60, fᵒˢ 48 v° et 85). Camel
mourut le 14 janvier 1689 (GG. 61, f° 1) et sa veuve survécut
jusqu'au 12 septembre 1719 (GG. 62, f° 270).

Caminade, François, menuisier. — Il reçoit, le 7 juillet 1617,
4 livres 10 sous pour la façon d'un rétable destiné à la chapelle
de l'hôpital Saint-Jacques de Cordes, localité où il était fixé (Arch.
de Cordes, GG. 167).

Cammas, potier d'étain, de Castres, fut désigné par les Jacobins de cette ville, en 1765, comme expert dans un procès avec
les fondeurs Aubron et Soulié (Arch. du Tarn, H. 529. Voy.
Aubron.)

Cammas, peintres. — Guillaume Cammas, né en 1688 à Aigne,
commune de Cintegabelle, Haute-Garonne (et non à Angers comme le dit le *Dictionnaire* de Bénézit), mourut à Toulouse le
6 mai 1777. Elève d'Antoine Rivals († 1735), il se fixa définitivement à Toulouse, après un séjour à Paris où l'avait appelé le
portraitiste Hippolyte Rigaud. Il succéda à Rivals comme peintre
des Capitouls et exerça en même temps les fonctions d'architecte
municipal. C'est lui qui a construit, en 1751 et 1752, la façade
actuelle du Capitole, dont Parant exécuta les sculptures.

Son fils, François (1743-1804), qui seul nous intéresse, remplaça
à sa mort le peintre de l'hôtel de ville toulousain, le chevalier
Rivals. L'église de Saint-Benoît de Castres possède une de ses
toiles. *Totila, roi des Ostrogoths, visitant saint Benoît,* provenant
sans doute de la Chartreuse de Saïx. Une tradition rapportée par
Em. Jolibois veut que ce tableau ait été peint dans la prison de
Castres où Cammas aurait été détenu quelque temps pendant la
Révolution.

Sur les Cammas, voir : 1° pour Guillaume, Desazars. *Biographie de [Guillaume] Cammas*, dans le *Bull. de la Soc. archéol. du Midi*, 1898-99, p. 32, — Rachou. *Catalogue des collections de sculpture... du Musée de Toulouse*, 1912, p. 265; — 2° pour François, E. Jolibois. *Les beaux-arts dans le départ[t] du Tarn...* dans la *Revue du Tarn*, t. VI (1886-87), p. 265, — Hip. Crozes. *Répertoire archéol. du Tarn*, col. 53, — Abbé Auriol. *Une hypothèse sur un tableau de Cammas conservé à la Dalbade* (une Consécration des Chartreux de Toulouse au Sacré-Cœur et non une Vision de saint Bruno), dans le *Bull. de la Soc. archéol. du Midi*, 1909-11, p. 179. — J. de Lahondès, dans *Les Monuments de Toulouse*, signale divers travaux de Guillaume Cammas (p. 248, 250, 295) et de François (p. 134, 150, 262 et 524).

Camp, Richard, peintre. — Par acte notarié du 28 août 1639 ce « maistre paintre de Rabastenx » s'engage à faire, moyennant la somme de 20 livres, 14 sous et 10 deniers, un Christ en croix accosté des saints Crépin et Crépinien d'une part et de sainte Anne de l'autre. Ce tableau est destiné à la chapelle de la confrérie de saint Crépin, dans l'église de Notre-Dame-du-Bourg. Le 15 février 1641, les Pénitents bleus de la même localité chargent Camp de l'exécution d'un *Portement de croix* pour le prix de 24 livres; la toile mesurera 17 empans de haut sur 12 de large (environ 3^m80 sur 2^m70) (Ch. Peyronnet. *Documents sur quelques artistes du pays albigeois*, dans la *Revue du Tarn*, t. XIX (1902), p. 35 et 36, — E. Marty. *Archives des notaires de Rabastens*, p. 166 et 167).

En 1647, les consuls de Lisle-sur-Tarn payent 12 livres au même artiste pour la peinture des armes de la ville sur des flambeaux employés à la Fête-Dieu (Arch. du Tarn, E. 2456). Enfin, en 1650, la communauté de Rabastens lui fait peindre ses armes et restaurer l'ancienne décoration de la « montre » de l'horloge publique (E. Marty. *Op. cit.* p. 175).

Canimond, doreur. — « Pour être venu de Cordes à la ville de Gaillac pour convenir de la dorure du jubé » de l'église de Saint-Michel, le chapitre collégial de la dite église lui octroie, en 1710, une indemnité de 16 sous. Les parties étant tombées d'accord, Canimond dore « le milieu du jubé avec les armes du chapitre » et reçoit de ce chef 110 livres. Dans la même année encore il dore un Christ sculpté par Rossat, de Toulouse, et placé au centre du jubé (Arch. du Tarn, G. 544).

Cantegreil, Jean, papetier, établi à Saulieu, com. de Milhars, sur l'Aveyron, faisait baptiser une fille le 10 juin 1657, dans l'église de Saint-Projet, com. de Ratayrens (Arch. de Ratayrens, GG. 1.).

Capelle, Antoine, fontainier, de Lisle-sur-Tarn, travaille, en 1741, à une réparation de la fontaine de la place publique (Arch. du Tarn, E. 2478).

Cappel, Jacques, potier d'étain. — « Habitant de Gaillac », il est employé, en 1607, à des travaux que les consuls de Lisle-sur-Tarn font exécuter au « grifoul » (fontaine) du lieu (Arch. du Tarn, E. 2478). Il est probable que la véritable orthographe est Capelle et aussi que le fontainier Capelle qui précède a avec le potier d'étain de Gaillac, de même nom, des liens de parenté.

Capus, P., « veirier », figure sur le cadastre d'Albi de 1343 (CC. 2, f° 270).

Carbonnel, Raimond, « veyrier, demoran à Cordas » (Cordes), est cité dans un acte de 1490 (Ch. Portal. *Extraits de reg. de notaires...*, p. 58).

Carles ou **Charles,** verriers. — « Guillermus Charles, veyrerius » d'Albi, cédait, le 5 février 1461 (n. s.), une terre située dans la banlieue de cette ville, au lieu dit « al escapadou », à un de ses concitoyens en échange d'une autre au même endroit.

« Bernardus Carles, veyrerius », fils ou neveu de Guillaume, acquérait un patus dans la rue « de bona comba », à Albi, en 1498 et, en 1516, réglait quelques affaires de famille (Arch. du Tarn, E. 155). Sa femme, Maffre Castel, avait révoqué, en 1510, une donation à elle faite par un marchand d'Albi (Id. H. 405).

Carles, musicien, était taxé en 1772 à Castres pour la capitation (Arch. du Tarn. Acquisition de 1920. Payrastre, n° 35).

Carlus, *Jean*-Marius-Siméon, sculpteur. — Né à Lavaur le 22 mars 1852, Jean Carlus a suivi les cours des Ecoles des beaux-arts de Toulouse et de Paris où il fut l'élève de Falguière et de Mercié.

En 1897 la ville de Laon adoptait sa maquette d'un monument destiné à commémorer le meurtre de trois instituteurs, commis

par les Allemands en 1870, groupe qui fut fondu en bronze avec
bas-reliefs de même métal.

Membre de la Société des artistes français depuis 1886, Carlus
a exposé aux Salons de cette association : un buste en bronze de
M. X., avocat, un autre, en marbre, de Mad. X. (1901), — une
statue plâtre de Buffon et un portrait d'enfant (1902), — un portrait d'Ed. Perrier, directeur du Museum (1903), — un monument élevé à la mémoire de Pierre Vaux (1904), — *Les eaux*,
plâtre (1905), — buste plâtre de Mad. Albert Espinasse (1906), —
Buffon, bronze, pour le Museum et portrait du député E. Morlot
(1907), — portrait de Mad. Ad. Maujan (1908), — portraits de
M. Hugues et de Mad. Fanny Marc (1909), — *Les eaux*, pour le
Capitole de Toulouse (1910), — monument de Alfred Mézières,
président fondateur (1886-1911) de l'Orphelinat de l'enseignement primaire (1911), — *La cruche cassée* et *Au Maroc* (1912),
— *Cavalier marocain* et *Chien bouledogue* (1913).

Ajoutons : *Molière et sa servante* (au Musée de Sens), *L'orfèvrerie* (à la Mairie du Xe arr. de Paris),... et le monument aux
morts de la ville de Gaillac.

Plusieurs médailles, notamment en 1889, 1899 et 1900, et autres
distinctions ont été attribuées à cet artiste de talent. (*Revue du
Tarn*, t. II (1878-79) à XVII (1900) voir *Tables* et t. XVIII (1901),
p. 122, t. XIX (1902), p. 185, t. XX (1903), p. 123, t. XXI (1904),
p. 128, t. XXII (1905), p. 193, t. XXIII (1906), p. 98, t. XXIV
(1907), p. 233, t. XXV (1908), p. 257, t. XXVI (1909), p. 179,
t. XXVII (1910), p. 204, t. XXVIII (1911), p. 203, t. XXIX (1912),
p. 130, et t. XXX (1913), p. 249, — Bénézit. *Dictionnaire*).

Carrel, Claude, papetier. — Marie-Anne Ausende, âgée de
27 ans, « veuve de Claude Carrel, papetier, décédé à Toulouse
le 20 mars 1752 », épousait, le 20 mars 1754, sur la paroisse de
Saint-Etienne d'Albi, l'horloger François Gracieux (Arch. d'Albi,
GG. 43, f° 30 v°).

Carrier, tapissiers. — Cette famille a fourni à Albi plusieurs
générations de tapissiers habitant la paroisse de Saint-Etienne.
Elle a dû se fixer dans cette ville vers 1684, vu qu'une enfant,
âgée de 4 ans, fut inhumée en 1686 dans la dite église et que les
registres de la paroisse ni d'aucune autre paroisse d'Albi ne font
mention de sa naissance, vu, d'autre part, que, le 3 septembre

1684, Pierre Carrier faisait baptiser un garçon, Antoine, né le 1er du mois de son union avec Marguerite Golignac (Arch. d'Albi, GG. 42, f°ˢ 153 et 140 v°). Il était décédé lors du mariage, en 1697, de son fils Jacques et sa femme fut ensevelie, le 5 décembre 1718, dans l'église des Carmes (Id., f° 303).

Jacques Carrier épousait, le 14 février 1697, Marie Bories, de Cunac (Id., f° 216). Il mourut le 10 juillet 1733, à l'âge d'environ 60 ans (Id., f° 376 v°); il était veuf depuis le 5 octobre 1725 (Id., f° 330 v°). De 1697 à 1706 ce ménage eut cinq enfants dont trois garçons : Jean, né le 23 octobre 1697, Antoine le 9 juillet 1704 et Jérôme le 1er novembre 1706 (Id., f°ˢ 218, 229, 236 v°, 246 et 253 v°). On retrouve Jacques Carrier sur le rôle de la capitation de 1701 (Arch. du Tarn, C. 543, f° 150).

Jérôme, né en 1706, se mariait, le 11 août 1733, avec Antoinette Barreau (Arch. d'Albi, GG. 42, f° 377) dont il eut, de 1734 à 1740, trois filles et un garçon, Jean-Jacques, qui suit, né le 2 novembre 1735 (Id., f°ˢ 384, 390, 397 et 413 v°). Il fut enseveli dans l'église de Saint-Etienne le 17 août 1771 (GG. 43, f° 144 v°). Il avait acquis, en 1734, un immeuble dans ce quartier (Arch. d'Albi, CC. 42, f° 61).

Jean-Jacques, né en 1735, avait épousé, on ne sait où, Françoise Brel qui lui donna, de 1761 à 1781, quatre filles et deux garçons. Ceux-ci naquirent le 11 novembre 1766 (Gabriel-Jérôme-Martin, qui suit) et le 3 mars 1772 (Joseph) (GG. 43, f°ˢ 80, 101 v°, 112, 148, 162 v° et 227 v°).

Gabriel-Jérôme-Martin abandonna le métier de ses ascendants. Il est qualifié de « garçon serrurier » dans l'acte de son mariage, du 4 mai 1790, avec Jeanne Ginestet, fille de feu Augustin, meunier (Id., f° 289). On ignore le sort de son frère Joseph.

Carrière, Georges-Salvi, horloger à Albi, paroisse de Saint-Salvi, épouse Agnès Amiel le 9 novembre 1767 et fait baptiser dans cette église deux filles nées en 1770 et 1780 (Arch. d'Albi, GG. 25, f°ˢ 357 et 505, GG. 26, f° 522). Peut-être son nom devrait-il s'écrire Carrier.

Casaux, Dominique, fondeur. Voy. Barrau.

Cassaing, Eloi, orfèvre. — Il réparait, en 1575, pour l'église de Sainte-Martiane d'Albi, une croix d'argent, « ensemble la teste d'argent de la relique (du reliquaire) sainte Martiane, l'imaige d'argent de saint Sébastien ». Le compoix d'Albi, de 1601, et le livre des mutations postérieures à cette année citent ses héritiers comme possesseurs d'une maison rue du Plancat (Ch. Portal. *Notes sur l'orfèvrerie à Albi*).

Cassanhes, Jean, peintre. — Paroissien de Saint-Salvi d'Albi, Cassanhes, perd une fille en 1681 et meurt le 10 avril 1693. Il était surnommé « Le Tailhuret » (Arch. d'Albi, GG. 19, f° 88 et GG. 22, f° 16).

Castaing, facteur d'orgues. — Les Jacobins de Castres faisaient réparer au milieu du xvii° siècle, l'orgue de leur église par le Frère Castaing, de Toulouse. En 1649 ils faisaient don à ce religieux d'un vêtement et, en 1653, on réglait les frais de son entretien à Castres pendant le temps qu'il y avait séjourné (Arch. du Tarn, H. 463). Il s'agit sans doute de Vidal Castaing, « joueur et faiseur d'orgues » de Toulouse, qui, en 1644, avait réparé l'orgue de l'église de la Dalbade (C. Douais. *L'art à Toulouse*, p. 50, Toulouse, 1904, in-8).

Castanier, Jean, potier de terre. — Un registre de notaire de Lisle-sur-Tarn contient le contrat d'apprentissage, passé le 4 juin 1618, par Jean Castanier, fils de feu Georges, potier de terre « du consulat de Girossenx » (Giroussens), avec Barthélemy Bertrand, du même lieu. L'apprenti restera deux ans chez son patron qui lui apprendra le métier de potier et le nourrira (Arch. du Tarn, E. 559, f° 356).

Castelbou, Jean; fourbisseur. — Cet « espasié » est porté sur le cadastre d'Albi de 1524 comme possesseur d'un immeuble situé « à la dogua », c'est-à-dire sur les fossés, « de Verdussa » (Arch. d'Albi, CC. 10, f° 156).

Catinaut, Pierre, architecte. — Le chapitre cathédral de Castres réclame, en 1663, au sieur Catinaut, entrepreneur du Pont neuf de cette ville, des pierres provenant de son église détruite par les protestants (Arch. du Tarn, G. 265). Le 20 juin 1665, les Jacobins de la même localité procédaient à la pose de la première pierre de leur nouvelle chapelle dont Pierre Catinaut était l'architecte (Arch. du Tarn, H. 410 et 446).

Caunyès, Marc, brodeur. — Il lui est payé, en 1561, 10 livres pour avoir « faictes les armoiries (armes de la ville) que ont esté mises aux casaques des sergens » des consuls d'Albi (Arch. d'Albi, CC. 463).

Causse, Joseph, sculpteur. — Né à Castres le 23 mai 1858, élève de l'Ecole des beaux-arts de Toulouse et de Mercié. Le Musée de Castres possède deux plâtres de cet artiste : une copie d'un torse antique et un bas-relief (*Catalogue du Musée de Castres,* 4ᵉ éd.).

Cavallier ou **Cavaillé,** facteurs d'orgues. — Le 8 juillet 1755, l'abbé de Saint-Michel de Gaillac traite avec le Frère Joseph Cavallier, Jacobin du couvent de Toulouse, qui, moyennant la somme de 350 livres, réparera et mettra en bon état l'orgue du chapitre (Arch. du Tarn, G. 564, 486, 549 et 550).

Les Jacobins d'Albi payaient au même artiste 937 livres, en 1758, pour des travaux analogues (Arch. du Tarn, H. 373).

Jean-Pierre Cavaillé (l'orthographe Cavaillé a prévalu avec addition du nom Coll), neveu et élève du F. Dominique, est né à Gaillac vers 1740 et décédé à Barcelone vers 1815. Dès 1760 il travaille à Perpignan; en 1762 il passe en Espagne, refait l'orgue de Sainte-Cécile de Barcelone, se marie et retourne en France, à Toulouse, en 1770. Il répare ou construit l'orgue de Montréal qu'il termine en 1785 avec la collaboration de son fils Dominique-Hyacinthe. Il restaure l'orgue de l'abbaye de Saint-Thibéry, Hérault, laisse inachevé, en 1789, celui de l'abbaye de Gellone; il entretenait encore en 1790 l'orgue construit pour le chapitre collégial de Pézenas par J.-Fr. L'Epine (F. Raugel. *Les maîtres de l'ancienne facture française d'orgues* dans le *Bull. de la soc. franç. de musicologie,* 1917, p. 31 et 39). Retourné en Espagne, il se fixa à Barcelone et y finit ses jours.

Dominique-Hyacinthe, né à Toulouse en 1771, séjourne de 1788 à 1806 dans la Catalogne où il s'occupe de divers orgues à Puycerda, Barcelone, Vich et ailleurs. En 1806 il s'établit à Montpellier, se marie ensuite à Beaucaire, retourne en Espagne en 1816, revient en France en 1822 et construit deux ans après l'orgue de Saint-Michel de Gaillac. Il est mort à Paris. (Sur les Cavaillé-Col voy. Fétis. *Biographie univ. des musiciens,* 2ᵉ éd.)

Cayrou, Germain, sculpteur, peintre et graveur. — Dans son *Histoire de la cathédrale de Rodez* (p. 205 et 386) Bion de Marlavagne fait le plus grand éloge de cet artiste qui avait orné une chapelle de la dite église d'un relief représentant *sainte Catherine disputant avec les docteurs* et d'une statue de saint Dominique, œuvres qui n'ont pas survécu à la Révolution. Le même auteur nous apprend que Cayrou (il écrit Cayron) mourut le 25 juillet 1689, léguant à diverses personnes des tableaux de sa composition et des planches gravées par lui.

On trouve Germain Cayrou, « maître sculpteur de Rodez », à Albi en 1637. Par acte du 3 octobre de cette année, il s'engage à exécuter, avec le menuisier de Gaillac, Christophe Paris, un tabernacle en bois qu'il a dessiné pour le maître autel de la chapelle des Clarisses. Ce tabernacle mesurera 7 empans et demi de haut sur 7 de large (env. 1ᵐ67 sur 1ᵐ56) et sera finement doré. Le prix convenu est de 340 livres (Aug. Vidal. *L'ancien diocèse d'Albi*, n° 2025).

Cayzac, Alexandre, maçon d'Albi, faisait un devis de réparations de la fontaine de Verdusse en 1730 (Arch. d'Albi, DD. 39).

Cazal, Antoine, papetier. — Un moulin à papier, situé à Burlats, avait été baillé en locatairie perpétuelle, en 1774, par Godefroy-Louis de Falguerolles à François Viala, père et fils, pour une rente annuelle de 360 livres et d' « une rame de papier fin à lettre ». En 1781 les Viala cédèrent le moulin à Jeanne Régi, femme séparée de biens de Marc Cazal, et à son fils Antoine Cazal. Quatre ans après, cette personne, agissant en son nom et pour son fils, déguerpit la tenure entre les mains de Louis-François de Falguerolles, seigneur de Burlats, Aussillon et autres lieux, successeur de Godefroy-Louis, son père (Arch. du Tarn, B. 393, f° 181).

Cazes, doreurs. — Un sieur Cazes dorait, en 1694, un tabernacle pour les Capucins de Graulhet moyennant la somme de 141 livres (Communication de M. l'abbé Thomas d'après un reg. du notaire Aymeric de Graulhet).

Houillac et Cazes, doreurs de Lavaur, dorent, en 1747, moyennant 220 livres, un rétable sculpté par François Pernet (voy. ce nom) pour la chapelle de Notre-Dame du Pont neuf de Rabastens (Em. Marty. *Mémoires de l'abbé Gaubert*, dans l'*Albia christiana*, t. X (1913), p. 272).

Cazes, Romain, peintre. — Né à Saint-Béat en 1810, mort à Saint-Gaudens en 1881, il fut l'élève d'Ingres. On lui doit, à Albi, la décoration de la voûte du chœur de l'église de la Madeleine (*Revue du Tarn*, t. III (1880-81), p. 312 et Bénézit. *Dictionnaire...*)

Cazottes, Jean, potier de terre. — Il était, en 1627, l'un des bayles de la confrérie de saint Projet de Graulhet (communication de M. l'abbé Thomas, d'après un reg. du notaire Clefeu, de Graulhet).

Cereau, fondeurs. Voy. Seurot.

Chabbert, armurier. — Les consuls de Castres chargent, en 1694, l'armurier Chabbert, du dit lieu, de confectionner quatre Crucifix en fer pour remplacer ceux, en pierre, qui étaient placés devant quatre portes de la ville et en mauvais état; pour ce travail ils lui payeront 321 livres, 9 sous (Arch. de Castres, BB. 26).

Chabrieirou, Etienne-Basile, arquebusier. — Cet artisan, surnommé Turenne, n'est cité qu'à l'occasion du mariage de sa fille, Marie-Anne, avec le tapissier François Izar, à Albi en 1773 (Arch. d'Albi, GG. 26, f° 120 et 43, f° 155).

Chaillou, Philibert, sculpteur. — M. de Rivières a publié dans le *Bull. de la Société archéol. du Midi* (1898-99, p. 75) un acte de 1669 par lequel les Pénitents bleus de Lavaur mettent en demeure le sculpteur Philibert Chaillou, « habitant de Toulouse », d'exécuter un rétable pour leur chapelle conformément au bail à besogne passé avec lui le 28 juin 1667; le prix stipulé était de 320 livres. On ignore la solution de l'affaire (Arch. du Tarn, E. 555, f° 225).

C'est le même artiste qui orna de deux statues de Minerve une cour du Capitole (H. de Lahondès. *Les monuments de Toulouse,* p. 250). Voir ci-après l'article Challiou.

Chainay, Chainé, fondeurs, voy. Chanay.

Chaines, verriers, voy. Cheynes.

Challiou, G., peintre. — Dans une lettre datée de Toulouse et du 28 mai 1706, il annonce aux Trinitaires de Castres l'envoi d'un « grand tableau de la *Descente de croix* » et déclare avoir réçu la somme de 36 livres. Il fait, en même temps, allusion à une *Sainte famille* à laquelle il travaille pour leur couvent (Arch. du Tarn, H. 554). L'orthographe des noms propres étant autrefois très variable, il ne serait pas impossible que le peintre Challiou fut le fils du sculpteur Chaillou (ci-dessus).

Chalmandrier, Nicolas, graveur. — Le sieur Servel, mandataire à Paris du syndic du diocèse d'Albi, Salabert, réglait, le 3 novembre 1779, avec le graveur Chalmandrier les frais de la façon d'un plan d'Albi qui est, à cette heure, le plus ancien connu. Il est rappelé dans la pièce en question qu'un acompte de 148 livres a été versé le 8 septembre 1776 et Chalmandrier donne quittance de tout ce qui lui a été payé, soit 1108 livres, 13 sous, 6 deniers. Il ressort de ces dates que la planche, mise en chantier en 1776, était complètement gravée par Chalmandrier en 1779.

Elle fut « terminée », comme on verra plus loin, par Berthault et ce ne fut que le 30 septembre 1780 qu'un envoi de 500 exemplaires put être fait au syndic Salabert qui, le mois suivant, remboursa Servel de 1139 livres. Une délibération communale du 28 janvier 1781 précise que Salabert a fait, de ses deniers, une avance de 1207 livres, 12 sous qu'il pourra, espère-t-on, récupérer par la vente du dit plan. A cet effet un traité a été passé avec l'imprimeur Baurens et « un autre marchand de Toulouse » qui ont consenti à prendre « un certain nombre d'exemplaires à un petit écu chacun (3 livres), moyennant 5 sols de rétribution ». Ce plan, écrit le secrétaire consulaire, est « de la plus grande perfection tant pour l'exactitude que pour la beauté de la gravure et c'est un monument qui restera à perpétuité à la ville... c'est (Albi) la troisième ville de Languedoc (après Montpellier et Toulouse) dont le plan ait été gravé ». Néanmoins si la vente n'était pas suffisamment productive pour rembourser Salabert, la communauté y pourvoirait.

Baurens se chargea de 200 exemplaires dont, en janvier 1783, il n'avait vendu que 46 à 3 livres et 3, en mauvais état sans doute, à 2 livres; il versa, en retenant la remise convenue, 131 livres, 15 sous. Salabert mourut créancier de la ville d'Albi pour la somme de 1076 livres que son fils, officier au régiment de Saxe-Gotha, « en Hollande », réclama en offrant de céder en échange ce qui restait du tirage à 500 exemplaires. La lettre n'est pas datée mais une allusion à l'époque (« depuis dix années ») où la dette a été contractée nous reporte à 1789 en prenant pour point de repère le règlement de comptes de 1779 déjà cité (Arch. d'Albi, CC. 537).

Ce plan d'Albi est connu sous la désignation de « plan Laroche », nom de l'ingénieur, inspecteur des travaux publics du diocèse de 1761 à 1769, qui l'a dressé et signé. Dans un très intéressant article Ed. Cabié, bien que n'ayant pas vu toutes les pièces du dossier que je viens d'analyser, établit que l'on peut fixer l'achèvement ou les dernières retouches du dessin de Laroche « à 1780 ou environ ». La quittance de Chalmandrier, de 1779, confirme cette hypothèse (Ed. Cabié. *Réédition du plan d'Albi dressé par Laroche* dans la *Revue du Tarn*, t. X (1893), p. 262-268, avec planche).

L'échelle adoptée par Laroche est de 20 lignes (0^{m}045) pour 100 toises (194^{m}90) ce qui équivaut à un 4331e. Le dernier plan officiel d'Albi, celui de 1886, est à un 5000e.

La planche gravée mesure 0^{m}545 de large et 0^{m}455 de haut, y compris le titre et une large bordure de 0^{m}04 qui contient au centre de la partie supérieure les armes d'Albi accostées de rameaux de chêne et de laurier. Dans le bas, un écu est meublé d'une croix de Toulouse. Au-dessus de la bordure est inscrit en capitales le titre PLAN DE LA VILLE ET DES FAUBOURGS D'ALBY; au-dessous du même encadrement, en italiques, à gauche, *La Roche Ingénieur Fecit* et, à droite, *Gravé à l'Eau forte par Chalmandrier et terminé par Berthault* (voir ce nom). Etant donné la nature ordinaire des travaux de Chalmandrier qui grava les plans de plusieurs villes du Midi, il y a lieu de croire que c'est la partie décorative du plan Laroche qui fut exécutée par Berthault, soit l'encadrement et un cartouche occupant le coin supérieur gauche de l'intérieur. Ce cartouche est un grand carré, pourvu d'une ornementation abondante et élégante, avec, dans le bas, les armes de l'archevêque de Bernis (d'azur à une bande d'or accompagnée en chef d'un lion aussi d'or) et sa devise ARMÉ POUR LE ROY. Il contient l'inscription suivante : *Dédié à | son Eminence Monseigneur | François Joachim de Pierre de | Bernis, Cardinal Evêque de la S^{te} | Eglise Romaine, Archevêque et | Seigneur d'Alby, Comte de Lyon, | Commandeur de l'Ordre du St Esprit, |*

Ministre d'Etat et du Roy auprès du | S' Siège, Protecteur des Eglises de | France, etc.

Rappelons que N. Chalmandrier édita en 1787 un *Plan de la ville et des faubourgs de Toulouse*, dédié à Mgr de Brienne. (A Paris, chez Lattré, graveur du roi, rue St Jacques, près celle de la Parcheminerie.) Un exemplaire s'en trouve à la Bibliothèque de Toulouse (Ed. Cabié. *Recherches sur les plans de la ville de Toulouse au* xviie *siècle* dans les *Mémoires de la Soc. archéol. du Midi*, 2e série, t. XI (1874-79), p. 369-391).

Chamagne, Claude, tapissier. — Une fille de Claude Chamagne, « tapissier de Monseigneur l'archevêque », et de Madeleine Remi, fut baptisée dans l'église de Saint-Julien d'Albi le 9 septembre 1762 (Arch. d'Albi, GG. 75, f° 35 v°).

Champagne, sculpteur, surnom de Pernet (voy. ce nom).

Chanay, fondeurs. — On trouve ce nom écrit de plusieurs façons : Chané, Chainay, Chainé, Chaynes, Chanay, Chene, Chenet et Chesne. J'adopte l'ortographe Chanay qui est conforme à la signature d'Antoine Chanay (Arch. du Tarn, E. 3555, f° 323) et figure aussi dans son acte de mariage.

Antoine Chanay, « maître fondeur, habitant au faubourg de Villegoudou à Castres », épousait à Labruguière, le 9 février 1698, Claire Imbert (E. 2048). De 1706 à 1719 il a souvent travaillé pour les établissements religieux de Castres et de quelques églises des environs. Je reproduis ici, en les complétant et les corrigeant, les renseignements que j'ai publiés dans mes *Notes sur quelques fondeurs de cloches (Bull. archéol.* de 1905). Suivons l'ordre chronologique.

En 1706, Chanay fabrique un chandelier pour les Jacobins de Castres (H. 467).

Le 21 mai 1711, il s'engage à refondre pour le compte de la communauté de Réalmont « la cloche de la paroisse de cette ville pour en faire deux, avec l'augmentation de métal que la communauté voudra, moyennant la somme de quatre vingt livres payables après la réception du travail et de fournir le métail nécessaire à raison de dix sols la livre, à la charge que la communauté luy fournisse le bois, charbon et manubre nécessaires ». Mais ce travail ne fut pas exécuté par lui (voy. Camara) (E. 3555, f°s 319, 322, 323, 328, 334, 343). Les deux nouvelles cloches étaient destinées, l'une à l'église, l'autre à l'horloge publique (f° 322).

La même année 1711, le chapitre cathédral de Castres confiait à Antoine Chanay la refonte, au prix de 400 livres payables en six annuités, de deux cloches qui lui furent livrées le 2 janvier suivant. Le fondeur eut à toucher de plus la valeur de 642 livres de métal qu'il avait fournies à raison de 12 sous la livre (G. 270).

En novembre 1712, il lui était dû par le même chapitre 8 livres, 8 sous pour la refonte d'une « métallière », c'est-à-dire d'un bassin en métal, et d' « autres choses » (G. 271).

En 1713, les Trinitaires de Castres lui payent la façon d'une petite cloche du poids de 10 livres et demie pour la porte du couvent. Il est rappelé qu'elle est ornée d'une croix de l'ordre et de la légende GLORIA TIBI TRINITAS; le métal est estimé 18 sous la livre, un compagnon touche 5 sous, un menuisier 6 et un serrurier 17 (H. 563).

En 1715, le chapitre cathédral de Castres fait payer à Chanay 14 livres, 4 sous pour avoir adapté quatre plaques de cuivre jaune à un gros bréviaire et fait deux chandeliers pour l'église de Murasson, Aveyron, dépendant du dit chapitre (G. 271).

Le 13 avril 1719, l'intendant autorisait les consuls de Boissezon à emprunter les fonds qu'exigeait la refonte projetée de deux cloches et la réparation de l'horloge publique. C'est « Chesne » qui doit refondre ces cloches dont l'une pèse 8 à 9 quintaux et est affectée à l'horloge, l'autre 3 à 4 (E. 1061).

Il reçoit, la même année, 12 livres, 14 sous pour une paire de chandeliers du poids de 9 livres destinés à l'église de Ferrières, autre dépendance du chapitre de Castres; en 1720, il touche 20 livres pour un encensoir, une navette et deux chandeliers de l'église de Murasson; en 1721, 33 livres pour la refonte de six chandeliers de laiton de l'église de Saïx; en 1722 les frais de refonte de quatre autres, pesant 21 livres, au tarif de 35 sous la livre, ces derniers pour le chapitre (G. 272).

Enfin « Chené père » fournissait, en 1741, au chapitre collégial de Saint-Michel de Gaillac six chandeliers et une grande croix pour le maître autel de son église (G. 547).

C'est probablement au fils d'Antoine Chanay que le chapitre de Castres soldait, en 1744, le prix, à raison de 20 sous la livre, de 5 livres, un quart d'étain employé à des cuvettes, plus les frais de façon de cinq cuvettes ainsi que la gravure des armes du chapitre sur treize pièces d'argenterie, celle du nom de saint Benoît sur trois calices « où l'on n'a pas pu placer les armes » et encore celle d'un B sur quatre cuvettes (G. 284).

Ce fils d'Antoine Chanay n'est formellement connu que par l'acte de sépulture de sa femme, Thérèse Barbaza, qui mourut à Albi, paroisse de Saint-Julien, le 10 septembre 1759, à l'âge d'environ 60 ans, veuve de Jacques « Chenet, maître fondeur de cloches de Castres » (Arch. d'Albi, GG. 74, f° 59).

Notons, pour terminer, que Antoine, domicilié au faubourg de Villegoudou, rive gauche de l'Agout, à l'époque (1698) de son mariage, devint dès 1702 le locataire des Jacobins pour une maison située sur la rive droite, rue du Pont neuf. Il renouvelait son bail ou louait un autre immeuble aux mêmes religieux en 1710 et en payait encore le loyer en 1714 (Arch. du Tarn, H. 410, f°ˢ 218 et 236 v° et H. 468). En cette année 1714 il a pu changer de demeure puisque, le 27 août, le chapitre cathédral lui faisait remise des droits de lods exigibles à raison de l'acquisition d'une maison dans le quartier des Ormeaux, toujours sur la rive droite de la rivière. Il détenait cet immeuble encore en 1722 (G. 271 et 297).

Chanterene, horloger, à Castres, est chargé, en 1680, de l'entretien des horloges publiques de cette ville (Arch. de Castres, BB. 25). Le chapitre cathédral de la même localité lui alloue, en 1684, une rétribution de 20 livres pour veiller au bon fonctionnement de son horloge (Arch. du Tarn, G. 268).

Chantoiseau, menuisiers. — La communauté d'Albi payait en 1718, à Jacques Chantoiseau, menuisier de cette ville, la façon d'un marchepied destiné au siège de l'archevêque dans la sallebasse de l'hôtel de ville (Arch. d'Albi, CC. 516). Le même ouvrier fut, en 1736, l'un des experts chargés de vérifier l'état de l'orgue qui venait d'être construit pour la cathédrale (Ch. Portal. *Christophe Moucherel et l'orgue de la cath. d'Albi*, dans la *Revue du Tarn*, t. XVIII (1901), p. 328).

Un David Chantoiseau, fils sans doute de Jacques, est qualifié d' « échanson de Monseigneur l'archevêque d'Albi en 1740 (Arch. d'Albi, GG. 22, f° 273). Il est dit « maître menuisier » en 1752, époque où il fit baptiser, le 11 septembre, un fils, Salvi, dans l'église de Saint-Salvi (GG. 24, f° 89).

Chapuy, Nicolas-Marie-Joseph, architecte. — Né à Paris en 1790 et mort à une date inconnue (Bauchal. *Nouv. dict. des architectes français*). On lui doit le plan du maître autel de la cathédrale d'Albi qui a été remplacé à la fin du xix° siècle par l'autel actuel. Chapuy a publié en 1829 dans son ouvrage sur *Les cathédrales françaises* un fascicule de 20 p. in-4, contenant dix planches hors texte qui sont seules son œuvre, sous le titre de *Vues pittoresques de la cathédrale d'Albi par Chapuy, ex officier du Génie maritime, ancien élève de l'Ecole polytechnique, avec un texte historique et descriptif par Alexandre du Mège...* (Paris, Engelmann, libr.).

Charles, marbrier italien. Voy. Baratta.

Charles, Bernard, verrier. Voy. Carles.

Chastain, Guillaume, peintre. — En vertu d'un bail à besogne conclu le 10 novembre 1643 par les consuls de Cordes et le peintre Guillaume Chastain, « de Pierrefort en Auvergne » (arr. de Saint-Flour), « à présent habitant la dite ville de Cordes », celui-ci doit exécuter pour l'autel des Cinq plaies de J. C. dans l'église paroissiale un tableau de 11 empans de haut (env. 2^{m}73) sur 8 de large (env. 1^{m}98) représentant « l'image de Nostre Seigneur monstrant les cinq playes pour la rédemption humaine et un saint Thomas apostre, lequel se trouva avec les autres apostres à la résurrection du Seigneur, [et] où aura un escripteau profférant les mesmes mots *Dominus meus* et *Deus meus*, à la posteure qu'il faut, et le tout fait et parfait bien et duement à l'huile », pour le prix de 50 livres (Arch. de Cordes, DD. 6).

Chauvet, Jean-Paul, « imprimeur et libraire de la paroisse de Sainte-Martiane [d'Albi], fils de feu Guillaume, habitant de La Madeleine », épousait, le 13 février 1736, Rose Dourde. Le mariage fut béni dans l'église de Saint-Julien (Arch. d'Albi, GG. 72, f° 60 v°).

Chauvin, Charles, « faiseur de bas au métier », à Albi, faisait baptiser une fille dans l'église de Saint-Salvi en 1733 (Arch. d'Albi, GG. 76 v°).

Chaylus (de), Aymeric, horloger. — Les consuls de Cordes, en

1510, font réparer l'horloge publique de la localité par un horloger de Lisle-Jourdain, Aymeric de Chaylus, qui recevra pour sa peine 6 livres et à qui l'on fournira tout le fer et le plomb nécessaires; le travail est garanti pour quatre ans (Ch. Portal. *Extraits de rég. de notaires*, p. 135).

Chayssials, Antoine, arbalétrier. — En décembre 1562, Antoine Chayssials, arbalétrier d'Albi, s'étant chargé de fournir au cardinal-évêque Strozzi quatorze douzaines d'arbalètes (ou de mousquets?) dont il avait déjà fabriqué les canons, commande à un serrurier, B. Malphettes, un pareil nombre de serpentins (Aug. Vidal. *L'ancien diocèse d'Albi*, n° 28). Le serpentin était la pièce coudée qui déclanchait le coup, un « chien » par conséquent. Les premiers serpentins furent sans ressort et sans gachette.

Chazottes, Marie-Louise, peintre. — Née à Castres le 15 février 1878, élève de l'Ecole des beaux-arts de Paris et de Ferdinand Humbert, exposait à Castres, en 1906, trois études dont cette ville fit l'acquisition pour le prix de 200 francs chacune. Le Musée de Castres possède une *Tête de vieillard*, don de l'artiste (*Revue du Tarn*, t. XXIII (1906), p. 356 et *Catalogue du Musée de Castres* 4ᵉ éd.).

Chené, Chenet, voy. Chanay.

Chenevet, Antoine, fondeur. — Le chapitre collégial de Saint-Michel de Gaillac approuvait, le 25 août 1627, un contrat passé avec Antoine Chenevet et Jacques Fraisse, fondeurs de Toulouse, pour la fonte d'une cloche de 15 quintaux destinée à son église pour le prix de 7 livres par quintal; la communauté devait fournir manœuvre, bois, charbon, cire, suif et chanvre. Une délibération du 6 décembre 1633 apprend que le mouton coûta 36 livres. Mais la cloche était défectueuse et un procès fut intenté aux fondeurs en 1628 (Ch. Portal. *Notes sur quelques fondeurs de cloches*). Antoine Chenevet était probablement le fils de cet autre toulousain de même nom, Pierre Chenevet, qui fondit en 1593 les personnages modelés par Antoine Bachelier pour la fontaine de la place Saint-Etienne (J. de Lahondès. *Les monuments de Toulouse*, p. 327).

Chesné, voy. Chanay.

Cheynes, verriers. — Le cadastre d'Albi de 1524 mentionne

Adrien Cheynes, « veyrié », habitant l'Hort en Salvi dans la gache du Vigan (Arch. d'Albi, CC. 10, f° 66). Il est fait allusion ailleurs à une maison qu'il tenait des Annonciades en 1527 (Arch. du Tarn, H. 783).

La même année, Jean Chaynes, aussi verrier, reconnaissait une tenure semblable envers la même congrégation (H. 704).

Enfin Raimond Chaynes, « veirié », était domicilié, en 1538, dans la rue de Ronel, gache de Saint-Affric (Arch. d'Albi, CC. 19, f° 185).

Chrétienot, Baptiste, fondeur. — Originaire de Chaumont-la-ville, dans le canton de Bourmont, Haute-Marne, ce fondeur de cloches a travaillé à plusieurs reprises dans notre région, de 1743 ou 1744 à 1765.

En 1743 ou 1744 le chapitre de Saint-Michel de Gaillac lui payait 57 livres, 19 sous pour le métal qu'il avait employé à la fonte d'une cloche (Ch. Portal. *Notes sur quelques fondeurs de cloches*).

Dix ans après, en 1754, les consuls de Castres lui confiaient la fonte de deux cloches de 12 quintaux chacune, destinées aux églises de la Platé et de Saint-Jacques, plus la refonte d'une troisième pour La Platé; il était convenu que Chrétienot recevrait 30 sous pour chaque livre de métal employé à la façon des deux premières et 10 sous seulement pour la dernière (Arch. de Castres, BB. 19).

Le 20 août 1765 « Baptiste Chrétienot » signait une quittance de 120 livres, partie du prix de 189 livres, 13 sous auquel revenait « l'augmentation de la grande cloche du couvent » des Jacobins de Castres. On lui avait d'ailleurs délivré à cet effet deux petites cloches du poids total de 5 livres et demie (Arch. du Tarn, H. 448 et 529).

Sur ce fondeur, voir Jos. Berthelé. *Enquêtes campanaires*, p. 110 et 218 et ci-dessus, p. 14.

Cleurac, Jacques, sculpteur, fut enseveli dans l'église de Saint-Salvi d'Albi le 1er septembre 1710; il était âgé de 65 ans (Arch. d'Albi, GG. 20, f° 303 v°).

Clarenc, Simon, maçon. — Etabli à Albi, il fut chargé, avec le charpentier Arnaud Duran, par les consuls de visiter la porte de ville dite du Tarn en vue de l'établissement d'un pont-levis; son rapport est de l'année 1578 (Arch. d'Albi, EE. 49).

En 1599, les Annonciades de la même localité lui faisaient réparer l'église de Sainte-Martiane, aujourd'hui dans la commune du Garric (Arch. du Tarn, H. 678).

Claustre, Pierre, sculpteur. — On lit dans les comptes de la fabrique de l'église paroissiale de Labruguière du 13 janvier 1554 (1555 n. s.) qu'il fut employé « cinq livres t. pour fere embalmer la sacre relicque de la teste de Monsgr sainct Tirs (Thyrs) que fut embalmée par m° Pierre Claustre, tailheur d'imaiges de Carcassonne » (Arch. du Tarn, E. 2050, f° 96). Cette mise en « balme » (creux, grotte, excavation) consista sans doute dans la confection d'une niche en pierre ou d'une châsse en bois. Contenant et contenu ont disparu.

Ce sculpteur avait déjà travaillé dans la même région en 1547. Le 20 avril de cette année il s'engageait envers les consuls et les fabriciens d'Escoussens (à 7 kilomètres de Labruguière) à construire pour la somme de 100 livres, à 25 sous la livre, un rétable destiné au maître autel de l'église paroissiale dédiée à saint Sernin. Ce rétable devait être « de peyra blanqua », orné de statues de saint Sernin au milieu, des saints Jean-Baptiste et Michel sur les côtés et, au-dessus, d'un Crucifix accompagné d'une Vierge et de saint Jean. Les cinq statues, hautes de « cinq pams et myeyt » (env. 1ᵐ24) seraient en pierre et le Crucifix en bois peint. L'artiste fournirait la pierre, la chaux et autres matériaux nécessaires tandis qu'on lui donnerait le bois du Crucifix et les planches du soubassement; il serait logé tant que la besogne durerait (Abbé L. Barthe, curé de Teillet. Note dans l'*Albia christiana*, t. VII (1899), p. 205).

Le *Dictionnaire* de Bénézit signale un Martin Claustre, de Grenoble (vers 1480-1524), qui fut aussi sculpteur et un artiste renommé. Serait-il le père de Pierre (?).

Clavel, Joseph, architecte. — Dans une délibération du conseil communal de Réalmont, du 3 juillet 1711, il est fait allusion à un devis qu'a fait faire l'archevêque d'Albi par l'architecte Clavel, de cette ville, pour la construction d' « un clocher au devant de l'église »; le diocèse a imposé de ce chef la somme de 1614 livres, 15 sous. Un autre procès-verbal apprend que Clavel s'est chargé de ces travaux, au prix de 1600 livres, à la condition qu'on lui fournisse « toute sorte de charroi et manubre »; le bail a été conclu le 19 octobre (Arch. du Tarn, E. 3555, f°ˢ 328 et 334 v°). L'œuvre de Joseph Clavel fut jugée si défectueuse que les consuls de Réalmont durent le traduire devant la Temporalité d'Albi et demander la vérification du dit clocher qui menaçait « ruine imminente ». Ils eurent gain de cause et les experts déclarèrent, le 12 septembre 1714, que l'on avait employé de mauvais matériaux pour les piliers de l'édifice et que le mal était sans remède (B. 748).

Clément, Jean, fondeur. — Ce « fondeur castrais » fabriquait, en 1563, des canons et des mousquets pour les huguenots de Saint-Antonin (F. Galabert. *La Réforme à Saint-Antonin*, dans le *Bull. de la Soc. archéologique de Tarn-et-Garonne*, 1923).

Clerantain, Louis, miroitier. — Le 15 juin 1776, on baptisait sur les fonts de Sainte-Martiane d'Albi une fille de Louis Clerantain « miroictier et de Marie Cotard, de la ville de Sᵗ Quintin (Sᵗ Quentin) en Picardie, diocèse d'Amiens » (Arch. d'Albi, GG. 65, f° 172 v°).

Clochard, horloger, est taxé en 1789 à Albi pour la capitation (Arch. du Tarn, C. 577, f° 21 v°).

Clusel, Charles, fourbisseur (« espasié »), figure sur le cadastre d'Albi, gache de Saint-Etienne, en 1555 (Arch. d'Albi, CC. 22, f° 66 v°).

Coffignal, François, verrier à Albi, est témoin, en 1669, du décès de Jean Moulherat, aussi verrier, survenu sur la paroisse de Saint-Etienne (Arch. d'Albi, GG. 42).

Col, Joseph, peintre. — Joseph Col, né à Albi le 16 juin 1862, est mort à Marseille, encore jeune. Elève aux Ecoles des beaux-arts de Toulouse et de Paris, il eut pour maîtres Hébert et Luc-Olivier Merson. Lauréat du grand prix municipal de peinture de la ville de Toulouse en 1882, Col exposait, trois ans après, au Salon un *Pauvre comptant sa recette* et, en 1886, *Altéré*, dessin. En 1893, on voyait de lui, à Albi, son projet de plafond du théâtre de cette ville en aquarelle (exécuté ensuite), un portrait de vieillard, *Le mendiant*, panneau, *Le Benedicite*, *Credo*, lavis, un portrait de femme, miniature sur ivoire. A deux autres expositions albigeoises, en 1902, Col produisit de nouveau le *Credo* en même temps qu'un dessin au crayon, *Solitude*, plusieurs paysages, dont le château de Najac, une nature morte (cerises) et *Lecture*.

Le Musée d'Albi conserve le *Pauvre comptant sa recette* (don de l'artiste) et quelques dessins à la plume, celui de Toulouse une toile, *Sisyphe* (*Revue du Tarn*, t. IV (1882-83), p. 128, t. VI (1886-87), p. 48, t. VIII (1890-91), p. 291 et 388, *Exposition artistique et archéol. d'Albi*, 1893. Livret, *Le 1er Salon des artistes albigeois*, 1902, *Exposition d'Albi*, 1902 (manuscrit), H. Rachou. *Catalogue des collections de peinture du Musée de Toulouse*).

Colas, tapissier. — Le chapitre de Saint-Michel de Gaillac paye, en 1735 et 1736, des tapisseries au « sieur Colas, facturier » (Arch. du Tarn, G. 546).

Collasson, P., imprimeur. — D'après Desbarreaux-Bernard (*Hist. de Languedoc*, t. VII, col. 633), cet imprimeur, fixé à Albi, aurait transporté ses presses à Gaillac vers 1796 (an IV ou an V). Il revint à Albi où il édita les trois premiers *Annuaires statistiques du département du Tarn*, c'est-à-dire ceux des ans XI, XII et XIII. Il était associé avec A.-D. Baurens (voy. ce nom) en 1809.

Colomb, verriers. — J'ai déjà eu l'occasion de signaler plusieurs verriers de ce nom (*Extraits de reg. de notaires*) :

Jean, qui était établi dans le consulat de Laguépie en 1409, — Jacques, fils de Guiral, et Jean, fils de Jean, qui œuvraient à la verrerie de Bonan, commune de Milhars, en 1473 et 1475, — Pierre, tenancier du prieuré du Ségur en 1424.

Colomblès, orfèvre à Castres, est porté sur la liste des 20 orfèvres du Tarn, du 24 vendémiaire an VII (Arch. du Tarn, L. 258, f° 118 v°).

Colomiez, imprimeurs. — L'imprimeur toulousain Raimond Colomiez a été considéré comme le compositeur de *La mécométrie de l'eymant* éditée en 1603 et 1604 par Guillaume de Nautonier de Castelfranc en son château de Lourmarié près de Venès. Ce n'est là, paraît-il, qu'une légende; M. Pradel estime que Colomiez ne fit, en cette occurence, que prêter son nom (voy. Nautonier).

De même son fils Arnaud, successeur nominal du prototypographe de Castres, Pierre Fabry (voy. ce nom), « couvrit de son nom et de son brevet le produit des presses municipales... Il est probable, ajoute M. Pradel, que Colomiez n'a jamais imprimé lui-même à Castres, il se contenta de prêter son nom à un ami ». Quel était cet « ami », c'est ce que l'auteur cité ne dit pas.

Dans tous les cas, si ce petit problème reste à résoudre, plusieurs impressions, signées par Arnaud Colomiez, portent comme indication du lieu d'origine le nom de Castres, de 1645 peut-être (cette date est incertaine) à 1653 et même 1656. Ce sont, d'après M. Pradel : un *Catalogue des choses rares qui sont dans le cabinet de maistre Pierre Borel, médecin de Castres* (in-4, 1645?), (travail cité par Borel dans ses *Antiquités*, mais dont on ne connaît pas d'exemplaire), — *Les antiquitez, raretez... de la ville et comté de Castres* de Pierre Borel (in-8 en 2 parties, 1649), réimprimées en 1868 par M. Pradel, — un *Tractatus de peste* de Gabriel Ducros, médecin de Castres (in-4, 1649), — une *Lettre du roy à Monsieur de Montrabe... avec les articles de la paix... de Ruel* (petit in-8, 1649), — un *Poëme à la louange de l'imprimerie* de Pierre Borel (in-12, 1650?), cité par lui, — *La saincte messe...* du sieur de Jouyac en Vivarais (in-8, 1652), — *Petri Borelli, medici castrensis, historiarum et observationum medico-physicarum centuria prima et secunda* (petit in-8, 1653), — *Les quatrains du seigneur de Pibrac* (in-8, 1653). — A cette liste il faudrait ajouter les *Tableaux ou quatrains de la vie et de la mort* de Pierre Mathieu, conseiller du roi et historiographe de France (petit in-8, 1656), signalés dans la *Revue du Tarn*, t. XIX (1902), p. 65. Tous les renseignements qui précèdent sont extraits de la *Notice sur l'imprimerie à Castres* de Ch. Pradel (*Mémoires de l'Académie des sciences... de Toulouse*, 8e série, t. IV (1882), p. 226 et 236).

Comte, Pierre, relieur, à Albi, touchait, en 1398, 2 sous et 6 deniers pour avoir recouvert une copie des coutumes du pont du Tarn (Arch. d'Albi, CC. 160).

Condat, Antoine, peintre. — Les consuls d'Albi lui font exécuter quelques petits travaux, notamment la peinture des armes de la ville, qui figurent sur les comptes de 1486-87 à 1488-89 (Arch. d'Albi, CC. 205 à 207).

Condat, Raimond, potier de terre. — Il était imposé à La

Verrière, commune de Giroussens, en 1762 (E. Rieux. *Les poteries de Giroussens*, p. 28).

Conscience, *Rose*-Henriette-Josèphe-Françoise (Mad. Renaud), peintre. — Mlle Conscience, née à Albi le 12 mars 1879, professeur de dessin, exposait en 1902 dans la même ville une nature morte (Chrysanthèmes), un *Sous bois* et un portrait, — en 1908, au Salon des artistes français des fleurs (*1er Salon des artistes albigeois*, 1902, *Revue du Tarn*, t. XXV (1908), p. 256 et 260).

Constans, Antoine, sculpteur. — Le conseil communal de Cordes décidait, en 1676, de faire faire par un sculpteur de Gaillac, appelé Lafon, un rétable qui serait placé au-dessous d'un grand tableau (d'environ 3^m15 de large) que le peintre Raverolles s'était chargé d'exécuter en 1669. Lafon n'ayant pas rempli ses engagements, un nouveau marché fut passé avec le sculpteur de Rodez Antoine Constans, le 8 mai 1678, et le prix fixé à 960 livres. Ce dernier artiste travailla avec une ardeur très modérée et abandonna même la besogne assez longtemps (1679-81); il semble que les consuls aient éprouvé quelque difficulté à payer la somme convenue, si l'on en juge d'après la modicité et la multiplicité des acomptes que Constans leur arrache de temps à autre. Je crois, — sans pouvoir en administrer la preuve faute du texte perdu du bail à besogne, — que ce rétable-tabernacle subsiste et se trouve actuellement dans la 2e chapelle à droite, en entrant. Il ne dut être terminé que vers 1684, époque où il n'y avait plus, suivant les documents consultés, qu'à le dorer. Il mesure 2^m30 de large sur 0^m88 de haut, y compris le socle et le couronnement qui consiste en une galerie de petits balustres. Le premier et le dernier des cinq panneaux qui le composent sont adossés au mur, celui du milieu leur est parallèle et les deux autres, posés obliquement, le rattachent au fond, formant ainsi la saillie du tabernacle. En allant de gauche à droite, on distingue les scènes suivantes : le Couronnement d'épines, le Christ tombant sous le poids de la croix, le Christ en croix, avec les saintes femmes. Au-dessus, Dieu le père, issant d'un nuage, bénit de la main droite et appuie la gauche sur une sphère; il est accosté de la Résurrection et de la Flagellation. Les personnages sont entièrement dorés. Il en est qui ne manquent pas d'expression, notamment les soldats dormant au pied de la croix, au moment de la résurrection. L'œuvre est en somme intéressante (Arch. de Cordes, BB. 73, 74, — CC. 200 à 202, — DD. 7).

Bion de Marlavagne nous apprend qu'Antoine Constans était le cousin du sculpteur Germain Cayrou et fut l'un de ses légataires en 1689 (*Hist. de la cathédrale de Rodez*, p. 386).

Contestable, marbrier. — Cet artiste toulousain se chargeait, le 8 octobre 1762, d'édifier pour la cathédrale de Castres un grand autel qui était en place au mois de novembre 1763. Le 3 décembre suivant il est fait allusion au paiement de 2500 livres à sa veuve (Arch. du Tarn, G. 274).

C'est donc, selon toute vraisemblance, son fils, Pierre Contestable, « sculpteur en marbre » de Toulouse, qui a fait, en 1768, un tabernacle, avec porte sculptée et dorée, pour l'église de Colomiers, canton de Toulouse, moyennant 210 livres (*Bull. de la Soc. archéologique du Midi*, 1894-95, p. 65).

Corbatleu (de), Guillaume, maçon, d'Albi, réglait un arriéré de tailles pour 1445 quelque temps après (Arch. d'Albi, CC. 106).

Corbière, *Arthur*-Jean-Henri-David, peintre. — Imprimeur, libraire et relieur à Albi, Arthur Corbière, né dans cette ville le 11 janvier 1853, y exposait en 1893 un tableau, *Les insondables* (la femme, le ciel, la mer), et plusieurs dessins à la plume sur porcelaine : *A votre santé*, une tête d'adulte, une tête de vieillard, un guerrier et un portrait, plus une improvisation au couteau. Au 1er salon albigeois ouvert dans ses magasins en 1902 ce furent des peintures de fleurs diverses et de chrysanthèmes, deux dessins à la plume sur émail, un dessin sur papier procédé et une reliure en pyrogravure. Ces travaux, exécutés avec goût, dénotent le plus souvent la recherche de l'effet par des procédés sortant de la technique habituelle (*Albi. Exposition artistique et archéologique*, 1893. Livret et *1er Salon des artistes albigeois*, 1902).

Corbin, Antoine, facteur d'orgues. Voy. Boat.

Cordier, Jean, orfèvre. — Etabli à Mazamet, il dut, pour cause de religion, quitter le pays et se réfugia à Londres vers 1682 (Dumons. *Les réfugiés du pays castrais* dans la *Revue du Tarn,* t. XXIX (1912), p. 39).

Cordier, Jean, sculpteur (ou orfèvre). — La belle croix de l'église de Castelnau-de-Montmiral (mon. hist.) fut réparée, en

1690, par un « sculpteur » de Montricoux, Tarn-et-Garonne, appelé Jean Cordier (Ch. Samaran. *La croix précieuse des comtes d'Armagnac...*, dans la *Revue de Gascogne*, 1901 et à part in-8 avec fig., — A. Pelissier. *La croix reliquaire gemmée des anciens comtes d'Armagnac vénérée à Castelnau-de-M.*, Albi, 1904, in-8).

Cordurant, Barthélemy, tapissier. — Le 18 juillet 1788 ont lieu les obsèques, en l'église de Sainte-Martiane d'Albi, de Barthélemy Cordurant, « tapissier, natif de Paris sur la paroisse St Roch », décédé la veille à l'âge de 70 ans (Arch. d'Albi, GG. 66, f° 154).

Cornavin, Jean-Baptiste, fondeur. Voy. Poincaré.

Corp, Louis, dit L'Anglois, orfèvre. — Je résume ici les détails que j'ai consignés ailleurs (*Notes sur l'orfèvrerie à Albi...*) relativement à cet orfèvre albigeois ou tout au moins établi à Albi.

Né vers 1640, il eut de sa première femme, Madeleine Arnail, originaire de Lodève, 7 garçons et 2 filles qui furent baptisés, de 1674 à 1689 sur les fonts d'abord de Sainte-Martiane (1674-76), puis de Saint-Salvi (1678-79), enfin de Saint-Etienne (1683-89), correspondant certainement à ses domiciles successifs. Madeleine Arnail étant morte en 1689, il épousa, le 7 janvier 1695, sur la paroisse de Saint-Etienne, Anne Cuny qui décéda en 1702 après lui avoir donné encore 2 garçons et une fille, de 1696 à 1702.

Louis Corp finit ses jours le 12 septembre 1712, à l'âge d'environ 72 ans, et fut inhumé dans l'église de Saint-Etienne.

Le 31 mars 1678, le chapitre collégial de Saint-Salvi l'avait chargé de « faire une croix d'argent suivant le desain (dessin) que le dit Corp a remis au dit chapitre, laquelle croix sera de mesme grandeur que celle qu'on porte en l'église cathédralle aux processions générales, avec son baston d'argent, conformément à la dite croix, et, à l'effect de faire la dite croix, les dits syndics ont présentement deslivré au dit Corp huict marcs, cinq onses argent fin et, quand le dit Corp rendra la croix qui sera parfaicte avec son crucifix d'argent, le dit chapitre luy repprandra la dite croix au mesme poids et le surplus, s'il y en a, servira de payement à concurrance de la somme de soixante livres que le dit chapitre luy accorde pour la façon, à la charge par le dit Corp de randre la dite croix marquée du poinson de Tholose et payer touts droits qui pourront estre deubs pour cella, laquelle croix

le dit Corp s'oblige d'avoir parfaicte et la remettre au dit chapitre dans deux mois prochains... » L'artiste fut exact et, le 25
mai suivant, il reconnaissait avoir reçu du chapitre la somme de
60 livres « en louys argeant et monoye »; il avait d'ailleurs rendu
« un marc, demy onse argeant, restant de huit marcs, cinq onses
qui lui avaient été remis ». La croix pesait donc environ 7 marcs
et 4 onces et demie (env. 1 k. 851 gr.). Il est regrettable que le
bail à besogne, au lieu de nous donner une description de cette
œuvre d'orfèvrerie, se réfère à un dessin qui n'a pas été conservé.

Coste, orfèvre. — Une lettre du commissaire central de
l'Hérault à son collègue du Tarn, du 9 nivôse an VI, apprend
que l'orfèvre Coste, établi à Castres et originaire du Bourg-Saint-
Andéol, Ardèche, vient d'être arrêté à Montpellier pour avoir
pris part à des troubles contre-révolutionnaires survenus à Castres
(Arch. du Tarn, L. 280, *16*). Coste dut être remis en liberté dans
le courant de l'année puisqu'il est inscrit, en vendémiaire an
VII, sur la liste des 20 orfèvres du Tarn (L. 258, f° 118 v°).

Coste, François, papetier. — L'union de François Coste,
« marchand papetier de Raissac de Jannes », avec Marie Carrier,
fille de Durand, boulanger, fut bénite à Albi le 21 avril 1711;
parmi les témoins figure Isaac Brieu, « marchand papetier, habitant de Raissac » (Arch. d'Albi, GG. 62, f° 164). Un document,
analysé par l'abbé Barthe, prouve que Coste avait succédé à Pierre
Bonnaud dans la gestion de cette papeterie, construite en 1686,
et qu'il la dirigeait en 1712 (*Albia christiana*, t. IX (1912), p.287).

Coste, Raimond, verrier. — Il était fixé à Graulhet au milieu
du xvie siècle (Arch. du Tarn, E. 1822).

Coti, Jean, serrurier. — Après la défaite et la mort de Charles
le Téméraire, Louis XI s'empare de la Bourgogne, de l'Artois et
du Hainaut. Maître d'Arras, il en chasse les habitants et décide
de repeupler cette ville de bons et loyaux sujets. Huit habitants
d'Albi furent, à cet effet, désignés par des commissaires royaux
et se mirent en route le 12 juillet 1479; parmi eux se trouvait un
serrurier appelé Jean Coti (Arch. d'Albi, HH. 5).

Couderc, Jean, potier d'étain. — Il épousait, à Albi (paroisse
de Saint-Salvi), le 23 octobre 1721, Marie-Anne Boudret, fille de
François, également potier d'étain (Arch. d'Albi, GG. 21,

f° 133 v°). De la date (1761) du décès de leur fille à l'âge de 36 ans on est amené à conclure que Couderc mourut vers 1725 et au plus tard en 1731 puisque sa veuve se remariait, le 24 juillet 1732, avec encore un potier d'étain, Dominique Buccallenx, habitant de Rodez (GG. 25, f° 31 et GG. 22, f° 41 v°).

Couderc, épinglier et fondeurs. — Antoine Couderc, épinglier à Albi et probablement parent (frère ou cousin) de Jean qui précède, avait épousé Jeanne-Marie Gilet qui mourut le 17 septembre 1767 (Arch. d'Albi, GG. 66, f° 4 v°), veuve depuis longtemps déjà puisque en 1746, lors du mariage de leur fils Joseph, son mari était défunt.

Joseph Couderc, dit Cabanes, « fondeur de métal », contractait mariage, dans la paroisse de Sainte-Martiane, le 15 février 1746, âgé alors de 21 ans, avec Anne Congras, âgée de 22 ans, fille de Jean, boulanger (Arch. d'Albi, GG. 63, f° 366). De 1749 à 1756 ce ménage fit baptiser dans l'église de Saint-Salvi 5 garçons et une fille qui ne vécurent que quelques jours ou quelques mois, sauf peut-être l'aîné, Jean-Joseph, né le 2 février 1749, dont je n'ai pas trouvé l'acte de sépulture (GG. 23, f°ˢ 252 v° et 311, — GG. 24, f°ˢ 65 v°, 101, 153, 179, 256, 303, 335 et 377). Le père mourut 5 décembre 1756 et fut inhumé, le lendemain, dans la dite église de Saint-Salvi; la mère survécut jusqu'au 10 juin 1758 (GG. 24, f°ˢ 376 et 464). On retrouve Joseph Couderc acquéreur d'un immeuble dans la gache de Verdusse en 1748 (CC. 32, f° 180 v°) et tenancier du chapitre de Saint-Salvi en 1755 (Arch. du Tarn, G. 390).

Son frère, Jean-Baptiste, de 6 à 7 ans plus jeune, est qualifié de « garçon fondeur » dans l'acte de son décès qui eut lieu le 3 décembre 1763 (Arch. d'Albi, GG. 25, f° 168).

Coulomps, Frédéric-Léon, peintre. — Né à Castres le 15 avril 1830, † à....., F.-L. Coulomps exposa plusieurs toiles et fusains aux Salons de 1864 à 1866 : en 1864 une *Campagne romaine*, une *Vue prise des rochers des Nasons*, une étude dans le jardin de l'Académie de France à Rome, — en 1865 *L'église Saint-Pierre, le fort Saint-Ange et le Tibre*, une *Campagne romaine*, et deux fusains (*Bords du Tibre, Bords de l'Arno*), — en 1866 un *Lavoir près de Velletri*. Il envoya à une exposition des beaux-arts et de l'industrie à Albi, en 1866, des *Paysans romains poursuivis par*

des buffles, une *Campagne romaine, Le Tibre....* et les deux
fusains déjà cités; il lui fut attribué une médaille de vermeil.
Le rapporteur constatait dans ces œuvres l'originalité de la con-
ception et une exécution « ferme, nette, robuste » (L. Desazars.
Rapports sur l'exposition des beaux-arts... d'Albi, 1867, p. 14.
Voy. aussi les *Dictionnaires* de Bellier de La Chavignerie et
Auvray et de Bénézit).

La *Revue du Tarn* a signalé à plusieurs reprises un peintre
Castrais, du nom de Coulom à qui elle donne le prénom de Léon
et qui n'est autre que celui qui précède. Léon « Coulon » exposait
à Toulouse en 1885 *La plaine où l'Arno se joint au Tibre* et une
Vue prise d'Appia, — au Salon de 1890 une *Lisière de bois*, —
et, l'année suivante, à Toulouse, quelques autres paysages (*Revue*
citée, t. V (1884-85), p. 288 et t. VIII (1890-91), p. 48 et 291).

Coupelet, Roland, peintre. — Ce « maître peintre, demeurant
au service de Monseigneur [l'évêque] d'Alby », était, en 1661,
le parrain d'un enfant de Pierre Bourguignon, autre peintre de
la même ville (Arch. d'Albi, GG. 57, f° 166 v°). Il mourut le
27 août 1668 et fut inhumé, le lendemain, dans la chapelle des
Carmes (GG. 68, f° 202 v°). Par testament du 22 de ce mois,
retenu « à une chambre du palais épiscopal », il avait fondé un
obit dans l'église de Saint-Julien, sa paroisse, et légué, à même
fin, aux Carmes une somme de 1000 livres qui fut consacrée,
l'année suivante, à la construction du « quatrième quartier » de
leur cloître; son héritier fut le peintre Jacques Roumégous, son
élève « depuis longues années » (Arch. du Tarn, G. 655, —
H. 119, 121, 124 et 152).

Coural, passementiers. — Isaac Coural, passementier à Albi,
marié avec Catherine Brandouin, exerçait sa profession lors du
mariage, en 1614, de son fils Antoine avec Martiane Pialous.

Antoine, passementier aussi, eut, de 1628 à 1638, deux garçons
et deux filles; le premier de ces enfants, Géraud, fut baptisé à
Saint-Salvi le 16 juillet 1628, les trois autres à Sainte-Martiane.
Le second garçon, Jean, fut tenu sur les fonts de cette église le
7 novembre 1638 (Arch. d'Albi, GG. 56, f° 95, — GG. 18,
f° 24 v°, — GG. 56, f° 92 v°, — GG. 57, f°ˢ 10 v° et 32 v°). Antoine
décéda le 8 avril 1667 (GG. 58, f° 168). On retrouve son nom sur

un livre de mutations cadastrales de la gache de Sainte-Martiane
(CC. 36, f° 116 v°).

Antoine, fils de Jean, fut « déchargé » de cet article en 1722
(CC. 37, f° 103).

Court, papetiers. — Pierre Court, maître papetier aux Salvages,
commune de Burlats, est porté sur les rôles de la capitation de
1695 (Arch. du Tarn, C. 1098).

Le moulin des Salvages appartenait à Marc-Antoine Donnadieu
de Pélissier du Grès qui l'afferma ensuite à Jean Bel (voy. ce
nom) et, le 13 janvier 1723, à Jean Court, fils de Pierre probablement (B. 146). Jean touchait, en 1727, les arrérages de rentes
créées sur les tailles par écrit du mois d'août 1720 (C. 1075).

Dans son étude sur *L'état économique du Languedoc à la fin
de l'ancien régime* (Paris, 1911, in-8, p. 603), L. Dutil mentionne
un papetier du même nom de Court établi, en 1745, à Mazères-
sur-Salat, Haute-Garonne. Cet industriel (ou son fils?) fut autorisé, en 1772, à aménager un second moulin à papier au même
lieu.

Courtois, François, serrurier-armurier-horloger. — Un inventaire de la succession du serrurier d'Albi Fr. Courtois fut dressé,
en 1606, à la requête de sa veuve. Les objets énumérés prouvent
que, à sa profession de serrurier, Courtois joignait celles d'armurier et d'horloger. Il est question en effet de pièces et d'outils
propres à la confection ou réparation d'arquebuses, de pétrinals
(canons à main) et aussi d'une arbalète. Ailleurs on remarque
notamment « ung orloge réveille matin d'ung palm de hault »
(0^m223), « une monstre d'orloge en rond »,... Quant aux serrures,
Courtois en fabriquait de toutes sortes : à deux ou trois fermetu-
res, « à peyre dorman », « à peylanbo » ou « coupades avec clefs
à verrols » ou « coupades sans verroul »,... sans compter des
loquets et quelques autres articles analogues (Aug. Vidal. *Termes
techniques de divers métiers* dans le *Bull. philologique* du Comité
des trav. historiques, 1922). Rappelons que l'invention des horloges portatives à réveil est attribuée à un certain Carovagius qui
vivait encore en 1480 (J. Labarte. *Hist. des arts industriels au
moyen âge*, t. III, p. 412).

Coutelle, Antoine, orfèvre. — Fils d'un orfèvre de Verfeil,
canton de Saint-Antonin, Tarn-et-Garonne, Antoine Coutelle

était fixé « depuis quatre mois » dans la paroisse de Saint-Salvi d'Albi quand il y épousa, en 1775, Cécile Barrau. Il avait alors environ 38 ans. La même année il acquit un immeuble dans la rue du Plancat. Je n'ai relevé dans les registres de catholicité que la naissance d'une fille en 1785. En vendémiaire an VII, Coutelle était inscrit sur la liste des 20 orfèvres du département (Ch. Portal. *Notes sur l'orfèvrerie à Albi...*).

. **Cramaussel,** Jeanne, peintre. — Née à Albi, exposait dans cette ville, en 1902, une vue de la cathédrale et deux paysages dont un site de *Trégastel*, Côtes-du-Nord (*1ᵉʳ Salon des artistes albigeois*, 1902).

Cransac, maçons. — Antoine Cransac, maçon, reconnaît, en 1636, tenir à Labastide-Gabausse divers biens d'Antoine-Guyon de Roquefeuil, seigneur du lieu. Il était décédé en 1640 au plus tard quand son fils François, maçon aussi, acquérait d'autres terres. Ce dernier avait épousé Marguerite Maset, de Blaye, qui fit don de tout son avoir au couvent de la Visitation d'Albi en 1676 (Arch. du Tarn, H. 825).

Cros, N..., sculpteur. — La *Revue du Tarn* (t. XIV (1897), p. 194) apprend que le sculpteur Cros, « de Castres », a exposé au Salon de 1897 un portrait de M. C. Labrugère. Peut-être doit-on confondre cet artiste avec César-Isidore-Henri Cros, né à Narbonne (1840-1907), qui fut l'élève de Etex et de J. Valadon (voy. le *Dictionnaire* de Bénézit et le *Dictionnaire des sculpteurs* de Lami).

Crosse, Léon, « tapissier de Monseigneur l'archevêque » d'Albi, meurt, le 4 février 1695, sur la paroisse de Saint-Julien, à l'âge d'environ 50 ans (Arch. d'Albi, GG. 71, fᵒ 44 vᵒ).

Croux, Raimond, maçon de Castres, était en procès, en 1602, avec les Jacobins de cette ville, dont il détenait sans titre valable un jardin (Arch. du Tarn, H. 480).

Crozes, Pierre, peintre. — Le 14 août 1754 décédait sur la paroisse de Sainte-Martiane Marie Vidal, veuve du peintre Pierre Crozes, âgée de 84 ans (Arch. d'Albi, GG. 64, fᵒ 118).

Crouzier, Achille, peintre, de Lisle-sur-Tarn, exposait à Toulouse en 1858 une Vue des environs de Lisle (*Bull. de la Soc. litt. et scient. de Castres*, t. II (1858), p. 298).

Cuny, Charles, arquebusier. — Ce « maître arquebusier, natif de Metz en Lorraine », acquérait à Albi vers le milieu ou la fin du xviiᵉ siècle, une maison située dans la rue « de la coste d'Engeisse » (Arch. d'Albi, CC. 41, fᵒ 6). Il en fut « déchargé » en partie en 1717 (CC. 42, fᵒ 5). Les rôles de la capitation de 1695 et 1701 le mentionnent avec le titre d' « armurier » (Arch. du Tarn, C. 531, fᵒ 141 et C. 543, fᵒ 152). Il recevait tous les ans, notamment en 1719, la somme de 5 livres pour l'entretien des mousquets et fusils de l'hôtel de ville (Arch. d'Albi, CC. 516).

Curier (?), Pierre, fondeur. — Ce fondeur de Toulouse faisait pour l'église de Saint-Martin-de-La-Sesquière, commune de Salvagnac, une cloche en 1460. E. Marty qui fournit ce renseignement (*Archives des notaires de Rabastens*, p. 23) paraît avoir hésité à lire le nom de Curier qu'il accompagne d'un ?.

Dajols, Philippe, musicien. — Un acte passé à Busque le 1ᵉʳ octobre 1628 et que M. l'abbé Thomas, curé de Montdragon, a bien voulu me signaler, nous fait connaître, non pas un musicien plus ou moins remarquable, mais plutôt les modalités d'un contrat d'apprentissage assez peu fréquent. Philippe Dajols s'engage à apprendre « l'art de sonner du violon » à un pauvre aveugle originaire du diocèse de Sisteron. Trois ans durant l'élève suivra son maître qui devra le « conduire, le tenir vestu et chaussé et nourri de la bouche » et, à l'expiration du dit terme, lui donner un violon (Minutes du notaire Escrive, de Busque).

Dandinet, Chaumond, facteur d'orgues. — Il réparait, en 1599 l'orgue de l'église de Notre-Dame du bourg de Rabastens et touchait, à cette occasion, la somme de 10 écus (Em. Marty. *Délibérations des conseils politiques de Rabastens*, dans la *Revue du Tarn*, t. XX (1903), p. 345).

Daniac, F., fondeur. — Le bourdon de la cathédrale d'Albi fut l'œuvre, en 1665, de deux fondeurs F. Daniac et Debesse qui l'ont signé à la fin d'une assez longue inscription relevée par M. de Rivières et reproduite par Jos. Berthelé. En refondant cette cloche, en 1876, on a eu soin d'y mouler l'inscription primitive.

Aux mêmes fondeurs est due une cloche de 1660 qui se trouve à Saint-Pons et une autre, de 1666, à Narbonne (Jos. Berthelé. *Ephemeris campanographica*, nov. 1913, p. 70).

Danty, Pierre, tapissier. — Le 14 août 1660 « le sieur Pierre Danty, marchand tapissier de la ville d'Aubusson, dans la comté d'Aute Marche, et à présent habitant Castres », s'engage envers le syndic du chapitre collégial de Burlats (transféré à Lautrec) de garnir le chœur de l'église de Notre-Dame de la paix de Lautrec « de tapisseries de Bergame, façon de Rouan, *doublées* (?) de bonnes et belles couleurs » pour le prix de douze livres la canne (Communication de M. l'abbé Thomas, d'après un reg. du notaire Sabatié, de Lautrec, f° 373 v°).

Dardié, Barthélemy, verrier. — Il est porté sur le cadastre d'Albi, gache de Saint-Affric, de 1538, comme possédant une maison, sa demeure sans doute, « al scalié de veire » (Arch. d'Albi, CC. 19, f° 71).

Daudegau, Simon, organiste. — Les consuls de Rabastens s'engagent, en 1611, à payer à ce musicien, prêtre de Lavaur, la somme de 100 livres pour tenir l'orgue de l'église de Notre-Dame du Bourg. Ce contrat fut renouvelé, en 1614 et 1616 notamment, et le prix porté à 120 livres (Em. Marty. *Délibérations des conseils politiques de Rabastens*, dans la *Revue du Tarn*, t. XXI (1904), p. 100 et *Archives des notaires de Rabastens*, p. 132 et 134).

Dauphin, peintre. — Dans une délibération du conseil communal de Castres, de 1785, il est fait allusion à une « académie » de dessin que le peintre Dauphin est en voie d'établir dans cette ville (Arch. de Castres, BB. 33).

Daures, *Léon*-Maurice-Jules, architecte. — L. Daures, né à Mazamet le 9 août 1877, a été élève aux Ecoles des beaux-arts de Toulouse et de Paris. Il remplit les fonctions d'architecte départemental du Tarn depuis le 1er avril 1907 et celles d'architecte ordinaire des monuments historiques pour les arrondissements d'Albi et de Lavaur depuis le 2 juillet 1917.

Outre de nombreuses et élégantes maisons et villas, parmi lesquelles, à Albi, la somptueuse « villa Sainte-Barbe » de la Société des Mines d'Albi, L. Daures a construit : à Toulouse, le temple protestant de la place du Salin, — à Mazamet, une crèche, — à Albi, la Caisse d'épargne, le temple protestant de la rue Fonvieille et le Monument aux morts du boulevard du Pigné, ces deux derniers édifices actuellement en cours d'exécution.

Dauzats, Adrien, peintre. — Appartenant à une famille de Lautrec, exposait en 1858 à Toulouse *Une rue à Palerme* et *La mosquée de Tayloun* au Caire (*Société littéraire et scientifique de Castres*, t. II (1858), p. 298). Dauzats n'est pas né à Lautrec mais à Bordeaux le 16 juillet 1804 et mort à Paris le 18 février 1868; sa vie a été un continuel voyage et il a laissé de nombreux paysages très appréciés pour leur coloris (Bénézit. *Dictionnaire...*).

Daydé, Raimond, potier de terre à Giroussens, réparait, en 1666, la fontaine publique (griffoul) de Lisle-sur-Tarn (Arch. du Tarn, E. 2478).

Dayma, Jacques, fondeur. — On baptise, le 24 août 1666, dans l'église de Sainte-Martiane d'Albi, Jean-Thomas Dayma, fils de Jacques, « maître fondeur natif de Bayonne », et de Françoise Roque, né le 22 (Arch. d'Albi, GG. 58, f° 152). Le père est inhumé le 1er février 1671, dans l'église des Carmes (Arch. du Tarn, E. 718, f° 3 v°). Sa veuve épousa le fondeur Pierre Mabille (Voy. ce nom).

Debesse, fondeur. Voy. Daniac.

Debrus, orfèvres. — Parmi les orfèvres de Castres qui dressent, en 1666, les statuts de leur corporation figurent deux Debrus dont les prénoms ne sont pas indiqués (Arch. du Tarn, B. 10, f° 146 v°). Les rôles de la capitation de 1695 (C. 1098) signalent Etienne et Jean Debrus qui se confondent peut-être avec les précédents ou qui sont, selon toute vraisemblance, leurs descendants. L'un d'eux (Etienne ou Jean) fournissait, en 1692, aux Jacobins de la dite ville un récipient en argent pour les saintes huiles au prix de 10 livres 10 sous (H. 467).

Un peu plus tard, le 2 mai 1708, un Jacques Debrus épouse dans l'église de Saint-Etienne de Cahuzac, commune de Castres, Marthe Risolières, de la métairie de Cabrière (Arch. de Castres, GG. 48). Il est possible que ce soit lui qui ait refait, en 1714, pour le chapitre cathédral de la même ville de Castres 2 encensoirs d'argent pesant 9 marcs, 6 onces, moyennant la somme de 100 francs, plus les droits de contrôle (Arch. du Tarn, G. 271). Cela n'est pas sûr, car vers la même époque on trouve deux Debrus, Alexandre et Jacques, qui remplissaient les fonctions de gardes de la corporation en 1717 et 1719 (B. 331, f° 1 v° et 35 v°).

Jacques mourut le 13 novembre 1728 sans postérité mâle, mais laissant deux filles dont l'une mariée avec un notable bourgeois, Pierre Baudecourt. Sur la requête de sa veuve (en secondes noces), Marguerite Auret, à qui il s'était uni le 14 mars 1723, il fut procédé à l'inventaire des biens du défunt. Cet acte intéressant nous apprend la date de ce mariage, celle aussi du testament de la première femme, Marthe Risolières (20 mars 1723), et encore celle (1er juin 1720) d'une police passée avec l'orfèvre Pierre Olombel pour la cession d'outils spéciaux à cette profession. D'autre part l'énumération des objets mobiliers contient quelques détails curieux et, en même temps, dénotant plus qu'une modeste aisance. Jacques Debrus possédait, en effet, un certain nombre de tableaux parmi lesquels une *Suzanne et les deux vieillards*, un portrait de son père, quatre autres portraits de parents de Marguerite Auret, plusieurs toiles représentant des femmes. Ses archives de famille conservaient un acte de partage conclu avec Nicolas Risolières, frère sans doute de Marthe (ce qui confirme l'alliance de Jacques avec cette personne), et, dans sa bibliothèque il y avait « un livre de portraits et tableaux fait par Barbier, Italien » (B. 151).

Les Debrus, plusieurs d'entre eux tout au moins, occupaient donc dans la société castraise un assez bon rang. C'est devant un Debrus (Jean-Jacques), lieutenant du sénéchal, que fut portée la requête de Marguerite Auret. On retrouve ce dernier en 1749 qualifié de sieur du Garriguet, domaine situé dans la paroisse de Saint-Pierre-de-Trivisy (Arch. de Castres, GG. 7). Il avait épousé en 1745 Jeanne Sermirot, fille d'Etienne, capitaine au régiment d'Auvergne, chevalier de Saint-Louis (Arch. du Tarn, B. 347, f° 19).

Tenons-nous-en aux orfèvres. En 1772, un Debrus « aîné » et son fils sont taxés pour la capitation (Arch. du Tarn. Acquisition de 1920. Papiers Payrastre). C'est sans doute le fils qui figure sur la liste des 20 orfèvres du Tarn en vendémiaire an VII (L. 258, f° 118 v°) et qui est nommé, à la même date, « essayeur du bureau de garantie des matières d'or et d'argent du département » (L. 262, f° 29).

Dechamps, peintre. — En 1785 le peintre Dechamps, de Puylaurens, séjournait pendant 45 jours à Grayssac, com. de Laures, pour peindre le maître autel de l'église du lieu (Communication de M. l'abbé Thomas d'après un registre de catholicité de Grayssac).

Defès, Antoine, maçon. — Une petite chronique cordaise que j'ai eu l'occasion de publier (Arch. de Cordes, GG. 52 et *Hist. de la ville de Cordes*, p. 611) apprend que le 14 septembre 1537 « se comenset de basti la capella qu'es al Sant Crocifix devers la Botelharia,... et forec facta la dicha capella per un mestre apelat mestre Antoni Defes, de Vieux, et aiabo lo dich mestre per sas penas et trabals la soma de quatre vintz libras sans re plus... ». Cette chapelle, formant le bras gauche du transept et située du côté du quartier dit de la Bouteillerie, a été reconstruite en 1634 comme le prouve l'inscription tracée sur sa clef de voûte.

Defontaines, organiste. — Le chapitre collégial de Saint-Michel de Gaillac lui paye 8 livres par mois de gages depuis le 11 octobre 1685 jusqu'au mois de mars de l'année suivante (Arch. du Tarn, G. 485).

Delaronde, François, organiste. — En décembre 1599 les consuls de Rabastens retiennent, aux gages de 40 écus par an, l'organiste François Delaronde, natif d'Orléans (Em. Marty. *Délibérations des conseils politiques de Rabastens*, dans la *Revue du Tarn*, t. XX (1903), p. 345).

Le 24 juin 1605 ils lui confient la charge de second régent de leurs écoles et lui allouent, de ce chef, 50 livres par an (Id. *Revue du Tarn*, t. XXI (1904), p. 98).

Delbosc, Marie-Amédée-Victor, sculpteur. — Né et mort à Castres (1890-1919), était élève à l'Ecole des beaux-arts de Toulouse en 1910. Un petit *Siffleur* en plâtre qu'il avait donné au Musée de Castres fut dérobé l'année suivante (*Revue du Tarn*, t. XXVII (1910), p. 324 et t. XXVIII (1911), p. 352).

Delbousquet, brodeur, de Toulouse, fournissait au chapitre de Saint-Michel de Gaillac quatre chasubles, en 1754 (Arch. du Tarn, G. 564).

Delbrun, A., fondeur. — L'église paroissiale de Murat, Tarn, conserve une cloche avec inscription se terminant par la date de 1693 et le nom du fondeur M[agister] A[ntonius?] DELBRUN

FECIT qui, d'après J. Berthelé (*Ephemeris campanographica*, fasc. XI-XIII, nov. 1913, p. 72) ne doit être autre qu'un Antoine Delbrun, originaire de Prayssac, Lot.

Delcros, orfèvre. — On lit dans les Mémoires de l'abbé Gaubert publiés par E. Marty (*Albia christiana*, t. X (1913), p. 273) que l'orfèvre Delcros répara, en 1718, une châsse en argent contenant des reliques de saint Roch et appartenant à la chapelle dédiée à ce saint à Rabastens.

Delcros, Antoine, maçon. — Le trésorier des consuls d'Albi de l'année 1500 porte au chapitre de ses dépenses : « Item ay paguat à Mᵉ Anthoni Delcros, massonier de Tholosa, comes à fayre los pons de Montverts (Pont-de-Montvert, Lozère), enseguen la condempnacion et taxa facha per Moss. [lo] juge mage de Tholosa, comessari deputat per la cort de Parlamen, coma aper per quitensa facha per Mᵉ Vallamur, notari, l'an Vᶜ, lo premier de septembre, v l. t. » (Arch. d'Albi, CC. 213, fᵒ 5, 2ᵉ pagination).

Delhom ou **Delom,** peintres. — Je réunis sous la même rubrique les notes concernant les deux peintres d'Albi Gabriel Delom (ou Deloum) et Jean Delhom qui vivaient à la même époque et appartiennent selon toute vraisemblance à une même famille, malgré l'apparente différence orthographique de leurs noms.

Gabriel « Delom », marié avec Catherine Ausel, faisait baptiser sur les fonts de l'église de Saint-Julien deux filles, en 1620 et 1622 (Arch. d'Albi, GG. 69, fᵒˢ 18 vᵒ et 22), puis, sur ceux de Saint-Etienne, un garçon, né le 25 mars 1623, qu'on appela François (GG. 41, fᵒ 4).

Jean « Delhom » peignait, en 1630, sept armoiries « de Madame de Montmorency » en vue de son entrée à Albi. Il toucha de ce chef 11 livres, 4 sous le 24 novembre de la dite année (CC. 310, fᵒ 15).

Dellor, Guillaume, chaudronnier. — Parmi les époques les plus sombres de l'histoire d'Albi il faut compter le dernier tiers du xivᵉ siècle. C'est alors, en effet, que les consuls multiplient leurs efforts pour retenir dans leurs murs les artisans les plus indispensables. Ils exemptent d'impositions un bottier, en 1376, vu que « non avia plus homes menescairal[s] del mestier del dig conplen- ·gen » (Arch. d'Albi, CC. 4). Le 8 mars 1384 (1385 n. s.), c'est le

« pairolier » Guillaume Delior qui bénéficie d'une mesure analogue, pour la raison que « en la presen ciutat non avia plus home de
son mestier » (Id. f° 443). Je tiens de l'obligeance de M. l'abbé de
Lacger de pouvoir ajouter que, lorsqu'il s'agit, en novembre 1383,
de dresser l'inventaire des meubles de l'évêque Jean de Saya,
décédé le 4 septembre précédent, il ne fut pas possible d'estimer
la valeur des pièces d'orfèvrerie faute d'une personne compétente
(« cum in Albia nullus reperiretur expertus qui sciat predicta
extimare ») (Arch. du Vatican. Collectoriæ, vol. 84, f°ˢ 152-164).
Enfin, en 1388, la ville employait à la réparation de ses fortifications les matériaux provenant de maisons abandonnées et en ruine
(Arch. d'Albi, CC. 4). Voir encore l'article Doumaynil.

Delmont, Antoine, menuisier. — Le 9 janvier 1583, Guillaume
Blanchard, avocat de Rabastens, pour se conformer aux dernières
volontés de sa tante Françoise Carpentier, chargeait Antoine Delmont, menuisier de cette localité, de « fere les rétables de la dite
chapelle (c'est-à-dire de l'église des Cordeliers), de tout le large
de la dite esglise, et, au milieu des dits rétables, fere un pourtal
avec ung arvout et yceulx rétables et pourtal avec paneaulx pour
peindre au dit pourtal l'imaige de Nostre Dame de Pietté (Pitié) et
aus dits rétables la vie de s^t Jacques et de s^t François et les armories du dit Blanchard et de la dite Carpentier. Aussy luy a baillé
à fere ung banc de la longueur de la dite chapelle (église) et ung
autre petit banc, le tout en forme de poulpitre (pupitre), à ches-
cung desquels bancs y mettra les armories du dit Blanchard et de
la dite Carpentier, engravées dans le bois ». Ce bois sera de noyer.
L'ouvrage sera terminé à la Pâques suivante et payé 21 écus et
deux tiers (Ch. Peyronnet. *Documents sur quelques artistes du
pays albigeois*, dans la *Revue du Tarn*, t. XIX (1902), p. 33 et Em.
Marty. *Archives des notaires de Rabastens*, p. 103).

Delom. Voy. Delhom.

Delon, Jacques, tapissier. — De son union avec Marie Huré il
eut au moins deux filles qui furent baptisées l'une dans l'église de
Sainte-Martiane d'Albi en 1750 (Arch. d'Albi, GG. 64, f° 38),
l'autre à Saint-Salvi en 1751 (GG. 24, f° 34 v°).

Delorme, Jacob, musicien. — On ne peut citer que son décès,
le 28 mars 1746, sur la paroisse de Saint-Georges-Saint-Loup du

Castelviel d'Albi. L'acte porte qu'il était « natif de Paris, de la paroisse de Saint-Eustache » et que son fils, Jean-Baptiste, était présent à sa mort (Arch. d'Albi, II. 72).

Delpuech ou **Dupuy,** orfèvres. — Au milieu du xvᵉ siècle un « argentier », du nom de Bernard Delpuech habitait, à Albi, la rue de la Sabaterie, dans la gache de Sainte-Martiane. Il touchait, le 21 novembre 1461, 11 livres et 8 deniers pour avoir réparé « lo corn (la trompette) dicte ville ». Un peu plus tard, à l'occasion de l'entrée solennelle de l'évêque Jean Jouffroy, le 27 janvier 1465 (n. s.), il fournissait à la communauté « una couppa mout bella en (*pour an*) lo coberto (couvercle), et dins la coupa avia cinquanta escutz d'aur; la couppa era d'argent soubredaura et coustet trenta et catre escutz d'aur, que es, per tout, quatre vins et catre escutz, avaluat à moneda sent et quinze l. » La même année il fit un « corn per cridar las cofrairias » pour le prix de deux livres.

Gabriel, fils peut-être ou neveu de Bernard, refaisait en 1487 ou 1488 le « corn de la vila en que se sono la gacha », c'est-à-dire la trompette du guêt, moyennant 2 livres et 15 sous. Il fut l'un des consuls d'Albi en 1501-1502 et le trésorier communal en 1502-1503 et 1503-1504.

Nicolas fut chargé par les consuls de 1510-1511 de fabriquer la coupe « d'argen daurada condecemmen » destinée au nouvel évêque Charles de Robertet. « Avem fayta far, disent-ils, la dicha copa per sʳ Nicholas Delpuech, capitani de Coffoleux (Coufouleux, canton de Rabastens), en laquala avem fayt mettre de bon argen fy huech marx et una onsa que an costat iiijˣˣ xiij l., ij s., vj d. t. Item per lo dauramen de aquela : vj l., xiij s. t.. Item per la faysso et obraduras de aquela al dich capitani, acordi fayt, viij l., que soma entre tot c vij l., xv s., vj d. t.. »

On retrouve cet orfèvre consul en 1511-1512 et 1519-1520, toujours qualifié capitaine de Coufouleux. Mais sur le cadastre de 1524 le mot « capitani » est biffé et la profession d'argentier n'est pas mentionnée, il est dit simplement que Nicolas Delpuech habite une maison rue de la Sabaterie, celle peut-être de Bernard. Il était décédé avant 1538 époque où ses héritiers sont portés sur un nouveau cadastre. Pour les références aux documents voir mes *Notes sur l'orfèvrerie à Albi.*

Delsol, potiers d'étain. — Em. Marty a signalé dans ses *Archi-*

ves des notaires de Rabastens, p. 139 et 168, deux potiers d'étain de cette localité, du nom de Delsol. L'un, Paul, conclut, en 1616, un accord avec Jean Termes, exerçant le même métier à Gaillac; l'autre, Jacques, fils peut-être du précédent, reçoit comme apprenti, en 1642, un neveu de l'orfèvre Jean Lanticq. Il est stipulé que l'apprentissage durera deux ans, que le patron logera, nourrira et blanchira le jeune apprenti, appelé Jean Tholza, moyennant la somme totale de 20 livres.

Demolin, Michel, sculpteur. — Cet « ymagenayre d'Alby » représente les armoiries communales sur les portes de la ville en 1538. De ce chef il touche d'abord 4 livres, 5 sous « per conpra à Tholosa d'or fy e autras causas per far las armas de la vila », puis, le 25 avril 1538, 25 livres « per far las armas de la vila sus las portas » (Arch. d'Albi, CC. 244, f°ˢ 22 et 23 v°). Donc, après avoir sculpté ces armoiries, l'artiste les a revêtues des émaux (métaux et couleurs) qui convenaient.

Demur, *Emile*-Pierre, architecte. — Né, le 16 juillet 1867, à Montclar, canton et arr. de Villefranche de Lauraguais, Haute-Garonne, Em. Demur suivit les cours des Ecoles des beaux-arts de Toulouse et de Paris. Il remplit les fonctions d'architecte départemental du Tarn du 15 octobre 1900 à 1907 et d'architecte des monuments historiques pour les arrondissements de Gaillac et de Lavaur du 15 février 1901 à la même année 1907. Il a construit, à Albi, la nouvelle Gendarmerie et plusieurs maisons, avenue Lapérouse, dont les façades, toujours en brique claire jointoyée, offrent un caractère artistique très personnel.

Denis, Pierre, peintre. — Un recueil de notes qui se trouve au presbytère de Cordes attribue à Denis, « inspecteur de l'Académie de peinture de Toulouse », deux toiles placées dans des chapelles de l'église paroissiale et représentant, l'une saint Denis, l'autre sainte Anne (Ch. Portal. *Hist. de la ville de Cordes*, p. 543). Elles n'ont rien de bien remarquable.

Je tiens de l'obligeance de M. Rachou, directeur de l'Ecole des beaux-arts de Toulouse, que Pierre Denis, né à Sarlat, Dordogne, le 20 mars 1817, est mort à Toulouse le 27 avril 1870 et que Ferdinand Fabre en a fait le héros de son livre *Le roman d'un peintre*. « Denis, dit ce littérateur, [fut un] artiste indiscipliné, à la merci d'un tempérament que l'Ecole n'avait pas su réduire, altéré d'un idéal où ses moyens lui refusaient de s'élever, mais énergique dans son désordre, lumineux dans ses empâtements épais, toujours intéressant au milieu de ses incorrections...» Il professa, de 1850 à 1869, les éléments de dessin à l'Ecole des beaux-arts de Toulouse.

Denty, Jacques, arquebusier. — Par acte passé à Lacaze le 29 décembre 1620 deux arquebusiers du nom de Jacques Denty (ou Danty) et de Léonard Doucelance promettent aux consuls de Roquecourbe de leur livrer, moyennant la somme totale de 675 « francs », 50 mousquets dont 25 « de campanhe » et 25 « de murailhe », à canons, les uns de cinq empans, les autres de quatre et demi, mesure de Montpellier (soit 1^{m}25 et 1^{m}13 env.), « garnis et montés de bois et prêts à servir, avec chascung sa fourchette » (Arch. du Tarn, E. 3657).

Derivis, Louis-Etienne, musicien. — Un registre de baptêmes de l'église de Saint-Etienne d'Albi contient l'acte suivant : « L'an mil sept cens quatre vingt et le trois d'aoust Me Antoine Chipoulet, curé de l'église collégiale et parroissialle de St Salvi de cette ville, a baptisé dans cette église [de St Etienne], en présence et du consentement de nous, vicaire soussigné, Louis-Etienne Derivis, né la veille à cinq heures du soir, fils de Me Claude-Jean-Joseph-Simon-Antoine Derivis, bourgeois, et de demoiselle Thérèse-Fleur Fricou, mariés, de cette paroisse » (Arch. d'Albi, GG. 43).

Admis, en décembre 1799, au Conservatoire de Paris où il reçut les leçons de Richer, L.-E. Derivis débuta à l'Opéra le 11 février 1803 et, cette même année, fit partie de la chapelle de l'empereur. Dans tous les opéras nouveaux, de 1805 à 1828, il fit entendre sa belle voix de basse sonore. Il mourut à Livry, Seine-et-Oise, le 1er février 1856.

Il avait épousé une élève du Conservatoire, Mlle Naudet, qui décéda à Paris en 1819. De cette union était né, le 28 octobre 1808, un fils, Prosper, qui fut aussi un chanteur à voix de basse (Fétis. *Biographie universelle des musiciens,* 2e édition).

Dert, Pierre, maçon. — Une pierre tombale du Musée de Toulouse (n° 827), provenant de l'hôpital Saint-Jacques de Castres, porte l'inscription suivante : « Anno incarnationis Domini M CC

LXVIIII (1269). Hic requiescit corpus Petri Dert qui hedificavit et construxit istud hospitale ad honorem Dei et beate Marie, matris ejus, et beati Jacobi apostoli ».

Desbaldit, Guillaume, papetier. — Associé avec Jean Fort, Guillaume Desbaldit dirigeait en 1740 et 1741 (et plus tard sans doute) la papeterie des Avalats où il succédait à Jean Rouquet (Arch. d'Albi, HH. 15).

Desclassan, Antoine, imprimeur. — L'assiette diocésaine de Castres votait, en 1725, une gratification annuelle de 100 livres en faveur de son nouvel imprimeur, Antoine Desclassan, qu'on avait fait venir de Toulouse (Arch. du Tarn, C. 1036). Desclassan fut ainsi le successeur de Barcouda (voy. ce nom) qui ne travaillait plus pour le diocèse depuis 1721. On ignore pourquoi la subvention qu'il recevait fut supprimée en 1735. Il avait épousé Elisabeth Maurel et était décédé avant le 8 octobre 1751.

Ch. Pradel a donné une liste de ses impressions. Ce sont : une ordonnance de l'évêque de Castres de 1729 (sans date d'impression), un *Ordo* de ce diocèse pour l'année 1732 (1732), des *Prières et cantiques* à l'usage du même diocèse par les P. de la compagnie de Jésus (1740) et un *Catéchisme* (1747) (*Notice sur l'imprimerie à Castres*, dans les *Mém. de l'Académie des sciences de Toulouse*, 8ᵉ série, t. IV, p. 228 et 249).

Desmasures, Laurent, organiste de l'église abbatiale de Moissac, fut chargé par le chapitre de Saint-Salvi d'Albi d'examiner l'orgue que lui avait vendu et réparé Christophe Moucherel. Son rapport est daté du 23 septembre 1737 (Aug. Vidal. *L'ancien diocèse d'Albi*, n° 960).

Despax, Jean-Baptiste, peintre. — Despax est né et mort à Toulouse (1709-1773). Il fut l'élève d'abord d'Antoine Rivals, son beau-père, puis, à Paris, de Jean Restout. Il professa à l'Académie de peinture de Toulouse.

B. Bénezet le considère comme « le dernier maître de l'école religieuse décorative » [toulousaine]. Dans ce domaine Despax a produit beaucoup, parfois avec trop de hâte, au dire des critiques autorisés. J. de Lahondès a signalé les tableaux de cet artiste qui se trouvent dans les églises toulousaines de la Dalbade (*Nativité de la Vierge*), de Saint-Nicolas (*Mort et apothéose de saint Nicolas,*

Assomption de la Vierge), de Saint-Exupère (*Prophètes* et *Apôtres*, peints pour les Pénitents noirs), dans la chapelle des Carmélites (*Sacre de saint François de Sales, Prise d'habit de sainte Françoise de Chantal*). Le Musée de la même ville conserve plusieurs toiles de Despax (*Le roi David, La Sibylle, Le repas chez Simon le Pharisien*, une *Assomption de la Vierge*). A Castres, l'église de La Platé possède une *Annonciation* et une *Visitation* de même provenance.

L'œuvre capitale de ce peintre fut la décoration (1747-51) de la primitive chapelle du Carmel devenue plus tard celle du grand séminaire et finalement une dépendance de la bibliothèque universitaire. *Ecole des prophètes, Christ, Apothéose de sainte Thérèse, Elie fuyant sur son char, Les Vertus, La Multiplication de l'huile de la veuve, La Résurrection du fils de la Sanamite*, sans compter deux toiles (*Nativité* et *Adoration des Mages*), exécutées à Paris, constituent là un ensemble donnant l'exacte idée de « la verve, l'adroite facture, l'entente des ordonnances mouvementées » de Despax qui entoure ses personnages, parfois nombreux, d'une atmosphère le plus souvent « transparente et argentée », c'est-à-dire un peu grise, rarement chaude (De Lamothe-Langon. *Biographie toulousaine* (1823), — Bernard Bénezet. *Histoire de l'art toulousain* dans *Toulouse,* p. 275-277, vol. de l'*Association pour l'avancement des sciences*, 1887, — Bénézit. *Dictionnaire.* — J. de Lahondès. *Les monuments de Toulouse* (1920), p. 55, 134, 162, 173, 222-225 et 584).

Desplats, tapissiers. — Les registres mortuaires de l'église de Saint-Affric d'Albi mentionnent les décès, en 1690 et 1694, de deux filles de Pierre Desplace (ou Desplas) « dit Laplante », tapissier (Arch. d'Albi, GG. 32, f° 141 et GG. 33, f°ˢ 44 et 56).

Guillaume Desplats, frère de Pierre, selon toute vraisemblance, et exerçant le même métier, eut, de son union avec Denise Négrier, au moins neuf enfants nés de 1686 à 1703 et baptisés le premier (1686) à Saint-Julien, les autres à Sainte-Martiane, sauf un qui fut tenu sur les fonts de Saint-Salvi (1695). Ce furent six filles et trois garçons : Guillaume, né le 4 octobre 1691, Géraud, né le 12 mars 1700 et Pierre, né le 20 juillet 1703. Le père mourut le 6 décembre 1714 et la mère le 5 mai 1727 (GG. 70, f° 201, — GG. 60, f° 169, — GG. 61, f°ˢ 5, 28, 54 v°, 84 v°, — GG. 19, f° 317, — GG. 62, f°ˢ 2 v°, 54, 214, — GG. 63, f° 93 v°). Guillaume Desplats est porté sur un livre de mutations cadastrales de la gache de Saint-Affric comme acquéreur, en 1696, d'une vigne qu'il aliéna en 1709 (CC. 39, f° 153).

Un autre Guillaume, « maître tapissier » aussi et fils de Pierre ou de Guillaume, était inhumé dans l'église de Sainte-Martiane le 7 avril 1751; il était décédé la veille à l'âge d'environ 55 ans ce qui le fait naître vers 1696 (GG. 64, f° 61 v°). On retrouve son nom sur le registre de mutations déjà cité (CC. 39, f° 153 v°).

Desplats, Elisa, peintre. — Née à Castres le 25 mars 1827, élève de Valette. On trouve au Musée de Castres une copie faite par Mlle Desplats d'un *Ecce homo* de Mignard, toile appartenant au Musée de Toulouse (*Catalogue du Musée de Castres*, 4e éd.).

Despois, doreur. — Les Carmes d'Albi payaient, en 1722, au doreur Despois la somme de 52 livres pour solde du prix de la dorure d'un tabernacle (Arch. du Tarn, H. 150, f° 56).

Dessaux, Berthe-Augustine-Aimée-Marie, peintre. — Mlle Dessaux, née à Castres le 30 septembre 1848 fut l'élève d'Emile Signol. Elle exposait aux Salons de 1879 à 1881 deux pastels : *Jeune Bretonne* et *Deux sous l'balai* et un crayon noir, *portrait de Dony* (Bellier de La Chavignerie et L. Auvray. *Dict. gén. des artistes français...* t. I, p. 720 et Bénézit. *Dictionnaire...*).

Detalaura, maçon. — Dans une *Etude sur le clocher de Labruguière* (*Revue du Tarn*, t. XXII (1905), p. 69-73), Arthur Batut reproduit une inscription découverte par lui dans cet édifice et indiquant les dates de sa construction (1314) et du décès du « maître » qui avait exécuté ces travaux (3 juillet 1322).

Deville, Philippe, orfèvre. — Il est porté sur la liste des vingt orfèvres du département, en vendémiaire an VII. Il était établi à Lavaur (Arch. du Tarn, L. 258, f° 118 v°).

Deymier, Jean, maçon. — Une petite chronique cordaise (Arch. de Cordes, GG. 2 et *Hist. de la ville de Cordes*, p. 601) relate que le 19 août-1521 on commença la reconstruction de l'église de Notre-Dame de la Vaysse. « Mestre Johan Deymiedo (diminutif de Deymier), peyrie », s'était engagé à démolir l'ancien bâtiment et à le refaire moyennant 7000 livres, la communauté de Cordes devait lui fournir toutes les matières à employer « coma peyra, caux (chaux) he resta ».

Dézlré, Louis, architecte. — Résidant à Vielmur, il faisait en 1691, l'acquisition d'une terre près de l'église de Moulayrès (Communication de M. l'abbé Thomas, d'après un reg. du notaire Aymeric de Graulhet).

Dldry, Pierre, architecte. — Durant les mois d'août et septembre 1646, les consuls d'Albi firent démolir et refaire le griffoul (fontaine) qui se trouvait au faubourg du Bout-du-pont, « devant la couverte du corps de garde et près la porte du pont du Tarn ». C'était une vasque en plomb munie de « robinets » (canelles) et surmontée d'une statuette de saint Georges en bronze. La « conque » fut mise en pièces et vendue comme métal, on livra au fondeur Fourcade les objets en bronze (canelles et saint Georges) pour en faire des motifs décoratifs destinés au nouveau griffoul.

Celui-ci, — qui a aussi disparu, — fut placé « au devant de l'esglise de la Magdelene ». L'architecte Pierre Didry, « de Montagu en Poytou » (Montaigu, Vendée), fut chargé de ces travaux et y employa le maçon Guillaume Rogier, de Monestiés, le peintre Bourdelet qui dessina les « platines et cornises » (corniches), le fondeur Fourcade qui les fondit, le potier Aymeric qui fit fonction de fontainier. La construction fut faite en pierre [calcaire?] de « Laroquette lès Carmaux » (La Roque, com. de Labastide-Gabausse?) et se composa d'un bassin, probablement circulaire, mesurant « cinquante quatre palms de tourn », soit environ 12^m05, ce qui correspond à un diamètre d'environ 3^m83 (ou à un carré de 3^m46); le dit bassin fut soutenu par un « pied d'estal » ou pilier central. Didry reçut, outre le remboursement des deniers qu'il avait avancés, la somme de 70 livres qui ne lui fut payée qu'en 1649 (Arch. d'Albi, CC. 327, f°s 15 v° et 493. — Em. Jolibois (*Les beaux-arts dans le départ^t du Tarn...* dans la *Revue du Tarn,* t. VI (1886-87) p. 262), attribue à cette construction la date de 1678 qui s'applique uniquement à la façon par le menuisier Hugonet d'une maquette en bois d'une Madeleine destinée à être moulée et coulée en bronze pour la fontaine (CC. 357).

P. Didry avait construit, en 1642, la chapelle des Pénitents noirs de Villefranche de Rouergue (Ch. Bauchal. *Nouv. dict. des architectes français*).

Doais (de), Jean, orfèvre. — Cet « argentier » était établi dans
la paroisse de Sainte-Martiane, à Albi. Il est mentionné dans des
documents d'archives locales de 1343 à 1376 (Ch. Portal.*Notes sur
l'orfèvrerie à Albi*).

Doat, *Taxile*-Maximin, céramiste. — Taxile Doat est né à Albi
le 4 mars 1851. Fonctionnaire de l'administration des télégraphes,
de 1870 à 1875, il suit les cours de dessin professés dans ses successives résidences, au Musée de Guéret (1871-72), à l'Ecole des
arts appliqués de Rennes (1872-73), à l'Ecole nationale des beaux-
arts appliqués à l'industrie de Limoges (octobre 1873—février
1875). Il est ensuite admis (mars 1875) à l'Ecole nationale des
beaux-arts de Paris dont il est l'élève jusqu'en février 1877 et où
il reçoit les leçons du sculpteur Augustin Dumont. La manufacture de Sèvres le prend comme sculpteur cette même année 1877
et le garde jusqu'à sa mise à la retraite, en décembre 1905. Il est
à noter qu'en lui délivrant son titre de pension le ministre de
l'Instruction publique lui attribuait, par arrêté du 11 novembre
1905, un vase d'une valeur de 1100 fr. en témoignage de reconnaissance pour les services rendus à la manufacture, hommage
des plus rares dans les usages administratifs.

La luxueuse édition (en anglais) de son ouvrage *Grand feu ceramics* ayant attiré sur lui l'attention du public éclairé des Etats-
Unis, Doat consent à quitter, pour quelques années sa résidence
de Sèvres et, par contrat du 2 juillet 1909, s'engage à organiser,
sous les auspices de la Ligue de la femme américaine (The american woman's league) un institut céramique à Saint-Louis, dans
le Missouri. Durant quatre années, de décembre 1909 à septembre
1914, il a professé dans cet établissement placé sous sa direction,
au grand profit de l'influence de l'art français. La guerre l'a
ramené, avant l'expiration de son contrat, à Sèvres d'où, tant
qu'ont duré les hostilités, il n'a cessé d'adresser à ses amis d'Amérique mémoires, notes, livres et autres documents de nature à
les renseigner exactement sur ce qui se passait chez nous, recti-
fiant ainsi les nouvelles de provenance allemande. Dès lors le four
aménagé dans sa propriété de Sèvres, rue de Brancas, 47, dès
1897, a été rallumé et ne s'éteint plus.

Lorsque Doat entra à la Manufacture nationale de céramique
(1877) il se produisait dans le décor de la porcelaine dure une

évolution provoquée par les récentes découvertes des chimistes Régnault et Salvetat. J'emprunte aux indications qu'a bien voulu me fournir sur ce sujet notre éminent compatriote les explications qui suivent. Après les travaux de Macquer (1768), la porcelaine dure tendit à concurrencer, sinon à supplanter, la porcelaine tendre très délicate et difficile à mener à bonne fin. Mais on ne pouvait encore produire que de la porcelaine dure sans coloris. Napoléon Ier, pour sortir de la pratique de l'ancien régime, poussa à la recherche des moyens de décoration polychrome et le directeur de Sèvres, Brongniart, parvint à créer une palette convenable. Toutefois les substances colorantes qu'il avait imaginées se volatilisaient au delà de 830 degrés, alors que la cuisson de la porcelaine dure en exige 1410. Brongniart tourna la difficulté en mettant la même pièce au four à deux reprises, la première pour assurer la cohésion de la matière et de sa couverte à la température de 1410 degrés, la seconde pour faire adhérer le décor ce qui s'obtenait par le ramollissement de la surface à un feu de moufle de 830 degrés, les couleurs délayées dans l'essence de térébentine étaient ainsi fixées.

Tourner une difficulté n'est pas la résoudre. Brongniart n'avait pas trouvé des matières colorantes susceptibles de supporter le grand feu et par conséquent applicables sur la matière crue, porcelaine ou grès. De l'avis des céramistes, de M. Doat notamment, une unique cuisson donne des résultats très sensiblement supérieurs à ceux que l'on obtient par deux mises au four successives.

Il a fallu un demi siècle pour que les chimistes de la Manufacture Régnault et Salvetat découvrent le mot de l'énigme c'est-à-dire des oxydes métalliques supportant le grand feu et délayables dans l'eau. Ces nouveaux colorants furent exposés à Londres en 1862. Le triomphe de la porcelaine dure était dès lors définitivement assuré; la porcelaine tendre était d'ailleurs délaissée à Sèvres depuis 1804 et la peinture sur plaques de porcelaine n'allait pas tarder à subir le même sort.

Taxile Doat a adopté avec conviction cette palette en même temps que le procédé, remontant à 1848, dit des « pâtes rapportées » ou « d'application » ou de « pâtes sur pâtes », consistant à superposer une pâte blanche à un fond coloré ou inversement. Le travail est des plus délicats, tant pour la composition du décor que pour son exécution. C'est au pinceau que le céramiste applique l'une après l'autre toutes les couches de matière très diluée qu'exige le relief à obtenir et, cela fait, il doit encore adoucir et régulariser les talus de ces saillies parfois infimes.

M. Doat, que telle revue américaine appelle « the world's greatest ceramist » (le plus grand céramiste du monde), a exécuté de la sorte une quantité étonnante de pièces en porcelaines et en grès, toutes originales c'est-à-dire sans répliques : plus de 300 pour Sèvres (vases, panneaux, jardinières, services de table, coupes et potiches) auxquelles il faut en ajouter 172 autres acquises par l'University City de Saint-Louis et exposées dans cinq vitrines de son Musée avec le portrait grandeur naturelle de l'artiste peint par le professeur Ralph Chesley Ott.

Ce n'est pas tout. Les anciens règlements de Sèvres permettaient aux fonctionnaires de la Manufacture de travailler pour leur compte hors de l'établissement. Usant de cette faculté, Taxile Doat faisait, dès 1880, cuire à Limoges et à Vierzon des œuvres non officielles. Dans la suite il aménagea un four à la houille à Paris, rue de Bagneux (1894-97) où il fit de nombreux essais, puis un four au bois (1897) dans sa propriété de Sèvres. De ce dernier sont sorties jusqu'à cette heure (décembre 1921) 1337 pièces, chiffre qui, joint aux précédents, donne un total supérieur à 1800 unités dont certaines ont exigé une année toute entière de labeur. La plupart sont signées d'un D et d'un T superposés, les plus grandes portent le nom entier de l'artiste (avec D et T superposés), le mot Sèvres et la date d'exécution.

Malgré cette constante et formidable occupation, M. Doat a encore trouvé le temps de se livrer à l'émaillerie « genre Limoges » et a façonné 85 pièces à émail blanc sur fond coloré.

De plus, — dans un ordre d'idées différent — il s'est trouvé amené de 1884 à 1888 à collaborer par une centaine de dessins à la plume (frontispices, lettres ornées, motifs divers) à une revue, *Le Monde poétique*, qui fut l'organe d'écrivains bien connus tels que Leconte de Lisle, François Coppée, José-Maria de Hérédia... Des mêmes presses (de Lanier, 14, rue Séguier) sortait, de 1886 à 1889 une publication de grand format, *La grande industrie, les arts et les Expositions*, pour laquelle Taxile Doat exécuta 89 compositions à la plume de toutes dimensions.

Citons enfin l'ouvrage manuscrit dont la traduction en anglais par Samuel-E. Robineau sous le titre de *Grand feu ceramics* (grand in-8, de 207 p. et 172 fig.) a été éditée en 1905 par le *Keramic studio* de Syracuse et qu'a résumé l'auteur dans *Art et décoration* (n^{os} de sept. et nov. 1906 et février 1907 : *Les céramiques de grand feu. La porcelaine et les grès cérames*), en attendant une édition française de vulgarisation.

Il ne peut être question de donner dans cette trop brève notice une nomenclature complète des œuvres de Taxile Doat, on se bornera à signaler : 1° les principales pièces en porcelaine et en grès groupées selon leur provenance (Sèvres, Saint-Louis, four particulier), 2° quelques émaux « Limousins ».

1) Porcelaines et grès :

a) pour la manufacture de Sèvres (1877-1905) : *Les cités provençales*, vase de Rouen, au Musée des arts décoratifs de Paris, — *Poème champêtre*, vase Bullant, offert à un personnage de la cour d'Angleterre, — *A la gloire de Paris*, vase d'Entrecolles, offert au roi d'Angleterre, Edouard VII, au British Museum, — *La musique religieuse*, grand plat, au Musée de Sèvres, — *Le chant du cygne*, vase de Clermont, au Musée impérial de Tokio, Japon, — *Les Dieux rustiques*, vase potiche, au Musée de Nogent-sur-Seine, — *Les pommes d'or*, vase potiche, au Ministère des Affaires étrangères, à Paris, — *La ronde des vagues* et *La valse des feuilles mortes*, vases d'Angers, au Musée de la ville de Paris, Petit palais, — *La chasse*, vase d'Arezzo, au Musée de Versailles,...

b) exécutés à Saint-Louis (1909-1914) : *A la gloire de l'American woman's league*, grand vase porcelaine avec socle architectural ajouré, pièce de 1^m50 de haut, — un grand plat commémoratif de la première convention de cette société, — *Le téléphone*, vase,...

c) sortis d'autres fours que les précédents et notamment du four particulier de M. Doat, depuis 1897 : *Vénus* et *Cérès*, grands panneaux de grès, au Musée du Luxembourg, — *Paysage verdure*, grand panneau de grès, au Musée des arts décoratifs de Berlin, — *Paysage albigeois verdure*, grand panneau de grès au Musée Stieglitz de Pétrograd, — *La neige*, bassin en porcelaine, au même Musée, — *Les baisers*, grand plat porcelaine au Musée de Saint-Louis, Etats-Unis, — *La flûte de Pan*, objet d'art porcelaine, au même Musée, — *La poésie*, vase porcelaine, au Musée Vasnier de Reims, — *La musique et la danse*, vase porcelaine, dans la collection Jules Claretie à Paris, — *Les trois déesses*, vase porcelaine, dans la collection Charles Lebeau à Boulogne-sur-mer, — *Le mat de Cocagne*, plaque porcelaine au Musée du Luxembourg (première acquisition en 1884), — *Le maïs*, vase porcelaine, au Musée de Saint-Louis, — *Champagne et Normandie*, gourde porcelaine, dans la collection du prince Alexandre de Wagram,...

2) Emaux « Limousins » :

Une suite de neuf sujets, sur fond rubis et paillon or, qui ont été enchâssés dans des meubles en vernis Martin de Mad. Cornelius Vanderbilt, de New-York, — *La musique ordinaire et le plain chant*, grande plaque, dans la collection de M. Delsart, professeur au Conservatoire de Paris, — une série de quatre sujets sertis dans une pendule Renaissance de M. Em. Colin (maison de bronzes d'art) à Paris, — une grande plaque ronde représentant plusieurs scènes du roman maritime d'*Enoch Arden* du poète anglais Alfred Tennyson, restée dans la collection de M. Doat,...

Les porcelaines et grès exposés par Taxile Doat lui ont valu de nombreuses distinctions : aux Expositions de l'Union centrale des arts décoratifs de 1876 et 1884 une médaille de bronze et une médaille d'or, — à l'Exposition de Nice, 1884, une troisième médaille, — à l'Exposition universelle d'Anvers, 1885, une médaille d'or, — à l'Exposition de la Société des sciences, lettres et arts de Londres, 1885, une grande médaille d'argent, — à l'Exposition internationale des arts industriels de Paris, 1886, une médaille d'or, — à l'Exposition universelle de Paris, 1889, une médaille d'or, — au Salon de 1890, une mention honorable, — à l'Exposition internationale des beaux-arts de Barcelone, 1891, un diplôme d'honneur, — à l'Exposition des beaux-arts d'Albi, 1893, un diplôme d'honneur (la même année, 1893, Taxile Doat, membre de la Société nationale des beaux-arts, était classé hors concours), — à l'Exposition universelle de Paris, 1900, une médaille d'or, — à l'Exposition du mobilier à Paris, 1904, un diplôme d'honneur, — à l'Exposition franco-britannique de Londres, 1908, un diplôme d'honneur. Notons qu'à l'Exposition d'Albi, de 1893, ci-dessus citée, M. Doat avait envoyé plusieurs porcelaines (portrait de Mad. Couffignal et une *Lune de miel*) et que le Musée de cette ville possède deux vases de cet artiste qui lui ont été attribués par l'Etat en 1884, plus une plaquette ovale à pâtes rapportées, *La juste balance*.

Aux médailles et diplômes d'honneur qui viennent d'être énumérés il faut ajouter les rubans d'officier d'Académie (1884), de l'ordre du Nicham Iftikar (1885), de la Légion d'honneur (1894) et la rosette de l'Instruction publique (1895).

Les journaux et revues qui ont consacré à la vie d'artiste et à l'œuvre de Taxile Doat des articles plus ou moins étendus sont fort nombreux. On en découvre un peu partout, non seulement dans les grands périodiques parisiens, mais encore dans ceux d'Allemagne, d'Autriche, de Russie, d'Italie et principalement des Etats-Unis. Voici, dans l'ordre chronologique de publication, ce qui est le plus aisé ou le plus utile à consulter : *Revue du Tarn*, *passim*, depuis 1880 et ci-après l'étude de L. Belot, — *Revue des arts décoratifs*, 1883, article de Paul Arène, — *Le mémorial diplomatique* du 1er déc. 1883, art. de Roger Milès, — Louvrier de Lajolais. *Les pâtes rapportées de M. T. Doat*, avec fig. reproduisant la *Lune de miel* et la *Lune rousse*, dans le *Bulletin de l'Union centrale des arts décoratifs*, août 1884, — *Journal des artistes* du 8 nov. 1884, art. de Roger Milès, — *Livret de l'Exposition des beaux-arts d'Albi*, 1893, — *Dictionnaire biographique,...* de *Seine-et-Oise*, 1893, in-8, Jouve éd., — Ernest Zimmermann. *Modern Keramik aus der Pariser Weltausstellung*, avec fig. dans la revue illustrée, in-4, publiée à Munich *Kunst und Handwerck* du 15 janv. 1901, — *Salon des industries du mobilier*, 1902, rapport de Ch. Follot (les pièces exposées étaient : *L'automne*, grand plat en grès avec médaillon central en porcelaine, *Les sources*, plateau porcelaine, *La Neige* et *Les baisers*, grands plats porcelaine, des blocs de porcelaine diversement décorés,...),— *L'art décoratif aux Expositions des beaux-arts*, in-4, de 1902 à 1906 (planches reproduisant : *Flore*, plateau, 1902, *Cérès* et *Vénus*, panneaux, *La Musique*, vase, *La Gorgone*, plateau, 1903, vases à camées polychromes, 1905,...), — C.-E. Curinier. *Dictionnaire national des contemporains*, in-4, t. IV, 1903, — *Keramische Monatshefte*, de Halle, n° de février 1903, — P. Verneuil. *Taxile Doat*, avec fig. dont deux hors texte reproduisant *La neige* et un vase à profils d'amazones, dans *Art et décoration*, septembre 1904, — L. Belot. *Taxile Doat*, dans la *Revue du Tarn*, t. XXVI (1909) et à part, 29 p. in-8, travail contenant des extraits d'articles relatifs à l'artiste, une liste détaillée de ses œuvres classées suivant les Musées ou collections particulières qui les conservent et les prix de bon nombre de ces pièces, le plus élevé des prix indiqués est celui de 10 000 fr. s'appliquant à chacun des deux vases d'Arezzo *La chasse* des Musées de Dijon et de Marseille, — Raymond Escholier. *La céramique française en Amérique*, dans *Les Nouvelles* du 1er déc. 1909, — *The woman's national daily*, n[os] du 18 déc. 1909, 28 févr., 1er juin, 3 sept. 1910, 16 janv. 1911,... — *Leipziger Messnummer des Sprechsaal*, de Leipzig, 1909, — *Deutche Töpfer und Ziegler Zeitung*, de Berlin, n° du 16 avril 1910, — *Hard porcelains and grès flammés made at University City*, sans date, exposant l'origine et l'organisation de l'Institut céramique de Saint-Louis et donnant, avec un portrait de T. Doat, la reproduction de plusieurs de ses œuvres, — *The city art Museum St Louis*, 1912, rapport annuel contenant la nomenclature de 172 pièces de Doat avec reproduction de plusieurs, — W. P. Jerwis. *The encyclopedia of ceramics*, New-York, 1912, grand in-8 de 673 p. avec fig., ouvrage considérable et du plus grand intérêt, — *The national Weekly* [de Saint-Louis], n° du 25 octobre 1913, — *American woman's review*, nov. 1913, article intitulé *A master of ceramics*, — *New S. Louis Star*, nov. 1913, — etc.

Dollé, Jean, potier d'étain. — Cet « estanhié » d'Albi exécutait, en 1512, d'importantes réparations au « griffol et fontayna del cap del pon d'Alby » (du quartier du Bout-du-pont) et touchait de ce chef, le 14 mai, la somme de 47 livres, 5 sous et 4 deniers (Arch. d'Albi, CC. 454).

Domergue, peintre. — On lui doit les peintures sur toile (en très mauvais état à cette heure) qui garnissent les murs de la chapelle du Saint-Crucifix, à Cordes. Les sujets, empruntés à l'Ancien et au Nouveau Testament, ont été minutieusement décrits dans son *Histoire du pèlerinage du Saint-Crucifix, paroisse de Cordes*, (Albi, 1884 et 1924, petit in-8) par M. l'abbé Quérel qui a découvert dans le sanctuaire la signature datée de DOMER-GUE PINXIT 1766.

Ce Domergue est certainement le même artiste qui, l'année suivante (1767), faisait, à Puylaurens, le portrait d'un Cordelier prédicateur. Le tableau ayant été refusé, Domergue s'amusa à remplacer le froc par un costume de Pierrot et à exposer le R. P. ainsi transformé (Arch. du Tarn, E. 3358 et E. Jolibois. *Les beaux-arts dans le dép[t] du Tarn...* dans la *Revue du Tarn*, t. VI (1886-87), p. 264).

Domingo, Francisco, peintre. — De cet artiste, né à Valence

(Espagne) en 1842, le Musée de Castres possède une *Scène de mœurs espagnoles*, toile décrite par L. Azaïs (*Les Goya du Musée de Castres*, dans *Notre Midi*, t. I (1919-20), p. 178).

Donadieu, Philippe, libraire à Albi en 1520, est cité (sans référence) par E. Jolibois dans la *Revue du Tarn*, t. II (1878-79), p. 177.

Donados (ou Donnadieu?), papetier du moulin de Roquerlan près de Mazamet, en 1721 (Voy. Bel).

Donnadieu de Pélissier du Grès, propriétaire de la papeterie des Salvages près de Burlats (Voy. Bel).

Donnela, J.-Francesco, peintre. — Deux chapelles méridionales du chœur, dans la cathédrale d'Albi, portent l'inscription « Joan Franciscus Donnela, pictor italus de Carpa, fecit ». D'après J. Laran (*La cathédrale d'Albi*, Paris, s. d. [1911 et 1922] petit in-8 avec fig., p. 88-90), il y aurait peut-être lieu d'identifier cet artiste inconnu avec un Francesco di Carpo, de Bologne, dont l'existence est constatée dans cette ville en 1508.

Dordo, Jean, potier d'étain. — Cet « estaigné » figure sur les compoix d'Albi de 1524 et de 1538 comme habitant de la gache de Sainte-Martiane (Arch. d'Albi, CC. 11, f° 185 v° et CC. 18, f° 214 v°).

Doucelance, Léonard, arquebusier à La Caze (Voy. Denty).

Doumaynil, Jean, juponnier. — Ce fabricant de gipons (tuniques d'hommes) ne nous intéresse que parce que sa réception comme habitant d'Albi, avec dispense de toute imposition pendant deux ans, contribue à faire ressortir la crise de main d'œuvre qui sévissait à Albi à l'époque où fut prise la décision ci-dessus (14 février 1382 n. s.). (Arch. d'Albi, BB. 16 et Aug. Vidal. *Les délibérations du conseil communal d'Albi de 1372 à 1388* dans la *Revue des langues romanes*, t. XLVIII, (1905), p. 244). Sur le même sujet voir l'article Delior.

Dounet, Etienne, horloger. — Il exerçait sa profession à Castres, où il témoignait, en 1691, âgé alors de 40 ans, dans un procès entre orfèvres (Arch. du Tarn, B. 245).

Drouard, Edouard, sculpteur-ciseleur. — Cet artiste ou amateur de Mazamet exposait à Albi en 1866 un plateau pour verre d'eau en cuivre repoussé et ciselé qui lui valut une médaille de vermeil (L. Desazars. *Rapports sur l'exposition des beaux-arts...* 1867, p. 18).

Dubor, passementier à Toulouse. — Le chapitre cathédral de Castres lui achetait, en 1600, diverses fournitures destinées à un ornement d'église violet (Arch. du Tarn, G. 287).

Dubuisson ou **Lebeau-Dubuisson,** orfèvres. — Antoine Lebeau-Dubuisson, orfèvre à Castres, perdait, en 1731, un enfant qui fut inhumé dans la chapelle des Jacobins de cette ville. Lui-même y fut enseveli en 1739 (Arch. du Tarn, H. 423).

C'est probablement à la même famille qu'appartiennent les orfèvres castrais qui suivent et qui sont appelés Dubuisson tout court. Louis Dubuisson fait baptiser dans l'église de La Platé une fille le 8 janvier 1769 (Arch. de Castres, GG. 27).

Alexis figure sur les rôles de la capitation de Castres en 1772 (Arch. du Tarn, Acquisition de 1920, papiers Payrastre). C'est lui sans doute qui, quelques années plus tard (1775), réparait des encensoirs pour la cathédrale de Castres (Arch. du Tarn, G. 284).

Duchain, Jean, imprimeur sur toile. — Un registre mortuaire de Graulhet mentionne le décès, le 13 mai 1700, de Perrette Dubisson, femme de Jean Duchain, « imprimeur de toiles », de la localité (Communication de M. l'abbé Thomas).

Duclaviet, Jacques, peintre. — A l'occasion de l'entrée solennelle à Albi de l'évêque Alphonse Ier Delbène, le 25 octobre 1598, Jacques Duclaviet fut chargé de peindre ses armoiries et celles du roi (Arch. d'Albi, CC. 281).

Dufau, Fortuné, peintre. — Les églises de Saint-Michel et de Saint-Pierre de Gaillac possèdent de Dufau, la première, une toile représentant *Saint Vincent de Paul se chargeant des fers d'un galérien*, la seconde un *Saint Louis en prière*. L'artiste, peintre de genre et d'histoire, né à Saint-Domingue vers 1770, est mort à Paris en 1821.

Dufay, Nicolas, tapissier. — On baptisait, le 12 mars 1747, dans l'église de Saint-Julien d'Albi, une fille de Nicolas Dufay,

« valet de chambre tapissier de Mons[gr] l'archevêque d'Albi [La Croix de Castries], et de Marie-Françoise Duvivier, une des demoiselles suivantes de Mad. la marquise de Castries » (Arch. d'Albi, GG. 73, f° 91).

Duhamel, Jean, fondeur. — En collaboration avec André Lamy, il fondait, en 1596, deux cloches pour l'église paroissiale de Lisle-sur-Tarn (Arch. du Tarn, E. 2545 et 2454).

Dumas, Laurent, orfèvre. — Un enfant de cet orfèvre était inhumé, en 1615, dans l'église des Carmes d'Albi (Arch. du Tarn, H. 152). On retrouve Laurent Dumas en 1620 parmi les tenanciers des Jacobins de la même ville à raison de terres situées à Aussac (Id., H. 329).

Dumortier, Hugues, comédien. — Le 5 octobre 1624, à Rabastens, il est formé une association entre les comédiens Hugues Dumortier, natif de Saint-Denis, Marie Talamy, sa femme, Daniel Lebrout et Pierre Laboyssière pour une durée de dix-huit mois; qui se dédiera payera cent livres (E. Marty. *Archives des notaires de Rabastens*, p. 149).

Dupré, Joseph, peintre. — « Surpris par un mal de poitrine », cet artiste, « peintre de dessin en miniature et autres », mourut à Sorèze dans sa 50e année, le 19 août 1785, « après avoir resté dans la présente paroisse (de Sorèze) l'espace de deux ou trois mois, où il était venu sans doute pour se placer dans ce collège, s'il avait pu, nous ayant assuré qu'il étoit de Montpellier » (Arch. du Tarn, E. 4165). M. Ch. Bellet, à Albi, possède un pastel (portrait de famille) signé « Dupré » et daté de 1765.

Dupuy, orfèvres. Voy. Delpuech.

Dupuy, passementier. — Etabli à Toulouse, il fournit, en 1644 et 1645, des ornements d'église et des vêtements sacerdotaux pour la chapelle du Saint-Crucifix de Cordes (Arch. de Cordes, GG. 91).

Dupuy, François, teinturier. — Le 8 mai 1700 était bénite, dans l'église de Saint-Salvi d'Albi, l'union de François Dupuy, « de la ville de Tulle dans le Bas Limosin, marchand teinturier, habitant depuis quelques années la présente paroisse », avec Françoise Oziouls. Leur premier enfant, Jean-Jacques, fut baptisé le 30 décembre de la même année (Arch. d'Albi, GG. 20, f°ˢ 53 et 66).

Dupuy, Jean, peintre. — Un registre d'un notaire de Lautrec contient, à la date du 24 septembre 1428, les pactes de mariage de « Johannes de Podio, pictor, habitator dicti loci de Lautrico », fils de Pierre, de la paroisse de Saint-Salvi de Montlong, avec Cécile Trusse, fille d'un tanneur de Lautrec (Arch. du Tarn, E. 418, f° 32 v°). Les années suivantes, Jean Dupuy vend, achète, arrente des biens dans la même région (Id., E. 420 et 421).

Durand, peintre. Voy. Pous.

Durand, Paul-Vincent, orfèvre. — Fils d'un marchand de Bélesta, Ariège, il était âgé de 36 ans quand il épousa, à Albi, en 1771, Cécile Barrau dont il eut d'abord une fille puis un garçon né après son décès qui eut lieu le 22 mars 1773 (Portal. *Notes sur l'orfèvrerie à Albi...*).

Duston, Benjamin, peintre. — Né à Toulouse en 1808, cet artiste passa les dernières années de sa vie à Lavaur, pays natal de sa mère née Devoisins-Mirabel, et y mourut le 5 août 1876. Il fut l'élève de Steuben et de Rémond, exposa aux Salons de Paris, de 1843 à 1869, diverses toiles. Il obtint à l'Exposition organisée à Albi en 1866 une médaille d'argent pour trois tableaux (*Souvenir de Népi*, *Les Martigues*, marine, et une *Briqueterie*) et deux fusains (*Bords du Tibre* et *Forêt*). A une autre exposition albigeoise, en 1893, M. Carles de Carbonnières, de Lavaur, envoya deux paysages de Duston. Le Musée de Toulouse conserve des *Bords de rivière* et un *Souvenir du lac d'Albano* de cet artiste. On retrouverait à Lavaur, chez des particuliers, quelques autres toiles ou fusains de Duston (*Exposition des beaux-arts... d'Albi*, 1866. *Rapports* par L. Desazars, p. 18, *Livret de l'exposition artistique et archéol. d'Albi*, 1893, n°ˢ 327 et 419, Bénézit. *Dictionnaire* et communications de M. Bessery, de Lavaur).

Echernier, *Casimir*-Julien-Charles, architecte. — Né à Albi le 16 février 1818, Echernier est mort à Lyon, où il avait fait toute sa carrière d'artiste, le 25 juillet 1895. Après avoir terminé ses études secondaires aux Lycées de Cahors et de Carcassonne, il fut envoyé à Lyon par sa famille pour s'initier au commerce de la draperie. Ce métier n'ayant pas satisfait ses goûts, il l'abandonna et son père, pour l'en punir, supprima toute subvention. Echernier dut, pour vivre, se livrer à des travaux quelconques tels que la peinture de décors pour théâtres en plein air. Il parvint cependant à se faire admettre à l'Ecole des beaux-arts de Lyon, où il fut l'élève d'Exbrayat. Il commença par collaborer à l'édification de l'Alcazar, fit quelques dessins, releva le plan de la fameuse église de Brou. Puis la construction de la maison Marix, rue de l'Hôtel de ville à Lyon, ne tarda pas à le mettre en vue. Dans la même ville il bâtit encore plusieurs maisons, rue des Archers et rue de la Bourse, la maison Blache, la Villa ombrosa... Dans les environs, il restaure les châteaux de Joux et de Chazay, bâtit la villa Marix à Ecully, la maison Ginod à Saint-Etienne. A Nice on lui doit un hôtel sur le quai de Saint-Jean-Baptiste, à Saint-Chamond divers travaux, à Wiesbaden, près de Mayence, un bel hôtel. Il eut, d'autre part, à étudier les projets d'ensemble de la rue Impériale de Marseille.

Président du Comité d'administration de l'Ecole des beaux-arts de Lyon, vice-président de la Commission des Musées, président d'honneur de la Société académique d'architecture, membre de l'Académie des sciences, belles-lettres et arts de la dite ville, Echernier avait obtenu, en 1888, la grande médaille d'honneur de la Société centrale des architectes, pour l'architecture privée.

Il a légué à la ville d'Albi quelques ouvrages relatifs à l'architecture (*Monographie de la cathédrale de Lyon* par Bégule, *Esquisses de fontaines* par Chenavard, etc.) et s'est vivement intéressé, en 1895, aux travaux de restauration de la cathédrale d'Albi. A cette occasion il publia dans l'*Ami des monuments* un article intitulé *Le vandalisme à Albi* (*Revue du Tarn*, t. XII (1895), p. 263, C. Teyssier. *Notice sur l'architecte Echernier*, dans le même recueil, t. XVII (1900), p. 67-72, d'après un exposé de la vie et des œuvres d'Echernier lu par l'architecte Rogniat à la Société académique d'architecture de Lyon le 17 décembre 1897 et imprimé en 1899 par les éditeurs lyonnais Storck et Cie, avec plans et fig.).

Emery, Jean, graveur. — « Jehan Esmery, graveur » de Paris, confectionnait en 1526 des coins de jetons aux armes des Lautrec pour le vicomte Odet de Foix (Mazerolle. *Les médailleurs français du xve s. au milieu du xviie*, t. I dans la *Collection des doc. inédits sur l'hist. de France*, et *Revue du Tarn*, t. XX (1903), p. 233). L'écu des vicomtes de Lautrec porte pour unique meuble un lion.

Englibert, maçons. — En septembre 1368, Guillaume et R

[Raimond] « Engilbertz, massoniers », réparaient le pont d'Albi (Arch. d'Albi, CC. 151, f°s 74-74 v° et Aug. Vidal. *Douze comptes consulaires...*, p. 77).

Enric, armurier. — Les consuls d'Albi faisaient venir de Toulouse, en mars 1412, l'armurier Enric pour mettre en bon état les armes de la communauté (Arch. d'Albi, CC. 169).

Escot, *Charles*-Bernard, pastelliste. — Il est né et mort à Gaillac (16 avril 1834 - 5 mai 1902). Elève de Prévost, puis membre de l'Académie des beaux-arts de Toulouse, Escot s'adonna de bonne heure au pastel qu'il pratiqua toute sa vie avec une véritable passion, s'attachant particulièrement à reproduire maintes œuvres des grands maîtres du genre, ainsi que quelques tableaux de peintres tels que Rubens et Van Dyck. Outre une quinzaine au moins de copies de de Latour, de Chardin, notamment des portraits de J.-J. Rousseau (au Musée de Versailles), et de Mlle Clairon, on peut citer ceux de Mad. d'Epinay d'après Liotard (au Musée de Versailles), de Chardin et de sa femme d'après Chardin, de la comtesse de Provence d'après Mad. Vigée-Lebrun, du duc de Bourgogne d'après Frédou... Il faut ajouter une tête de Christ et la Madeleine d'après un tableau de Rubens conservé au Musée de Toulouse, plusieurs sujets d'après Van Dyck, une fillette aux cerises d'après Russell, deux femmes d'après Prudhon, une Marie-Madeleine d'après Le Guide, une baigneuse d'après Lemoyne, plusieurs sujets encore d'après Rosalba Carriera...

Escot ne s'est pas contenté de reproductions, il a fait œuvre strictement personnelle, d'une valeur un peu inégale, dit-on, mais remarquable en somme, en fixant, toujours au pastel, les traits de personnes de sa famille ou de son entourage. On lui doit les portraits de son père (au pastel noir), de son oncle, de « Mon neveu Jean Escot », du docteur Facieu de Gaillac, de Mlle de Combettes de La Bourelie et de son frère, de plusieurs autres personnes de la région gaillacoise désignées par de simples initiales, et aussi de son maître C. Prévost, d'Eudore Soulié, conservateur du Musée de Versailles, de Prévost-Paradol, du procureur d'Arcosse, de l'avocat Le Sur, du duc de Lévis-Mirepoix et d'un enfant (dans la collection du marquis de Lévis), de l'abbé Hubert (au Musée de Tourcoing), de Mgr Lyonnet, archevêque d'Albi (au Musée d'Albi), du sculpteur Chapu...

Très rarement il mania le pinceau (une copie de Van Dyck) ou exécuta des œuvres originales autres que des portraits (un *Soleil levant* exposé au Salon de 1890, une étude de chiens et un perroquet exposés à Albi en 1893). Son premier pastel, qu'il fit à l'âge de 18 ans (1852), représente une femme blonde (au Musée de Toulouse).

Il envoya aux Salons de 1869 à 1894, à Albi en 1866 et 1893, à Toulouse en 1885 et ailleurs peut-être de ses pastels qui lui valurent notamment une 2e médaille d'argent (Albi, 1866, hors concours en 1893).

Son neveu, M. Escot, pharmacien à Gaillac, a conservé tout ce qui se trouvait dans l'atelier de l'artiste au moment de son décès. Cette importante collection comprend quelques répliques de travaux déjà mentionnés, notamment la femme blonde de ses débuts et le portrait de Mad. d'Epinay.

Sur Charles Escot, voir : L. Desazars. *Rapports sur l'Exposition des beaux-arts de la ville d'Albi en 1866*, p. 24, — la *Revue du Tarn*, passim, de 1876 à 1894, — Bellier de La Chavignerie et L. Auvray. *Dictionnaire gén. des artistes français*, t. I, p. 520, — [Abadie]. *L'atelier de Ch. Escot*, dans l'*Union républicaine du Tarn*, nos des 14 et 19 mars 1891, — Bénézit. *Dictionnaire...*

Espinasse, sculpteur à Albi, obtenait à l'Exposition organisée dans cette ville en 1866 une mention honorable pour « une pierre délicatement travaillée » provenant d'un banc de calcaire des bords du Dadou, dont la nature paraissait identique à celle des matériaux utilisés pour les sculptures de la cathédrale d'Albi (L. Desazars. *Rapports sur l'Exposition des beaux-arts de la ville d'Albi en 1866*, p. 34).

Espinassolle, fondeurs. — Jean Espinassolle, « campanhié » de Donnazac, canton de Cordes, contractait, le 21 janvier 1562 (n. s.), une dette envers Pierre Palaprat, brassier de Cordes, dont le fils, Durand, épousa, quelques jours après, sa fille Alix (Arch. du Tarn. Fonds Favarel, n° 249, fos 180 et 190).

Guillaume, peut-être frère de Jean, dans tous les cas « artillieur » à Donnazac comme lui, — il est dit « pairoulié » (chaudronnier) dans un texte de 1557 (*Bull. de la Soc. archéol. du Midi*, 1903-1906, p. 300), — se chargeait, par acte du 8 décembre 1568, de fondre, conformément à un croquis remis par lui, deux pièces d'artillerie pour la ville de Cordes, l'une de 4 quintaux et demi (environ 183 kilogr.), l'autre de 6 quintaux (env. 244 kilogr.) et 12 mousquets d'un quintal (env. 40 k.), à raison de six livres par quintal pour ses peines; il devait être logé et nourri par la communauté lui et son aide et, s'il se produisait quelque accident à l'essai des dites pièces, il devait les refondre aux frais de la ville mais sans rémunération pour ce travail. Espinassolle s'installa immédiatement à Cordes et y œuvra sans interruption jusqu'au mois d'août de l'année suivante. Dans le compte détaillé des dépenses de toute sorte qui furent soldées à cette occasion, on relève notamment un achat de cire « pour engraver sur les dites pièces les armoiries de la ville ». Mais, détail important que je ne m'explique pas, il ne s'agit plus de deux canons et douze mousquets, le titre du « comptereau » concerne la fonte « en deux fois » de « unze pièces d'artillerie ». Le bail du 8 décembre 1568 fut-il modifié par un autre que nous ne connaissons pas? Il semblerait qu'on doive le supposer. En effet le fondeur réclama pour ses « unze pièces » la somme de 184 livres, 5 sous, à raison de 6 livres par quintal; le poids total étant de « trente quintals et demy et vingt-deux livres », celui de chaque canon (s'ils étaient tous semblables) revenait à environ 1253 : 11 soit 114 kilogr. ou deux quintaux et huit livres. Cordes avait encore, en 1870, deux vieux canons portant ses armoiries, qui furent offerts au Gouvernement pour être fondus en vue de la défense nationale; on n'a jamais su ce qu'ils étaient devenus. Sans nul doute ces pièces étaient celles ou de celles d'Espinassolle. On retrouve Guillaume Espinassolle dans un acte du 15 janvier 1569 (Arch. de Cordes, EE. 8, bail de 1568 publié dans les *Archives hist., artistiques et littéraires*, t. II (1890-91) p.310, et CC. 141, — reg. du notaire Jean Garrigues, 1567-70, de l'étude Boyer-Bosc à Cordes).

Pierre Espinassolle, du même lieu de Donnazac, s'engageait, le 4 juillet 1593, à fondre deux cloches pour l'église de Saint-Pierre-de-Vertus, commune de Rabastens, pour la somme de 43 livres (A. de Bourdès. *Documents épars. Toulousain, Bas Albigeois, Bas Quercy et pays voisins*, Tarbes, 1908, in-8, p. 57).

Estavialle, doreur. — Une délibération communale de Cordes, du 30 janvier 1684, apprend que la dorure du rétable de la chapelle du Rosaire, dans l'église paroissiale, doit être exécutée par le doreur Estavialle (Arch. de Cordes, BB. 74). Cette chapelle est aujourd'hui dédiée à saint Joseph.

Estève (d'), Pierre, verrier. — « Nobilis Petrus d'Esteva, veyrerius », ou « douzel, veyrier de La Guepia » (La Guépie, Tarn-et-Garonne et Tarn), figure dans divers actes de 1409 à 1431. Son frère, Bernard, était curé de Salles, canton de Monestiés, en 1423 et 1426 (Ch. Portal. *Extraits de reg. de notaires*, p. 108).

Fabre, Aimeric, potier d'étain. — Le cadastre d'Albi de 1405 porte que « Emeric Fabre, pechayrier d'estanh, a hun hostal (maison) al pes de la farina », quartier de Saint-Julien (Arch. d'Albi, CC. 6, f° 295). ·

Fabre, orfèvres. — Daniel Fabre exerçait la profession d'orfèvre à Puylaurens à l'époque (16 juillet 1668) où son fils Barthélemy y contractait mariage (Arch. du Tarn, E. 3378).

Antoine Fabre, orfèvre à Lavaur et descendant probablement du précédent, eut de son mariage avec Madeleine « Nauté » plusieurs enfants dont une fille, en 1739, et un garçon, François, baptisé le 13 janvier 1742. Une autre fille épousa, à Lavaur, un maçon le 19 janvier 1768; le père est dit « jadis orfèvre » et la mère appelée Madeleine « Meut » (Arch. du Tarn, E. 4863 et 4868).

Fabre, Pierre, lapidaire. — Il fut témoin, en 1691, âgé alors de 40 ans, dans un procès criminel entre orfèvres de Castres, ville où il résidait (Arch. du Tarn, B. 245).

Fabre, fondeur. — Le chapitre collégial de Saint-Michel de Gaillac lui payait, en 1759 ou 1760, une somme de 113 livres pour une raison qui n'est pas indiquée (Arch. du Tarn, G. 549).

Fabre, Léopold, peintre. — Né et mort à Labruguière (12 janvier 1860 - 21 avril 1908), Léopold Fabre exposait en 1897 à Arcachon une toile *En forêt* qui lui valut un premier prix avec diplôme d'honneur (*Revue du Tarn*, t. XIV (1897), p. 402). Il a pratiqué surtout l'aquarelle et traité le paysage.

Fabry, Pierre, imprimeur. — Quand G. Nautonier de Castelfranc (voy. ce nom) eut terminé l'impression, dans son château de Lourmarié, commune de Venès, de sa *Mécométrie de l'eymant*, il vendit à la ville de Castres son matériel typographique. Pierre Fabry, imprimeur de Cahors, s'entremit dans cette affaire que ses ressources personnelles ne lui permettaient pas de traiter pour son compte. Le 17 décembre 1604, Castres acheta donc pour la somme de 240 livres les caractères cédés par Nautonier et accepta l'offre faite par Fabry de diriger l'atelier, le premier atelier castrais. L'imprimeur devait rembourser la communauté en quatre annuités. Ses presses fonctionnaient dès le mois de février 1605. Les années suivantes, jusqu'en 1612 tout au moins, Fabry reçut du diocèse une subvention de 60 livres. Les malheurs auxquels il fait allusion, sans indiquer leur nature, dans son édition de *L'astuce du diable* par Pierre Girard (1613) finirent par l'obliger à se retirer à Montauban en mai 1617. On le retrouve à Castres de 1636 à 1645, époque où il disparaît brusquement.

Sa première impression est probablement le *Diaire ou journalier de la longueur des jours et nuits de toute l'année... dédié à Madame la marquise de Seissac* [par G. Nautonier], Castres, 1605, petit in-4, signalé par le libraire Claudin dans un de ses catalogues (*Revue du Tarn*, t. XIX (1902), p.362). Ch. Pradel, à qui j'emprunte la plupart des détails qui précèdent, a donné une description minutieuse de treize éditions de Fabry, dont douze datées de 1606 à 1616 et une de 1643. Ce sont quelques ouvrages de polémique religieuse et principalement des tarifs ou taxes d'imposition, plus un poème latin de Claude Joussaud sur les guerres du règne de Louis XIII (Ch. Pradel. *Notice sur l'imprimerie à Castres* dans les *Mémoires de l'Académie des sciences... de Toulouse*, 8e série, t. IV (1882), p. 223, 226 et 231, travail pour lequel l'auteur a utilisé notamment les Archives du Tarn, C. 1022 et 1023). Il convient d'ajouter que Em. Jolibois a cité encore une autre impression de Fabry, celle du programme des écoles d'Albi pour l'année 1607-08, exécutée en 1607 (*Revue du Tarn*, t. VI (1886-87), p. 262). Les archives du Tarn (C. 194) possèdent cinq brochures sorties, en 1609, des mêmes presses.

Fardelet, Léonard, libraire. Voy. Berton.

Fau, Jean, papetier. — Il était établi à Burlats en 1772, date à laquelle il reconnaissait tenir divers biens du chapitre collégial de Lautrec (Arch. du Tarn, G. 636).

Faure, peintre. — Il s'agit sans doute du toulousain Jean-

François Faure (1750-1824), élève de Despax. Dans tous les cas, le cardinal de Bernis, archevêque d'Albi, envoya de Rome, à la veille de la Révolution, quatre tableaux signés FAURE 1777, figurant des scènes de la vie de sainte Cécile et de la Vierge et destinés à la chapelle du chevet de la cathédrale d'Albi où ils sont encore. Ils représentent : *L'instruction musicale de sainte Cécile*, *La mort de sainte Cécile*, *L'Annonciation* et *L'Assomption de la Vierge* (J. Bégué. *Albi. Exposition artistique* 1863, p. 9, — E. Jolibois. *Les beaux-arts dans le dép^t du Tarn depuis la Renaissance*, dans la *Revue du Tarn*, t. VI (1886-87), p. 265).

Favier, Jean, sculpteur et architecte. — Les Jacobins de Castres payaient, en 1676, au sculpteur Favier un acompte de 30 livres « pour la figure de la Sainte Vierge » destinée à leur église (Arch. du Tarn, H. 465). Trois ans après, le 9 septembre 1679, le chapitre cathédral de la même ville traitait avec l'architecte Jacques Mounier et l' « esculpteur » Jean Favier pour la reconstruction du chœur de la cathédrale (église de Saint-Benoît) qui serait terminée dans trois ans et payée à raison de 20 livres la canne cube; les entrepreneurs devaient faire notamment « deux portes d'ordre Corinthe avec les ornements » (G. 314).

Nouveau marché de Jean Favier, qualifié cette fois de « maître maçon », avec les Jacobins, en 1682, pour la reconstruction du porche de leur église qu'il sera tenu d'exécuter « d'ordre dorique » et pour divers travaux à des chapelles (H. 446).

Les délibérations du chapitre déjà cité contiennent d'assez fréquentes mentions de l'architecte Favier, de 1687 à 1689. D'abord (4 avril 1687) cet artiste présente un plan d'agrandissement de la cathédrale, dont l'exécution entraînerait une dépense de 11000 livres (16 mai) et pourrait être achevée à la saint Jean [24 juin de l'année suivante] (29 août). Favier est ensuite invité à se rèndre à Toulouse pour relever le plan des stalles du chœur de Saint-Sernin qui lui serviront de modèle; ces boiseries furent données à l'entreprise à deux menuisiers en avril 1688 pour 3800 livres; faute de bon chêne il fut décidé qu'on les ferait en noyer. Enfin, du mois de mai au mois de novembre 1689, Favier construisit, pour le prix de 440 livres, le jubé de la même église, conformément au croquis qu'il avait soumis au chapitre (G. 269).

Favre, passementiers. — En 1788 le chapitre cathédral de Cas-

tres payait 1098 livres aux frères Favre, de Lyon, pour la fourniture d'un ornement de damas cramoisi (Arch. du Tarn, G. 275).

Fay, Mathieu, fondeur. — On trouve son nom sur le cadastre
d'Albi de 1538; il possédait alors un immeuble dans la rue « del
Tibalh » (rue Timbal) (Arch. d'Albi, CC. 18, f° 142). La même
année ce « campanié » touchait 8 livres, 12 sous et 6 deniers « per
la faysso de l'artilharia he per j quintal, v l. de metalh que hi a
mes » (CC. 244, f° 23 v°). Enfin les comptes consulaires de 1541-42
accusent une dépense de 15 sous pour la façon par Fay de « peyras
de cano », c'est-à-dire des boulets, en fonte probablement (CC.
247).

Fédou, Antoine, orfèvre. — Le rôle de la capitation de Puylaurens, en 1695, mentionne Jean Fédou, fils de feu Antoine, orfèvre
(Arch. du Tarn, C. 1209, f° 481 v°).

Fédri, Jean, peintre verrier. — Nobles Jean Rozet, prêtre, et son
frère Antoine, habitants de Cahuzac-sur-Vère, traitaient, en 1495,
avec Jean Fédri, « pinctre et veyrier de veyrias » de Saint-Antonin,
diocèse de Rodez (aujourd'hui dans le Tarn-et-Garonne), pour la
décoration d'une chapelle de l'église de Saint-Vincent qui n'existe
plus. Il était convenu que, avec de « bonas colors e finas », l'artiste représenterait sur une paroi un Christ en croix accosté de la
Vierge et de saint Jean, avec, au-dessous, six « magestatz ». « Sus
lo sibori » (au-dessus de l'autel) il peindrait les quatre Evangélistes, ailleurs Dieu le Père et la Cène, au fond de la chapelle un
saint Michel, et encore les armes des Rozet et celles de la femme
d'Antoine. Fédri fournirait les couleurs et les Rozet lui paieraient
six livres, tout en le défrayant de ses dépenses d'entretien durant
quinze jours (Ch. Portal. *Extraits de reg. de notaires*, au mot
Cahuzac).

Féré, Guillaume, peintre. — Cet artiste, « natif du Mans »,
abandonne ses pinceaux et se retire du siècle en 1630, à Rabastens,
pour se faire ermite (E. Marty. *Arch. des notaires de Rabastens*,
p. 154).

Ferray, Horace, fontainier. — « Le seigneur Orasio Ferray, fontanier », à Toulouse, dessina, en 1613, le modèle d'« ung arbre
laton pour mettre à la fontaine » de Lisle-sur-Tarn. Arnaud Boudret fondit ce pivot qui fut livré le 17 janvier 1614 et pesa 110

livres. Les consuls furent obligés d'emprunter pour solder à
Ferray, outre ses dessin et vacations, le prix de divers objets qu'il
avait fournis (Arch. du Tarn, E. 2478).

Les comptes consulaires d'Albi, de 1638-39, accusent, d'autre
part, une dépense de 126 livres payées au même « ingénieur italien » à l'occasion d'une réparation à la fontaine de Verdusse
(Arch. d'Albi, CC. 317). On retrouve, toujours à Toulouse, en 1649
et 1650, le dit Ferray, qualifié « maître fontainier du roi », construisant la fontaine de la place Saint-Etienne, telle qu'elle est
encore ou peu s'en faut (J. de Lahondès. *Bull. de la Soc. archéol.
du Midi*, 1903-6, p. 307).

Filiguier (de), Charles, verrier. — Ce gentilhomme verrier
habitait à Lagardeviaur en 1610, il était marié avec Marguerite de
Bollo (Aug. Vidal. *L'ancien diocèse d'Albi...* n° 1054). Divers
membres de la famille noble de Filiguier sont cités par de
Barrau dans ses *Documents hist. et généal. sur le Rouergue*, t. IV,
p. 506 et surtout par Saint-Quirin dans son volume sur *Les Verriers
de Languedoc* (Montpellier, 1904, in-8), *passim*.

Florac, Huc, maçon. — Dans les dernières années du xve siècle
Huc Florac, « peyrié », se chargeait de reconstruire « los tres
cartiès » (travées) de l'église de Saint-Pierre-de Mercens, commune de Saint-Martin-Laguépie, soit « tot lo bastimen exceptat lo
cloquié », moyennant la somme de dix livres (Ch. Portal. *Extraits
de reg. de notaires*, au mot Saint-Pierre de M.). Peut-être ce
maçon était-il le parent d'un Nicolas Florac, maçon aussi, cité
à la date de 1519 par Bion de Marlavagne dans son *Hist. de la
cathédrale de Rodez*, p. 364.

Florenti, Guillaume, horloger. — Les consuls d'Albi de 1430-31
faisaient payer à ce « maystre de far los relotges », de Villefranche-
de-Rouergue, la somme de six livres pour avoir réparé l'horloge
placée dans la cathédrale (Arch. d'Albi, CC. 183).

Fomperossa (de), Joseph, fondeur. Voy. Camara.

Foncès, musicien. — A l'occasion des cérémonies qui eurent
lieu à Albi, lors de la mort du roi Louis XV (1774), les consuls
firent venir de Toulouse plusieurs musiciens dont le chef s'appelait Foncès (Arch. d'Albi, CC. 536).

Fontanilles, Alexandre, maçon. — Ce maître maçon d'Albi dressait, en 1786, un devis de réparations pour l'église de Notre-Dame de Ladrèche; il fut chargé, en 1788, de vérifier les travaux exécutés (Arch. d'Albi, DD. 40).

Fort, Jean, papetier. Voy. Desbaldit.

Foulquier, orfèvres. — L' « obrado » (boutique) de Louis Foulquier se trouvait dans la rue « de la porcaria » à Albi. Cet orfèvre fut inhumé, le 30 janvier 1630, dans un tombeau de famille aménagé dans l'église de Sainte-Martiane. De ses travaux on ne connaît qu'une allusion à un calice d'argent de 2 marcs, 7 onces et 3 uchaus qu'il avait réparé pour une confrérie dite de saint Michel.

Guillaume, son fils, eut de son union avec Anne Rigal deux garçons nés en 1627 et 1638 et qui reçurent tous deux le prénom de Louis. Ils ne sont pas nommés dans le testament de leur père (du 1er juillet 1666) ce qui ferait croire qu'ils étaient morts à cette date. Guillaume Foulquier vendit d'ailleurs sa boutique à son neveu Pierre Rigal, en 1672. Sa femme mourut l'année suivante et il la suivit de près, étant décédé le 21 juillet 1673; son corps fut déposé dans le tombeau de famille déjà cité.

Un bail à besogne, du 28 février 1635, pour la réparation d'une croix, d'une statuette de saint Sébastien et de deux calices appartenant à l'église de Sainte-Martiane, fournit d'intéressants détails sur la croix qui est minutieusement décrite. Ce document a été publié par le Baron de Rivières avec d'assez graves fautes d'impression; je me suis cru autorisé à en donner une seconde édition. Dans la suite, en 1639, G. Foulquier répara une custode pour l'église de Saint-Julien (Bon de Rivières. Note dans le *Bull. de la Soc. archéol. du Midi*, 1903-6, p. 301-302 et Ch. Portal. *Notes sur l'orfèvrerie à Albi...* Aux références de ce dernier article ajouter Arch. du Tarn, G. 656).

Fourcade, fondeur. Voy. Didry.

Fournier, fondeur. — Le chapitre cathédral de Castres lui fit refondre une cloche en 1679. Le prénom et le lieu d'origine de ce fondeur ne sont pas indiqués (Ch. Portal. *Notes sur quelques fondeurs de cloches...*).

Fraisse, Jacques, fondeur. — Les consuls de Lisle-sur-Tarn empruntaient, en 1614, une somme destinée à payer ce qu'ils devaient au fontainier Ferray (voy. ce nom), notamment diverses fournitures parmi lesquelles figurent quatre soupapes prises chez Jacques Fraisse, fondeur de Toulouse (Arch. du Tarn, E. 2478).

Celui-ci, en collaboration avec Antoine Chenevet, fondit, en 1627, une cloche pour l'église de Saint-Michel de Gaillac (Voy. Chenevet).

France (de), Pierre, sculpteur. — Le trésorier des consuls d'Albi paye 18 livres « à Pierre de France et Bastien Gaira, m^es esculteurs de Paris » en acompte de plus forte somme à eux promise « pour la fasson du pillier de la justice (pilori) qu'ils debvoinct fere au milieu de la place, comme apper par mandement et acquict du XIIII du dict » [septembre 1602]. Le solde, soit 48 livres, fut touché par ces artistes le 6 novembre de la même année. Dans cet article de dépense Gaira est appelé Gayon et il est spécifié que les deux sculpteurs ont « talhié la colonne du pillier... et mis les armes de Monsr d'Alby (l'évêque Alphonse Ier Delbène : 2 bâtons fleurdelisés posés en sautoir) et de la ville » (Arch. d'Albi, CC. 285, f° 22 v° et CC. 286, f° 11 v° et *Dictionnaire* de Bénézit).

France (de) ou **Defrance,** Léonard, peintre. — M. Gobert, archiviste provincial de Liège, a publié en 1906 dans le *Bibliophile liégeois* les mémoires de Léonard Defrance, né et mort à Liège (5 novembre 1735 - 25 février 1805). Cette édition a été utilisée par M. Edouard Michel dans un rapport présenté au Congrès de l'histoire de l'art le 21 septembre 1921. C'est à cette dernière source, obligeamment mise à ma disposition par l'auteur, que j'emprunte presque tous les renseignements qui suivent.

Léonard Defrance (M. Michel n'écrit jamais de France), après avoir reçu les leçons de « Bernard» (d'après Bénézit) ou plutôt de Jean-Baptiste Coclers, séjourna en Italie d'où il revint en 1759. De cette date à celle de 1764, époque où il retourna à Liège, on le trouve à Montpellier, Toulouse, Castres, Albi. A Toulouse il fait plusieurs portraits, ceux notamment de l'abbé de Berthier, abbé commandataire de Saint-Sever, du président de Rességuier... et sept tableaux, qu'il juge lui-même médiocres, pour garnir le chœur de la chapelle des Carmélites. Grâce à M. Azaïs, conservateur du Musée de Castres, M. Ed. Michel a pu constater que l'ancien hospice de la Présentation de cette ville possède encore deux portraits en pied de Mᵍʳ de Barral, évêque de 1752 à 1773, et de sa sœur. Ces deux toiles ont été copiées au xix⁰ siècle et ces reproductions font partie des collections du dit Musée, l'une, celle du portrait de l'évêque, est signée et datée J. VALETTE, 1837. On ignore encore ce que sont devenus les portraits que Defrance exécuta à Albi de l'archevêque de Choiseul (1759-64) et de sa sœur (Bénézit dans son *Dictionnaire* consacre deux notes à l'artiste qui nous occupe, sous les rubriques Defrance et France (de).

Franciman, peintre. — Il n'est cité qu'à l'occasion du décès de sa femme, à Albi, le 29 octobre 1619; cette personne fut ensevelie dans l'église des Carmes (Arch. du Tarn, G. 152).

Franciscou, Augustin, tapissier. — « Natif de la ville de Lion » (Lyon), il habitait, à Albi en 1649, dans la rue Roquelaure (Arch. d'Albi, CC. 31, f° 50 v°). De son union avec Luce ou Lucie Barthe il eut, de 1648 à 1651, trois filles, baptisées sur les fonts de Saint-Julien (GG. 68, fᵒˢ 116, 119 v° et 123 v°). Il perdit un garçon en 1654 et une quatrième fille en 1658. Ces enfants, décédés sur la paroisse de Saint-Salvi, furent inhumés dans l'église de Sainte-Martiane (GG. 18, f° 57 v° et 67), comme il advint pour lui-même le 12 mars 1663. Sa veuve mourut le 27 décembre 1665. Le tombeau des Franciscou se trouvait dans la chapelle de sainte Anne à Sainte-Martiane (GG. 58, f° 127 et 162).

François, peintre. — Les Trinitaires de Castres payaient, en 1661, la somme de 182 livres au peintre François, « de Toulouse », pour la façon et le port de cette ville à Castres d'un tableau de 16 empans sur 11 (env. 4ᵐ60 sur 2ᵐ47) représentant l'institution de l'ordre des Trinitaires et destiné au maître autel de l'église du couvent (Arch. du Tarn, H. 566). Peut-être s'agit-il du peintre Jean François, du Puy-en-Velay, mort en 1684, dont une toile se trouve d'ailleurs au Musée de Toulouse.

Fraysse, Jean-Marie-François, relieur. — Son mariage, le 26 février 1783, avec Marguerite Rafanel, est bénit dans l'église de Sainte-Martiane d'Albi (Arch. d'Albi, GG. 67, f° 99 v°). Sur la même paroisse meurent, en 1783 et 1790, un garçon et une fille nés de cette union (GG. 66, f°s 112 v° et 171 v°).

Frédeau, Ambroise, peintre, sculpteur et architecte. — Ce religieux Augustin du couvent de Toulouse, né à Paris en 1589 et mort à Toulouse en 1673, fut l'élève de Simon Vouet. Le Musée de Toulouse conserve plusieurs bas-reliefs et autres sculptures dues à son ciseau; les églises de Saint-Pierre et des Minimes ont de ses toiles. Il s'en trouve une autre, un *saint Roch,* dans l'église de Lisle-sur-Tarn.

Sur cet artiste voir : [De Lamothe-Langon] *Biographie toulousaine,* 1823, t. I, p. 445, Rachou. *Catalogue du Musée de Toulouse. Sculpture,* le *Dictionnaire* de Bénézit, de Lahondès. *Les monuments de Toulouse,* 1920, p. 152, 208, 233, 522, 526.

Fredon, peintre. — D'après Hip. Crozes se basant sur des chroniques locales, un artiste allemand du nom de Fredon, de passage à Albi, aurait peint, en 1676, le *saint Jérôme* qui orne une des chapelles de l'église de Saint-Salvi (*Monographie de l'église Saint-Salvi d'Albi* (Toulouse-Albi, 1857, in-12), p. 122).

Fréjeville (de), Jean, peintre. — De 1406 à 1434 ce peintre exécute divers travaux pour la ville d'Albi; ce sont surtout, sinon exclusivement, les armes de la communauté qu'il peint sur des torches à l'occasion de la Fête-Dieu (1406) ou du décès de l'évêque Pierre Neveu (1434) ou dont il surmonte les portes de la boucherie nouvelle, le « mazel nou » (1422) (Arch. d'Albi, CC. 164, 178, 182 et 185).

Frespuech, Antoine, maçon. — En 1519, ce « lapissida » de Cordes s'engage à terminer la construction, au dit lieu, de la demeure d'Etienne de Montjozieu, « videlicet à quatre pilas (piliers) cum los batens (feuillures?) que se aparteno... et (d'un côté) y far dos fenestras croseyas (en croix)... » Montjozieu doit fournir les matériaux et la main-d'œuvre et donner à Frespuech dix écus petits plus « doas pels affachadas » (deux peaux tannées) (Ch. Portal. *Extraits de reg. de notaires,* au mot Maisons).

Frézouls, Jean, imprimeur. — Il n'est cité qu'à l'occasion du baptême de sa fille, sur les fonts de l'église de Saint-Salvi, le 17 juillet 1769 (Arch. d'Albi, GG. 25, f° 468).

Frotard, fourbisseurs. — Le cadastre d'Albi de 1601 mentionne, dans la gache de Saint-Etienne, Gamaliel Frotard, « espasié » (Arch. d'Albi, CC. 41, f° 67).

Antoine Frotard, son fils sans doute, exerça la même profession. De 1619 à 1633 il acquérait des immeubles dans les quartiers du Vigan et de Saint-Etienne (CC. 33, f° 63 v° et CC. 41, f° 45).

Gailhardon, Pierre, papetier. — Le prieur de Saint-Brés, près de Mazamet, affermait, en 1785, les revenus de son bénéfice à deux personnes dont le fabricant de papier Pierre Gailhardon, pour dix années, moyennant une redevance annuelle de 1040 livres, une cartière de marrons et une rame de papier à lettre (Arch. du Tarn, G. 881).

Galabert, Jean, orfèvre. — Etabli à Albi, Galabert fit baptiser deux filles en 1688 et 1689, puis un garçon, Jean, né le 23 décembre 1690. Sa femme, Jeanne Laborde, mourut en 1692. Il avait loué, en 1689, une boutique appartenant au chapitre de Saint-Salvi, « joignant le clocher » de l'église (Ch. Portal. *Notes sur l'orfèvrerie à Albi...*).

Galanger, maçon. Voy. Balenguier.

Galiber, papetier. — En 1770, Guibal vendait à Galiber sa papeterie établie sur la Durenque, à Castres, et en 1783, Galiber père et fils procédèrent à un partage (Arch. du Tarn, E. 212). Galiber père avait fabriqué, en 1776, un premier cylindre pour la trituration des chiffons, suivant la méthode hollandaise; il en fit un second, quelque temps après, devançant ainsi, avec son compatriote Brieu (voy. ce nom), les papetiers d'Annonay. Les Etats de Languedoc n'accordèrent à l'un et à l'autre une subvention qu'en 1782 (L. Dutil. *L'état économique du Languedoc à la fin de l'ancien régime*, Paris, 1911, in-8, p. 608).

Galtier, Jean, tapissier. — Une fille de J. Galtier et de Catherine Destruels fut baptisée dans l'église de Sainte-Martiane d'Albi le 11 juin 1733 (Arch. d'Albi, GG. 63, f° 168 v°).

Gamallères, fourbisseur. — Le trésorier des consuls d'Albi payait, en 1628, 12 livres à cet armurier pour avoir fourbi et « surdoré » deux pertuisanes acquises pour faire jouer un prix aux jeunes gens de la localité (Arch. d'Albi, EE. 62).

Gamelin, Jacques, peintre. — Né et mort à Carcassonne (1738-1803), élève du chevalier Rivals et de David, cet artiste fut le peintre du pape Clément XIV, professa à l'Académie des beaux-arts de Toulouse (1774), dirigea l'Ecole des beaux-arts de Montpellier (1776) et fut attaché à l'armée des Pyrénées orientales. L'église paroissiale de Lautrec conserve deux de ses toiles : *La pénitence de saint Pierre* et *Le martyre de saint Pierre et de saint Paul*, celle-ci signée et datée GAMELIN PINX. 1777 (Bénézit. *Dictionnaire...*, de Lahondès. *Les monuments de Toulouse*, p. 524).

Gardel, Gustave, sculpteur. — Cet artiste, né à Albi, exposa au Salon de 1886 un *Don Quichotte*, groupe cire (*Revue du Tarn*, t. VI (1886-87), p. 48).

Gardès, Pierre, papetier. — Le 17 avril 1672, Jean Gardès, fils de Pierre, papetier, né le 14, est baptisé dans l'église de la Madeleine d'Albi (Arch. d'Albi, GG. 45, f° 149 v°).

Garnier, charpentier. — Alphonse de Poitiers mandait au sénéchal de Toulouse, le 9 août 1268, de s'enquérir à quelles conditions (« quibus gagiis et quomodo ») un certain « Garnerius, mansionarius Cordue » (habitant de Cordes), consentirait à travailler pour les préparatifs de la croisade (Aug. Molinier. *Correspondance administrative d'Alph. de Poitiers*, Paris, 1894, 2 vol. in-4, t. I, n° 864).

Garrigues, orfèvres. — La famille Garrigues, de Mazamet, était protestante. Trois frères, Moïse, Pierre et Jacques se réfugièrent en Allemagne après la révocation de l'Edit de Nantes et continuèrent à exercer à l'étranger, eux et leurs enfants, la profession d'orfèvre ou de joaillier. Ils étaient fixés à Magdebourg (G. Dumons. *Les réfugiés du pays castrais*, dans la *Revue du Tarn*, t. XXIX (1912), p. 342).

Gaujon, Honoré, ingénieur. — Le 16 février 1692, fut bénit dans l'église de Saint-Affric d'Albi le mariage d' « Honoré Gaujon, ingénieur, natif du masage de La Roubinette, consulat et juridiction de Braye (Les Brayes, Basses-Alpes), diocèse de Glandève[s], de présent résidant dans Alby et en la paroisse Saint-Julien depuis longues années », avec Marguerite Pezous (Arch. d'Albi, GG. 33, f° 21 v°).

Gaultier, Jean, potier d'étain. — Il épouse, à Albi, le 1er mai

1616, Anne Tabanard dont il eut, de 1629 à 1634, deux filles et trois garçons, Pierre, un autre Pierre et Jean, baptisés sur la paroisse de Saint-Julien les 24 février 1627, 12 février 1629 et 27 avril 1631 (Arch. d'Albi, GG. 69, f°s 31, 16, 32 v°, 36 v°, 40 et 44 v°).

Gauthé, peintre. — On relève dans la *Revue du Tarn*, t. VII (1887-88), p. 223 une « glanure » d'après laquelle le peintre Gauthé aurait donné quittance, en 1775, de la somme de 90 livres aux administrateurs de l'hôpital d'Albi pour la façon de six portraits de bienfaiteurs de cet établissement.

Gauzy, imprimeurs. — On lit dans une lettre adressée par le Département du Tarn au comité des décrets de la Convention, le 30 messidor an III (18 juillet 1795) que, au début de la Révolution, Castres n'avait qu'une imprimerie et que « il a été levé une troisième imprimerie (la deuxième datant d' « environ trois ans ») sous le nom de François Gauzy, Baptiste Gauzy, Jacques Vidal et J. Sompayrac, imprimeurs associés » (Arch. du Tarn, L. 190, f° 38).

Estadieu, dans ses *Annales du pays castrais* (Castres, 1893, in-4, p. 285), a cité plusieurs impressions sorties de cet atelier, de 1795 à 1802; ce sont des brochures de circonstance et aussi les œuvres du médecin Alexis Pujol en 4 vol. in-8.

Jacques Vidal, beau-frère des Gauzy, dirigea l'imprimerie de 1820 à 1826 époque où il mourut et eut pour successeurs ses deux fils Louis et Prosper (Voy. Vidal).

Gayon, Bastien, sculpteur. Voy. France (de).

Gélade, Thomas, fondeur. — « M^e fondeur » à Albi, il mourut le 27 septembre 1791 à l'âge de 70 ans (Arch. d'Albi, GG. 28, f° 31 v°). De sa femme, Marie-Marguerite Salvetat, il avait eu sept enfants, de 1758 à 1775, dont trois garçons, Joseph, né le 29 août 1760, Amans, né le 21 mars 1763 et Pierre, né le 16 juin 1768, mort le 2 juin 1769. Tous furent baptisés dans l'église de Saint-Salvi (GG. 24, f°s 446, 546, GG. 25, f°s 121, 241, 401, 490, 492, GG. 26, f°s 69, 255). Dans un document de 1778, concernant sa femme, son nom est écrit Jalade ou Jélade; ce texte apprend qu'il était originaire d'Entraygues, Aveyron (Arch. du Tarn, H. 833 et Aug. Vidal. *Le diocèse d'Albi...* n° 2102).

Gélat ou **Jélat,** Jean, orfèvre. — Son nom (Gélat) est porté sur les rôles de la capitation de Castres de 1772 (Arch. du Tarn. Acquisition de 1920. Papiers Payrastre). On le retrouve, sous la forme Jélat, sur la liste des vingt orfèvres du département dressée en vendémiaire an VII (L. 258, f° 118, v°).

Genet, Charles, peintre. — Né à Albi, élève de l'Ecole des beaux-arts de Toulouse en 1891, pourvu, en 1894, du certificat d'aptitude à l'enseignement du dessin dans les écoles normales et primaires supérieures, Ch. Genet exposa à Albi un portrait en 1893 (*Revue du Tarn*, t. IX (1892), p. 224, t. XI (1894), p. 119 et *Livret de l'Exposition artistique et archéol. d'Albi*, 1893).

Genieis, potier d'étain. — Les héritiers de « Genieis, de St Salvi, péchayrié », sont portés sur le cadastre d'Albi de 1601, quartier du Vigan (Arch. d'Albi, CC. 29, f° 58).

Genssane (de), ingénieur. — Inspecteur des mines de Languedoc, de 1775 à 1778, de Genssane a rendu compte de ses visites des diocèses de Castres et de Lavaur dans le tome III de son *Histoire naturelle du Languedoc* (1776) et de celui d'Albi dans le tome V (1779). Ces notices ont été reproduites, avec une biographie de l'auteur, par Ed. Cabié dans la *Revue du Tarn*, t. XIII (1896), p. 1-8, 165-179, 331-345 et t. XIV (1897), p. 132-150).

Gente, Barthélemy, ingénieur. — Les consuls d'Albi étaient en procès, en 1569, avec Barthélemy Gente, « dict l'ingenyeur », à qui ils reprochaient la malfaçon d'un grand boulevard, c'est-à-dire d'une grosse tour des fortifications de la ville (Arch. d'Albi, CC. 468).

Gentil, Antoine, maçon. — Les consuls de Cordes faisaient réparer, en 1400, les brèches de la deuxième enceinte de la ville par les « peirerii » Jean Bel et Antoine Gentil (Ch. Portal. *Extraits de reg. de notaires... au mot Fortifications*).

Gentilasse, orfèvre. — Le chapitre cathédral d'Albi ayant élu pour évêque Bernard de Cazilhac (1435), les consuls offrirent, selon l'usage, à leur nouveau prélat une coupe d'argent, du poids de 4 marcs, entièrement dorée, « lacal copa foc facha deins la siutat d'Albi per un argentier apelat Gentilassa, abitan d'Albi ». Le métal (argent) coûta 24 écus, la dorure 7, la façon 5, plus un mouton pour l'« argen vieu » (le mercure) employé pour la dorure. Dans la coupe furent mis 50 écus d'or « de Toloza ». La dépense totale s'éleva à la somme de 86 écus et un mouton d'or (Ch. Portal. *Notes sur l'orfèvrerie à Albi...*).

Gérard ou **Girard,** Simon, fondeur. — Le 15 mars 1414 (n. s.), les fabriciens de l'église de Notre-Dame de la paix de Lautrec reconnaissaient devoir « Simoni Girardi, senherio, commoranti comuniter in villa Montispessulani » (Montpellier), 12 écus d'or pour la fonte « cujusdam sembali ponderis XV quintalium, vel circa » (Arch. du Tarn, E. 365, f° Cxvij). Les Gérard ou Girard sont cités par J. Berthelé parmi les fondeurs de cloches du Bassigny au xviie siècle (*Enquêtes campanaires*, p. 406 et 414).

Gibert, Jeanne (Mad. Cals), peintre. — Exposait à Albi, en 1902, plusieurs peintures : *En prière*, un effet de gris et une étude. De spirituels portraits-charges de sa façon ont amusé parfois la population albigeoise (*1er salon des artistes albigeois*, 1902. Catalogue).

Gilabert, Jean, peintre. — E. Marty a publié dans ses *Archives des notaires de Rabastens* (p. 49-50) l'intéressant bail à besogne du 10 décembre 1543 par lequel les consuls du lieu chargeaient « Johan Gilabert, pinctor, habitant de Rabastenx », de peindre et dorer un saint Michel sur le maître autel de l'église dédiée à ce saint dans les faubourgs de la ville. Il s'agit d'un tableau formant rétable. L'or, l'argent et l'azur dominent dans les conventions minutieuses arrêtées entre les parties. L'artiste doit toucher pour son travail 6 livres tournois.

Gillet, fondeurs. — Les Gillet n'ont cessé d'exercer la profession de fondeurs qu'à une date toute récente. Ils ont constamment habité, au xviiie siècle, la paroisse de Saint-Salvi, à Albi, et leurs filles se sont parfois alliées à d'autres fondeurs (Voy. Couderc, Simonneau).

Le premier que mentionnent nos archives locales, Pierre Gillet « dit Besançon », nom de sa ville natale, était « maître épinglier » lorsqu'il louait, le 30 novembre 1687, une boutique avec logement au tapissier Bosc (Etude Malphettes, reg. 453, f° 278). Il mourut le 24 août 1732 à l'âge d'« environ 75 ans », ce qui le fait naître vers ou en 1657 (Arch. d'Albi, GG. 22, f° 42 v°).

Antoine, « marchand fondeur et épinglier, fils de Pierre et de Louise Vialas », épousa, le 20 mars 1722, Elisabeth Puech, fille d'un maître sellier d'Albi (GG. 21, f° 145). Cette personne décéda, âgée de 80 ans, sur la paroisse de Sainte-Martiane, veuve, en secondes noces, de Jacques Boyer, « revendeur de grains » (GG. 66, f° 94 v°). Les registres de baptêmes ne leur attribuent qu'un garçon, Pierre, né le 27 octobre 1724 (GG. 21, f° 192), mais ils durent en avoir un autre au moins, né sans doute hors d'Albi.

Celui-ci, appelé aussi Pierre, devait être venu au monde en 1729 puisqu'il avait 22 ans lorsque, le 3 février 1751, il épousa Elisabeth Loubière (GG. 24, f° 6). Ce ménage eut deux garçons, Jean-Louis, né le 2 février 1752 (f° 75) et Pierre, né le 26 septembre 1754 (f° 220), plus deux filles, baptisées en 1757 et 1760 (f°⁸ 393 et 543), l'une d'elles mourut en 1761 (GG. 25, f° 39). Le père est encore surnommé « Besançon » dans une reconnaissance consentie par lui, en 1755, en faveur du chapitre de Saint-Salvi (Arch. du Tarn, G. 390). Son testament est daté du 1ᵉʳ mars 1766 (Etude Malphettes, reg. 517, f° 35 v°. Communication de M. Aug. Vidal). Il s'était associé, le 3 janvier 1759, avec Jean-Baptiste Couderc, « garçon fondeur » d'Albi (Id. reg. 547, f° 98 v°) et il vendit, le 31 janvier 1782, à son fils Pierre tout son matériel de fondeur ainsi que son mobilier pour la somme de 840 livres (Id. reg. 524, f° 104).

L'aîné des deux fils, Jean-Louis, épousait, le 19 décembre 1775, Marie Vielleden (Arch. d'Albi, GG. 26 f° 292). Il en avait eu déjà un enfant, en 1774, Jean-Louis, qui mourut en 1776 (f°⁸ 231 et 353) et le deuxième, Pierre (mort aussi en 1776), vint au monde dix jours après la célébration du mariage (f°⁸ 293 et 345). Les suivants furent : Paul-Pierre, né le 11 janvier 1777 (f⁶ 358), Jean-Louis, né le 15 juillet 1778 (f° 419), Antoine-Caprais, né le 19 octobre 1784, mort le 20 janvier 1785 (GG. 27, f°⁸ 183 et 251), Jean-Louis-Cécile, né le 17 mai 1788 (f° 386), Jean-Charles-Liberat-Bonaventure, né le 13 juillet 1790 (f° 510), et quatre filles, baptisées en 1781, 1782, 1787 et 1791 (GG. 27, f°⁸ 1, 67, 330, GG. 28, f°⁸ 19 v°, 63), soit sept garçons et quatre filles. Jean-Louis, le père, est inscrit sur le livre des mutations cadastrales du quartier de Verdusse, en 1784, à raison de l'acquisition d'une boutique « rue de la Pourcarié » et d'un arceau sur le pont de Verdusse (Arch. d'Albi, CC. 32, f° 313 v°). On ne connaît encore qu'une fonte de cloche opérée par lui en collaboration avec Louis Valeton, de Mende, celle de Saint-Julien-du-puy, travail pour lequel ils reçurent ensemble la somme de 100 livres, le 8 mars 1781 (J. Berthelé. *Ephemeris campanographica*, fasc. XI-XIII (1913), p. 76, d'après une note de l'abbé Thomas). Vers la même époque, en 1776-77, Gillet entretenait les bronzes des meubles de l'archevêché et lui fournissait quelques menus objets (Arch. du Tarn, G. 15).

Son frère Pierre épousa Françoise Vidal le 21 janvier 1782 (Arch. d'Albi, GG. 27, f° 48). De 1782 à 1790, il en eut trois filles (f°s 79, 285, 520) et deux garçons, Pierre-Guillaume, né en 1784 et mort l'année suivante (f°s 189, 261) et Jean-Pierre, né le 23 octobre 1788 (f° 407). Le 6 avril 1787 étaient réglés les frais de refonte d'une cloche pour l'église de Ladrèche; la cloche rompue pesait 297 livres, Gillet ajouta 16 livres de métal à 1 l., 10 sous chacune et toucha, en outre, pour son travail la somme de 100 livres (DD. 40). Il fondait, en 1793, deux canons pour le compte du district d'Albi, au prix de 3000 livres (Arch. du Tarn, L. 704, f° 47 v°).

Girard, Simon, fondeur. Voy. Gérard.

Girardet, F., sculpteur. — Cet artiste lyonnais est l'auteur du groupe bronze inauguré le 23 juillet 1888 dans la cour de l'Ecole de Sorèze : le P. Lacordaire (1802-1861) est représenté debout dans le costume de son ordre, la tête penchée vers un jeune Sorézien sur l'épaule duquel il appuie sa main gauche. On sait que le célèbre Dominicain dirigea cet établissement de 1854 à sa mort. L'œuvre est signée et datée « F. GIRARDET, Lyon, 1888 » (*La statue du P. Lacordaire à Sorèze, Toulouse,* 1888, in-8, avec fig.).

Gleises, ingénieur. — Il succéda à Laroche comme inspecteur des travaux publics dans le diocèse d'Albi en 1769 (Arch. d'Albi, BB. 43). Fixé dans cette localité, il s'y occupa, avant et après la dite date, de travaux de voirie urbaine selon la conception de l'archevêque de Choiseul (1759-64), consistant à supprimer les vestiges des anciennes fortifications pour les remplacer par des voies plus larges et plus « modernes ». L'agrandissement de la place du Vigan, la création des boulevards et avenues qui y aboutissent, le déblaiement des abords du Collège (aujourd'hui

Lycée) furent exécutés sous la direction de l'ingénieur Gleises (DD. 42, 44, 45).

Dans l'église de Réalmont, la voûte de la nef fut refaite, en 1767, d'après ses indications (Arch. du Tarn, E. 3560 et communication de M. l'abbé Thomas tirée d'un registre du notaire Estadieu, de Réalmont). A Cordes le conseil communal a pris, de 1768 à 1783, de fréquentes délibérations relatives à la réparation de murs de soutènement constitués par les vieilles enceintes, à l'alignement de rues et au redressement de chemins, ouvrages dont Gleises dressa plans et devis et dont il vérifia l'exécution (Arch. de Cordes, BB. 85 à 88).

Glories, Pierre, maçon. — Les consuls protestants de Castres firent démolir le couvent des Jacobins en 1621. Il ne restait plus, l'année suivante, que l'église, fort endommagée et soutenue par des étais. Ce fut un maçon de Lacrouzette, Pierre Glories, qui, le 25 ou 26 octobre 1622, mit le feu à ces supports (Arch. du Tarn, H. 483).

Golse, Jean-Jacques-*Gabriel*, peintre. — Né à Saïx le 15 mai 1830, Gabriel Golse suivit les cours de l'Ecole des beaux-arts de Toulouse et était, lors de son décès, à Toulouse en 1879, professeur de peinture dans cette école. De 1858 à 1877 il a envoyé à une exposition de Toulouse, en 1858, plusieurs portraits et aux Salons une *Jeune orpheline* (1863), deux portraits (1866), *L'archet brisé* (1867), un portrait et *La bonne nouvelle* (1870), deux portraits dont l'un de l'amiral Fourichon (1875), deux autres portraits (1877). Le Musée de Castres qui possède sa photographie conserve de lui un portrait du docteur Bénazech exécuté en ou après 1870. Voy. : *Revue du Tarn*, t. II (1878-79), p. 312, Bellier de la Chavignerie et L. Auvray. *Dictionnaire...* t. I, p. 673, *Catalogue du Musée de Castres*, 4ᵉ éd., Bénézit. *Dictionnaire...*

Gontier, menuisiers. — Louis Gontier, menuisier de Rabastens, s'engage, en 1616, à faire un rétable pour une chapelle de l'église des Cordeliers de cette localité, moyennant la somme de 12 livres plus un « arbre noguier » (Em. Marty. *Archives des notaires de Rabastens*, p. 140).

Le 10 mai 1626, les Pénitents bleus de Rabastens chargent François Gontier de la façon d'un tabernacle conforme au dessin qu'il leur a soumis, en y ajoutant toutefois « cinq petits images (statuettes) qui luy seront expécifiés, lesquels seront mis dans cinq niches, comme aussi trois testes de chérubins, six colompnes, moitié à canelure le reste à ramagies, ensemble six chandelliers à l'autour, servant à porter lampes et cierges », tout cela pour le prix de 36 livres (Ch. Peyronnet. *Documents sur quelques artistes...* dans la *Revue du Tarn*, t. XIX (1902), p. 33 et Em. Marty. *Op. cit.*, p. 150). On retrouve encore, en 1631, le même menuisier entreprenant un rétáble pour une chapelle de l'église de Mézens moyennant 28 livres (Em. Marty, p. 156).

Gontier, Gaston-*Clément*, peintre. — Clément Gontier, né à Lavaur le 15 mai 1876, a été l'élève de Jean-Paul Laurens. Il a exposé d'abord des lithographies aux Salons des Champs-Elysées en 1895 et 1896 et des Artistes français en 1900 (*Femme à la toilette*, 1895, étude d'après J.-P. Laurens, 1896...), puis exclusivement des peintures, à partir de 1901, au Salon des artistes français : *Le soir* (1901), *Homère chez l'armurier* (1902), *La vertu domestique* (1904), *Géorgique* (1907), *Dialogue de laboureurs* (1908), *Poète mourant* et *La terre qui nourrit* (1909), *Cyclope* (1910), *L'espérance* (1911), *Cérès éducatrice* (1912), un portrait de Mad. de M. (1913). Second grand prix de Rome en 1901 et logiste de nouveau en 1905, il a obtenu une troisième médaille au Salon de 1904 et une part du prix Trémont de l'Académie des beaux-arts, la même année; le conseil supérieur des beaux-arts lui allouait, en 1907, un encouragement pour ses travaux (*Revue du Tarn*, t. XII (1895), p. 128, t. XIII (1896), p. 158, t. XVII (1900), p. 111, t. XVIII (1901), p. 122, 123, 234, t. XIX (1902), p. 185, t. XXI (1904), p. 128, 189, t. XXII (1905), p. 193, t. XXIV (1907), p. 233, 236, t. XXV (1908), p. 257, t. XXVI (1909), p. 179, t. XXVII (1910), p. 203, t. XXVIII (1911), p. 202, t. XXIX (1912), p. 130, t. XXX (1913), p. 249 et Bénézit. *Dictionnaire...*).

Gordo, Jean, maçon. — Ce « massonié » d'Albi recevait, le 9 août 1512, ce qui lui était dû pour avoir, avec un charpentier, fait une nouvelle porte des écoles et un escalier. Le 15 décembre suivant, le trésorier des consuls lui baillait 15 sous « per aver visitadas las portas, muralhas et baloarts de la vila », inspection qui avait été prescrite par le sénéchal (Arch. d'Albi, CC. 454).

Gorsse, Léopold, peintre. — Né à Lavaur le 12 octobre 1869, il recevait, en 1891, une subvention de la ville de Lavaur, étant alors élève à l'Ecole des beaux-arts de Toulouse (*Revue du Tarn*, t. VIII (1890-91), p. 291). Deux ans après, il exposait à Albi un portrait de femme (*Exposition artistique et archéol. d'Albi*, 1893, n° 221).

Gossé, Nicolas, tapissier. — Le 24 mai 1735, décédait sur la paroisse de Saint-Julien d'Albi Nicolas Gossé, « tapissier de Monseigneur l'archevêque » (Arch. d'Albi, GG. 72, f° 57 v°).

Goual (de), François, fondeur. Voy. Camara.

Goxo, Jean, potier de terre. Voy. Bénazech.

Goya (de), Francisco-José, peintre. — Cet artiste justement célèbre naquit à Fuente de Todos en Aragon en 1746 et mourut à Bordeaux en 1828. Le Musée de Castres possède trois de ses toiles : deux portraits dont le sien et une *Séance des Cortès* ou *Junte des Philippines*. Une reproduction en a été donnée dans *Notre Midi*, t. I (1919-20), p. 173-176 par L. Azaïs (*Les Goya du Musée de Castres*). On avait déjà sur ce sujet : *Les Goya du Musée de Castres* (il s'agit de *La junte*) par Edmond Borchard (dans la *Revue des Pyrénées*, t. XVIII (1906), p. 445-450) et *Les Goya du Musée de Castres* par Jean Laran (dans les *Musées et monuments de France*, 1907, fasc. 1). Sur la carrière et l'œuvre de l'artiste voir Ch. Blanc. *Hist. des peintres*. Ecole espagnole et Bénézit. *Dictionnaire...*

Gracieux, François, horloger. — Le desservant de l'église de Saint-Etienne d'Albi bénissait, le 20 mars 1754, le mariage de François Gracieux, horloger, âgé de 48 ans, fils de feu François aussi horloger, de Rodez, avec Marie-Anne Ausende, âgée de 27 ans, veuve de Claude Carrel, papetier, décédé à Toulouse le 20 mars 1752 (Arch. d'Albi, GG. 43, f° 30 v°). Gracieux est porté sur le livre de la capitation de 1760 (Arch. du Tarn, C. 555, f° 16 v°). Il meurt sur la paroisse de Saint-Julien le 15 janvier 1773 (Arch. d'Albi, GG. 74, f° 117).

Graind, facteur d'orgues. — Une plainte en diffamation était introduite, en 1779, devant la Temporalité d'Albi par Graind, « facteur d'orgue, originaire de la ville de Nice », contre Isnard, « aussi facteur d'orgue ». Tous deux étaient venus à Albi, l'année précédente, pour réparer l'orgue de la cathédrale et, s'étant brouillés, Isnard avait renvoyé Graind, « son garçon ». Ce dernier « faisait sa résidence » à Toulouse en 1779 (Arch. du Tarn, B. 799 et 805, f° 49).

Granier ou **Grenier** (de), verriers. — Les textes fournissent indifféremment les graphies Granier et Grenier et le latin Garnerius peut se traduire par Garnier. J'adopte la forme Granier parce qu'elle paraît convenir mieux que les autres à une famille méridionale (une ou plusieurs). J'ai signalé dans mes *Extraits de registres de notaires*, au mot Garnier, plusieurs gentilshommes verriers de ce groupe qui vivaient au xve siècle : Gilles, verrier, en 1434, « veyrerie vocate del Thoron, parochie de Somardo » (Sommard, com. de Saint-Martin-Laguépie), — Bertrand, « habitator de la veyreria de Cabanas » en 1452 (Les Cabannes, com. de Saint-Beauzile), — Antoine, « habitator », en 1453, de la même verrerie située « in juridictione loci de Viridario » (Le Verdier) et « comandayre » de celle de Bonan (com. de Milhars), en 1473, — Baptiste, « habitator pro nunc veyrerie dels Croses, juridictionis loci de Guipia » (La Guépie), en 1466, puis « veyrerius de Riquesta en 1472 (Réquista, com. de Narthoux). Ce même Baptiste et son fils Jean étaient établis, en 1491, à la verrerie de Vaour, « loco dicto à S. Peyre de Trevan » (Tréban, localité disparue de la com. de Penne). Arnal, enfin, dirigeait le four de Bonan en 1473.

Toutes ces notes ont été reproduites dans *Les verriers de Languedoc* (Montpellier, 1904, in-8) par Saint-Quirin qui a donné une abondante documentation sur les Granier et Grenier des siècles suivants, jusqu'à la fin du xviiie. Quelques renseignements complémentaires peuvent être encore glanés dans les archives du Tarn relativement aux Granier de Sauveterre (E. 4042), de Soual (E. 4192 et 4200), de Penne (E. 4975, 4978, B. 663), de Saint-Paul-cap-de-Joux (B. 1216), de Puycelci (G. 453).

D'autre part les Grenier de Fonblanque, du xviiie siècle, ont fait l'objet d'une intéressante notice de G. Dumons (*Les réfugiés du pays castrais*, dans la *Revue du Tarn*, t. XXX (1913), p. 33). Il y aurait lieu aussi de consulter l'*Histoire de la ville de St Amans* de J. Calvet (Paris-Castres, 1887, petit in-8).

Granier, peintres. — Deux peintres de ce nom, père et fils ou frères peut-être, étaient fixés à Rabastens au xviie siècle.

Jean peignait, pour les consuls de Lisle-sur-Tarn, les armoiries de cette ville en 1659 (Arch. du Tarn, E. 2456). Il s'engageait envers la confrérie de Notre-Dame du bourg de Rabastens, en 1673, à dorer un tabernacle pour le prix de 230 livres (Em. Marty. *Archives des notaires de Rabastens*, p. 186).

Pierre passait contrat, le 19 mai 1669, avec les pénitents blancs de Rabastens pour la façon, moyennant 100 livres, d'un tableau « du paralitique à la piscine, guéry par Jésus Christ » (Ch. Peyronnet. *Documents sur quelques artistes du pays albigeois* dans la *Revue du Tarn*, t. XIX (1902), p. 36). Un peu plus tard, le 14 mai 1676, la confrérie de saint Joseph de Notre-Dame du bourg, le chargeait de la dorure d'une Vierge au prix de 44 livres (Em. Marty. *Op. cit.*, p. 188). C'est probablement Pierre Granier (le prénom ne figure pas dans l'acte) qui, en ou vers 1682, dorait deux statues de saint Roch et de saint Jacques qui avaient été sculptées par Poujol pour la chapelle de Saint-Roch (Em. Marty. *Mémoires de l'abbé Gaubert*, dans l'*Albia christiana*, t. X (1913), p. 273).

Granier, Jean, potier d'étain. — Après le décès de ce potier établi à Albi, sa veuve fit dresser (en 1584) l'inventaire de ce qui se trouvait dans son atelier. Il y avait là des moules en cuivre pour écuelles grandes et petites, pour tasses « à pied bas », pour assiettes, aiguières et quarts, d'autres, en « pierre », pour assiettes, plats, plateaux et « grasalats » (jattes), d'autres encore, en « potarie », pour divers récipients. Des tours et outils de tournage figurent aussi dans cet intéressant document (Aug. Vidal. *Termes techniques de divers métiers*, dans le *Bull. philologique du Comité des trav. historiques*, 1922).

Grasset, papetiers. — On a déjà vu (à l'article Brieu) que Antoine Grasset, « maître papetier » de Castres, était en procès, en 1748, avec Jean-Pierre Brieu qui lui avait affermé son moulin à papier situé sur la Durenque, dans le faubourg de Castres, « côté de Villegoudou ».

Jean Grasset, fils ou neveu d'Antoine, acquit, en 1780, de Donnadieu de Pélissier du Grès la papeterie des Salvages, com. de Burlats (Arch. du Tarn, E. 219). Il se chargeait, en thermidor an II, de fournir à l'administration des Domaines 340 rames de papier (L. 181, f° 21 et L. 182, f° 76).

Greffelhe, Jacques, fondeur. — Ce fondeur, de Saint-Pons de Tomières, donnait quittance, le 23 septembre 1608, au chapitre de Saint-Michel de Gaillac de la somme de 150 livres pour la fonte de la grosse cloche de son église, y compris la fourniture de 220 livres de métal (Ch. Portal. *Notes sur quelques fondeurs de cloches*). Dans le courant de l'année 1610, « Griuffuelh » et son associé, Pierre Molinier, fondaient une cloche pour l'église de Saint-Julien-du-puy et une autre pour celle de Brousse; la façon de la première coûta 66 livres (Jos. Berthelé. *Ephemeris campanographica*, fasc. XI-XIII (1913), p. 64, d'après une communication de M. l'abbé Thomas). « Griuffuelh » et Molinier séjournaient à Lautrec, en 1621, s'occupant sans doute de quelque fonte de cloche, ils reconnaissaient devoir à un hôtelier du lieu 46 livres, 10 sous pour leur entretien (Communicat. de M. l'abbé Thomas extraite d'un reg. du notaire Sabatier, de Lautrec).

Grenier, verriers. Voy. Granier.

Grèzes, orfèvre. — Le trésorier des consuls d'Albi payait, le 14 avril 1375, 6 livres et 9 deniers à « Grezas per una tassa d'argen obrada que pesava un marc e v esterlis à for (à raison) de v lib., xvij s. lo marc » (Aug. Vidal. *Douze comptes consulaires d'Albi*, t. I, p. 238). L'« esterli » équivalait à la dix-septième partie de l'once (Arch. d'Albi, AA. 2).

Grit, Abel, horloger. — Il touchait, en 1658, 80 livres pour l'entretien de l'horloge publique de Castres (Arch. de Castres, CC. 50). Peut-être la graphie Grit est-elle inexacte et faut-il confondre Abel « Grit » avec Abel Groc qui suit (?).

Groc, Abel, orfèvre. — Un orfèvre du nom de Groc est au nombre des signataires des statuts de la corporation de Castres en 1666 (Arch. du Tarn, B. 10, f° 146 v°). Le même probablement, portant le prénom d'Abel, faisait fonction de garde de la maîtrise en 1686 (B. 328, f° 373 v°).

Gros, Germain, papetier. — Sa papeterie était établie, en 1785, au moulin de La Galaube, paroisse de Lacombe (canton de Saissac, Aude) (Arch. du Tarn, B. 1078).

Gualibert, architecte. Voy. Cabrol.

Guardi, Francesco, peintre. — Le Musée d'Albi possède une *Vue de Santa Maria del salute* à Venise, attribuée à Guardi, né et mort à Venise (1712-93). Cette toile provient de la collection du cardinal-archevêque de Bernis (Ch. Bories. *Note sur un tableau du Musée d'Albi attribué au Guardi*, dans la *Revue du Tarn*, t. V (1884-85) p. 148 et une note de la rédaction au t. XIII (1896), p. 152).

Guedon, Regnaut, fondeur. — Dans son *Glossaire archéologique...* (Paris, 1887, in-4) Victor Gay a reproduit, (p. 727), d'après les *Archives de l'art français*, t. III, p. 317, l'intéressant contrat passé le 19 août 1484 par l'évêque d'Albi Louis Ier d'Amboise avec les fondeurs parisiens Jean Morant, Adam Morant, son fils, et Regnaut Guedon, son gendre, pour la façon de plusieurs objets qui n'existent plus : un « griffon » (aigle soutenant un pupitre) analogue à celui de l'église des Cordeliers de Paris, plus « 6 columnes et 6 anges qui tiendroient les enseignes de la Passion » comme il s'en trouve à Saint-Jacques de la boucherie, plus encore « une croce » (suspension pour le ciboire) « semblable à celle de S. Germain l'Auxerrois, excepté que le pillier ira jusques en terre », le tout en cuivre à raison de 18 livres, 10 sous et 19 livres « le cent » (poids). Cf. E. Jolibois. *Les beaux-arts dans le département du Tarn...*, dans la *Revue du Tarn*, t. VI (1886-87), p. 257.

Guédy, *Gaston*-Edouard-Joseph, peintre. — Gaston Guédy est né à Albi le 4 mars 1874 fortuitement sans doute, car sa famille était fixée à Grenoble ainsi que le porte l'acte de l'état civil. De 1895 à 1897 il exposait au Salon des Champs Elysées : un portrait de M. Berendorf (1895), un portrait de M. Le Gall, chef du cabinet civil du président de la République (1896), *Fiametta* (1897). A cette dernière date il devenait membre de la Société des artistes français et envoyait désormais ses toiles à leur Salon. C'était notamment : *Pêcheurs du golfe de Marseille* (1902), *Idylle d'automne* (1903), *Les vieux* (1904), *Les carriers* (1905), un portrait de M. B., colonel de la Garde républicaine et *Au pays d'Arles* (1906), *Maternité* (1907), *Timbalier anglais du 13e hussards* (1908), un portrait du prince Murat (1910), un portrait de Mad. Larivière-Saint-André (1911), un portrait de M. Henri Galli (1912), deux portraits de Mad. A. M. et de Mad. A. G. B.

(1913). A un Salon des artistes albigeois, chez Corbière, en 1902, on vit de lui quelques paysages : le *Massif du Mont-Blanc*, le *Rocher de Monaco*, le *Village de Fontaine-le-port* et *La Seine à Thomery*. Ses expositions lui valurent une mention honorable en 1901, une médaille de 3° classe en 1906, le prix Eugène Pierre décerné par l'Académie des beaux-arts en 1907, une médaille de 2° classe en 1908 (*Revue du Tarn*, t. XII (1895) à XXX (1913), *passim, Le premier Salon des artistes albigeois*, 1902. *Catalogue*, Bénézit. *Dictionnaire...*).

Guerci, Raimond-Jean-de-Dieu-Marie, peintre. — Né à Albi en 1843, a exposé aux Salons une *Flûte-violon* (1876) et *Le petit Léon* (1878) (Bellier de La Chavignerie et L. Auvray. *Dict. gén. des artistes français...*, t. I, p. 711).

Guibaud, Louis, orfèvre. — Il n'est connu que par le décès de sa femme, à Albi, en 1617 (Ch. Portal. *Notes sur l'orfèvrerie à Albi...*).

Guibbal, papetiers. — [Pierre] Guibbal vendait, en 1770, sa papeterie de La Durenque, à Castres, au sieur Galibert (voy. ce nom). On le retrouve, en 1785, « marchand fabricant de papier, habitant du moulin de St Sauveur près Mazamet », témoignant dans une affaire qui concernait un autre papetier du nom de Gros. Deux ans après, ses biens étaient saisis, à la requête de sa femme Suzanne Dumas, et dévolus par bail judiciaire à leur fils Jacques moyennant 500 livres par an. Jacques succéda ainsi à son père comme papetier de Saint-Sauveur, en 1787 (Arch. du Tarn, B. 1078).

Guibbert, Pierre-*Eugène*, peintre. — Né à Castres le 9 juin 1821, cet artiste exposait aux Salons de 1848 à 1877 : *L'alchimiste et Paysans de l'Albigeois* (1848), *Adieu et Retour de chasse* (1863), la *Laiterie du petit Trianon et Souvenir de la Marne* (1865), *Relais de chiens* (1866), *Un coin du jardin du Luxembourg* (1869), un portrait de Mlle A. R. (1877) (Bellier de La Chavignerie et L. Auvray. *Dictionnaire général des artistes français...* t. I, p. 720).

Guibernardi, Antoine, tapissier. — Un bail à besogne, du 20 décembre 1643, a pour objet la façon par ce tapissier, de Felletin (Creuse), de cinq pièces pour la confrérie de Notre-Dame établie dans l'église de Sainte-Martiane d'Albi. Cette « suite » doit représenter : l'Annonciation, la Visitation, la Présentation au temple, la Conception et la Nativité. Sur le bord de l'une d'elles l'artiste placera un saint Honoré avec ses attributs ordinaires qui sont une pelle à four et trois pains posés dessus. La hauteur de trois de ces pièces sera de trois aunes, celle de la quatrième de deux et demie et la largeur appropriée aux surfaces à recouvrir. Elles seront « travaillées à fil simple, hors des cheveux, visaige et mains qui seront à fil retors, rehaulssé de soye floret et laynes à faire aux endroits nécessaires, avec de bonnes couleurs, sans peinture ». L'œuvre était terminée et livrée le 11 septembre 1644 et Guibernardi toucha, à raison de 10 livres l'aune carrée, la somme de 300 livres (Aug. Vidal. *L'ancien diocèse d'Albi,...* n° 2171). Ces 30 aunes carrées, vu la hauteur ci-dessus indiquée, correspondent à une largeur totale d'un peu plus de 10 aunes, soit une moyenne d'environ 2 aunes. Dans notre système métrique décimal les hauteurs deviendraient 3^m56 et 2^m97 et la largeur totale environ 12 m.

Guilabert, R., coutelier. — Le trésorier des consuls d'Albi lui payait, le 26 août 1368, la façon de « vj cotels et vj ganivetas » (petits couteaux à lame lancéolée) qui furent portés à Paris pour être offerts à des « cosselhiers » qui s'y occupaient des affaires de la ville (Arch. d'Albi, CC. 151, f° 32, Aug. Vidal. *Douze comptes consulaires...*, t. I, p. 43).

Guillaumet, peintre verrier. — Il exécuta et mit en place dans l'église des Carmes d'Albi, en 1457, aidé par un compagnon appelé Simonet, un vitrail orné des armes de la ville. La somme de 16 livres, 17 sous, 6 deniers lui fut délivrée de ce chef (Arch. d'Albi, CC. 197).

Guiraud, Bernard, maçon. — Habitant de Lautréc, il avait entrepris la construction d'une chapelle de l'église de Notre-Dame de la paix du dit lieu. Il mourut en 1407 sans l'avoir terminée et le maçon Thomas Ubert traita, le 22 décembre de cette année, avec les fabriciens pour achever l'œuvre (Arch. du Tarn, E. 384, f° 76).

Guiraut, Julien, maçon. — Ce « massonier d'Alby » est exempté jusqu'à nouvel ordre, en 1437, de toutes impositions locales en considération de ce qu'il' a promis d'inspecter les murailles de la ville, ses fontaines et son « griffo » ainsi que de veiller à la propreté des rues et lices (Arch. d'Albi, AA. 4, f° 59. Document publié par Isidore Sarrasy dans *Les tribulations d'un contrôleur*, p. 389 (Albi, 1860-62, in-8).

Guisbert, Bérenguier, charpentier. — En octobre 1614, il réparait le clocher et la sacristie de l'église de Saint-Michel de Gaillac (Arch. du Tarn, G. 481).

Guitort, orfèvre. — Cet ouvrier toulousain fournissait, en 1734, au chapitre cathédral de Castres, pour ses églises de Puechauriol, com. de Castres, et de Ferrières, d'une part un petit ciboire et un « rayon » (ostensoir) et de l'autre un second ciboire, le tout en argent doré, pour les prix respectifs de 75 livres, 1 sou, 8 deniers et de 54 livres, 7 deniers (Arch. du Tarn, G. 284).

Guor, fondeurs. — Le 27 février 1559 (n. s.) les fabriciens et les consuls de Brousse baillent « à Mᵉ Anthoine Guor, champanier et fondeur de cloches du lieu de Florensac en Querci, diocèse de Caours (*pour* Floressas, Lot)…, à refaire une cloche et champane qui est et a demeuré longtemps rompue en le clochié de la dite église de Brosse et icelle augmenter de six quintaulx métail, lequel métail iceulx ouvriers (fabriciens) et consuls seront tenus luy bailler et aussi fournir toute matière et choses à ce nécessaires et luy tenir ung personnage chacun jour, sive manobre, à leurs despens »… moyennant la somme de 12 livres tournois, « desquelles doutze livres t. luy payeront une partie en faisant les molles d'icelle cloche et en après tout le restant incontinent que la dite champagne sera achevée ». Si le travail était défectueux le fondeur le referait à ses frais, sans aucune indemnité (Arch. du Tarn, E, 531, f° 83).

Charles Guor (on lit parfois Gor), fils sans doute d'Antoine, se fixa à Castres où on le trouve locataire des Jacobins, de 1682 à 1703. Sa veuve occupe le même logement, de 1704 à 1710, puis, dès 1711, il n'est question que de leurs filles (Arch. du Tarn, H. 465, 467, 410, f° 214 v° et 219 v°). Sa signature est faite des seules initiales C. G. Charles Guor, « fondeur de Castres », a fondu deux cloches pour l'église de Dénat, en 1695, pour le prix total de 160 livres, le métal lui étant livré par les intéressés. Il fut convenu que, en cas de rupture des nouvelles cloches dans le délai d'un an et un jour, Guor les refondrait à ses dépens (Aug. Vidal. *L'ancien diocèse d'Albi... n° 1292).

Guy, Antoine, maçon. — Il acquérait à Albi, en 1629, une partie de maison dans la rue « de la bride à la rivière » (Arch. du Tarn, H. 405). Sa femme, Catherine Combes, légua, en 1642, la nue propriété de ses biens aux Jacobins d'Albi à la condition que la moitié en serait consacrée à la réparation de la chapelle du Rosaire dans l'église du couvent, à faire peindre à l'huile un grand tableau représentant la Vierge et l'enfant Jésus et à célébrer des messes obituaires (H. 295).

Guyon, Jean, fondeur. — Jean Guyon et Nicolas Maré servirent, en 1629, de « compagnons » à Blaise Seurot qui s'était chargé de fondre pour un marchand d'Albi un mortier du poids d'environ 120ᵉ livres. Le dit marchand devait fournir le métal nécessaire et payer le travail à raison de 2 sous, 6 deniers par livre (Jos. Berthelé. *Ephemeris campanographica*, fasc. XI-XIII (1913), p. 65, d'après une communication de M. Aug. Vidal).

Hautlepied, Mathurin, sculpteur. Voy. Bréau.

Hébert, peintre. — Les Jacobins de Castres employaient, en 1739, la somme de 350 livres pour orner de tableaux le chœur de leur église; il en revint 145 au peintre « parisien » Hébert (Arch. du Tarn, H. 469).

Hébrar, ingénieur. — Les ingénieurs Hourn et Hébrar étudiaient, en 1653, la question de la navigabilité du Tarn d'Albi à Gaillac (Arch. d'Albi, CC. 331).

Hébrard, Jean, verrier. — Dans un contrat d'apprentissage du 12 juin 1638 le maître verrier d'Albi Jean Hébrard s'engageait à « monstrer et apprendre (à son apprenti) l'état de vendre et débiter les verres, garnir et vestir les flacouns, bouratges et autres sortes de bouteilles en bédisses » (joncs) durant deux années (Communication de M. l'abbé Thomas d'après un reg. du notaire Cléfeu de Graulhet).

Hébrard, Ferdinand, sculpteur. — Originaire de Puylaurens, suivait les cours de l'Ecole des beaux-arts de Toulouse en 1899 (*Revue du Tarn*, t. XVI (1899), p. 240 et t. XVII (1900), p. 112,

232), puis de celle de Paris où il fut l'élève de Coutan, en 1905 (Arch. du Tarn, T. 5).

Hennezel (d'), verriers. — Dans son livre sur *Les verriers du Languedoc*, p. 210-211, Saint-Quirin a résumé les renseignements que contiennent les archives départementales du Tarn (E. 328, 329, 332) sur les d'Hennezel, originaires du Nivernais, qui vinrent, en 1651, diriger la verrerie des Chartreux de Castres, seigneurs d'Escousens, établie au Pas-de-l'Apost dans la forêt de Cayroulet. Ils étaient quatre frères : Jean, écuyer, s^r d'Hennezel, Moïse, s^r de Grammont, Jérémie, s^r de Toulon, et Antoine, s^r de Larochère. Un nouveau contrat, conclu en 1656, porte que les d'Hennezel se feront seconder par six gentilshommes verriers, un fondeur, un empailleur pour habiller certains récipients, des passe-cendres et autres ouvriers. L'établissement prospéra, on y fabriquait du verre à vitre en quantité en 1659. Il passa, un peu plus tard (1683), aux mains de Josué d'Hennezel, s^r de Dormoy, venu d'Anor, arr. d'Avesne, Nord, qui amena avec lui six gentilshommes verriers et autres aides. Mais la verrerie de Cayroulet semble n'avoir pas survécu au xviie siècle.

Henriot, Antoine, fondeur. — Les consuls de Graulhet empruntaient, en 1740, 395 livres pour payer aux fondeurs Antoine Henriot et Jean Royer ce qui leur était dû à l'occasion de la refonte de la grosse cloche de l'église paroissiale (Communication de M. l'abbé Thomas d'après un reg. du notaire Demonricous, de Graulhet).

Hérail, orfèvres. — Jacques Hérail, « marchand orfèvre, fils de Jean, bourgeois habitant du lieu de Vielmeur » (Vielmur), fut émancipé, à Castres, le 10 novembre 1685. Moins de deux mois après, le 2 janvier 1686, il obtenait ses lettres de maîtrise (Arch. du Tarn, B. 328, f°s 371 et 373 v°). On retrouve son nom sur les rôles de la capitation de 1695 (C. 1098) et, en 1697, il était le second consul de Castres (Arch. de Castres, BB. 27). La date de sa mort n'est pas connue. Il était en procès en 1710-16 avec les Jacobins de Castres au sujet d'un domaine situé dans le consulat de Saïx et, après cette époque, il n'est pas (provisoirement) possible d'affirmer qu'il vivait encore (Arch. du Tarn, H. 525). D'autre part, on sait que le chapitre cathédral de Castres lui faisait payer, en 1688, la somme de 35 livres pour la façon et la dorure d'un ciboire du poids d'environ six onces destiné à l'église de Berlats (G. 269) et, plus tard, en 1707, 30 sous pour la dorure d'une coupe (G.270). M. l'abbé Thomas a relevé dans un registre paroissial de Graissac, com. de Lautrec, que Jacques Hérail confectionna, en 1708, une croix d'argent pour l'église du lieu à l'aide d'une vieille croix et d'un reliquaire qui lui avaient été livrés à cet effet.

Jean-Antoine Hérail, fils sans doute de Jacques, fut admis à la maîtrise le 9 décembre 1717 (B. 331, fº 1 vº). Il remplit les fonctions de garde de la maîtrise en 1730 (B. 13) et de second consul de Castres de 1743 à 1745 (Arch. de Castres, BB. 29) et, cà et là, jusqu'en 1754 (Arch. du Tarn, B. 185), il figure dans divers actes, le plus souvent sans qu'il soit fait mention de son prénom. Il semble toutefois qu'on puisse lui attribuer quelques travaux exécutés, de 1718 à 1743 pour le compte du chapitre cathédral de Castres (G. 272 et 284, H. 469). C'est, en 1718, un calice avec sa patène, du poids d'environ trois marcs que Hérail confectionnera et dorera pour 26 livres en employant un calice et deux patènes, trois coupes et deux burettes d'argent hors d'usage pesant ensemble quatre marcs et une once et demie; il fera, de plus, pour 24 livres, un bassin, deux burettes et une clochette et encore, au prix de 16 livres, métal compris, un petit rayon (ostensoir) pour l'église de Berlats. L'année suivante le même orfèvre remet au chapitre un calice avec sa patène, du poids total de trois marcs moins trois gros (G. 272). Plus tard (1731-1743) il exécute diverses réparations, dorures et argentures; il répare notamment un calice pour l'église de Mandoul, un autre pour celle de Puechauriol (G. 284), il dore et argente deux calices pour les Jacobins de Castres en 1739 (H. 469).

Un troisième Hérail, portant le prénom d'Antoine, était lieutenant de maire, à Castres, de 1782 à 1784, mais il n'est pas dit qu'il fut orfèvre (Arch. de Castres, BB. 33, CC. 40,41, DD. 8).

Hess, Charles-*Emile*, architecte. — Né à Strasbourg, le 7 janvier 1832, E. Hess est mort à Albi, le 4 février 1914. Après avoir suivi les cours de l'Ecole des beaux-arts de Paris et exercé pendant quelques années les fonctions d'architecte départemental de la Corse, il fut nommé, le 31 décembre 1865, architecte du Tarn. Il donna sa démission le 25 avril 1893 et entreprit à l'étranger de nombreux voyages. Ses qualités professionnelles lui valurent, outre de fréquentes distinctions, la présidence de la Société des architectes du Midi. E. Hess, a construit, à Albi, l'Ecole normale d'institutrices du Castelviel, l'Ecole normale d'instituteurs (devenue l'Ecole primaire supérieure de garçons et maintenant le Collège de jeunes filles), rue de Bitche, et, çà et là, dans le département, des maisons d'habitation, des écoles et des églises (*Revue du Tarn*, t. XXXI (1914), p. 106-107).

Hicher, Joseph, peintre à Albi, exposait en 1893 une étude de fleurs (*Livret de l'Exposition artistique et archéologique d'Albi, 1893*).

Houillac, doreur. Voy. Cazes.

Houlès, maçons et architecte. — Les maçons Bernard et Jean Houlès travaillaient, en 1632, à la reconstruction du couvent des Jacobins de Castres (Arch. du Tarn, H. 458).

Un architecte, parfois appelé ingénieur, du même nom de Houlès, dressa, en 1695, le plan de la nouvelle église des Trinitaires de Castres et fut l'entrepreneur de ces travaux (H. 536, 562). Il dirigeait, quelques années plus tard, en 1699, ceux de la refaçon du chœur de l'église des Jacobins (H. 467).

Hourde, Jean, peintre. — L'origine belge de Jean Hourde est révélée par les pactes de son mariage, en date du 26 juillet 1609, avec Bertrande Coste, de Carmaux : il est dit « fils d'autre Jean, natif de la ville de Mons en Aeno (Hainaut) au pais des Vallons ». Il épousa en secondes noces Marie Mout, d'Albi, en février 1615, et lorsque cette personne mourut — son testament est du 23 octobre 1619 — sans postérité, Hourde ne tarda pas à convoler avec Jeanne (ou Anne) Bousquet, fille d'un notaire de Montdragon (Arch. du Tarn, G. 175 et Abbé Thomas. *Hist.* (ms.) *de Montdragon*, p. 246). Hourde était décédé à l'époque (1667) où sa fille Jeanne, issue de sa troisième union, fut adjudicataire de la maison paternelle, à trois étages, située dans le quartier de la rivière « et lieu dit al puech de Falgairas », paroisse de Saint-Affric (G. 175).

Jean Hourde a exécuté maints petits travaux pour le compte de la ville d'Albi : en 1614 il peignit les armoiries du connétable de Montmorency (mort le 2 avril) à l'occasion d'honneurs fûnèbres (Arch. d'Albi, CC. 482); en 1616 et 1617 celles d'Albi sur plusieurs pierres du pont (CC. 295 à 297). En 1622 il accompagnait le baron de Lescure à Teillet pour examiner de nouvelles fortifications que le duc de Ventadour avait ordonné de démolir (Arch. du Tarn, C. 880). On lui devait un plan, malheureusement perdu, d'Albi et du Castelviel exécuté en 1623 (Arch. d'Albi, CC. 33 et II. 54). Les consuls lui font peindre les armes de la ville lors du passage du prince de Condé, le 15 avril 1628 (CC. 307 et 484), de l'entrée du cardinal de Richelieu, le 12 août 1629 (CC. 308), d'un nouveau séjour de Condé, en 1640 (CC. 492). Pour la réception, le 27 juillet 1647, du comte d'Aubijoux, lieutenant général, Hourde collabora avec les peintres Louis Bourdelet et Jean Molinier (CC. 495).

A Cordes, on fit colorier, en 1616, par « Jean Ordy, peintre de la ville d'Albi », un « facquin » (silhouette) pour le jeu du tir à l'arquebuse (Arch. de Cordes, CC. 157 et 238).

On relève assez fréquemment dans nos archives locales la mention de tableaux peints par J. Hourde, de 1622 à 1652. En 1622 c'est, pour le chapitre de Saint-Michel de Gaillac, une toile de 17 empans sur 12 (env. 3^{m}80 sur 2^{m}68) représentant le Christ en croix avec la Vierge, saint Jean et la Madeleine, plus deux autres tableaux de 10 empans sur 5 (env. 2^{m}23 sur 1^{m}11) destinés aux deux côtés du maître autel et représentant l'un saint Michel, l'autre saint Benoît; l'artiste doit, de plus, décorer à la détrempe le « surciel » (voûte) de l'autel, le tout pour 169 livres (Arch. du Tarn, G. 482).

L'année suivante, 1623, Hourde s'engage envers les fabriciens de Lautrec à peindre et dorer un tabernacle et « mettre aux deux niches qui joindront la muraille deux figures en peinture et pour les deux niches qui suivront, une à chaque côté, le dit Hourde sera tenu y mettre deux saints relevés en bosse, les noms desquels lui seront baillés » (Communication de M. l'abbé Thomas d'après un reg. du notaire Sabatier, de Lautrec).

En 1625, les « ouvriers » du Purgatoire de l'église de Saint-Salvi d'Albi lui commandent un « Jugement universel des âmes » destiné à leur chapelle (où il est encore) dont le « surciel » sera peint à la détrempe, ainsi qu'un gradin à placer au-dessous du tableau; le prix convenu est de 90 livres (Aug. Vidal. *L'ancien diocèse d'Albi...* n° 945).

Nous retrouvons Hourde à Gabriac, en 1637, traitant avec la fabrique du lieu pour la façon, moyennant 60 livres, d'un tableau de 10 empans sur 8 (env. 2^{m}23 sur 1^{m}80) où l'on verra le Christ, la Vierge, saint Jean l'Évangéliste, saint Jean-Baptiste et sainte Catherine; l'artiste fournira un cadre en bois sur lequel il tracera un filet d'or (Aug. Vidal. *Op. cit.*, n° 1125).

Un peu plus tard, en 1641 ou 1642, le chapitre de Saint-Michel de Gaillac paye des acomptes à Hourde pour la façon d'un tableau destiné au chœur de son église et dont le sujet n'est pas indiqué (Arch. du Tarn, G. 539). A la même époque, la confrérie de Notre-Dame, établie dans l'église de Sainte-Martiane d'Albi, abandonnait un procès qu'elle avait intenté au même artiste et acceptait un tableau, sur lequel on n'a pas non plus de détails, qui avait été peint pour son compte (Aug. Vidal. *Op. cit.* n° 2169).

A Albi encore, en 1644, la confrérie du Mont-Carmel passait un contrat avec Jean Hourde et le menuisier Georges Hugonnet pour la façon et l'encadrement de trois toiles. Sur l'une le peintre devait représenter « la figure de Notre-Dame tenant le petit Jésus, et, au pied de la Vierge sainct Siméon Stylite recevant le scapulaire de la main de la Vierge, de douze palms et demy d'aulteur et neuf palms de large dans œuvre » (env. 2^{m}80 sur 2 m.) et, sur les deux autres, une « imaige » de sainte Thérèse et un saint André. Les toiles seront fournies à Hourde qui dorera les cadres sculptés par Hugonnet. Il recevra pour sa part 50 livres (Aug. Vidal. *Op. cit.*, n° 2151).

Une pièce de procédure de 1673 apprend, d'autre part, que, vers 1648, les prêtres obituaires de Saint-Affric d'Albi firent faire par Hourde, pour le maître autel de cette église, un grand tableau montrant « un Christ tout neud (nu), soutenu par la représentation de saint Affric revesteu de ses habits pontificaux et quatre autres figures ». Il leur fut impossible de payer ce travail (Arch. du Tarn, G. 175).

La série se clôt — provisoirement — par une toile conservée dans l'église de Saint-Hippolyte, com. de Monestiès, où l'on voit saint Pierre marchant sur les eaux, incliné vers Jésus à gauche; derrière lui et à droite est une barque avec un batelier. Ce tableau d'environ 1^{m}60 sur 1^{m}30 est signé « J. HOURDE invenit ét fecit 1652 ».

Cette œuvre ainsi que le « Jugement des âmes » de Saint-Salvi dénotent de bonnes intentions mais une absolue insuffisance dans l'art de se servir de pinceaux et de couleurs. Il est probable que les autres devaient être de la même très médiocre valeur.

Hourm, ingénieur. Voy. Hébrar.

Hubert, Thomas, maçon. — Les consuls d'Albi firent venir de Lautrec, en 1408, ce « peyrier » pour avoir son avis sur la meilleure manière de construire ou reconstruire la tour et la porte dites de Ronel. En 1410, Hubert réparait le pont d'Albi pour le prix convenu de 140 livres, plus 20 setiers de blé et 4 pipes de vin (Arch. d'Albi, CC. 167 et 168).

Hugonnet, menuisiers. — On peut tenir pour certain que Georges Hugonnet, « maître menuisier de la présente ville » (d'Albi), qui travaillait en 1602 (ce qui le fait naître vers 1580 au plus tard) n'est pas à confondre avec l'artisan de mêmes nom et prénom que l'on retrouve en 1681, soit plus de cent ans après l'époque probable de la naissance du premier. D'autre part, de 1620 à 1644, il n'est question d'aucun Hugonnet dans les archives locales ce qui laisserait supposer que Georges I mourut encore jeune, vers 1620, laissant un enfant en bas âge, Georges II, qui se mit à l'œuvre vers 1644, âgé alors d'une trentaine d'années.

Nous attribuerons donc à Georges I divers travaux exécutés de 1602 à 1620. C'est d'abord, d'après un bail du 23 décembre 1602, la chaire de la cathédrale d'Albi, en bois de noyer, « bien assaizonnée de menuiseries avec les embellissements et armoiries du dit seigneur évesque (Alphonse I Delbène) à six palms » (env. 1^m34). Au centre de l'abat-voix ces armoiries devaient être reproduites et, sur les côtés de la chaire, Hugonnet sculpterait d'une part une mître, de l'autre une crosse, le tout moyennant 80 livres (Aug. Vidal. *L'ancien diocèse d'Albi...* n° 188). L'année suivante, en 1603, les consuls lui font faire un cadre pour le portrait du Dauphin qu'a peint Pierre Pujol; coût 45 livres (Arch. d'Albi, CC. 287).

En 1612, il s'engage à confectionner, pour 34 livres, 10 sous, un tabernacle destiné à l'église de Castelnau-de-Lévis. Cette œuvre qui existe encore n'est pas sans mérite (Aug. Vidal. *Op. cit.,* n° 1006 et note dans la *Revue du Tarn,* t. XXX (1913) p. 380-381). Enfin, le 24 janvier 1620, le chapitre de Saint-Salvi lui confie la réfection du buffet de son orgue et s'engage à lui payer de ce chef 135 livres (Aug. Vidal. *Op. cit.*, n° 941).

Georges II, d'après les conjectures ci-dessus, aurait exercé la profession paternelle à partir de 1644 ou environ. On lui devrait d'abord deux cadres sculptés, dont le plus grand d'une largeur d'un empan et demi (env. 0ᵐ33), pour des tableaux commandés à Hourde (voy. ce nom) par la confrérie du Mont-Carmel d'Albi; le menuisier toucha 30 livres pour sa part (Aug. Vidal. *Op. cit.*, n° 2151).

Il reçut, en 1659, 50 livres pour la façon d'un banc destiné aux consuls dans l'église de Sainte-Martiane (Arch. d'Albi, CC. 338 et 499), — 20 livres, en 1664, pour avoir gravé les armes de la ville sur une pierre encastrée dans la Porte neuve et que coloria Bourdelet (CC. 342, f° 15), — 10 livres, le 29 mai 1665, pour la gravure des noms des consuls « sur pierre de brézier (grès) posée à la réparation faite à la fontaine de la fon de la vinhe (vigne) à la rivière, au dernier (derrière) du collège des Jésuites », plus, le 8 août suivant, 10 autres livres pour une inscription semblable commémorant une réparation faite à l'hôtel de ville, toutes deux peintes aussi par Bourdelet (CC. 343, fᵒˢ 36 et 40), — en 1666, 24 livres pour gravure de « l'escripteau mis à la pierre posée à la chiménée (cheminée) haute de la maison de ville » et 36 livres « pour avoir sur la dite chiménée gravé sur le plastre les armes du Roy, de Monseigneur et de la ville », le tout peint et doré par Bourdelet (CC. 344, fᵒˢ 10, 11 v° et 13 v°). Hugonnet répare ensuite, en 1673, une statuette de la Vierge ornant la porte du Vigan (CC. 503) et, la même année, touche 10 livres « pour avoir faict et gravé les matrices sur le bois des armes de la ville, sur chacun des pois, sçavoir de trois livres, deux, une, demi-livre, un quart, demi quart, une once et demi once (HH. 13). On lui paye 8 livres, en 1678, pour la maquette en bois d'une Madeleine que Didry (voy. ce nom) coula en bronze pour la fontaine du Bout-du-pont (CC. 357).

Enfin, le 13 septembre 1681, le commandeur des Hospitaliers de Rayssac, com. d'Albi, passe un contrat avec Georges Hugonnet et son fils Pierre qui, pour le prix de 51 livres, lui livreront quatre petits tabernacles conformes aux croquis qu'ils lui ont soumis (Aug. Vidal. *Op. cit.*, n° 1701).

On trouve un autre Hugonnet, sans indication de prénom,

frère sans doute de Pierre et qualifié d'« architecte de Sa Majesté », qui, en 1688, dressait les plans et devis d'une nouvelle porte du Vigan (Arch. d'Albi, BB. 31, délibérations des 28 août et 17 sept. 1688, CC. 365 et 507). — Sur les menuisiers Hugonnet, voy. E. Jolibois. *Les beaux-arts dans le département du Tarn...*, dans la *Revue du Tarn*, t. VI (1886-87), p. 258, 260-262.

Huin, Jean, fondeur. Voy. Py.

Icart, orfèvre de Castres qui émigra peu après la révocation de l'édit de Nantes, d'après les notes laissées par G. Dumons sur *Les réfugiés du pays castrais.*

Ichanson, Marguerite (Mad. Andrieu), peintre. — Exposait en 1902 quatre portraits (*Premier salon des artistes albigeois,* 1902, *chez Corbière et Julien. Catalogue*).

Imart, Emilie-Augustine (Mad. H. Rachou), peintre. — Née à Castres, le 10 juillet 1853, élève de H. Rachou. Une de ses toiles, *Fleurs de cerisier,* est conservée au Musée de Toulouse (H. Rachou. *Catalogue des collections de peinture du Musée de Toulouse,* appendice, p. 48, donnant l'orthographe Ymart tandis que l'état civil porte Imart).

Imbert, Antoine, maçon. — Les Carmes d'Albi faisaient construire, en 1676, par le maçon Antoine Imbert un mur en briques « pour continuer le couroir (couloir) en dourtoir, qui est du costé du couchant », au prix de 12 sous la canne carrée. L'année suivante, ils lui faisaient voûter d'une même voûte deux chapelles dites de saint Sébastien et de Notre-Dame du Scapulaire (Arch. du Tarn, G. 112). En 1679 c'est la voûte du grand réfectoire du couvent mesurant 14 cannes sur 4 (env. 25 m. sur 7 m.) que Imbert s'engage à édifier pour 300 livres. Par un autre contrat, du 22 mars 1688, il entreprend de « bâtir avec brique, chaux et sable les murailles de la grande salle que le R. P. provincial a fait dessein de faire faire dans le couvent des Carmes, lesquelles murailles seront de la même élévation et hauteur que celles du cloître et auront d'épaisseur dans les fondemens deux pointes de brique et, hors des fondemens, une pointe et demy, auxquelles murailles le dit Imbert faira par dehors des buttes et piliers nécessaires (contreforts) qui auront de sortie (saillie) une pointe et demy et cela pour porter la voûte et en [devra] faire deux autres finissant en talus dans le coin (angle) du bâtiment, toutes de l'hauteur de l'arc doubleau de la voûte; faira aussi les piliers au dedans pour porter les crosiers et arcs doubleaux ». Il lui sera payé 18 sous par canne carrée, plus une barrique de vin et 3 livres pour la taille des briques de chaque ouverture (G. 111).

Imbert, Claude, fondeur. Voy. Bajolet.

Inviciato, César, peintre. — Le notaire de Lavaur Lachurier a porté sur un de ses registres, le 22 septembre 1522, une procuration « magistrorum Cesaris Inviciati et Jheromi Mingossii, pictores patrie Italie, de presenti Vauri », à l'occasion d'une instance contre plusieurs personnes « super captione bladi eorum » (Arch. du Tarn, Fonds Lafage et Cambefort n° 371, f° 80). C'est certainement le même Inviciato, simplement appelé cette fois « magister Cesar pictor », qui peignait en 1530 (n. s.) une chapelle de l'église de Saint-Sulpice-la-pointe. L'édifice menaçant ruine a été démoli en 1884, mais Ed. Cabié a eu le temps, avant sa complète suppression, de découvrir sous le badigeon recouvrant les parois et de dessiner la fresque que maître César avait exécutée pour le prix de 19 livres et 8 doubles. Son croquis nous met en présence d'une scène de la *Flagellation* occupant la partie haute d'une travée, puis, au-dessous, d'un panneau garni de trois personnes alitées, des mêmes individus vêtus en pèlerins saluant une femme dont ils prennent congé et qui les a sans doute hébergés ou soignés. Au même niveau, dans la seconde travée, les mêmes trois pèlerins forment un nouveau groupe avec deux ou trois autres personnages, deux sont armés d'une lance. M. Cabié a parfaitement établi que ce travail était inspiré du goût de la Renaissance et que les vêtements appartenaient bien à la première moitié du xvie siècle. Il a cru, d'autre part, avec raison semble-t-il, que ces sujets se rattachaient non pas à une légende hagiographique mais à des événements contemporains et qu'ils avaient été peints pour constituer un *ex-voto* (Ed. Cabié. *Un peintre décorateur à Saint-Sulpice en* 1530 dans la *Revue du Tarn*, t. VII (1888-89), p. 324-328 et *Anciennes peintures d'une chapelle de Saint-Sulpice* dans le même périodique, t. VIII (1890-91), p. 254-256, avec fig.).

Cette même année 1530 et le 28 avril, les Cordeliers de Rabastens traitaient avec César Inviciato, résidant en ce moment dans la localité, pour la peinture, moyennant 140 livres et un setier de blé, d'un retable de 14 empans [de long] (env. 3ᵐ16) sur lequel l'artiste figurerait « las istorias (scènes) de la vida de sanct Frances, ho autras, lasqualas hy seran bayladas et demonstradas per y metre, et los personatges seron pintrats de colors finas segon la proportion de las ymages et d'or fy » (Ch. Peyronnet. *Documents sur quelques artistes du pays albigeois* dans la *Revue du Tarn*, t. XIX (1902), p. 31 et Em. Marty. *Archives des notaires de Rabastens*, p. 40). On ignore si César Inviciato a collaboré à la décoration de la cathédrale d'Albi.

Irissou, Louis, aquarelliste et dessinateur. — Né à Cordes en 1876, il exposait à Albi, en 1893, une aquarelle à sujet allégorique (*Exposition artistique et archéologique d'Albi,* 1893. *Livret*).

Isnard, facteur d'orgues. — Il faisait partie de la communauté des Jacobins de Toulouse. Voy. Fétis. *Biographie universelle des musiciens,* 2ᵉ éd. et ci-dessus l'article Graind.

Issam, maçons. — Un bail à besogne du 7 février 1660 apprend que les frères Jean et Martial Issam s'engagèrent envers les Carmes d'Albi à « continuer et parachever de voûter l'église de ce (leur) couvent, tout de même que la voûte qui se trouve déjà faite de partie de la dite église afin que celle qui se fera soit antierement semblable et que toutes soient sur un même niveau et figure ». Ces maçons devaient recevoir 14 sous pour chaque canne carrée de construction, plus une barrique de vin (Arch. du Tarn, H.111).

Izar, François, tapissier. — Fils d'André, tailleur d'habits d'Albi, il épousait, le 17 juillet 1773, Marie-Anne Chabrieirou, fille d'Etienne-Basile, arquebusier (Arch. d'Albi, GG 43, fᵒ 155 vᵒ). Ce ménage, fixé sur la paroisse de Saint-Salvi, eut, de 1774 à 1789, trois garçons et deux filles qui moururent tous en bas âge (GG. 26, fᵒˢ 207, 379, 501, 535, 537, — GG. 27 fᵒˢ 76, 141, 258, 462, — GG. 28, fᵒ 35).

Jalade, fondeur. Voy. Gélade.

Jalby, Charles, aquarelliste. — Né à Albi, exposait trois aquarelles en 1902 (*Premier salon des artistes albigeois,* 1902. *Catalogue*).

Janetas, potiers de terre. — Leur nom est cité par Em. Rieux parmi ceux des potiers qui travaillaient à Giroussens ou dans les environs immédiats aux xvii° et xviii° siècles (Em. Rieux. *Les poteries de Giroussens*, 1901, p. 37).

Janin, Claude-Joseph, horloger. — Il était taxé, en 1789, pour la capitation dans le quartier de Verdusse, à Albi (Arch. du Tarn, C. 577, f° 27 v°). Il avait acquis dans cette partie de la ville, rue de la Galinarié, une boutique, en 1772 (Arch. d'Albi, CC. 32, f° 47).

Janival, Nicolas, orfèvre. — M. l'abbé Thomas, curé de Mont-dragon, possède un bail à besogne par lequel le desservant de la paroisse de Graissac, com. de Lautrec, traitait, le 20 mars 1539, avec « mestre Nicolas Janival, argentié de Castras », pour la façon d'un calice d'argent du poids de deux marcs et demi; il était entendu que « lo pe » (pied) serait comme celui du « gran calici que a faict à la vila de Briatesta et lo demoran, de dessus, (la coupe), de la faysso del calici de senhe Anthoni Soutz ».

Jauzion, Jeanne, sculpteur. — Née à Paris en 1849, Mlle Jauzion n'en est pas moins tarnaise par sa famille originaire de Saint-Paul-cap-de-Joux, localité où elle fait d'assez fréquents séjours. Elève de Rouland, de Roulard, d'Injalbert et surtout de Gauquié, elle a exposé depuis 1892 au Salon des artistes français qui lui a décerné une mention honorable en 1907 pour sa statue *Pauvre mère* (aux Enfants assistés de la Seine), plus tard une médaille (1920); le Salon des femmes peintres et sculpteurs lui a également attribué une médaille. Parmi ses œuvres ont peut aussi citer : une *Nymphe aux iris*, statue plâtre, « *En avant* », buste bronze (à la ville de Paris), *Salut à la vie*, statue marbre, *Malheureux père*, groupe marbre (au Musée d'Albi), divers bustes marbre, dont ceux de Charles Coypel (aux Gobelins), du pasteur Wagner, du professeur Labbé, de la Faculté de droit de Paris (acquis par l'Etat en 1922), *La fin d'un inventeur*, statue dont un plâtre est conservé à la mairie de Saint-Paul-cap-de-Joux, et, en dernier lieu, un groupe pierre représentant la Gloire tenant une couronne au-dessus d'un poilu tombé dans la tranchée, haut-relief qui décore le monument aux morts de Saint-Paul. Cette habile artiste a donné, en 1902 et 1910 au Musée de Lisle-sur-Tarn des reproductions plâtre de sa *Nymphe aux iris* et de *Pauvre mère* (*Revue du Tarn*, t. XXIII (1906), p. 201 et t. XXVII (1910), p. 407, — *Bull. de la Soc. des sciences... du Tarn*, n° 7-8 (1923), p. 154, — Bénézit. *Dictionnaire* et communications de M. Desplats, maire de Saint-Paul).

Jean, dit **Le pintre,** peintre. — La confrérie de Notre-Dame du Mont-Carmel, d'Albi, payait, en 1643, à Jean « Lepaintre » le prix de trois tableaux représentant la dite Notre-Dame, saint André et sainte Thérèse. L'année suivante, l'artiste recevait le solde de la valeur d'un « grand tableau » exécuté pour la même association (Arch. du Tarn, E. 684). Pour l'église de Saint-Julien il peignit, en 1647, un saint Antoine moyennant 12 livres (G. 656).

Jean, Gaillard, charpentier. — Les consuls de Cordes conviennent avec lui, le 23 janvier 1400 (n. s.) de la façon, pour 12 livres, d'un « gachilum (guête) desupra portam de na Peytavina in quo debet ponere quinque tirans (entraits) et quatuor jazenas (arbalétriers) et xxiiii cabirones (chevrons) de bona fusta nova »; on lui fournira les clous « latadores » (à lattes) (Ch. Portal. *Extraits de reg. de notaires,* p. 114).

Jean, Jean, potier d'étain. — Le 23 août 1663, décédait sur la paroisse de Sainte-Martiane d'Albi Jean Jean, fondeur d'étain, fils de Barthélemy, « de Monday, paroisse de Saint-Jean-Baptiste de Chaquemorelle, diocèse de Nouarre » (Arch. d'Albi, GG. 58, f° 128 v°). Il faut certainement lire Monday en donnant à l'y la valeur d'un ï (Mondaï) et, dès lors, cette localité pourra s'identifier avec la ville de Mondovi en Piémont, qui n'appartenait pas au diocèse de Novare, étant elle-même le siège d'un évêché, mais qui se trouvait aussi dans la même région piémontaise. Le curé de Sainte-Martiane a dû estropier ces noms de lieux et connaître imparfaitement la géographie ecclésiastique de l'Italie.

Jeanselme, Sylvain, dessinateur. — Né à Albi. Il exposait en 1893 son propre portrait et un *Chat malade* sur porcelaine (*Exposition artistique et archéologique d'Albi,* 1893. *Livret*).

Jélat, orfèvre. Voy. Gélat.

Joly ou **Jolly,** fondeurs. — En juin 1557 Jean Joly, « foundur de cloches, habitant de Villefranche de Rouergue », fondait pour l'église de Sainte-Martiane d'Albi une cloche de 5 quintaux en remplacement d'une autre, de 279 livres, qui était rompue; une somme de 15 livres lui fut allouée pour ses peines. A cette occasion on acheta divers objets de cuivre ou laiton et d'étain, notamment un mortier de 100 livres à raison de 4 sous la livre (Arch. du Tarn, G. 677. Le texte du document a été publié avec de fréquentes fautes d'impression par le baron de Rivières dans le *Bull. de la Soc. archéologique du Midi*, 1903-1906, p. 300, et résumé par Ch. Portal. *Notes sur qqs. fondeurs de cloches*). C'est peut-être le même Jean Joly, dit cette fois « fondeur de Rodez », qui fondait une cloche pour l'église de Coussergues en 1594 et une autre, l'année suivante, pour les paroissiens de Verrières, près de Saint-Beauzely, Aveyron (Bion de Marlavagne. *Hist. de la cathédrale de Rodez*, p. 377).

Claude Jolly (il signe Jolly) et Blaise Seurot, « maîtres fondeurs de Loraine », donnent quittance, le 2 octobre 1626, aux consuls de Loupiac de la somme de 26 livres, 16 sous dont 18 livres pour la refonte d'une cloche rompue de l'église du lieu et 10 livres, 16 sous pour le métal qu'ils ont fourni à raison de 9 sous la livre (Arch. du Tarn, E. 567, f° 312 v°).

Un autre (?) Joly, dont on n'indique ni l'origine ni la résidence, associé avec Laurens, refondait, moyennant 100 livres, deux cloches rompues de l'église de Saint-Michel de Gaillac en 1638 (Ch. Portal. *Notes sur qqs. fondeurs de cloches...*). On serait tenté de le confondre avec Claude ou plutôt, vu le rapprochement plus étroit des dates, avec Jean qui suit.

C'est en 1642, en effet, soit quatre ans après seulement, que Jean Joly, fixé à Rodez, œuvrait pour le chapitre de Saint-Salvi d'Albi avec Claude Imbert, Jean Bajolet, et Jean Molot ou Mollot, tous Lorrains (Voy. Bajolet).

Enfin Etienne Joly, « fondeur de Toulouse » et selon toute vraisemblance parent des précédents, s'engageait, en 1672, à refondre deux cloches et à en faire une troisième avec un quintal de métal restant disponible, pour le chapitre de Saint-Michel de Gaillac (Ch. Portal. *Op. cit.*). D'autre part, M. l'abbé Thomas, curé de Montdragon, a relevé dans un registre du notaire Buisson, de Réalmont, un acte du 10 août 1690 par lequel le même fondeur, toujours résidant à Toulouse, déclare avoir reçu 40 livres, à raison de la refonte pour l'église de Réalmont de l'ancienne cloche du temple protestant en y ajoutant le métal provenant de celle de l'horloge publique; il reconnaît que les consuls lui ont fourni la main-d'œuvre et tous objets, bois, charbon etc. nécessaires (Jos.

Berthelé. *Ephemeris campanographica*, fasc. XI-XIII (1913), p. 71).

Jonquis (de), Lambert-Valentin, orfèvre. — J'ai déjà signalé (*Notes sur l'orfèvrerie à Albi...*) la bénédiction en 1768, dans l'église de Saint-Salvi d'Albi, du mariage de cet orfèvre, « âgé d'environ 30 ans, domicilié depuis huit ans sur la paroisse de Sainte-Martiane, fils du sieur Jacques-Valentin de Jonquis, ancien commandant le guêt à pied de la ville de Bordeaux, et de demoiselle Barbe Renardy, mariés sur la paroisse Saint-Seurin de Bordeaux », avec Cécile Thomas. Il leur naquit une fille, l'année suivante, qui fut baptisée sur les fonts de Saint-Salvi.

Jourda, François, verrier. — Marié avec Marthe Malgouire, il faisait baptiser, en 1771, une fille dans l'église de Saint-Affric d'Albi (Arch. d'Albi, GG. 38, f° 76 v°).

Jourde, Jean, orfèvre. — Etabli à Castres, cet orfèvre était l'un des tenanciers des Trinitaires du lieu en 1608 et en procès avec eux de 1613 à 1615 (Arch. du Tarn, H. 533 et 578).

Journès, Claude, maçon. — Il travaillait à Albi en 1681, avec Bathalier (voy. ce nom). C'est encore lui, ou son fils, qui dressait des devis, de 1730 à 1736 pour des réparations à la fontaine de Verdusse, au clocher et à la nef de l'église de Saint-Affric (Arch. d'Albi, DD. 39 et 40).

Julia, Doat, charpentier. — Par un bail du 18 décembre 1473 les consuls de Cordes firent faire ou plutôt refaire « totum tectum sive teulatam platee communis (halle) dicti castri » par « Deodato Juliani, laboratori et fusterio ac habitatori Nostre domine de Capella » (Lacapelle-Ségalar), moyennant 14 moutons d'or (Ch. Portal. *Extraits de reg. de notaires... p.* 129).

Julia, *Léon*-Félix, peintre. — Né à Albi le 11 octobre 1865, Léon Julia a été l'élève de Charles Valette et de l'Ecole des beaux-arts de Toulouse. Il a professé le dessin au collège de Castres et donné au Musée de cette ville quatre toiles représentant *La Madeleine* d'après Henner, le *Christ à la colonne* d'après Lazerches, un portrait (1906) du conservateur du Musée, M. Chamayou, une *Jeune fille aux coquelicots,* plus une aquarelle, la *Vallée de Tramont,* Aveyron (*Catalogue du Musée de Castres,* 4e éd., 1914, et *Revue du Tarn,* t. VI (1886-87), p. 112).

Juliani, ingénieur. — Il dirigeait, en 1573, des travaux de réparation aux murs de la ville d'Albi au-dessous de l'évêché (Arch. du Tarn, CC. 470).

Julien, dessinateurs et lithographes. — David Julien, né à Castres en 1842, † à Albi en 1907, exposait en 1893 un dessin sur porcelaine d'après Téniers (*Exposition artistique et archéologique d'Albi*, 1893).

Son fils, Edouard, né à Albi le 3 octobre 1883, a montré dans ses magasins de librairie et objets d'art plusieurs meubles ornés de ses dessins (*1ᵉʳ salon albigeois*, 1902).

Le père et le fils ont exécuté et lithographié de nombreux dessins de tous genres, notamment des sujets relatifs à la ville d'Albi et aux mœurs locales; ils ont aussi et surtout travaillé pour l'illustration de périodiques.

Labadie, Pierre, peintre. — Le chapitre collégial de Lautrec traite, le 15 septembre 1670, avec Pierre Labadie, du dit lieu, pour la façon de quatre tableaux destinés aux églises de Saint-Sulpice, com. de Lautrec, de Saint-Jean-de-Magreprebeyre, com. de Jonquières, de Jonquières et de Burens, com. de Jonquières, dépendant du dit chapitre. Chacune de ces toiles représentera un Christ en croix avec la Vierge et le patron de la paroisse (les saints Sulpice, Jean, Jean encore pour Jonquières et Julien pour Burens). Il est stipulé que le tableau de Saint-Jean-de-Magreprebeyre sera « de l'auteur et largeur de celui de Gaïx ». Le prix convenu est de 27 livres (Communication de M. l'abbé Thomas d'après un reg. du notaire Sabatié, de Lautrec).

Nouveau bail à besogne conclu le 10 mars 1676 avec Labadie par la confrérie du Saint-Sacrement établie dans l'église de Notre-Dame-de-la-Paix de Lautrec. Il s'agit de reproduire en l'agrandissant une Sainte Cène dont on fournit à l'artiste un « dessein en taille douce », une gravure. La peinture sera exécutée avec « de belles et fines couleurs à l'exception de l'azeur (bleu) d'oultre mer » (Id., d'après un reg. du notaire Bezombes, de Lautrec).

On doit encore aux recherches de M. l'abbé Thomas de savoir que, en 1681, Labadie dora le tabernacle du maître autel de l'église paroissiale (Saint-Rémy) de Lautrec, « ensemble la corniche du grand tableau » (Reg. du notaire Pezet, de Lautrec).

L'année suivante, le 23 juillet 1682, les administrateurs de l'hôpital Saint-Jacques de Cordes décident de faire faire « la peinture d'un Crucifix dans la sale du dit hospital, à la muraille qui est du costé de la rue dessendant à la Bouteillerie et d'employer à ces fins le s^r Labadie, peintre du lieu de Lautrec, estant en cette ville, avec lequel le s^r sindic en demeurera d'accord du prix à l'assistance et de l'advis des dits s^{rs} directeurs » (Arch. de Cordes, GG. 167). Il semblerait qu'il s'agit, cette fois, non plus d'une toile mais d'une fresque.

Un peu plus tard, en 1688, le chapitre cathédral de Castres délibère de faire payer à Labadie les 25 livres qui lui sont dues à raison d'un tableau exécuté pour l'église de Murasson, Aveyron, dépendant du chapitre. Le sujet n'est pas indiqué (Arch. du Tarn, G. 269)

Notre peintre vivait encore en 1695, époque où son nom est porté sur les rôles de la capitation de Lautrec (Arch. du Tarn, C. 1099, f° 519). Il pouvait être encore de ce monde en 1704, quand les Trinitaires de Castres faisaient encadrer une *Sainte famille* de Labadie, qui avait jadis été donnée au couvent que la même congrégation avait à Narbonne (H. 654). Peut-être même n'était-il pas décédé en 1714, date à laquelle un Labadie ornait de peintures une chapelle de l'église de Graissac, com. de Lautrec, mais dans ce cas il devait être alors très âgé (Communication de M. l'abbé Thomas, d'après un reg. paroissial de Graissac).

Labeyrle, Louis, fondeur. — Les deux fondeurs de Toulouse Jérémie Méhoult et Louis Labeyrie recevaient, en 1626, un acompte du prix d'une cloche qu'ils devaient fondre pour l'église de Ganoubre, com. de Lautrec (Communication de M. l'abbé Thomas, d'après un reg. du notaire Sabatier, de Lautrec).

Laborie, Guillaume, armurier. — Par acte du 25 décembre 1703, G. Laborie, armurier de Gaillac, s'engageait envers les consuls de Cahuzac-sur-Vère à remettre à neuf ou fournir, moyennant 400 livres, 48 fusils, 23 bayonnettes et 25 ceinturons (Arch. du Tarn, Versement des Domaines. Contrôle du bureau de Gaillac, vol. 1, f° 10, et communication de M. Raujol, notaire à Cahuzac).

Laboysslère, Pierre, comédien. Voy. Dumortier.

Lacger (de), *Jules*-Marc-Antoine, peintre. — Cet artiste, né à Castres le 21 août 1815, est mort à Toulouse le 25 septembre 1887, après avoir professé à l'Ecole des beaux-arts de cette dernière ville. Il y exposait en 1858 cinq portraits, une corbeille de fruits et trois pastels dont une *Gabrielle de Vergy*, personne du xii° siècle qui se laissa mourir de faim après avoir mangé du cœur de son amant que lui avait fait servir son mari. A Castres, en 1879, de Lacger exposa son propre portrait remarquable par le « dessin irréprochable » et la « finesse du coloris », ainsi qu'un autre portrait au pastel gris. Le Musée de Castres conserve de lui son portrait, un *Réfugié Carliste* en buste et une *Etude de femme*, en pied, pastel (*Société littéraire et scientifique de Castres. Procès-verbaux*, t. II (1858), p. 291 et 298, — *Revue du Tarn*, t. II (1878-79), p. 304 et 314, — *Catalogue du Musée de Castres*, 4° éd., 1911). Son *Marchand d'allumettes*, daté de 1861, est au Musée de Toulouse.

Lacombe, Jean, sculpteur. — On relève le nom de ce « tailleur d'ymages » de Rabastens dans des comptes de 1536 relatifs à la dépense de gens de guerre (Arch. du Tarn, E. 3495). Il reparaît, en 1543, dans un bail à besogne par lequel un prêtre de la même localité confiait à Lacombe la façon d'un *Ecce homo* de 5 empans de hauteur (env. 1^m12), en bois de noyer, moyennant 4 livres, 5 sous (Em. Marty. *Archives des notaires de Rabastens*, p. 49).

Lacombe, verrier à Lacabarède en l'an III (Arch. du Tarn, L. 182, f° 103 v°).

Lacortlade, orfèvre. — Il était établi à Albi et décédé en 1589, époque où ses enfants avaient pour tuteur un autre orfèvre, Jacques Valerys, son beau-frère (Ch. Portal. *Notes sur l'orfèvrerie à Albi...*).

Lacroix, horlogers. — Jacques Lacroix était chargé, par contrat du 12 décembre 1616, de l'entretien des deux horloges de la place publique et du couvent des Cordeliers de Castres (Arch. de Castres, DD. 5).

Un autre Lacroix, sans indication de prénom, est porté, en 1772, sur les rôles de la capitation de la même ville (Arch. du Tarn. Acquisition de 1920. Papiers Payrastre).

Enfin Jean-François Lacroix mourait à Albi, sur la paroisse de

Saint-Salvi, le 17 avril 1789 à l'âge de 33 ans, il était fils de Claude (Arch. d'Albi, GG. 27, f° 477).

Lacroix, Raymond, peintre. — Né à Lisle-sur-Tarn en 1877, élève de l'Ecole des beaux-arts de Toulouse, puis de Paris et du peintre Bonnat, professeur de dessin, a exposé plusieurs toiles (paysages et intérieur d'église) en 1902 (*Premier salon des artistes albigeois,* 1902. *Catalogue*).

Lafage, Jean, peintre. — La famille Lafage habitait le hameau de Coudouniac (aujourd'hui Les Coudougnacs) situé dans la paroisse de Saint-Etienne-de-Vionan, com. de Lisle-sur-Tarn. Em. Marty, dans ses *Archives des notaires de Rabastens,* p. 85, signale un prêtre du nom d'Antoine Lafage qui, prisonnier des protestants maîtres de Mézens, en 1574, dut vendre, pour payer sa rançon, quelques terres lui appartenant à Saint-Etienne. Au siècle suivant, plusieurs Lafages passent divers contrats conservés dans nos archives départementales (E. 597 à 613).

L'un d'eux, Jean, fils de François, exécuta durant une vingtaine d'années, à partir de 1661, de menus travaux de peinture pour le compte des consuls de Lisle, notamment la décoration de leur banc dans l'église paroissiale (E. 2545, 2457, 2459, 2460). Il aurait aussi orné de peintures l'église de Saint-Etienne, au dire d'Elie Rossignol qui d'ailleurs les attribue à son fils Raimond (ci-après) lequel n'a jamais tenu un pinceau (*Monographies communales de l'arr. de Gaillac,* t. IV, p. 343). Jean Lafage possédait, à Lisle, une maison, sur la place principale, en 1666. Mais, à cette date, il résidait à Montauban où son séjour se prolongea jusqu'au moins en 1670 (E. 599 à 601). Revenu au pays natal, il était l'un des consuls de Lisle en 1673 (E. 603). On constate qu'il demeurait à Coudouniac en 1675 et 1682 (E. 604, 607). Sa femme, Marguerite Guiraud, fit un premier testament le 24 mai 1686 (E. 606), laissant à son mari, « bourgeois de Coudouniac », la jouissance de ses biens. Dans un autre, du 23 février 1695 (E. 612, f° 194), elle exprima le désir, si elle mourait dans ce hameau, d'être ensevelie dans le cimetière du lieu, « au tombeau de son mari ». Celui-ci était donc décédé entre les années 1686 et 1695. Les enfants cités dans ces deux actes sont quatre filles dont, en dernier lieu, trois mariées et un fils Jean, héritier universel. Un autre fils, Raimond (qui suit), n'est pas nommé et pour cause puisqu'il était mort en 1684.

Lafage, Raimond, dessinateur. — Un registre de catholicité de la paroisse de Lisle-sur-Tarn (GG. 5) constate le baptême, le 4 avril 1658, de François Lafage, « fils de Jean et de Marguerite de Guyraut, son parrain Ramond Lafage, sa marrine Jeanne Lafage, tous deux de Sainct Estienne de Violan » (pour Vionan). Jean, fils de François, avait épousé à Saint-Etienne de Vionan, le 10 janvier 1653, Marguerite Guiraud, de la paroisse de Lisle (même reg.). Comme il était et est encore d'usage que le parrain donne son prénom à son filleul, on pourrait croire que le desservant a inscrit par erreur « François », au lieu de Raimond. L'hypothèse est en somme admissible. Mais la légende d'une planche tirée en 1689 par les soins de Van der Bruggen, un admirateur de Lafage, fait mourir celui-ci en 1684 (M DC LXXXIV) à l'âge de 28 ans (XXVIII° ætatis) ce qui reporte sa naissance en 1656. Si l'époque du décès ne paraît pas discutable, étant émise par un éditeur qui professait un véritable culte pour le talent du défunt, il n'est cependant pas impossible qu'il se soit trompé de deux ans sur son âge. Mariette, un historien des mieux informés, n'a pas cru à cette erreur et a même précisé, plus que ne l'avait fait Van der Bruggen, en donnant la date du *1ᵉʳ octobre* 1656; il est vrai qu'il ne fait plus mourir Lafage en 1689 mais le 4 novembre *1690*, ce qui est invraisemblable, vu la légende déjà citée (*L'abecedario de Mariette* par Ph. de Chennevières et A. de Montaiglon, 6 vol. in-8, 1851-60, dans les *Archives de l'art français*). Il est regrettable de ne pas pouvoir fournir sur l'époque de la naissance tout au moins un texte indiscutable : les registres paroissiaux de Lisle ne donnent rien pour 1656 pas plus que ceux de Saint-Etienne. On pourrait donc accepter la date de 1658 pour sa naissance à Lisle et celle de 1684 pour sa mort à Lyon ou dans les environs de cette ville.

« C'estoit un assez petit homme, camard, noireau; il avoit la mine assez basse » (Dupuy-Dugrez. *Traité sur la peinture*, Toulouse, 1699). Sur plusieurs planches reproduites par Van der Bruggen et ailleurs sans doute il a griffonné ses traits. Toutefois là où il les a le mieux représentés c'est — non pas notamment sur la gravure qui sert de frontispice à deux albums dont celui de Van der Bruggen, — on n'y doit voir qu'un portrait « symbolique », de pure fantaisie, — mais dans un dessin dont H. de Chennevières a donné un fac-simile dans son ouvrage sur *Les dessins du Louvre* (Paris, 1882-84, in-f°). C'est de ce portrait que le sculpteur toulousain Jean Rivière s'est inspiré pour la façon d'un buste dont la maquette est déposée au Musée de Lisle, en attendant le marbre ou le bronze (Jules Momméja. *Le monument de Raimond Lafage* dans *L'art*, 1892, t. II, p. 53, article reproduit dans la *Revue du Tarn*, t. IX (1892), p. 300-301; voir aussi même *Revue* t. XIV (1897), p. 323 et t. XXVIII (1911), p. 125).

La vie mouvementée de cet artiste, dont les mœurs furent peu recommandables, a été racontée, avec toutes sortes de détails pittoresques, dans l'introduction au recueil de Van der Bruggen, puis par Dupuy-Dugrèz (*Op. cit.*) en 1699, par l'historien de Toulouse Raynal (1759), par Lamothe-Langon dans la *Biographie toulousaine* (Toulouse, 1823, t. I, p. 347-351), par Ch. Blanc dans son *Histoire des peintres...* (t. III, 1863, appendice p. 16-17) et quelques autres auteurs. Ed. Cabié a eu la bonne idée de reproduire ces notices en tête de ses *Dessins de Raimond Lafage en cinq planches...* (Toulouse, 1881, in-f°).

De très bonne heure, à l'âge de 16 ou 17 ans (?), Lafage abandonne sa famille et se rend à Toulouse. Il avait déjà dessiné en s'inspirant de gravures de Van Thulden. Son séjour chez un chirurgien lui permit de se livrer à des études anatomiques et, nanti de ces nouvelles connaissances, il se présenta, un jour, chez Jean-Pierre Rivals pour lui offrir ses services. Cet illustre peintre ayant douté de l'authenticité des croquis qui lui étaient montrés, Lafage offrit d'exécuter, séance tenante, un sujet quelconque et dessina un *Josué arrêtant le soleil* qui excita au plus haut degré l'étonnement et l'admiration de Rivals. Après avoir passé quelque temps dans l'atelier de ce peintre, Lafage partit pour Paris, avec Antoine Rivals, pour dessiner d'après le modèle vivant. Abandonnant bientôt la capitale, il gagne Rome et reste plusieurs années en Italie, étudiant les chefs-d'œuvre de Michel-Ange, de Raphaël. Ses travaux lui valent un prix de l'Académie de saint Luc. Il retourne en France, s'arrête à Aix où il fait de nombreux dessins pour l'amateur Roger d'Aguille. Il est à Toulouse en 1682 et y exécute, l'année suivante, pour le président Fieubet, dix dessins relatifs à l'histoire de cette ville. Puis son humeur vagabonde le ramène à Paris où son mérite est enfin reconnu par l'Académie royale et le voilà encore sur la route de l'Italie. C'est sur le trajet, à Lyon, dit-on, qu'il serait mort, victime de ses débauches. Si les historiens ne s'accordent pas sur les dates ni même sur le nombre de ces pérégrinations, ils ne se font pas faute de narrer maintes aventures qui, peut-être, ne sont pas toutes bien certaines. Il y aurait là matière à une étude intéressante.

L'œuvre de Lafage consiste en de très nombreux dessins à la plume, relevés parfois de sépia ou d'encre de Chine; il a aussi gravé quelquefois et l'on connaît de lui au moins une grande composition au fusain qu'il traça, à Toulouse, dans l'appartement d'un procureur du roi (Voy. la *Biographie toulousaine*).

Ses sujets sont empruntés au Nouveau et surtout à l'Ancien Testament, aux annales toulousaines (1683) et à l'antiquité payenne qu'il mêle fréquemment à des scènes d'orgie. Il tira surtout de cette dernière des scènes disposées en bandes étroites et des décorations d'éventails.

Tout cela est dispersé dans des Musées et des collections particulières. Tel amateur du xvii siècle, comme Crozat, a possédé jusqu'à 304 dessins de Lafage (P.-J. Mariette. *Description sommaire des dessins des grands maîtres d'Italie, des Pays-Bas et de France du cabinet de feu M. Crozat*, Paris, 1741, in-8). A cette heure on trouve : au Musée de Toulouse neuf des dix dessins exécutés en 1683; au Louvre 48 autres dont cinq sont exposés (*Descente de croix, La chasse de Diane, Les Vendanges, Amours dans une barque* et *Triomphe de Bacchus*). M. Albert Arvengas, de Lisle-sur-Tarn, en a aussi quelques-uns qu'il exposa à Albi en 1893 en même temps que *Jupiter foudroyant les Titans* et *Hommage à une divinité*, envoyés par une autre personne (*Exposition archéol. et artistique d'Albi*, 1893. *Livret*). Au surplus M. Arvengas a réuni dans sa bibliothèque tous les ouvrages relatifs à Lafage et formé une admirable et unique collection de ses œuvres gravées, y compris des photographies de tout ce que possèdent les Musées de France et de l'étranger. Enfin, en 1912, M. Dupuy-Dutemps a fait don d'un dessin de Lafage au Musée de Lisle (*Revue du Tarn*, t. XXIX (1912), p. 308). D'autre part les catalogues de vente mentionnent de temps à autre des dessins ou des planches gravées d'après les originaux de notre compatriote. Ce sont, par exemple : quatre gravures (*Bacchanales*) de la collection Renouvier, 1911, la *Construction d'un temple*, dessin à la plume de 0,51 sur 0,40, lavé d'encre de Chine (collection de Wyzava, 1919), des *Dauphins et sirènes*, plume, un *Projet de monument à la gloire de Louis XIV* (0,49 sur 0,41) plume et sépia,... (Maurice Lang. *Annuaire des ventes*, oct. 1918 - juillet 1919, Paris, 1921, in-8, avec fac-simile du monument de Louis XIV).

Il a été édité, surtout dans les dernières années du xviie siècle, plusieurs « recueils » reproduisant en gravure un assez grand nombre de dessins de Lafage. Ces cuivres sont généralement signés par Gérard Audran, † en 1710, François Ertinger, † en 1700, C. Simonneau, † en 1728, Cornelius Vermeulen, le comte de Caylus, † en 1765, quelquefois par Lafage même.

La plus importante de ces publications et probablement la première en date est celle de Van der Bruggen que j'ai déjà citée à plusieurs reprises. Elle porte pour titre : *Recueil des meilleurs desseins de Raimond La Fage gravé par cinq des plus habiles graveurs et mis en lumière par les soins de Vander-Bruggen. Se vend chez Jean Van der Bruggen, marchand et graveur à Paris rue St Jacques au grand magasin d'images. Avec privilège du Roy. 1689* ». Une première planche, gravée par Vermeulen et servant de frontispice est censée représenter Lafage, un crayon à la main, entouré de personnages et objets symbolisant l'art, l'amour et le vin. Au-dessous on lit : « Effigies Raymondi la Fage Galli delineatoris celeberrimi, defuncti Anno M. D. C. LXXXIV. Ætatis XXVIII ». Après une dédicace « A Monsieur Bertin, Conseiller Secretaire du Roy et Trésorier Général de la Chancellerie de France », vient un « Discours sur les œuvres de La Fage », le tout gravé par C.-A. Berey, graveur en lettres. Les 31 planches qui forment le corps de l'ouvrage (0,54 sur 0,37) sont parfois doubles (0,54×0,74). Elles sont l'œuvre de G. Audran, de Franç. Ertinger qui accompagne son nom de la mention « sculp. Parisius 1683 », de C. Simonneau et de Corn. Vermeulen. A la fin est un portrait à la manière noire, assez terne, de « Jean Vander-Bruggen graveur âgé de quarante ans natif de Bruxelles en Brabant. M. DC. LXXXIX », d'après une peinture de N. De Lar-

gillier ». La même planche porte, au-dessous du portrait, six
vers dont les deux premiers

> « Ce juste admirateur des dessins de la Fage
> Nous en présente un assemblage »

prouvent qu'elle fut destinée à l'édition du « recueil ».

A une époque voisine on peut attribuer un autre album orné,
comme le précédent, du frontispice rapportant le décès de Lafage
à l'année 1684, à l'âge de 28 ans. Il a été signalé en 1909 à la
Société archéologique du Midi (*Bull.* 1906-9, p. 476) par le comte
Bégouen. Le titre est ainsi conçu : *Divers sujets tirés de l'histoire
de Toulouse, représentés en dessins par Raymond Lafage et gravés
par François Ertinger à Paris, chez Nicolas Langlois, rue Saint-
Jacques, à la Victoire* ». On trouve là les reproductions (renver-
sées) des dix dessins de 1683 dont neuf subsistent au Musée de
Toulouse.

C'est encore à la fin du xviie siècle qu'on doit sans doute faire
remonter la publication de « *Differens desseins du sieur Reimond
La Fage, qu'il a fait à Rome, donc les planches sont transportées
à Augspourg où on les trouve chez Jérémie Wolff marchand en
tailles douces. Cum privileg. Sac. Caes. Majest.* » Ce volume de
format oblong, mesurant seulement 0,41 sur 0,29, contient treize
planches représentant 29 sujets numérotés. Outre les noms du
graveur qui les a tirées (« Jeremias Wolff exc[ussit] Aug[usta]
Vind[elicorum] »), elles portent presque toutes « R. la Fage »
ou « Remond la Fage f » ou « fe », ou encore « fecit Rom » ou
« Romm » ou (rarement) « Rome ». Ce n'est là qu'une addition,
à la pointe sèche, du fait de l'éditeur car la signature de Lafage
est différente. Les sujets, de simples exquisses pour la plupart,
sont inspirés soit du Nouveau Testament (*Adoration des bergers*
dont l'original est au Louvre), soit de l'Ancien. La bibliothèque
d'Albi vient d'acquérir (avril 1922) un exemplaire de ce recueil
qui n'était pas connu.

Egalement rare doit être un album analogue gravé par Van
Schuppen en 1695 et signalé par Léon Rosenthal dans son ouvrage
sur *La gravure* (Paris, 1909, in-4, p. 238).

Enfin une réimpression de la publication de Van der Bruggen
a vu le jour à Amsterdam en 1785. La *Revue du Tarn*, t. I (1877),
p. 368 en a noté la vente d'un exemplaire de même composition
que l'édition de 1689. C'est là, selon toute vraisemblance, l'album

dont le titre est, dans sa première partie, identique à celui de 1689 et porte, dans la seconde partie, la mention : *Se vend chez Gérard Walck marchand et graveur à Amsterdam sur le Dam au chien veillant avec privilège de Nos Seigneurs les Etats de Hollande et de West. Frise* (sans date).

D'autres éditions de même titre sont beaucoup plus volumineuses.

Tout porte à croire que, de loin en loin, on découvrira quelques publications analogues tombées dans l'oubli comme cette « œuvre » de Lafage qui « se compose de 145 pièces gravées par Lafage, Vermeulen, Gérard Audran et Ertinger », décrite par Robert Dumesnil (*Le peintre graveur français*, Paris, 1837-74, 11 vol. in-8, tome II) et dont parle Ch. Blanc dans son *Histoire des peintres...* loc. cit. Ce dernier auteur la signale aussi comme figurant dans la vente Mariette en 1775 (*Trésor de la curiosité*, Paris, 1857, 2 vol. in-8).

L'appréciation du talent de Lafage fut le plus souvent très élogieuse, enthousiaste même. Van der Bruggen compare cet artiste à Raphaël, à Michel-Ange, à Annibal Carrache. Charles Blanc le qualifie « extraordinaire ». H. de Chennevières estime (*Dessins du Louvre*) qu'il « égale Collot, Nanteuil, Sylvestre, Leclerc » et ajoute que, « sobre de hâchures, il indique la pose, l'ensemble; ses études sommaires dépassent ses conceptions muries ». J. de Lahondès lui reconnaît « un sens vraiment génial du pittoresque et du grandiose » (*Les monuments de Toulouse*, 1920, p. 524). Seul, à ma connaissance, le peintre B. Bénezet fait entendre une note discordante lorsqu'il déclare que Lafage fut l'esclave de réminiscences italiennes, en somme un « médiocre artiste » à la « réputation surfaite » (*Hist. de l'art toulousain* dans *Toulouse*, vol. de l'*Association franç. pour l'avancement des sciences*, 1887, in-8, p. 580 note). Il est bien évident que les chefs-d'œuvre des maîtres italiens, Raphaël et Michel-Ange surtout, ont fait sur l'esprit de notre compatriote une impression profonde et que ses dessins s'en ressentent très souvent, au point même quelquefois de passer pour des copies dans certains détails. Ce fait diminue sensiblement son originalité. Mais il serait injuste de ne pas tenir compte de sa facilité, de son abondance, de sa précision anatomique qui le mettent au rang des plus habiles dessinateurs.

La bibliographie de Lafage comprend, outre les travaux déjà cités, ceux qui suivent : Ph. de Chennevières. *Recherches sur la vie et les ouvrages de quelques peintres provinciaux de l'ancienne France*, t. II, p. 229-264 (Paris, 1847-62, 4 vol. in-8), — Ed. Cabié. *Dessins de R. Lafage, célèbre dessinateur du* xviie *siècle*, dans le *Bull. de la commission des antiquités de la ville de Castres*, t. III (1880), p. 212-215 et 268, avec reproduction du *Martyre de saint Etienne* et d'une bacchanale, — [E. Jolibois]. *Raymond Lafage*, dans la *Revue du Tarn*, t. III (1880-81), p. 85-87, avec reproduction par Ed. Cabié du *Combat de saint Michel contre les anges rebelles* et la bacchanale ci-dessus, — E. Jolibois. *Les beaux-arts dans le département du Tarn depuis la Renaissance*, dans la *Revue du Tarn*, t. VI (1886-87), p. 263, — H. Bouchot. *Dictionnaire des marques et monogramme des graveurs* (Paris, 1886, in-8), donnant le monogramme de Lafage, — Bon Desazars de Montgaillard. *L'art à Toulouse*, dans les *Mém. de l'Académie des sciences, inscr. et b.-lettres de Toulouse*, 10° série, t. V (1905), article reproduit dans la *Revue du Tarn*, t. XXII (1905), p. 337-340, — Bénézit. *Dictionnaire...*, — André Michel. *Hist. de l'art*, t. VI, 2e partie, p. 611-612.

Lafailhe, Pierre, papetier. — Au cours d'un procès entre deux papetiers de Castres, en 1748 (voy. Brieu), Pierre Lafailhe, « marchand papetier » établi à Burlats, est l'un des experts appelés à donner leur avis sur certaines questions (Arch. du Tarn, B. 171).

Laffont, musiciens. — Jules Laffont, né et mort à Albi (1839-1908), chef du bureau de l'état civil à la mairie de cette ville, fut le fondateur et le directeur de la Fanfare républicaine et de l'Union musicale d'Albi. On lui doit la composition d'un hymne à sainte Cécile, de motets religieux, de messes solennelles ainsi que la notation musicale de divers chants ou chansonnettes tels que *L'Albitgeso, Dernier message, Ultima verba* (de Jules Rolland), *Margarideto* (de J. Rolland d'après une poésie attribuée à Dufour de Pibrac), *La canço de Clémenço* (du comte Victor d'Adhémar) qui obtint un jeton d'or au concours des Jeux floraux, *La Gaillagole* (d'E. Chalou)...

Son fils, Noël, né à Albi en 1870, élève du Conservatoire de Toulouse et des maîtres Sizes (solfège), Degouy (hautbois), Girard (harmonie), a hérité du profond sentiment artistique paternel.

Pourvu du certificat d'aptitude à l'enseignement supérieur du chant, professeur à l'école normale d'instituteurs, au lycée et à l'école primaire supérieure d'Albi, il dirige la Chorale albigeoise; il a édité (Albi 1906, in-8) un *Nouveau cours de solfège* et les *Chansons de la terre*, 24 chants pour les écoles (Paris, 1910, 2 vol. in-4). Ses principales compositions, depuis 1896, sont les suivantes : *Salut al soulelh* d'Aug. Fourès (1er prix aux Jeux floraux de Montpellier), *La romanço d'Estello* (couronnée aux Jeux floraux d'Alais), des chœurs pour orphéons, en collaboration avec Jules Gondoin : *La chanson des galets*, *Etoile d'or*, *Thermidor*, et encore *Vendanges fleuries* de J. Mourguès, *Bitche et Teyssier* de Léon Belot, *Les faucheurs de blé* de A. de Guerne, *Travail* de Brizeux... (Voir *Revue du Tarn*, t. XIII (1896), p. 224, — t. XXIII (1904), p. 96, — t. XXVII (1910), p. 208, — t. XXX (1913), p. 244).

Lafilée, Laffilée ou **Laffilay,** Antoine, orfèvre. — Il était âgé d'« environ 50 ans » lorsqu'il mourut, à Albi, le 11 février 1678; il fut enseveli dans l'église de Saint-Etienne. Sur les fonts de la même église il avait fait baptiser, de 1670 à 1676, trois filles et un garçon, François, qu'il avait eus de Catherine Defos, fille ou nièce de Jean, « conseiller du roi, lieutenant général en la foraine de Thoulouse ». Quand il fut procédé à la vente de ses biens, en 1696, un autre orfèvre d'Albi, Louis Langlois, remplit les formalités voulues, par procuration de Pierre Lafilay, « orlogeur » à Paris, neveu sans doute du défunt qui, en cette circonstance est dit aussi « orlogeur », peut-être parce qu'il s'était occupé d'horlogerie en même temps que d'orfèvrerie (Ch. Portal. *Notes sur l'orfèvrerie à Albi*). A l'appui de cette hypothèse on peut citer la mention d'Antoine Lafillay « horloger » dans une mutation cadastrale de la gache de Saint-Etienne, du milieu du xviie siècle (Arch. d'Albi, CC. 41, f° 106).

Lafon, sculpteur. — Le conseil communal de Cordes décidait, en 1676, de faire faire par Lafon, sculpteur de Gaillac, un rétable pour l'église paroissiale (Arch. de Cordes, BB. 73), mais, des difficultés ayant surgi, ce fut un autre artiste qui exécuta ce travail (Voy. Constans).

Lafon, fondeur. — Etabli à Toulouse, ce fondeur vendait, en 1787, à l'église de Graissac, com. de Lautrec, six chandeliers et une croix (Arch. du Tarn, E. 2245. Communication de M. l'abbé Thomas).

Lafon, Jean, sculpteur. — Les consuls d'Albi de 1650-51 faisaient payer au maître sculpteur Jean Lafon la somme de 34 livres pour avoir ajouté trois fleurs de lis aux armoiries de la ville tant à la maison commune qu'à la boucherie, au marché au blé, au collège et aussi pour avoir sculpté les mêmes armes avec fleurs de lis sur une croix en pierre qui se trouvait sur la place principale (Arch. d'Albi, CC. 329 et 496).

Lafon, Pierre, orfèvre. — Ce « marchand orfèvre » de Mazamet émigra en 1686 pour cause de religion (G. Dumons. *Les réfugiés du pays castrais* dans la *Revue du Tarn*, t. XXX (1913), p. 195).

Lafont, Gabriel, orfèvre. — Le 1er janvier 1582, à Rabastens, le « maistre orfèvre » Gabriel Lafont, du dit lieu, faisait son testament (Em. Marty. *Archives des notaires de Rabastens*, p. 101).

Lafont, Jean, fondeur. — Par acte du 27 juin 1616 les consuls de Rabastens confient à Jean Lafont, fondeur de Caraman, la refonte d'une cloche, appelée « Françoise », à raison de six livres par quintal (Em. Marty. *Arch. des notaires de Rabastens*, p. 139). Quelques années après, en 1621, la ville de Castres traite avec lui pour la façon de deux couleuvrines de douze empans de long (2m70) sur lesquelles seront figurées les armoiries communales et l'année de la fonte, la communauté doit fournir le métal et payer 77 livres, 12 sous pour la confection du modèle, plus 7 livres, 10 sous par quintal de matière œuvrée (Arch. de Castres, DD. 6). Enfin on retrouve Jean Lafont (il signe « Lafont ») à Escoussens, à la date du 19 mars 1630, assistant à des pesées du métal nécessaire pour la refonte d'une cloche rompue de 1482 livres; il est dit que les consuls se sont procuré « la quantité de setze cents vingt deux livres que Lafon a reçueus pour estre mise à la fonte » (Arch. du Tarn, E. 323, fo 19).

Lafontaine, doreur. — Il dorait, en 1684, un rétable sculpté par Constans, de Rodez, pour l'église paroissiale de Cordes (Arch. de Cordes, FF. 91).

Lafontaine, Jean, vitrier. — Des vitraux de l'église de Notre-Dame du bourg de Rabastens sont réparés, en 1552, par Jean

Lafontaine et son fils à qui l'on fournit la matière première nécessaire, bois, plomb, étain, et la main-d'œuvre accessoire. Leur travail doit être payé à raison de deux sous, six deniers par jour (Em. Marty. *Archives des notaires de Rabastens*, p. 58).

Lagon, Eustache, architecte et sculpteur. — Son nom est souvent écrit « Langon », mais il y a lieu d'opter pour « Lagon » qui est conforme à plusieurs signatures de l'intéressé (Arch. du Tarn, B. 124 et C. 1072).

Fixé à Castres, il fut l'un des consuls de cette ville en 1709, en 1711 et encore en 1725; il succéda à Houlès comme architecte communal en 1709 (Arch. de Castres, BB. 27 et 28). En 1715, il se qualifie d'architecte diocésain à l'occasion d'une vérification de travaux de voirie rurale (Arch. du Tarn, C. 1072). Lagon paraît pour la dernière fois, en 1731, sur une liste de crédi-rentiers du diocèse (C. 1076).

Comme architecte il est en relations, en 1700, avec les Jacobins de Castres à qui il fournit des plans pour la construction et la décoration du chœur de leur église (H. 467); en 1709 et 1710, il touche plusieurs acomptes sur une somme de 2400 livres suivant des conventions arrêtées avec le chapitre cathédral de la même ville et relatives à « l'inspection et la conduite » des travaux de réfection du chœur de l'église de Saint-Benoît; il était l'auteur des plans et devis de l'œuvre (B. 124 et G. 270). On lui doit également les plans et devis du clocher de Puylaurens rebâti en 1716 (E. 3355), ceux aussi d'une réparation de la nef de l'église de Réalmont, exécutée en 1719 (E. 3356).

En tant que sculpteur, il reçoit, en 1700, des Trinitaires de Castres 5 livres et des sous pour un cadre « à l'allemande » destiné à une toile de Labadie représentant la *Sainte famille* (H. 564). Les deux années suivantes, il orne de sculptures, pour les Jacobins, un rétable d'une de leurs chapelles, un pupitre du chœur, un cadre pour une thèse imprimée sur satin (H. 467). Pour le chœur de Saint-Benoît, le chapitre lui fait faire, en 1716, les chapiteaux nécessaires, plus huit clefs de voûtes de chapelles, le tout au prix de 240 livres (G. 271). Vers la même époque, en 1717, il touchait un acompte de 300 livres pour un tabernacle que lui avaient commandé les Jacobins (H. 468).

Peut-être le menuisier « Langon », qui confectionnait, en 1778, un confessionnal aux frais de la ville de Castres, pour l'église de Saint-Martial de Camarens, était-il un descendant d'Eustache Lagon (Arch. de Castres, CC. 52).

Lagrange, Louis, armurier, est porté sur le cadastre d'Albi de 1601, gache de Saint-Etienne (Arch. d'Albi, CC. 41, f° 78 v°).

Lahondès (de Lafigère de), Jules, dessinateur. — Jules de Lahondès, né à Albi le 18 juin 1830, mort à Toulouse le 10 juillet 1914, est surtout connu par ses nombreux et remarquables travaux archéologiques et historiques. On en trouvera une bibliographie dans le *Bull. de la Soc. archéol. du Midi*, 1914-17, p. 1-22 avec portrait. Il a été longtemps et jusqu'à ses derniers jours président de cette société et mainteneur des Jeux floraux.

Elève du peintre paysagiste Joseph Latour, à Toulouse, J. de Lahondès a produit assez fréquemment de fort jolis dessins à la mine de plomb. Ce sont des vues des Pyrénées, de Toulouse, d'Albi... Une *Vue de la place Sainte-Cécile* [d'Albi] *en* 1850 a été exposée en 1893 à Albi. Il se livra aussi parfois à la peinture : une *Sainte-Cécile vue de la Madeleine* fut donnée par lui au musée de Lisle-sur-Tarn en 1907 (*Revue du Tarn*, t. XXIV (1907), p. 114). Outre la notice avec bibliographie déjà citée, voir Em. Cartailhac. *Eloge de Jules de Lahondès*, dans le *Recueil de l'Académie des Jeux floraux*, 1920, 2e partie, p. 3-18, Aug. Puis. *Jules de Lahondès*, dans le *Bull. archéol. de Tarn-et-Garonne*, t. XXXXIX (1921), p. 88-96.

Lahontois, Jean, vitrier. — Il était établi à Rabastens quand, en 1544, l'abbé de Candeil lui confia la réparation des vitraux de l'abbaye, du château de Serres et d'une chapelle dite de Saint-Raphaël (Ch. Peyronnet. *Documents sur quelques artistes du pays albigeois* dans la *Revue du Tarn*, t. XIX (1902), p. 32).

Lamouroux, Raimond, orfèvre. — En 1680, on baptisait, sur les fonts de l'église de Sainte-Martiane d'Albi, une fille de Raimond Lamouroux, « orfèvre de Tolose » (Toulouse), et de Françoise Laroussilhère (Arch. d'Albi, GG. 60, f° 15 v°).

Lamy, André, fondeur. Voy. Duhamel. Un François Lamy, d'Angers, est cité, à la date de 1694, par Jos. Berthelé (*Enquêtes campanaires*, p. 143).

Langlois, surnom de Corp (voy. ce nom), orfèvre d'Albi.

Langon (ou Lagon? voy ce nom), menuisier.

Lanier, Jean, fondeur. — Le chapitre collégial de Saint-Michel de Gaillac faisait fondre, en 1628, une cloche de neuf quintaux par Jean Lanier, « habitant de la ville de Lamotte en Lorraine » (sans doute La Motte, près de Bourmont, Haute-Marne) (Ch. Portal. *Notes sur quelques fondeurs de cloches*). Le Lorrain Jean Lasnier qui œuvrait à Poitiers vers la même époque doit se confondre avec le fondeur ci-dessus (Cf. Jos. Berthelé. *Enquêtes campanaires*, p. 53 et 94).

Lanticq, Jean, orfèvre. — Ce « maistre orphèvre de Rabastens » mettait, en 1643, son neveu Jean Tholza en apprentissage chez le potier d'étain Jacques Delsol. Voy. ce nom. (Em. Marty. *Archives des notaires de Rabastens*, p. 168).

Larieu, François, passementier, faisait baptiser, le 3 novembre 1680, dans l'église de Saint-Salvi d'Albi, son fils Jean, il était marié avec Jeanne Cadaux (Arch. d'Albi, GG. 19, f° 76 v°).

Laroche, ingénieur. — Inspecteur des travaux publics du diocèse d'Albi de 1761 à 1769, Laroche fit fonction d'architecte-voyer de cette ville. Son plan d'Albi, dont il a été question à l'article du graveur Chalmandrier, était terminé en 1765 (Arch. d'Albi, CC. 532). Mais, avant cette date, les modifications projetées étaient en partie réalisées, notamment la démolition, en 1761, des anciens remparts depuis la porte neuve jusqu'à celle de Ronel et au delà. Laroche a dirigé les travaux d'assainissement et d'embellissement de la ville et de ses abords durant et après ses fonctions d'ingénieur diocésain : la place du Vigan, les avenues et boulevards y aboutissant sont en grande partie son œuvre. Maintes fois les archives communales signalent son intervention à l'occasion d'alignements nouveaux, de nivellements, de pavages des voies publiques (BB. 41 à 43, CC. 528, 529, 532, 533, 536, DD. 39, 42, 43, EE. 84). En 1777 encore, il touchait des honoraires pour la démolition des quatre dernières maisons bâties sur les piles du pont vieux (*Revue du Tarn*, t. XXIII (1906), p. 196). Voir encore sur Laroche Léon Belot. *L'ingénieur Mariès*, dans la *Revue du Tarn*, t. XXX (1913), p. 184-187.

Hors d'Albi il fut chargé de vérifier l'état de l'église de Réalmont en 1761 ou 62 (Arch. du Tarn, E. 3559) et les consuls de Cordes l'invitaient, en 1766, à dresser un devis des réparations à exécuter pour consolider les murs de la localité, ce dont il fut empêché de s'occuper (Arch. de Cordes, BB. 85).

Peut-être faut-il le confondre avec l'ingénieur *De La Roche* auteur, en 1783, d'un *Atlas et description du canal royal de Languedoc ou Architecture hydraulique du canal des deux mers* (Paris, Desauche éditeur, in-4 avec carte et plans)?

Laroque, architecte. — Le conseil communal de Castres le chargeait, en 1743, de la surveillance des travaux de construction de l'église de La Platé entrepris, l'année précédente, par l'architecte de Montpellier Claude Bresson (Arch. de Castres, BB. 29).

Laroque, Bernard, potier d'étain. — Il épousait, à Albi, le 30 janvier 1714, Françoise Portes (Arch. d'Albi, GG. 20, f° 378).

Larose, Géraud, tapissier. — Jean-Dominique Larose, fils de Géraud, tapissier, et de Madeleine Doulriès, était baptisé dans l'église de Sainte-Martiane d'Albi le 16 janvier 1716 (Arch. d'Albi, GG., 62, f° 240).

Larroque, fondeurs. — Le 6 avril 1744, Marie Larroque, fille d'Antoine, fondeur, et de dame Bonifas, abjurait la religion calviniste dans la paroisse de Saint-Salvi d'Albi (Arch. d'Albi, GG. 23, f° 101).

A la même famille appartenait sans doute le fondeur Larroque à qui le chapitre de Saint-Michel de Gaillac achetait une clochette en 1788 ou 89 (Ch. Portal. *Notes sur quelques fondeurs de cloches...*) et aussi le Larroque de Gaillac (le même que le précédent ou son fils?) qui fondit, en 1814, la cloche de Saint-Salvi de Sérail, com. de Saint-Julien-du-puy (Communication de M. l'abbé Thomas d'après un registre paroissial de Graissac).

Larroque, brodeur. — Voy. Bordes.

Lasnier, orfèvres. — Trois enfants issus du mariage de Nicolas Lasnier, orfèvre, et de Marie-Rose Salamon furent tenus sur les fonts baptismaux de l'église de Saint-Alain de Lavaur en 1737 (une fille), le 17 novembre 1739 (un garçon, Jean) et en 1742 (une fille) (Arch. du Tarn, E. 4863).

Jean, ci-dessus nommé, épousa Jeanne Coudeau dont il eut

au moins une fille en 1771 (E. 4869). Il était l'un des vingt orfèvres du département en vendémiaire an VII (1798) (L. 258, f° 118 v°).

Lasserre, orfèvres. — Bernard Lasserre, orfèvre à Toulouse, s'engageait, le 20 mars 1655, envers les consuls de Rabastens à « couvrir bien et deument et selon l'art d'orpheuvrerye un busc ou demy corps de la figure de sainct Aubin, évesque, de plaque d'argent bien ornée et cizellée, ensemble le pied d'estal et anges quy seront aux costés, lequel busc de bois doibt estre faict par le sieur Pierre Affré, m⁰ sculpteur de la présente ville [de Toulouse] et sera après deslivré au dit Lasserre pour estre couvert et sera tenu le dit Lasserre de faire la mitre [du saint] et les ayles des anges de plaque d'argent sans bois et faire peindre le vizage du dit busc, lequel vizage ny ceux des anges ne seront pas couverts d'argent non plus que les piedz des anges ny les nuages qui sont au dessoubs [mais] bien les fera dorer et peindre et il en sera de mesme des mains des anges et couvrira aussi de plaque d'argent le pied d'estal et planches aussy bien orné et cizellé et estoffé de bon argent et dorera la barbe et cheveux du dit busc et ceux des anges aussy, comme de mesme, ez cas [que] la dite communauté [de Rabastens] le voudra, sera tenu de couvrir d'argent comme le reste la pomme du pied d'estal et, ne le voulant pas (c'est-à-dire dans le cas contraire) il sera seulement tenu de la dorer et peindre les vizages des chérubins quy sont autour de la dite pomme et dorer les cheveux et ce moyennant le prix et somme de trente sept livres pour la valleur de chasque marc d'argent quy entrera au dit ouvrage y comprise la façon, auquel ouvrage ne pourra le dict Lasserre employer que quatorze marqs d'argent, un marc plus ou moins » (à un marc près). Il reçoit un acompte de 100 livres et lors de la livraison de son travail, le 11 août suivant, Lasserre donne quittance de la somme totale de 614 livres, 8 sous, 6 deniers correspondant, à raison de 37 livres le marc, à « seize marqs et demi, cinq uchaux » (Arch. du Tarn, E. 3494).

Dix ans après, en 1665, une confrérie du Rosaire, de Rabastens encore, faisait faire à Lasserre une statue ou statuette de la Vierge avec l'enfant Jésus (Em. Marty. *Archives des notaires de Rabastens*, p. 183).

La même année et en 1668, le chapitre collégial de Saint-Michel de Gaillac achetait au même orfèvre divers objets pour le prix total de 392 livres et dix sous et notamment deux chandeliers en argent pesant 5 marcs, 6 onces, 8 gros et d'une valeur de 194 livres; de plus, on projetait de lui commander deux bourdons d'argent (Arch. du Tarn, G. 484, délibérations des 16 août 1665 et 10 décembre 1668).

Peut-être est-ce toujours Bernard Lasserre qui réparait pour le dit chapitre le pied d'un grand calice en 1693 ou 1694 (G. 485), mais c'est surement un autre Lasserre, dont le prénom n'est pas connu, le fils et successeur sans doute de Bernard, qui, en 1722, réalisa le projet déjà ancien de la confection de deux bourdons d'argent. Le 2 juin de cette année, un Lasserre (il signe Lacere) « marchant orfèvre de cette ville » (de Toulouse) s'engage à « fere dans deux mois deux bourdons d'argant fin du pois de sese (seize) mars... aiant reseu présentemant... la somme de huit sans (cents) livres » destinée à l'achat du métal nécessaire pour la façon de ces bourdons « à reson de soisante cinq livres, dix sept sols et sis deniers le marc et le seurplus de se qui sera fourny par moi Lacere pour parfere les dits bourdons sera péié par le dit chapitre seur le pris comme l'argant vaudra le jour que je remetré les dits bourdons, comme ausy sera péié à moy dit Lacere dis livres [par marc de métal œuvré] pour le travail », plus le droit de contrôle de 2 livres, 8 sous le marc, soit 38 livres, 8 sous. Le chapitre eut à débourser au total 1353 livres, 5 sous, 8 deniers, non compris les frais de port qui s'élevèrent à 14 livres, 15 sous; la quittance porte qu'une statuette de saint Michel était adaptée à l'un des bourdons (G. 485, délibération du 20 mars 1722, G. 563 et 545).

On retrouve une dernière fois l'orfèvre Lasserre dans un compte de dépenses faites à Toulouse en 1733 « pour des ornemens de l'église cathédrale » de Castres. Il fut payé alors 166 livres, 6 sous pour la façon d'un calice « pesant 2 marcs, 3 onces, demy gros » à raison de « l'argent à 49 livres, 7 deniers le marc, [soit] 116 livres, 16 sous, contrôle à 3 livres, 7 sous, 3 deniers le marc [soit] 8 livres, façon et dorure 40 livres, estuy 1 livre, 10 sous » (G. 284).

Launet, Pierre, doreur. — La confrérie de Notre-Dame du Mont-Carmel, de Lavaur, reconnaissait, le 23 septembre 1669, devoir à Pierre Launet, « maistre doreur, habitant de la ville de

Tholose », une partie de la somme de 600 livres convenue pour « la dorure et autre travail... au rétable et autel de la dite confrérie » dans l'église cathédrale. La quittance de ce solde est portée en marge de l'acte, à la date du 18 novembre 1670 (Arch. du Tarn, E. 555, f° 425). Le baron de Rivières a publié la reconnaissance ci-dessus dans le *Bulletin de la Soc. archéologique du Midi*, 1898-99, p. 78.

Laurens, fondeur, travaillait, en 1638, en collaboration avec un Joly (Voy. ce nom).

Laurens, peintre. — Les consuls d'Albi lui faisaient payer, en 1759, 20 livres pour la peinture des armes de l'archevêque (Arch. d'Albi, CC. 424).

Lauret ou **Loret,** orfèvre. — Le chapitre de Saint-Michel de Gaillac avait traité, le 16 mars 1654, avec « Loret, mᵉ orphèvre de Thoulouse », pour la façon d'« une grande croix, deux encensoirs, deux navettes, un soleilh avec son pied et deux petites croix pour l'offrande ». Le paiement de la croix donna lieu à des difficultés qui étaient encore à résoudre en 1661 (Arch. du Tarn, G. 484, fᵒˢ 64 v°, 80, 83, 122 et 141).

Laval (de), Guillaume, serrurier. — Il lui fut payé, le 2 mars 1511 (1512 n. s.) 15 sous tournois pour deux serrures par lui faites et placées à la « porta de Tarn » (Arch. d'Albi, CC. 454).

Laval (de), Jean, peintre. — Les héritiers de Jean « de Valle, pictoris Albie », figurent, en 1517, parmi les tenanciers des Annonciades d'Albi (Arch. du Tarn, H. 689).

Lavère, orfèvre. — En 1740, il fut donné à l'hospice de Graulhet un vieux calice avec sa patène, en argent, qu'on livra au « marchand orfèvre de Toulouse » Lavère pour avoir, en échange, un calice neuf du poids de un marc, deux onces et un gros. L'orfèvre reçut pour le métal 62 livres, un sou, à raison de 49 livres, 7 deniers le marc d'argent, plus 4 livres, 4 sous, 3 deniers pour le droit de contrôle et 32 livres pour la façon et la dorure (Arch. de Graulhet, GG. 37. Communication de M. l'abbé Thomas).

Lavocat, Etienne, fondeur. — Les fabriciens de l'église de Saint-André d'Alayrac, com. de Lautrec, reconnaissent, le 19 janvier 1424 (n. s.), devoir « Stephano Avocati et Guillelmo Simonis, simbaleriis, habitantibus, ut dixerunt, ville Montispessulani (Montpellier) duos mutones cum dimidio auri boni... causa operationis cujusdam campane sive esquila noviter per eosdem operate in ecclesia predicta ». Ils lui doivent aussi 5 écus d'or et demi pour le métal qu'ils ont fourni. L'acte est cancellé, après paiement, le 15 septembre 1425 (Arch. du Tarn, E. 386, f° 65 v°). Jos. Berthelé, dans ses *Enquêtes campanaires*, p. 300, cite un Lavocat ou Ladvocat, fondeur en Nivernais au début du xviiie siècle.

Layre, Antoine, arquebusier. — Un registre du notaire Aymeric, de Lautrec, contient un contrat d'apprentissage conclu en 1704 avec Antoine Layre, arquebusier de Réalmont (Communication de M. l'abbé Thomas).

Lebeau-Dubuisson, orfèvre. Voy. Dubuisson.

Lebret, Etienne, orfèvre. — L'archevêque d'Albi Hyacinthe Serroni faisait faire, en 1681, par Etienne Lebret, orfèvre à Paris, 62 calices du poids de deux marcs, en argent doré, autant de patènes, 116 ciboires d'un marc et demi, même nombre de soleils de quatre onces, le tout d'argent, à raison de 31 livres le marc, plus, pour la façon, de 16 livres pour chaque calice avec sa patène et pour chaque ciboire, 5 livres, 10 sols pour chaque soleil. Un acompte de 3000 livres était payé à l'orfèvre (Arch. du Tarn, G. 6).

Lebrout, Daniel, comédien. Voy. Dumortier.

Lebrun, architectes. — Comme architecte de la ville de Castres, Jean-Nicolas Lebrun était chargé, en 1787, d'étudier divers projets de réparation à des édifices communaux (Arch. de Castres, BB. 34). L'acte de sa sépulture, le 10 novembre 1789, est porté sur un registre de la paroisse de Saint-Jacques de Villegoudou (GG. 30).

L'architecte qui signe « Lebrun jeune » [François-Martin] et fut, comme le précédent, au service de la municipalité castraise, était né à Castres en 1799 de l'union de Jean-Nicolas avec Claire Bonafous. Il est mort à Montauban le 9 décembre 1849. On lui doit la place nationale avec son marché, dont les travaux adjugés en 1827 furent inaugurés en 1831. A cette dernière date, Lebrun jeune donna sa démission d'architecte communal et, l'année suivante (1832), il dressait les plans de la mairie, du collège et du tribunal de Gaillac, formant l'un des côtés de la place appelée plus tard et actuellement la place d'Hautpoul (Arch. du Tarn O 2, Estadieu. *Annales du pays castrais*, p. 140, 144 et 145, Bauchal. *Nouveau dictionnaire des architectes français*). D'après Bauchal, Lebrun aurait rempli les fonctions de conservateur des édifices diocésains de Montauban de 1850 à 1852 au plus tard. Ce détail ne paraît pas exact : François-Martin Lebrun fut l'architecte départemental de Tarn-et-Garonne à partir tout au moins de 1846 et non architecte diocésain (Communication de M. Faucher, archiviste de Tarn-et-Garonne).

Lefebvre, organistes. — Guillaume Lefebvre, organiste de la cathédrale de Toulouse, était tenancier, en 1637 et 1641, dans les consulats de Lisle et de Rabastens, de biens appartenant aux Augustines de Lisle (Arch. du Tarn, H. 812). J. de Lahondès, dans *Les Monuments de Toulouse*, p. 208, rappelle qu'il avait fait construire ou reconstruire à ses frais, en 1616, le petit cloître du couvent des Augustins (musée actuel).

Un autre Lefebvre, aussi organiste à Toulouse, du prénom d'Antoine, reconnaissait, en 1640, tenir à Convers, com. de Lisle, quelque terre d'Antoinette de Baulac, dame de Saint-Géry. On le retrouve encore, en 1649, dans la même région (H. 818). Peut-être était-il le frère de Guillaume.

Legoust, sculpteurs. — Un premier sculpteur toulousain de ce nom, auquel tous les documents de son temps, attribuent le prénom d'« Artus » (*pour* Arthur), a fait preuve, au dire des connaisseurs, d'un réel talent. En 1615, il ornait d'une statue de Louis XIII la porte de l'Arsenal au Capitole, porte construite par Levesville (H. Rachou. *Musée de Toulouse. Catalogue des sculptures...*, p. 264). Deux ans après, le 1er août 1617, les consuls d'Albi le chargeaient de la gravure d'une plaque commémorative à placer sur la porte du Tarn qu'ils venaient de faire réparer. Legoust devait reproduire une inscription, dont on ne connaît pas le texte, sur une plaque de marbre de « cinq pans de haut, troys pans de largeur et de tiers de pan d'espaisseur, plus ou moings » soit 1m11 sur 0m67 et environ 7 à 8 centimètres; les caractères seraient dorés et l'inscription encadrée d'un filet aussi doré. Le tout, port et fournitures compris, revint à la somme de 90 livres (Arch. d'Albi, EE. 60, document publié par le baron de Rivières dans le *Bull. de la Soc. archéologique du Midi*, 1899-1901, p. 353). Un travail autrement intéressant, son chef-d'œuvre probablement, fut celui qu'il exécuta en 1625, la statue du président de Lestang agenouillé devant la Vierge. Ces deux statues « les plus belles que l'on ait sculptées à Toulouse au xviiᵉ siècle » sont conservées (séparées) dans la cathédrale (J. de Lahondès. *Les Monuments de Toulouse*, p. 50). L'abbé Lestrade a publié deux baux à besogne passés durant la même année 1627, à un mois d'intervalle, pour la façon d'un rétable en bois destiné à la confrérie de sainte Anne dans l'église du Taur moyennant 230 livres et d'un autre rétable, aussi en bois, pour les Carmélites de Limoges au prix de 450 livres (*Bull. de la Soc. archéologique du Midi*, 1906-1909, p. 25 et 1899-1901, p. 256). C'est là, jusqu'à nouvel ordre, tout ce que l'on connaît de l'œuvre d'« Artus » Legoust.

Georges-Arthur, son fils, a été jusqu'à ce jour confondu avec lui. Après 1627 il n'est plus question d'un Legoust qu'en 1652, c'est-à-dire 25 ans plus tard, et Georges meurt à Toulouse en 1660, laissant des enfants mineurs sous la tutelle de leur mère « Thoinette de Morisot ». Or l'artiste qui travaillait déjà en 1615 devait bien avoir alors une trentaine d'années ce qui le ferait naître vers 1585, il aurait sans doute pu ne mourir qu'en 1660 (à l'âge de 75 ans) mais, outre qu'il n'eût pas modifié son principal prénom au cours de sa vie, il n'aurait pas eu pour héritiers des enfants mineurs. En 1652, quand les Pénitents bleus de Rabastens traitent avec Legoust pour la confection d'un rétable, le notaire lui donne l'unique prénom de « George ». Ce rétable, aux termes du contrat, devait occuper « toute la façade de l'église » c'est-à-dire toute la largeur égale à 5 cannes et demi (9ᵐ43), derrière le maître autel, et s'élever jusqu'à la voûte; l'artiste l'ornerait « en bosse » de quatre docteurs de l'église, de statuettes de saint Louis, du roi David, d'anges et de saint Jérôme, le tout moyennant 1000 livres (Em. Marty. *Archives des notaires de Rabastens*, p. 178).

Deux ans après, en 1654, Legoust faisait un rétable en bois pour l'église de Saint-Nicolas à Toulouse (de Lahondès. *Op. cit.*, p. 162). Ce meuble n'existe plus. Il en est de même du tabernacle de « quatorze pams de largeur » (3ᵐ48) que les consuls de Cordes commandaient à « George-Artus » Legoust le 18 septembre 1659 (Arch. de Cordes, DD. 6 et CC. 190). L'acte passé ce jour-là porte que le sculpteur « ampliffiera le dessain (par lui proposé) au bas de deus basses tailhes et demy relief pour accompagner les autres troys, avec une console de chesque costé et deux Vertus dans le pied d'estailh, une aussi de chesque costé; au second ordre (deuxième zone) augmentera de deus vazes guarnis, un à chesque bout. Et, oultre la figure de la Resurrection, quy tient le haut bout, fera une figure de sainct Michel, le démon aux pieds, la croix en main, et encore une autre croix pour pouvoir estre placée à l'endroit des dictes figures la semmene (semaine) saincte. Plus les cinq basses tailhes du bas seront compozées de la Conception de la Vierge, de la Visitation de la Vierge et sainte Hélizabet, de la Nativité de la Vierge, au milieu, sur la porte de la custode, la Nativité de Nostre Seigneur, le tout en bas relief, et les deus figures des niches du bas du dessain seront sainct Pierre et sainct Pol et la niche du milieu du second ordre une Vierge avec le petit Jesus, en bosse et haut relief, et les deux niches des environs seront remplies des figures de sainct Roch et de sainct Sébastien. Et, oultre ce, sera teneu de fere dorer d'or de ducat le dict tabernacle, incarner les figures et charneures (chairs), estoffer les habits de coleurs vives et convenables... » Legoust fera emballer à ses frais le tabernacle, enverra à Cordes un ouvrier pour le mettre en place, les consuls de leur côté, fourniront la « despance de bouche » à ce « compaignon » et prendront le port à leur charge. Pour son travail, qui doit être terminé dans quatre mois, le sculpteur touchera 530 livres et on lui remet, séance tenante, un premier acompte de 160 livres. Le notaire a ajouté en marge qu'un deuxième paiement fut effectué le 24 janvier 1660 et le troisième et dernier le 20 novembre suivant. Ce solde fut reçu par Antoinette Morisot, veuve de Legoust, agissant au nom de leurs enfants, comme il a déjà été dit. Le baron de Rivières a reproduit dans le *Bull. de la Soc. archéologique du Midi*, 1894-95, p. 128 une pièce de comptabilité (CC.190) relative à cette affaire. Le tabernacle de Legoust n'existe plus.

Legros, dessinateur. — Les entrepreneurs de la construction de l'église de La Platé et du sanctuaire de l'église de Saint-Jacques, à Castres, et le dessinateur Legros faisaient recevoir définitivement leur travail par voie de transaction en 1754 (Arch. de Castres, BB. 29).

Le Lorrain, Charles, serrurier-horloger. — Le chapitre cathédral de Castres décide, en 1679, de faire réparer une horloge par Le Lorrain, sans indication de prénom (Arch. du Tarn, G. 268). Tout porte à croire que cet artisan est le même que « Charles Lorrain » à qui les Jacobins de la même ville achetaient une horloge en 1690 (H. 467).

Le More, Léonard, orfèvre. — Parmi les tenanciers du chapitre cathédral de Castres en 1520 figure l' « argentier » Léonard Le More (Arch. du Tarn, G. 294).

Le Nostre, André, jardinier. — Ce célèbre « architecte-paysagiste », comme on dirait à cette heure, qui vécut de 1613 à 1700, passe, d'après des traditions qui ne s'appuient sur aucune preuve écrite, pour avoir dessiné le jardin de l'évêché à Castres et le parc d'Huteau à Gaillac. Sur sa vie et ses travaux lire l'excellente étude de J. Guiffrey. *André Le Nostre* (Paris, s. d., in-8, avec fig.), le jardin de Castres est cité à la p. 63.

Lentin, potier d'étain. — Il fut trouvé mort, en 1750, dans la rue qu'il habitait à Albi; le procès-verbal de la levée du corps lui attribue une origine suisse. (Arch. du Tarn, B. 784).

Lenud, Guillaume, libraire. — Né à Rouen, « Guillelmus Nudi » était libraire à Castres en 1519 (A. Claudin. *Mathurin Alamande, poète et littérateur de S.-Jean d'Angely*, dans la *Revue de Saintonge et Aunis*, 1895 et compte rendu dans la *Revue du Tarn*, t. XII (1895), p. 251).

Le Pintre, surnom de Jean, peintre. Voy. Jean.

Lepotier, libraire de Castres, est cité en ventôse an II (décembre 1793) comme créancier d'un prêtre déporté (Arch. du Tarn, L. 671 38).

Leroy, Pierre, arquebusier-horloger. — Les consuls de Graulhet confient, en 1640, à Pierre Leroy, arquebusier du lieu, le soin de remonter l'horloge publique et de la tenir en bon état (Communication de M. l'abbé Thomas, d'après un reg. du notaire Demonricous, de Graulhet).

Leroy ou **Roy,** Paul, armurier. — Peut-être un descendant du précédent. Son nom se trouve sur un livre de mutations cadastrales de la gache du Vigan, aux dates de 1691-1701 (Arch. d'Albi, CC. 35, f° 262) et sur les rôles de la capitation de 1701 (Arch. du Tarn, C. 543, f° 73). Il faisait baptiser sur les fonts de Saint-Salvi : en 1692, un garçon, Jacques, né le 14 octobre, et, en 1698, un autre enfant qui mourut en 1710 (Arch. d'Albi, GG. 20, f°ˢ 160, 288 v° et GG. 22, f° 11).

Lescure, Guillaume, menuisier. — L'abbé de Candeil, Pierre de Brun, convenait, le 1ᵉʳ septembre 1652, avec Guillaume Lescure, menuisier de Rodez, de la façon, pour le prix total de 1300 livres, d' « un chœur de menuiserie, charpenterie et esculpture » dans l'église de Notre-Dame de Candeil, plus de « trente chaises (stalles) hautes, si le lieu le permet, et autant de basses, à proportion, ensemble une porte de menuiserie au fond du dit chœur, un poulpitre sive letrain (lutrain) au milieu du chœur et les armories sur les deux chaises abbatiales ». L'abbé devait fournir « dix arbres noguiers (noyers) et tout le bois nécessaire ». Peut-être Lescure avait-il entrepris ensuite la confection d'un rétable que la mort de l'abbé de Brun interrompit et qui ne fut terminé qu'en 1731 (Voy. Randeynes. Communication de M. l'abbé Thomas, d'après un reg. du notaire Demonricous, de Graulhet).

Lescure (de), Antoine, verrier. — « Habitator veyrerie de Cabanis (Les Cabannes, com. de Saint-Beauzile), juridictionis de Viridario » (Le Verdier, canton de Castelnau-de-Montmiral), Antoine de Lescure épousait, le 29 décembre 1451, Marguerite Bories (Ch. Portal. *Extraits de reg. de notaires*, p. 142).

Lesueur, Eustache, peintre. — On attribue à cet artiste célèbre (1616-55) un *Saint Bruno en prière* conservé dans l'église de Saint-Jacques de Villegoudou à Castres. Cette toile, provenant de la Chartreuse de Saïx, canton de Castres, a été décrite par J. Bégué dans le livret de l'*Exposition de peintures... d'Albi,* en 1863, p. 24 et est classée comme objet mobilier historique.

Leverrier, Bernard, peintre. — Les consuls d'Albi de 1490-91 lui firent peindre les armes de la ville sur les torches qu'ils devaient porter à la procession de la Fête-Dieu (Arch. d'Albi, CC. 208).

Lévesque, Bernard, peintre. — Les Cordeliers de Lautrec traitent, à Toulouse, le 22 juin 1612, avec Bernard Lévesque « m° paintre de la présente ville », pour la façon, moyennant 100 livres, d' « ung tableau à l'huille painct sur de toile de vives colleurs, de douze pams de large et setze d'hauteur (env. 3ᵐ62 sur 2ᵐ71), y ayant ung crucifix, la Vierge Marie d'ung cousté et sainct Jean de l'autre et ung sainct François embrasant la croix, avec les estimates (stigmates) et chaperon faict à l'antique ». L'artiste donna une quittance définitive de ce qui lui était dû, le 27 septembre suivant (Arch. du Tarn, H. 262). Lévesque n'est pas un inconnu; il avait travaillé, l'année précédente, pour les capitouls de Toulouse (Roschach. *Archives de Toulouse. Histoire du dépôt et de l'édifice*, p. 76).

Levesville, Pierre, architecte. — Son testament, du 24 juillet 1626, indique qu'il était né à Orléans. Fixé à Toulouse, il y a exécuté d'importants travaux tels que la réfection de la voûte du chœur de l'église de Saint-Etienne, la construction de la porte de l'Arsenal du Capitole que Legoust (voy. ce nom) décora d'une statue de Louis XIII; à Auch il a refait la voûte du chœur de la cathédrale (Note de l'abbé Lestrade dans le *Bull. de la Soc. archéologique du Midi*, 1897-98, p. 123-128 et C. Donais. *L'art à Toulouse*, p. 74,75 (Toulouse 1904, in-8).

Le 25 juin 1616, il était à Cordes pour établir le programme des réparations à effectuer tant aux murs de la ville qu'à l'église de Notre-Dame; il toucha pour sa vacation 29 livres, 10 sous. (Arch. de Cordes, CC. 157 et *Bull. de la Soc. archéologique du Midi*, 1894-95, p. 128). Sur cet artiste voir aussi J. de Lahondès. *Les Monuments de Toulouse*, p. 44, 46, 49, 50 et 250, H. Rachou. *Catalogue des collections de sculpture... du Musée de Toulouse*, p. 263.

Liozu, Charles, peintre. — Né aux Cabannes, canton de Cordes, le 6 octobre 1866, Ch . Liozu suivit les cours des Ecoles des beaux-arts de Toulouse, et de Paris et fut l'élève de J.-P. Laurens. De Tunisie, où il avait fait un assez long séjour, il rapporta de nombreuses et intéressantes études dont plusieurs furent exposées à Albi, en 1897, en même temps qu'un portrait du colonel Teyssier. Il remplit, à cette heure, les fonctions de professeur de dessin au Lycée et aux cours municipaux et de conservateur du Musée d'Albi. A l'exposition artistique et archéologique qui fut organisée dans cette ville en 1893 Ch. Liozu fournit une nature morte, un portrait de Mlle G., un *Coucher de soleil* et une *Matinée d'octobre*. En 1902, le premier salon des artistes albigeois fit connaître son portrait de M. N.-L. (crayon), *Le souk des étoffes à Tunis* (crayon), et *Le vin nouveau* (peinture). Il a ensuite envoyé au Salon de la Société nationale des beaux-arts (1912) : *Par dessus les toits* (sanguine) et *Vieilles paysannes* (plume); au Salon de la Société des artistes français (1913) : *Le clocher rose, Sainte-Cécile* (peinture) et plusieurs dessins à la plume ou au crayon ou gouaches (*Le berger aux oies, Le vieux bouvier, La mort de l'âne, Le Castelviel, L'avare, La rue des Catherinettes*).

Ch. Liozu excelle dans la représentation par la plume et le crayon des particularités locales telles que sites et coins pittoresques des rues d'Albi, physionomies et scènes de mœurs surtout rurales de la région. Sa *Mort de l'âne*, son *Avare*, ses paysans et paysannes de l'Albigeois rendent d'une façon spirituelle des mentalités et des types saisis sur le vif et constituent souvent, de ce fait, une véritable documentation historique (*Revue du Tarn*, t. V (1884-85), p. 312, — t. VI (1886-87), p. 112, 304, — t. XIV (1897), p. 402, — t. XVII (1900), p. 103, — t. XXI (1904), p. 387, — t. XXIX (1912), p. 130, — t. XXX (1913), p. 249, — *Ville d'Albi. Exposition artistique et archéologique*, 1893. Livret, — *Premier salon des artistes albigeois*, 1902, Livret, — *La Revue moderne des arts*, n° du 15 juin 1923, article de Clément Morro reproduit dans le *Bulletin municipal de la ville d'Albi* du 10 juillet 1923).

Loiseau, Jean, organiste. — Pour tenir l'orgue de son église, le chapitre de Saint-Michel de Gaillac décidait, le 15 mars 1686, d'allouer 96 livres par an à Jean Loiseau, de Plaisance au diocèse de Vabres (Aveyron); ces appointements furent portés à 120 livres le 21 août suivant (Arch. du Tarn, G. 485).

Lombard, Antoine, peintre. — Cet artiste Marseillais, dont le nom ne se retrouve dans aucun dictionnaire, a signé dans un cartouche les peintures sur stuc de la chapelle de l'archevêché d'Albi : ANTONIVS LOMBARD MASSILIENSIS FECIT 1688. Les armes de l'archevêque Legoux de la Berchère (1687-1703) peintes çà et là (une tête de Maure accompagnée de 3 molettes d'éperon) semblerait prouver que, si ce travail de décoration avait été confié en 1680 au peintre Rousselet (voy. ce nom), ce fut Lombard qui l'exécuta.

Lombergot, Jean-François, peintre. — La sacristie de l'église de Saint-Alain (ancienne cathédrale) de Lavaur est ornée de peintures se rapportant à l'histoire de la localité et des blasons de ses évêques depuis 1317 jusqu'à l'épiscopat de Nicolas de Malezieux mort en 1748. Neuf de ces écus, ceux des prélats qui se sont succédé de 1497 à 1577 sont complètement effacés. Les auteurs qui ont décrit ces peintures, d'une valeur artistique plutôt modeste, les ont attribuées à un artiste qui aurait travaillé sous la direction ou d'après les indications du chanoine Audran, aumônier de l'évêque Augustin de Mailly (1687-1711). Mais cette décoration ne fut exécutée que sous l'épiscopat de Nicolas de Malezieux (1713-48) comme le prouve la signature J. T. LOMBER-GOT, ALBIENSIS PINGEBAT ANNO DOMINI 1730; le chanoine Audran pouvait encore vivre à cette époque ou avoir laissé les notes ou croquis nécessaires à l'artiste. Pour ce qui concerne les blasons, l'état de la peinture est parfois tel que certains meubles sont peu reconnaissables et peuvent être interprêtés de façons différentes. De plus les mêmes armes sont attribuées à deux évêques successifs (Bailli et Boucher), celles de Maumont paraissent douteuses. Il semblerait qu'on ait parfois composé un peu arbitrairement ces écus, celui de Via notamment (Cl. Compayré. *Etudes hist. sur l'Albigeois* p. 470 (Albi, 1841, in-4), — de Toulouse-Lautrec. *Rapport* dans le vol. du *Congrès archéologique de France*, XXXe session, 1863, p. 448-460, — Hip. Crozes. *Monographie de l'ancienne cathédrale Saint-Alain de Lavaur* (Toulouse, 1865, in-8), — d'Heilles et abbé G. Cazes. *Etudes sur l'église de Lavaur et ses évêques* dans l'*Albia christiana* t. I à VII (1893-99) et VIII (1911).

Je dois à l'obligeance de M. Bessery de pouvoir ajouter quelques détails biographiques à cette note. Jean-François Lombergot, né à Albi (*Albiensis*), mourut à Lavaur le 25 février 1754 et fut inhumé dans l'église des Cordeliers. Il avait épousé, le 13 octobre 1722, à Lavaur, Jeanne Guéry († en 1749) qui lui donna plusieurs enfants dont l'un, Jean-Pierre, prieur des dits Cordeliers à la Révolution, fut déporté et revint mourir à Lavaur en 1813. M. Bessery me signale encore la vente, en 1735, par un peintre vauréen, Lambert(*pour* Lombergot sans doute), de deux tableaux représentant saint Joseph et une Notre-Dame de pitié au prix de 80 livres, destinés à l'église de Cuq, canton de Vielmur.

Lor, Marc, peintre vitrier. — Sur le budget de l'année consulaire de 1669-70 il fut payé 90 livres à Marc Lor pour la peinture du plafond de la grande salle de la maison commune d'Albi, la marbrure de la pierre de la cheminée, la dorure d'une inscription et la façon des armes de la ville (Arch. d'Albi, CC. 348).

Loret, orfèvre. Voy. Lauret.

Lortal, Antoine, fondeur. — Le 14 septembre 1752 fut bénit, dans l'église de Saint-Salvi d'Albi, le mariage d'Antoine Lortal, « fondeur de métal, âgé de 29 ans, fils de feu Jean, aussi fondeur et de Marie Fabre, de cette paroisse », avec Catherine Roques, âgée de 35 ans (Arch. d'Albi, GG. 24, f° 90).

Loubat, *Henri*-Jean-Pierre-Marie, peintre. — Henri Loubat est né à Gaillac le 12 janvier 1855. Admis à l'Ecole des beaux-arts de Toulouse, il fut l'élève de Jules de Lacger, puis de Cabanel. En 1876, la dite Ecole lui décernait le grand prix Suau et, en 1884, le nommait adjoint du professeur Garipuy pour les cours de modèle vivant et de peinture.

Dès 1877 Loubat exposait à Toulouse son propre portrait et, deux ans après, envoyait à Castres trois autres portraits (de M. Z. C., de M. Loubat et de M. Pierre Loubat). On retrouve, dans la suite, de ses œuvres aux expositions toulousaines de 1885 (portrait de Mad. H. Loubat et un *Moine en prière*) et de 1891. Son tableau *Un coin d'atelier* obtint à cette dernière époque le prix Cazal. A Albi, en 1893, on vit de lui *Le pont neuf à Toulouse*, une marine et une nature morte.

Mais ce sont surtout les Salons nationaux (Salon, Salon des Champs-Elysées et, depuis 1902, Salon des artistes français) qui ont mis en vedette les toiles de cet artiste dont le talent de portraitiste est tout particulièrement apprécié. On peut citer : les portraits de l'auteur et de Mlle X (1878), — celui de Mad. H. Loubat (1879), — *Louis IX soulageant les malheureux* (1880), — les portraits du docteur Hip. Rigal de Gaillac et d'un enfant (1881), — *Caligula assistant à une exécution* (1882), — le portrait de M. D. (1883), — *Enée et la Sybille sur les bords du Styx* (1885), — les portraits de M. C. et de M. Jules Robyns (1886), — le portrait de Mad. X (1888), — *Un coin d'atelier* (1894), — *Vœu à saint Antoine de Padoue* et *Premiers essais* (1895), — *Méditation* (1896, au Musée de Toulouse), — le portrait du cardinal Bourret, évêque de Rodez (1897), — le *Chant du calvaire* (1902), — *Délaissées* (1903), — *Un accident* (1904), — le portrait du comte F. de R., secrétaire perpétuel de l'Académie des Jeux-floraux (1905), — *Le soir dans les bois* (1907), — *Idylle* (1908), — *Heure d'enchantement* (1909).... On lui doit encore des portraits du docteur Pégot de Toulouse, de M. L., doyen de la Cour d'appel de Toulouse et d'autres (*Revue du Tarn*, t. I à XVII (1876-1900) *passim* (voir les *tables des 25 premières années*) et t. XIX (1902) p. 185, t. XX, p. 123, t. XXI, p. 128, t. XXII, p. 193, t. XXIV, p. 233, t. XXV, p. 257, t. XXVI, p. 179, t. XXVIII, p. 202, — *Exposition des beaux-arts à Castres* [1879] dans la même *Revue*, t. II (1878-79), p. 304, 305, — *Exposition artistique et archéologique d'Albi*, 1893. *Livret*, — Bellier de La Chavignerie et L. Auvray. *Dict. gén. des artistes français*, t. I, p. 1060).

Louis, orfèvre. — La fabrique de Sainte-Martiane d'Albi lui payait, en 1612, dix sous pour avoir « enjassé (enchâssé) le cristail un pied du crucific qu'est près de la chapelle Nostre-Dame ». L'orfèvre Louis devait vivre encore lors du décès de sa femme, en 1623 (Ch. Portal. *Notes sur l'orfèvrerie à Albi...*).

Lucque, Pierre, armurier. — Le capitaine Raimond Rovière, demeurant à la commanderie des Hospitaliers de Rayssac, près d'Albi, instituait pour héritier universel, dans son testament du 1ᵉʳ mai 1582, Pierre Lucque, armurier, de Malte (Aug. Vidal. *L'ancien diocèse d'Albi... nº 1675*).

Mabille, Pierre, fondeur. — Le 30 août 1671, dans l'église de Saint-Salvi d'Albi, était bénit le mariage de Pierre Mabille, « mᵉ fondeur, natif de la ville de Lyon, depuis environ huit (mot laissé en blanc : mois ou ans) habitant de la ville de Rhodes », avec Françoise Roque, veuve — depuis six mois seulement — de Jacques Dayma, aussi fondeur (Arch. du Tarn, E. 718, fº 13 vº). Cette personne mourut le 18 mai 1676; de son union avec Mabille était née une fille en 1673 (Arch. d'Albi, GG. 59, fºˢ 152 et 100).

Madaule, Jacques, serrurier. — Les fabriciens de Saint-Jacques de Villegoudou de Castres accordaient, en 1780, à Jacques Madaule, serrurier de cette ville, pour la façon d'une « chaire en fer », une augmentation de 1000 livres sur la somme reconnue insuffisante (1200 livres) portée sur le bail à besogne (Arch. du Tarn, G. 764). Il est regrettable que le travail de « cet habile artisant » n'existe plus. Peut-être peut-on lui attribuer une belle grille en fer forgé qui ferme les fonts baptismaux dans la même église.

Mader, Jean, papetier. — Il épousait, à Albi, le 27 juillet 1681, Marie Crouzet (Arch. d'Albi, GG. 45, f° 317 v°).

Maderni, marbrier. Voy. Mazetti.

Magaud, menuisiers. — Jean Magaud, menuisier de Rabastens, s'engage, le 19 juillet 1644, à faire, moyennant 26 livres, une balustrade de trois empans de hauteur (env. 0^m67), avec culs-de-lampe sur les piliers, pour l'église de Saint-Roch située dans les faubourgs de la localité; cette balustrade doit avoir toute la largeur de l'édifice (Em .Marty. *Archives des notaires de Rabastens*, p. 169).

Pierre Magaud (fils de Jean?), travaillait à Lisle-sur-Tarn en 1692, exécutant quelques travaux accessoires à un tabernacle (Voy. Bor).

Maignial, menuisier et sculpteur. — Antoine Maignial, menuisier d'Albi, convenait, en 1686 et 1687, avec les Annonciades de cette ville de faire ou refaire toutes les boiseries du chœur de leur chapelle, plus des lambris, 40 chaises et autres objets, moyennant 1600 livres (Aug. Vidal. *L'ancien diocèse d'Albi...* n°s 1982 et 1983).

Un autre Antoine Maignial, fils sans doute du précédent et « m^e sculpteur » d'Albi, décédait sur la paroisse de Sainte-Martiane le 5 février 1728 (Arch. d'Albi, GG. 63, f° 103 v°).

Maillé, *Louis*-Siméon, peintre. — Bien que né à Millau, Aveyron (le 22 janvier 1899), L. Maillé peut être considéré comme un enfant d'Albi où il réside depuis l'âge de neuf ans et dont les constructions de brique ont été et sont l'objet presque exclusif de ses travaux de peintre et d'aquarelliste. Quelques précieux conseils d'un aîné expérimenté, le peintre Artigue, et, d'autre part, l'œuvre de Claude Monet ont tenu lieu à L. Maillé de l'enseignement de l'Ecole.

Il a exposé : en 1920, au Salon des jeunes, *La rue des prêtres,*

La rue des orfèvres, Le donjon de l'archevêché, Albi (aquarelle);
— en 1921, aux Indépendants, *Le pachyderme, La côte du Castelviel,* une *Matinée d'automne;* — en 1921-22, à Toulouse (Exposition d'art moderne), *La côte du Castelviel* (ci-dessus), *Le chemin
de Gardès,* une nouvelle *Vue d'Albi* (aquarelle), *La rue des orfèvres* (ci-dessus), *L'escalier rose.* On peut estimer comme particulièrement intéressantes sa *Vue d'Albi* (appartenant à Mad.
Berne-Bellecourt), *La rue des prêtres* (à Mad. Flad), *L'escalier
rose, La rue des orfèvres* (aux Mines d'Albi) et un *Panorama
d'Albi.* L'œuvre de L. Maillé se fait remarquer par le goût du
pittoresque, — qui abonde tant dans les rues d'Albi que le long
de ses bords du Tarn, — et surtout par le souci de faire en quelque sorte resplendir dans la pleine lumière la crudité de la
brique rouge. Détail à noter, cet artiste peint de la main gauche.

Malras, Etienne, orfèvre. — Parmi les signataires des statuts
des orfèvres de Castres, en 1666, figure un Malras (Arch. du Tarn,
B. 10, f° 146 v°). C'est le même sans doute, portant le prénom
d'Etienne, qui avait épousé Madeleine Gary et fait baptiser plusieurs enfants par le pasteur protestant du lieu, le même encore
(ou son fils appelé aussi Etienne) qui, réfugié à l'étranger, avait
des biens en régie en 1720 (G. Dumons. *Les réfugiés du pays
castrais* dans la *Revue du Tarn,* t. XXX (1913), p. 359 et notes
manuscrites).

Malric, Jean, potier de terre aux Roques, commune de Giroussens, vivait en 1788 (E. Rieux. *Les poteries de Giroussens,* p. 28).

Malvesi (de), Vital, architecte (?). — Un document, copié
pour Doat (Bibl. nat. Collection Doat, vol. 113, f° 68) et dont je
dois la connaissance à l'obligeance de M. l'abbé de Lacger,
apprend que le 4 des ides de novembre (10 nov.) 1270 le prévôt
et les chanoines de Saint-Salvi d'Albi promettaient à Vital de
Malvoisin, ou plutôt de Malvezi (de Malevicino), « donné » de la
dite église, ainsi qu'à Laurent Oalric, Pierre Bouis, Jean de Toulouse et Huc Donnadieu, « ad opus claustri (nostri) faciendi »,
la somme de 10 livres de Cahors à laquelle les dits chanoines
s'engageaient à ajouter la dixième partie de leurs revenus. De son
côté, Vital de Malvezi devait faire exécuter les travaux (recipio,
dit-il, in manu mea hoc opus predictum faciendum ac complen-

dum) en s'inspirant des conseils (cum consilio) des quatre personnes ci-dessus nommées lesquelles agiront en « boni coadjutores ». Vital de Malvezi dirigea donc la construction du cloître, c'est d'ailleurs ce que confirme l'inscription gravée sur son tombeau en 1273 : « ... Ille dictavit et per hœc hoc renovavit... ». Mais il n'est nulle part question du plan qu'aurait fourni ce riche et pieux bienfaiteur de Saint-Salvi et son rôle d'architecte reste fort douteux. D'autant plus que Bion de Marlavagne, dans son *Hist. de la cathédrale de Rodez*, p. 84, a fourni la preuve que si le titre de « gouverneur » d'une œuvre signifie « souvent architecte,... on attribuait aussi parfois cette dénomination à des personnes chargées au seul point de vue financier de la surveillance générale des bâtisses ». Les quatre « coadjuteurs » de Malvezi ne sont, pas plus que lui, qualifiés de maçons ou architectes et, en définitive, on peut conclure que les uns et les autres se sont bornés au choix des artisans de l'œuvre, à l'examen des projets et à la surveillance des travaux. Sur le cloître de Saint-Salvi et le tombeau de V. de Malvezi (mon. hist.) voir la *Revue du Tarn*, t. IV (1882-83), p. 183-185, donnant le texte de l'inscription précitée.

Manavit, Jean, musicien. — Jean Manavit, clerc et ancien enfant de chœur de Saint-Salvi d'Albi, s'engageait, en 1621, moyennant 33 livres par an, à « chanter une partie de musique au chœur de la dite *église*... ensemble faire les intonations par tour et ce au lieu et à la décharge » du titulaire d'une des quatre vicairies musicales (Arch. du Tarn, G. 362 et Aug. Vidal. *L'ancien diocèse d'Albi...*, n° 943). Nouveau contrat en 1627 pour les gages annuels de 72 livres (G. 362).

Manllenc, Jean, potier d'étain à Lautrec, figure dans un acte de 1652 (Communication de M. l'abbé Thomas d'après un reg. du notaire Demonricous, de Graulhet).

Mannigley, Georges, horloger. — Jean-Pierre-Georges « Maniglais », fils de Georges, horloger, et de Jeanne Laval, né le 23 mai 1772, était baptisé, le même jour, dans l'église de Saint-Julien d'Albi; le père signe « Mannigley » (Arch. d'Albi, GG. 75, f° 153).

Mansart, Jules-Hardouin, architecte. — L'évêque de Castres, Michel de Tubœuf, fit reconstruire l'évêché de cette ville sur les plans, dit-on, du célèbre architecte J.-H. Mansart (1646-1708). Les nouveaux bâtiments, qui servent aujourd'hui d'hôtel de ville, étaient terminés en 1670 (Ch. Bauchal. *Nouveau dictionnaire des architectes français* et Estadieu. *Annales du pays castrais*, p. 35). Il est à remarquer que Jules-Hardouin Mansart n'avait que 24 ans en 1670, qu'il travailla avec son oncle, Nicolas-François, jusqu'à la mort de celui-ci (1666) et sous la direction de Libéral Bruant, architecte du roi, les années suivantes. Ce dernier pourrait bien avoir été l'inspirateur, sinon l'auteur, des plans en question.

Marchal, Pierre, sculpteur. — Le 26 mai 1683 mourait à l'hôpital d'Albi Pierre Marchal, sculpteur, fils de Georges, charron, originaire du diocèse de Chalon-sur-Saône, Saône-et-Loire (Arch. du Tarn, E. 719).

Maré, Nicolas, fondeur. — Un marchand d'Albi faisait fondre, en 1629, par Blaise Seurot et ses compagnons Nicolas Maré et Jean Guyon (ou Guyot?) un mortier d'environ 120 livres en fournissant le métal et s'engageant à payer 2 sous, 6 deniers pour chaque livre que peserait cet objet (Jos. Berthelé. *Ephemeris campanographica*, fasc. XI-XIII, p. 65). Quelque temps après, en 1631, les deux Lorrains Seurot et Maré, résidant alors à Albi, traitaient avec l'évêque de Montauban pour la façon d'une cloche de 20 quintaux destinée à l'église de Saint-Jacques de cette ville (*Revue du Tarn*, t. XXII (1905), p. 417). Les mêmes fondeurs se retrouvent ensemble jusqu'en 1660 à Brioude. (Voy. Jos. Berthelé. *Enquêtes campanaires*, p. 326 et 408.)

Maréchal, Louis, libraire. — Il était établi à Castres au milieu du xvi⁰ siècle (Ch. Pradel. *Notice sur l'imprimerie à Castres*, dans les *Mémoires de l'Académie des sciences,... de Toulouse*, 8⁰ série, t. IV, p. 221, d'après les *Mémoires de Gaches*, éd. Pradel, p. 3).

Maret, Etienne, orfèvre. — Etienne Maret, fils d'Isaac, était reçu maître orfèvre et prêtait serment, à ce titre, devant le juge de Castres le 9 décembre 1717. Le 15 juin de l'année suivante il fut émancipé (Arch. du Tarn, B. 331, fᵒˢ 1 vᵒ et 12).

Marfaing, ingénieur. — On a de lui une lettre, datée de Narbonne et du 24 juillet 1750, relative à une visite projetée des deux tours de la porte dite de Peyrole et de la demeure du bourreau, que les consuls d'Albi voulaient faire démolir (Arch. d'Albi, EE. 84).

Mariès, Jean-François, ingénieur. — J.-F. Mariès, né et mort à Albi (11 juin 1758 - 1er mars 1851), était le second des nombreux enfants, douze au moins, de Jacques, médecin exerçant à Albi comme plusieurs de ses ancêtres, et de Jeanne-Paule Vitalis. De son union avec Anne-Marie Souiris il eut un fils, né à Verceil en Piémont en 1809, qui fut marin et mourut vers 1833.

Inspecteur des travaux publics de la province sous la direction de Laroche en 1785, Mariès prit sa retraite en 1819 comme ingénieur en chef des Ponts et chaussées. Il ne quitta plus Albi où il prit part, en qualité de conseiller municipal, à la direction des affaires locales de 1819 à 1831 et où il remplit les fonctions d'architecte départemental de 1820 à 1834. Il avait pris de bonne heure l'habitude de signer « Mariès-Duvernhet » du nom sans doute de quelque domaine lui appartenant. Un buste en terre cuite le représentant est conservé par la famille Guilhaumon d'Albi qui lui était alliée et a été reproduit en photogravure en tête d'une excellente biographie due à M. L. Belot.

Son œuvre principale est le plan détaillé qu'il dressa, de 1820 à 1839 de la ville d'Albi à l'échelle de un 500e pour les cartes de détail et de un 1000e pour trois dessins d'ensemble; un second atlas comprend les mêmes planches mais correspondant à des projets différents. Cette œuvre (inédite) de longue haleine a motivé l'attribution du nom de Mariès à la rue qui relie la Préfecture à la cathédrale.

Cet ingénieur-architecte a parfois « lavé » à l'encre de Chine quelques croquis. Le Musée d'Albi possède de lui une *Vue d'Albi* exécutée à la veille de la Révolution et décrite par J. de Lahondès dans le *Bull. de la Soc. archéologique du Midi*, 1903-1906 p. 525 et aussi un paysage *Le gué* inspiré probablement par un site local.

Il y a lieu de rappeler que c'est sur ses instances que le ministre Roland, en 1792, ordonna de surseoir à l'exécution d'un projet de démolition du jubé et de la clôture du chœur de la cathédrale d'Albi (Léon Belot. *L'ingénieur Mariès, sa vie et son œuvre*, dans la *Revue du Tarn*, t. XXX (1913) et à part, Albi, 1914, in-8 de 68 p. avec portrait).

Marllave (de), Prosper, peintre. — Le livret de l'Exposition artistique et archéologique d'Albi, de 1893, le fait naître à Cadalen, ce qui ne paraît pas exact. La famille est, dans tous les cas, d'origine albigeoise. P. de Marliave envoya à la dite Exposition plusieurs paysages (peinture, dessin à la plume et aquarelle) et quelques autres œuvres : *La corvée, Mats de cocagne* (plume), *La cigale* (plume).

Marolle, Edouard-Jean, graveur. — Le Musée de Lisle-sur-Tarn possède depuis 1911 deux eaux-fortes d'E.-J. Marolle, d'Albi : une *Vieille maison à Penne* et un *Portrait de Masaccio*, d'après l'original du Musée de Naples (*Revue du Tarn*, t. XXVIII (1911), p. 203).

Marselhiac, Guillaume, brodeur. — Sa femme mourait à Albi le 11 mars 1618 (Arch. d'Albi, GG. 56, f° 124 v°).

Marsillac, Aymeric, brigandinier. — Il fondait une chapellenie dans l'église de Sainte-Martiane d'Albi le 8 novembre 1524 (Arch. du Tarn, G. 692). La brigandine était une cuirasse de fantassin composée d'étoffe, de cuir et de lames d'acier, elle fut en usage du milieu du xv° siècle à la fin du xvi°.

Marssal, maçon. — La justice prévôtale d'Albi faisait une enquête, en 1561, sur les causes de la mort de Marssal, maître maçon de Taïx, qui avait abandonné son travail au château de Grandval (com. de Teillet) pour se joindre à une bande de malfaiteurs (Arch. d'Albi, FF. 111).

Martel, Jean, arquebusier. — Etait établi à Graulhet en 1639 (Communication de M. l'abbé Thomas d'après un reg. du notaire Cléfeu de Graulhet).

Martin, Antoine, peintre. — Son nom est porté sur un registre de mutations cadastrales de la gache de Saint-Etienne d'Albi en 1732 et 1758 (Arch. d'Albi, CC. 42, f° 91 v°). Il habitait au Castelviel où il mourut le 11 avril 1757 à l'âge d' « environ 55 ans » (GG. 64, f° 184 v°). Il avait épousé Cécile Calmels comme l'indique l'acte de donation de tous biens faite en 1787 par leur fille Hélène à une personne chez qui elle se retire (Arch. du Tarn, B. 389, f° 42 v°).

Marty, *Adolphe*-Alexandre-Sylvain, musicien. — Fils d'un professeur au collège d'Albi, ville où il naquit en 1865, aveugle,

Adolphe Marty suivit l'enseignement du Conservatoire de Paris et fut professeur d'orgue et de composition à l'institution nationale des aveugles. En 1891, il fut nommé organiste de l'église de Saint-François-Xavier. Il a mis en musique, à la même époque, un drame en vers, *Scène bretonne*, du professeur Guilbeau, aveugle lui aussi (*Revue du Tarn*, t. VIII (1890-91), p. 260 et 291).

Marty, Pierre, potier de terre. — On constate son existence, en 1765, aux Roques, commune de Giroussens (Em. Rieux. *Les poteries de Giroussens*, p. 28 et 37).

Massabiau, François, passementier. — Deux filles de F. Massabiau étaient baptisées à Saint-Salvi d'Albi en 1677 et 1679 (Arch. d'Albi, GG. 19, f°ˢ 8 v° et 51). Sa veuve, Jeanne Lautard, décéda sur la même paroisse en 1721 à l'âge de 75 ans (GG. 21, f° 119).

Masse, fondeur et potier d'étain. — Des deux Masse connus l'un, Jacques, est fondeur « artilleur », l'autre, Jean, son fils, potier d'étain; ils étaient établis à Albi.

Jacques Masse est payé sur le budget de 1573-74 pour la façon de six mousquets. En 1594 et 1595 il s'occupe de l'artillerie placée sur les murs de la ville et, en 1598, il fait tirer des salves sur la place du Vigan à l'occasion de l'entrée de l'évêque Alphonse Iᵉʳ Delbène (Arch. d'Albi, CC. 262, 276, 278 et 281). Une cloche, portant la date de 1599 et la signature JAC MASSE, existe encore dans l'église de Monestiés (*Congrès archéol. de France, XXXᵉ session*, 1863, p. 461). Il est à remarquer que dans le cadastre de 1601 et dans le registre des mutations de la gache de Verdusse, de la même année, Jacques « Masso » (forme patoise de Masse), habitant de la rue Roquelaure, est qualifié « estanhe ». Son nom fut biffé dans la suite et remplacé par celui de Jean, « fondeur, fils et surviven » (Arch. d'Albi, CC. 29, f° 16 et CC. 31, f° 34 v°). Il semble qu'il y ait là une interversion dans l'attribution des professions, Jacques n'ayant fait œuvre que de fondeur et Jean ne figurant dans tous les autres documents que comme potier d'étain. C'est avec Jacques, « fondeur d'Albi », que traitaient, en 1604, les consuls de Brens pour la fonte d'une cloche; ils reconnaissaient, le 26 novembre de cette année, lui devoir 30 livres « pour restes de l'achapt de 2 quintals, 35 livres métal » qu'il avait fournis pour la refonte de la cloche de l'église paroissiale, « poisant l'antienne... 3 quintals, 35 livres et à présent [la nouvelle] peze 5 quintals, 19 livres » (Arch. du Tarn, E. 1111 et 1132). On retrouve pour la dernière fois ce « fondeur d'Albi » en 1611 et 1612, époques où il touchait un acompte puis le solde d'une somme de 100 livres convenue avec les Jacobins de Castres pour la fonte d'une cloche (H. 411 et 448).

Jean Masse, son fils, potier d'étain, et le fondeur toulousain Nicolas Poncet traitaient, le 12 février 1618, avec le chapitre de Saint-Salvi d'Albi pour la refaçon des anses d'une cloche appelée « Martial » (Aug. Vidal. *L'ancien diocèse d'Albi...* n° 939). Une fille de Jean Masse fut baptisée en 1627 dans l'église de ce nom (Arch. d'Albi, GG. 18 f° 21). Après cette date il n'est plus question de lui que dans une mutation cadastrale de la gache de Verdusse, de 1705, où ses « héritiers » sont « déchargés » de deux pièces de terre (CC. 32, f° 31).

Massié, potiers de terre. — Le premier, jusqu'à plus ample information, est, dans l'ordre chronologique Pierre « Massieu » (pour Massié), « natif de Giroussens », qui se mariait à Albi, dans la paroisse de Saint-Julien, le 22 novembre 1645 (Arch. d'Albi, GG. 68, f° 56). Le nom de ce « péchairié » se retrouve sur des registres de mutations cadastrales de la gache du Vigan jusqu'en 1694 (CC. 33, f° 256 et CC. 35, f° 307). Em. Rieux, dans son étude sur *Les poteries de Giroussens*, p. 28 et 36, a signalé toute une série d'actes d'état-civil concernant les Massié de 1695 à 1792. Ils portaient les prénoms de Bernard (1708 et 1717), Jean (1710, 1715, 1718 et 1792), Thomas (1711), Pierre (1777 et 1783), Antoine (1783), Salvi (1791); tous travaillaient à La Veyrière, commune de Giroussens, sauf un Jean (1710) qui était fixé à « Brugères, au diocèse de Toulouse » (sans doute Bruguières, canton de Fronton, Haute-Garonne).

Massif, facteur d'orgues. — Le chapitre de Saint-Michel de Gaillac payait, en 1779 ou 1780, « à M. Massif » 120 livres pour des réparations faites à l'orgue de son église (Arch. du Tarn, G. 552).

Masson, Noël, menuisier. Voy. Tricotet.

Massot, Jean-Baptiste, imprimeur. — Le mariage de J.-B. Massot, « imprimeur et marchand libraire d'Alby », avec Marthe

Gausserand était bénit, le 30 septembre 1721, dans l'église de Saint-Salvi (Arch. d'Albi, GG. 21, f° 132 v°). Massot mourut le 11 juillet 1735 dans la paroisse de Sainte-Martiane (GG. 63, f° 193 v°).

Matha (de), Raoul, peintre. — Né à Albi. Exposait au Champ-de-Mars, puis à la Société nationale des beaux-arts, de 1900 à 1904 : une *Paysanne normande* (dessin), un *Repas de paysans*, un *Cabinet normand* (*Revue du Tarn*, t. XVII (1900), p. 230, t. XVIII (1901), p. 122, t. XX (1903), p. 123 et t. XXI (1904), p. 128).

Mathey, Gaudry, musicien. — Hebdomadier de l'église de Mirepoix, Mathey se mettait aux gages, comme joueur de serpent, du chapitre de Saint-Michel de Gaillac, en 1613; il était convenu qu'il toucherait 50 livres pour une année (Arch. du Tarn, G. 481).

Mathieu, Jacques, vitrier. — Ce « maître verrier » faisait baptiser, le 6 novembre 1682, à Saint-Affric d'Albi, un garçon, Jean, né le 3, de son union avec Marie Bouyssière. Il en perdit un autre, du prénom de Jacques, l'année suivante (Arch. d'Albi, GG. 32, f°ˢ 25 v° et 32).

Mathieu, Jean, architecte. — Son nom est porté, avec le qualificatif de « mᵉ d'obras » sur le cadastre de 1601 de la gache du Vigan (Arch. d'Albi, CC. 29, f° 56 et CC. 33, f° 113).

Maurance, papetiers. — Gabriel Maurance, papetier, faisait baptiser, en 1670, dans l'église de la Madeleine d'Albi, un enfant qui mourut au bout de quelques jours. Il avait un frère, Aubin, papetier aussi, qui décéda sur la même paroisse le 19 mai de la dite année, à l'âge de 33 ans (Arch. d'Albi, GG. 45, f°ˢ 63 et 63 v°).

Maurel, Emile, sculpteur. — Em. Maurel, né à Marssac en 1873, élève de l'Ecole des beaux-arts de Toulouse, s'est surtout occupé d'art décoratif appliqué notamment au meuble. Il exposait à Albi, en 1893, deux portraits (plâtre) dont un médaillon et un buste de Mˡˡᵉ G., — au Salon de la Société des artistes français, en 1900, divers reliefs, — à Albi, en 1902, un portrait-médaillon de Mˡˡᵉ J. H., 5 modèles pour bijouterie (plâtre) et une boucle de ceinture en argent. Il a orné de gracieux et spirituels motifs les salons de l'hôtel Rieux à Albi (*Exposition artistique* *et archéologique d'Albi*, 1893. Livret, *Le premier salon des artistes albigeois*, 1902. Livret, *Revue du Tarn*, t. XV (1898), p. 293, t. XVII (1900), p. 111).

Maurel, Jean, facteur d'orgues. Voy. Boat.

Mauzy, orfèvre de Castres, protestant, se réfugia à l'étranger vers la fin du xviie siècle (G. Dumons. *Les réfugiés du pays castrais*, dans la *Revue du Tarn*, t. XXX (1914), p. 68).

May (de), Guillaume, graveur. — Attaché à la Monnaie de Paris, G. de May gravait, en 1517, les coins d'un jeton aux armes de l'évêque d'Albi Jacques Robertet (Mazerolle. *Les médailleurs français du xve s. au milieu du xviie*).

Maynadier, orfèvre. — Vivait à Mazamet au milieu du xviiie siècle (Arch. du Tarn, E. 2680).

Mazars, Antoine, fondeur de Donnazac, était, en 1616, tenancier de biens appartenant à l'hôpital Saint-Jacques de Cordes (Arch. de Cordes, GG. 115).

Mazas, Etienne, peintre. — Né à Lavaur en 1840, Etienne Mazas s'adonna exclusivement à l'aquarelle. Son œuvre principale fut la reproduction des peintures de la voûte de la cathédrale d'Albi. Ces planches correctement dessinées et donnant exactement les teintes des belles fresques de Sainte-Cécile, au dire des personnes qui les ont vues, ont été malheureusemnt dispersées par l'auteur qui, n'ayant pu les faire éditer, les donna à des amis et à des loteries de bienfaisance. Il en exposa plusieurs, notamment une aquarelle des anges sculptés à la clôture du chœur, au Salon de 1888 et à Albi en 1893 (*Revue du Tarn*, t. VII (1888-89), p. 48, *Exposition artistique et archéologique d'Albi*, 1893. Livret et communication de M. Th. Bessery, de Lavaur).

Mazas, Jacques-Ferréol, musicien. — Ce n'est pas à Béziers, comme on l'a écrit, mais à Lavaur que naquit, le 23 septembre 1782, Jacques-Ferréol Mazas, fils de Pierre, « maître de musique » et de Marie Bergues; il fut baptisé, le même jour, dans l'église de Saint-Alain (Arch. du Tarn, E. 4871). Elève du Conservatoire de Paris en 1802, premier prix de violon en 1805, Mazas entreprit de longs voyages en Italie, en Espagne, en Allemagnè, en Angleterre, en Russie et ne rentra à Paris qu'en 1830. Dépourvu de ressources, il se vit obligé de s'engager comme violon au Palais-

Royal, il professa ensuite à Orléans et à Cambrai et mourut en 1849. Il a composé en 1820 une *Corinne au Capitole*, grand opéra, en 1842 *Le Kiosque*, opéra comique, outre de nombreux morceaux pour violon et alto et une méthode de violon (Alfred Monédières, article paru dans le *Journal de Lavaur*, n° du 22 sept. 1901). La ville de Lavaur possède depuis 1902 (*Revue du Tarn*, t. XIX, p. 68) un portrait à l'eau-forte, mesurant 8 centimètres sur 6, de « Jacques Féréol Mazas, compositeur de musique de chambre, 1782-1849 » signé « Fr. Hillmacker, sculp. et f. planche CVII ».

Mazens, Joseph, peintre. — Cet artiste, originaire de Lavaur, était élève de l'Ecole des beaux-arts de Toulouse en 1886. Il a exposé au Salon de 1890 un portrait de M. C. (*Revue du Tarn*, t. VI (1886-87), p. 112 et t. VIII (1890-91), p. 48).

Mazens, Louis, orfèvre. — « Marchand orphèvre résidant à Agde », L. Mazens fut, en 1779, le parrain d'une fille d'Ambroise Mazens, apothicaire d'Albi (Arch. d'Albi, GG. 65, f° 225). Il était probablement d'origine albigeoise.

Mazerat, Jean, potier d'étain. — Son nom est porté sur le cadastre d'Albi de 1524 concernant la gache de Las Combes (Arch. d'Albi, CC. 12, f° 41 v°).

Mazetti, marbriers. — Les deux Italiens Mazetti et Maderni font, en 1776, dans le goût du temps la chaire en marbre et stuc de la cathédrale d'Albi; deux ans après, ils décorent la chapelle absidiale dédiée à la Vierge et à sainte Cécile (E. Jolibois. *Les beaux-arts dans le dép^t du Tarn après la Renaissance* dans la *Revue du Tarn*, t. VI (1886-87), p. 265, J. Laran. *La cathédrale d'Albi*, p. 106).

En 1780, le collège d'Albi fait refaire l'autel de l'église de Saint-Affric en marbre rouge de Caunes, moyennant 700 livres, par les frères Mazetti établis à Toulouse; leur ouvrier ou associé Maderni vint le mettre en place. Un peu plus tard, en 1784, c'est l'autel même de sa chapelle que le collège fait exécuter pour 900 livres (Arch. du Tarn, DD. 10, documents publiés par le baron de Rivières dans le *Bulletin de la Société archéologique du Midi*, 1896-97, p. 103).

Mazlès, Jean-Pierre-*Victor*, peintre. — Victor Maziès naquit à Verfeil, Haute-Garonne, le 7 janvier 1836; il était fils de Mathieu, avocat à Castres, et de Françoise Pilloro. Son père fut juge de paix à Lisle en 1852, son oncle curé-doyen de la même localité de 1836 à 1864 et c'est à Lisle, où il avait probablement séjourné à maintes reprises, qu'il a légué, en 1895, les toiles qui lui restaient. Le Musée du dit lieu possède aussi son buste, daté de 1865 et signé par le sculpteur toulousain Henri Cassagne.

Maziès suivit les cours de l'Ecole des beaux-arts de Toulouse et fut ensuite l'élève du portraitiste Henri Lehmann, qui avait travaillé dans l'atelier d'Ingres, et du peintre de genre Charles Gleyre. Fixé à Paris, il a exposé aux Salons de 1861 à 1889 : son propre portrait (1861), — une *Education des apôtres* (1864), — *Ruth* et *Le premier châtiment* (1865), — *Jésus guérissant* et *Bénédiction des martyrs dans la prison* (Champs-Elysées, 1870), — portraits de Mad. Victor Maziès (1882) et de Victor Maziès (1884), — portraits de M. X. et du chanoine X. (1885), — *Baigneur* (1887), — portrait du jeune Charles C. (1889).

Sa veuve a remis, en 1895, au Musée de Lisle : le portrait de l'artiste (déjà cité), ceux de sa grand'mère paternelle, de son oncle le curé-doyen de Lisle (1881), d'un autre prêtre, de sa tante, sœur du curé, de sa femme, et deux portraits de son père dont l'un (1877) à son lit de mort; plus diverses études datées de 1886 et 1889 destinées à la décoration d'une mairie de Paris ou des environs (*La vie primitive, Nymphes, L'astronomie, Famille et travail*), une autre toile représentant un vieillard faisant faire l'exercice à des enfants avec sa canne, enfin quelques croquis et ébauches de sujets tirés de la Bible ou figurant des enfants ou des paysages.

M. Gustave Blanc, de Lisle, possède une toile de Maziès (*Jésus apparaissant à saint Martin*, 1874) et M. Arvengas, aussi de Lisle, a dans sa collection une eau-forte composée pour les Félibres de Paris en 1887; c'est une Arlésienne offrant une couronne et accompagnée de quatre enfants qui symbolisent les arts (Communications de MM. Arvengas et Blanc, *Revue du Tarn*, t. XII (1895), p. 324, Bénézit. *Dictionnaire...*).

Méalet, Antoine, peintre. — Les consuls d'Albi de 1494-95 lui faisaient payer 5 sous pour la représentation des armes de la ville en tête du registre coté actuellement CC. 211 (Arch. d'Albi, CC. 211).

Méhoult, Jérémie, fondeur. Voy. Labeyrie.

Mercier, Pierre, architecte. — L'artiste toulousain de ce nom a travaillé à Castres pour les Trinitaires en 1667. Il construisit alors le grand portail d'entrée de leur couvent, en pierre de taille, œuvre qui n'existe plus (Arch. du Tarn, H. 562 et *Bull. de la Soc. archéologique du Midi*, 1906-9, p. 48). A Castres encore, le chapitre cathédral décidait, en 1675, de confier à Mercier la reconstruction du chœur de son église; les plans furent adoptés, l'année suivante, avec quelques réserves puis, en 1677, jugés défectueux et l'évêque chargea Calhau (voy. ce nom) d'en dresser de nouveaux, c'est l'architecte Calhau qui eut finalement la préférence (Arch. du Tarn, G. 268) et Jacques Mounier qui exécuta les travaux (voy. Mounier). Mercier avait fait, à Toulouse, de 1660 à 1668, « l'élégant et riche » rétable du chœur de l'église de Saint-Etienne. En 1671, il transporta sur la façade de l'Arsenal la porte de l'hôtel de ville de Bachelier, qui se trouve actuellement au Jardin des plantes, et mit à sa place la porte de l'Arsenal qui datait de 1620 (H. Rachou. *Catalogue des sculptures... du Musée de Toulouse*, p. 264 et J. de Lahondès. *Les monuments de Toulouse*, p. 52 et 246).

Metge, Auguste, sculpteur. — N'est pas né à Sorèze mais y a séjourné. Il était élève de l'Ecole des beaux-arts de Toulouse de 1899 à 1903 et exposait au Salon de 1910 un portrait de M. A. (*Revue du Tarn*, t. XVI (1899), p. 240, t. XVII (1900), p. 112, 232, t. XXVII (1910), p. 204). On lui doit un bas-relief bronze ornant le *Monument aux morts* de Sorèze inauguré en 1922; Metge y a représenté l'intérieur d'une tranchée au moment de la sortie pour l'attaque.

Metge, Jacques, fontainier à Lisle-sur-Tarn au xviiie siècle, a travaillé à plusieurs reprises à des réparations de la fontaine de la place publique de cette localité (Arch. du Tarn, E. 2478).

Mignard, Nicolas, peintre. — On attribue à cet artiste (1606-68), frère du célèbre peintre Pierre Mignard, une copie de la *Sainte Cécile* de Le Dominiquin, toile qui fut donnée à la cathédrale d'Albi où elle se trouve toujours (mon. hist.) par l'archevêque Le Goux de La Berchère (1687-1703).

Milhas, Jean-Guillaume-Gabriel, horloger. — Une intéressante notice biographique sur cet artisan établi à Muret, Haute-Garonne, au xviiiᵉ siècle, a été lue par Damien Garrigue dans une récente séance (1923) de la Société archéologique du Midi. Milhas, né dans les environs de Muret le 14 décembre 1720, mourut le 24 janvier 1802, laissant à son gendre Jean Maïmat et à ses successeurs sa maison d'horlogerie. On lui doit l'horloge publique de Muret, payée 600 livres en 1763, celles de la cathédrale d'Auch (1784), de la cathédrale d'Albi (1787-88); celle-ci fut exposée à Toulouse et reconnue par les maîtres du métier « faite et parfaite suivant les règles de l'art » et munie de « pièces de nouvelle invention très solides ».

Milhas travailla aussi pour les communautés de Seysses, Stantens, Ox, Noë dans les environs de Muret, d'Auragne dans le canton de Nailloux, Haute-Garonne, de Lavit en Lomagne, Tarn-et-Garonne, de Beaumarchès, Gers... et d'autres peut-être (*L'Express du Midi*, n° du 5 février 1924, communication de M. l'abbé Sirven, professeur à l'Ecole Sainte-Marie, à Albi).

Milliet, Joseph-Victorin, peintre sur porcelaine. — Né à Albi en 1865, il exposait dans cette ville, en 1893, plusieurs plaques de porcelaine représentant des paysages, notamment *Une ferme en Limousin* et *La Vienne près de Verneuil* (*Exposition artistique et archéologique d'Albi*, 1893. Livret.).

Mingossio, Jérôme, peintre. Voy. Inviciato.

Mirandol, Jacques, maçon. — Associé avec François Bruger ou Brugier (voy. ce nom), Mirandol traitait avec le chapitre de Saint-Michel de Gaillac, en 1607, pour la reconstruction du chœur de son église. Suivant une délibération du même chapitre, du 17 septembre 1615, il fut chargé d'exhausser de 5 empans (env. 1ᵐ12) les murs du dit chœur (Arch. du Tarn, G. 481).

Moline (de), Michel, sculpteur. — L' « ymagenayre » Pierre de Moline touchait, en 1538, la somme de 25 livres pour les armes de la ville d'Albi qu'il avait « talhées (sculptées) et peintes » sur les portes de Verdusse, du Vigan, de Ronel et de La Travaille (Arch. d'Albi, CC. 460). Il est appelé à tort Michel « de Molinié » dans des reconnaissances de 1553 en faveur du chapitre cathédral (Arch. du Tarn, G. 111); dans le document précédent il signe « de Moline ».

Molinier, Guiraud, orfèvre. — Tout ce que l'on sait de cet « argentié » d'Albi c'est qu'il habitait, en 1601, dans la rue droite du Vigan et que sa boutique était située dans la rue de la porcaria, gache de Sainte-Martiane. Le logis fut vendu en 1614, l'ouvroir en 1617; Molinier dut mourir vers cette époque (Ch. Portal. *Notes sur l'orfèvrerie à Albi...*).

Molinier, Jean, peintre. — Comme les Hourde, les Bordelet, les Bourguignon, Jean Molinier a souvent travaillé pour la ville d'Albi. Selon toute vraisemblance, il était établi dans la gache de Saint-Affric où, avec Madeleine Enjalran, sa femme, il acquérait un immeuble en 1648 (Arch. d'Albi, CC. 38, f° 4 v°). C'est dans l'église de cette paroisse qu'il fut inhumé le 2 juillet 1674, il était décédé la veille. L'acte de sépulture (GG. 31, f° 48) ne donne ni son âge ni le lieu de sa naissance. Cinq ans après, en 1679, mourait à l'hôpital sa fille Jeanne (GG. 59, f° 203 v°).

La plus ancienne mention de ses peintures remonte à l'année 1640, époque où il toucha 14 livres « pour la faction d'un tableau » dont le sujet n'est pas indiqué, destiné à l'église de Sainte-Martiane (Arch. du Tarn, G. 683). En 1647, il était employé aux travaux de décoration que les consuls faisaient exécuter pour recevoir le comte d'Aubijoux (Arch. d'Albi, CC. 495). Un peu plus tard, en 1650, il peignait la chapelle, consacrée à saint Jean, que les blanchers d'Albi entretenaient dans l'église des Cordeliers. Le bail à besogne, publié dans ses parties essentielles, par Aug. Vidal (*L'ancien diocèse d'Albi...* n° 2145), porte que Molinier devra « peyndre la dite chapelle suivant et conformément à la chapelle qu'est par dessus celle de la pénitencerie en l'esglise cathédrale, avec azur et or, mesmes personnaiges et ramaiges, le tout à l'huile, jusques aux barres qui servent à poser les tapisseries et, de plus, aux murailles, par dessus la tapisserie, le dit Molinier y peindra l'imaige des quatre Evangélistes, avec cadre à l'entour de chascung, semblable au cadre d'ung imaige de saint Jean que le dit Molinier a remis en mains aus dits bailes, et la dite muraille et chapelle, par dessoubs les tantes de la dite tapisserie, seront peintes par le dit Molinier à la destrempe », le tout moyennant la somme de 126 livres.

On a du même artiste une quittance, datée de 1658, pour paiement de 40 livres à raison d'un tableau, encore sans indica-

tion du sujet, peint pour l'église de Terssac (Arch. du Tarn, E.
4285). De cette année à 1667 Molinier a reçu assez fréquemment
des rémunérations de la ville d'Albi pour la peinture, sur le cartulaire municipal, des armoiries des consuls qui étaient payées 7
livres, 10 sous, 6 ou 5 livres et 4 livres, 10 sous (Arch. d'Albi, CC.
336, 499, 338, 341, 345, 502) et aussi pour le dessin d'une croix de
pierre qu'on se proposait de placer sur le plo de Saint-Salvi (CC.
341). Entre temps, en 1660, il faisait « ung tableau » pour l'église
de Saint-Julien au prix de 1 liv., 10 sous (Arch. du Tarn, G. 656).

Enfin il existe dans l'église de Creyssens, commune de Puygouzon, une médiocre *Assomption* signée Moli... qu'on doit lui attribuer (*Bull. de la Soc. archéologique du Midi*, 1892-93, p. 22). Il
en est de même d'une autre toile, représentant le même sujet et
peut-être réplique de la précédente, qui est passée de l'église de
Lasplanques dans celle des Fournials, commune de Tanus. Cette
dernière est dans un très mauvais état et sans signature lisible.

Molinier, Pierre, fondeur. — En 1609, Pierre Molinier est dit
« habitant à présent la ville d'Albi » (Communication de M. l'abbé
Thomas d'après un reg. du notaire Sabatié de Lautrec). Le 7 janvier de l'année suivante, Molinier et Jacques Greffelhe, tous deux
fondeurs de Saint-Pons de Thomières, fondaient une cloche pour
l'église de Saint-Julien-du-puy et une autre pour celle de Brousse
(voy. Greffelhe). Ils séjournaient ensemble à Lautrec en 1621,
époque où ils reconnaissaient devoir à leur logeur 46 livres, 10
sous (Abbé Thomas, d'après un reg. du notaire Sabatié).

Mollot, Jean, fondeur. — En collaboration avec Claude et Jean
Bajolet et autres fondeurs, Jean Mollot, originaire de Romain-sur-
Meuse, Haute-Marne, refondait, en 1642, une cloche pour l'église
de Saint-Pierre-des-ports, commune de Graulhet, et celle du chapitre de Saint-Salvi d'Albi qu'on appelait « Malvesi » (Voy. Bajolet). La même année encore Jean Mollot refondait deux cloches de
5 et 3 quintaux pour l'église de Notre-Dame du château de Rabastens (Ch. Peyronnet. *Documents sur quelques artistes du pays
albigeois*, dans la *Revue du Tarn*, t. XIX (1902), p. ˉ34 et Em.
Marty. *Archives des notaires de Rabastens*, p. 168).

Mon, Jean-Baptiste, fondeur. — On baptisait, le 31 mai 1764,
dans l'église de Saint-Salvi d'Albi, une fille de J.-B. Mon, « fondeur et tapissier », et de Jeanne Vivé, « séjournant actuellement

sur la présente paroisse ». L'enfant mourut quelques jours après, le 3 juin, et le père est toujours qualifié de « fondeur et tapissier », professions qu'on n'a pas coutume de trouver réunies (Arch. d'Albi, GG. 25, p. 185).

Mondis (de), Arnaud, orfèvre. — Cet « argentier » de Castres tenait quelque immeuble du chapitre cathédral du lieu en 1520 (Arch. du Tarn, G. 294).

Mongé, orfèvre ou garçon orfèvre. — Est porté sur les rôles de l'industrie à Albi en 1775 (Ch. Portal. *Notes sur l'orfèvrerie à Albi...*).

Monjot, Antoine, horloger. — Les consuls de Boissezon sollicitaient de l'intendant, en 1719, l'autorisation de contracter un emprunt de 171 livres dont 45 pour faire réparer leur horloge publique par l'horloger de Castres Antoine Monjot, dit Germain (Arch. du Tarn, E. 1061).

Monod, Marguerite-Isabelle, peintre. — Cette artiste, de Mazamet, exposait au Salon de la Société nationale des beaux-arts en 1909 des *Œillets*, aquarelle (*Revue du Tarn*, t. XXVI (1909), p. 179).

Montabré, tapissier. — Les consuls de Cordes traitaient, en 1786, avec Montabré, tapissier à Aubusson, pour la fourniture d'un tapis « fleurdelizé, fonds blue (bleu), avec les armes du roy et de la ville » à raison de 12 livres l'aune carrée. Ce tapis était destiné à recouvrir les bancs des officiers royaux et municipaux dans le chœur de l'église paroissiale. Avec les frais de port et d'installation son prix devait revenir à 183 livres (Arch. de Cordes, BB. 88).

Montesquiou de Laboulbène (de), Louis, dessinateur. — Exposait à Albi, en 1866, deux paysages dessinés à la plume (L. Desazars. *Rapports sur l'exposition des beaux-arts* d'Albi, 1866).

Montjozieu, Guillaume, potier d'étain. — Figure dans un acte de 1616 retenu par un notaire de Castelnau-de-Montmiral (A. de Bourdès. *Documents épars*, 2ᵉ série, p. 436 (Albi, 1922, in-8).

Morant, fondeurs. Voy. Guédon.

Morisot, Jean-Antoine, sculpteur. — Les consuls de Lisle-sur-

Tarn baillent, le 2 août 1691, à Jean-Antoine Morisot, « sculptur de la ville de Rabastens,... à fere les réparations et augmentations suivantes au rétable qui est au maistre autel de la dite église [paroissiale dite de Notre-Dame de La Jonquière], qui sont : sera tenu le dit entrepreneur de faire deux pieds d'estaux, deux colonnes, leurs chapiteaux, corniches, frises et architraves au dit rétable, avec quatre niches et y faire les mesmes gredins (gradins) et ornemans qui sont à ce qui est édifié, en imitant et se conformant au dit rétable de la mesme autur (hauteur) et pour la largeur sera poussé jusques aux colomnes de brique qui suportent le degred pour monter à la chapelle de saint Jean inclusivement et faira fere la menuserie et boiseure nécessaire et les fermatures des niches de mesme que celles qui sont aux autres desja posées... », le tout en bois de noyer, moyennant 135 livres (Arch. du Tarn, E. 2545).

Il a été dit ailleurs que, l'année suivante, Morisot collaborait à un grand rétable entrepris pour la même église par le sculpteur Bor (voy. ce nom). Sa tâche consista dans l'addition de « deux figures représentant saint Pierre et saint Paul, d'un pan et demy d'hauteur (env. 0ᵐ33), de termes de mesme hauteur et six colonnes torses faictes avec d'ornemans, aussi d'hauteur semblable », pour le prix de 27 livres.

Le nom de cet artiste fait songer à un autre sculpteur, Antoine Morizot, qui travaillait en 1611 à diverses boiseries de l'église de Saint-Etienne de Toulouse (J. de Lahondès. *Les monuments de Toulouse*, p. 48). Peut-être le second, dans l'ordre chronologique, était-il le fils ou petit-fils du premier.

Moucherel, Christophe, facteur d'orgues. — Sa vie, qu'il a racontée lui-même, fut des plus mouvementées. Né à Toul le 6 septembre 1686, il y épousa en 1711 Anne Rutton. Il se livra tout d'abord à des travaux de tour à Metz puis se spécialisa dans la facture des orgues. Le premier qu'il exécuta fut un orgue à manivelle inspiré par une invention récente. Mais, dès 1717, il n'a construit que de grands orgues : ceux de Bouzonville en Lorraine allemande (1717), de l'abbaye de Saint-Vincent de Metz (1718), de l'église de Stenay, des Prémontrés de Wadeganen, celui-ci en refaçon (1719), de l'église d'Etain et de l'abbaye de Saint-Symphorien de Metz (1721), de l'église de Saint-Epvre de Nancy (1722), de l'abbaye de Saint-Mansuy de Toul (1723), de l'abbaye de Mouzon et des Augustins de Thionville (1725), de l'église de Saint-Gengoult de Metz (1727).

A cette dernière date, 1727, Moucherel s'installe à Paris et fond des caractères d'imprimerie d'après un procédé de son invention, qui lui vaut d'être en butte à la jalousie et même aux violences de ses concurrents. Obligé de renoncer à cette industrie, il se met à fabriquer des flûtes qui, à ce qu'il affirme, furent très appréciées. Il les marquait d'une mouche suivie des trois lettres REL. Peu après, il travaille chez un amateur de mécanique (il imagine entre temps un mouvement perpétuel!). Mais ayant fait le projet de se rendre en Italie, il construit (1730 et 1731), pour se procurer les ressources nécessaires à ce voyage, deux orgues, l'un pour les Ursulines de Toissey en Dombes, l'autre pour la paroisse du dit lieu. Un procès qui s'ensuit et quelques autres événements désagréables le détournent de l'Italie et il s'achemine vers Toulouse où il compte travailler dans une imprimerie. Après un court séjour dans cette ville, il est à Rodez (1734) où il fait imprimer un *Mémoire instructif...* relatif à un orgue destiné à la cathédrale d'Albi, dont il s'est entretenu avec l'archidiacre de Lautrec sur le coche d'eau qui l'avait mené de Lyon à Pont-Saint-Esprit.

Le 20 octobre 1734, l'affaire est conclue et, le 3 décembre 1736, le travail, dûment vérifié, est accepté. L'orgue actuel de Sainte-Cécile a conservé toutes les boiseries de Moucherel mais a été maintes fois remanié au point de vue instrumental. Il passait autrefois pour l'un des meilleurs de la région et l'on venait de loin pour l'entendre jouer. Il est à regretter que pour fixer au mur le buffet, qui est monumental, on ait été amené à détruire ce qui pouvait encore subsister, en 1734, de la partie centrale du Jugement dernier ornant le fond de l'église.

L'orgue ancien remplacé par Moucherel fut offert par lui au chapitre cathédral de Castres qui, dans une délibération du 1ᵉʳ septembre 1735, accepta en principe sa proposition, à charge de faire examiner par des personnes compétentes l'instrument une fois restauré. Moucherel demandait 5000 livres ou bien une pension viagère de 500 livres (Arch. du Tarn, G. 273). On en resta là; ce fut le chapitre collégial de Saint-Salvi d'Albi qui traita, en 1737, pour une rente de 450 livres.

Après 1737, on retrouve encore Moucherel construisant à Narbonne (1739 et 40) un grand orgue dont le buffet à douze tourelles rappelle celui d'Albi (Arch. de l'Aude, G. 50 et F. Raugel. *Les maîtres de l'ancienne facture française d'orgues*, dans le *Bulletin de la Société française de musicologie*, t. I (1917), p. 33).

La rente viagère servie à Moucherel était encore touchée par l'intéressé en 1761, il n'en est plus trace après cette date, ce qui fait supposer qu'il a dû mourir à cette époque; il avait alors 75 ans.

Pour tous renseignements plus détaillés, je me permets de renvoyer le lecteur à l'étude que j'ai publiée dans la *Revue du Tarn* t. XVIII (1901), p. 298-328, avec dessin de l'orgue de la cathédrale d'Albi, sur *Christophe Moucherel de Toul (1686 - vers 1761) et l'orgue de la cathédrale d'Albi*. Voir encore plusieurs analyses d'actes connus dans Aug. Vidal *L'ancien diocèse d'Albi...*, n°ˢ 808, 809, 958 à 960, et sur Christophe Moucherel et ses frères qui furent aussi facteurs d'orgues : Albert Jacquot. *Essai de répertoire des artistes lorrains. Les facteurs d'orgues et de clavecins* (Paris 1910, in-8).

Moulet, Jácques, peintre. — Le trésorier des consuls d'Albi lui payait, en 1651, 12 livres pour la peinture des armes de la ville sculptées par Jean Lafon (Arch. d'Albi, CC. 329 et 496).

Mounié ou **Mounier,** architectes. — L'évêque et le chapitre cathédral de Castres, voulant faire reconstruire le chœur de l'église de Saint-Benoît, avaient accepté les plans de l'architecte Mercier, en 1676, et de Caillau en 1678 (voy. ces noms). Mais ce fut avec « les sieurs Mounié » qu'on traita d'abord, suivant une délibération capitulaire du 3 mai 1678, pour les fondements dont le prix s'éleva à 6044 livres (délib. du 2 juin 1679). Puis, le 9 septembre de cette dernière année, un contrat fut passé avec Jacques Mounié « architecte de cette ville » (de Castres), et avec le sculpteur Favier (voy. ce nom) pour la construction apparente « conformément au dessein qui a esté paraphé ». Le travail devait être terminé dans trois ans et payé à raison de 20 livres la canne cube de maçonnerie. Par une délibération du 22 janvier 1683 les comptes de dépense furent clos et arrêtés à la somme de 10172 livres et des sous. Le bail à besogne donne, à défaut du « dessein » perdu, tous les détails désirables sur les dimensions et profils de l'édifice qui existe toujours (Arch. du Tarn, G. 268 et 314). Le nom, mal orthographié (Moinier), se trouve sur un registre de mutations cadastrales de Castres de la seconde moitié du xviiie siècle (Arch. de Castres, CC. 41).

Moute, Samuel, lapidaire. — De Castres où il était établi il dut émigrer pour cause de religion; il était fixé à Berlin en 1700 (Dumons. *Les réfugiés du pays castrais*, dans la *Revue du Tarn*, t. XXXI (1914), p. 76).

Nabela (de), Regnard, tapissier. — « Renha (Regnard?) de Nabela, tapissié », recevait, en 1538, du trésorier des consuls d'Albi 10 livres, 5 sous pour avoir « adobats (réparé) los bancals (gradins) de la mayso comuna » (Arch. d'Albi, CC. 244, f° 24 v°).

Nabes, David, orfèvre. — Son nom est porté sur les rôles de la capitation de Saint-Germain-des-prés en 1695 (Arch. du Tarn, C. 1209, f° 392 v°).

Nadal, Bernard, épinglier à Castres en 1732 (Arch. du Tarn, H. 532).

Nadal, Jean, maçon. — Le 24 février 1551 (n. s.) les consuls et les Cordeliers de Rabastens baillaient à Jean Nadal, maçon de Montauban, la reconstruction du chœur de l'église de Saint-François. Il était convenu que la clef de voûte porterait, comme précédemment, les armes du roi et de la ville, les Cordeliers fourniraient les matériaux et paieraient 184 livres à Nadal (Em. Marty: *Archives des notaires de Rabastens*, p. 57). Cette église n'existe plus.

Le même maçon travaillait au nouveau pont de Toulouse en 1553 et 1554 (H. Graillot. *Nicolas Bachelier*, p. 101).

Nautonier de Castelfranc, Guillaume, créateur d'une imprimerie. — Né au château de Lourmarié, commune de Venès, le 15 juillet 1560, Guillaume Nautonier épousa, en 1590, Marie Guiraud, de Vabre, dont il eut dix enfants (8 filles et 2 garçons), et mourut à Castres le 10 août 1620. Elevé dans la religion calviniste, il était ministre à Montredon en 1594 et assista, à ce titre, à plusieurs synodes. Son livre de *La mécométrie de l'eymant*, très apprécié, lui valut du roi Henri IV une pension de 1200 livres. Il publia à Castres, en 1607, un traité *De artificiosa memoria* et laissa en mourant plusieurs manuscrits sur des matières se rapportant à l'astronomie.

La Mécométrie de l'eymant est le seul de ses travaux sur lequel il y ait lieu de donner ici quelques détails. Cet ouvrage forme un petit in f° de 0,31 sur 0,21 (rogné), imprimé par cahiers de quatre feuilles. L'auteur le fit composer et imprimer — en totalité ou en partie? — dans son château de Lourmarié avec des caractères lui appartenant qu'il vendit, en 1604, à la ville de Castres (voy. Fabry) pour 240 livres qui furent payées au mois de février de l'année suivante. Ce matériel comprenait une presse, « cinquante mille caractères du poids de trois quintaux (env. 123 kilog. 1/2) et autres outils et meubles ».

Les lettres patentes portant licence d'imprimer et privilège de vendre *La Mécométrie* sont datées du 15 octobre 1601. L'exécution typographique dura au moins deux années (1603 et 1604). Chacune des six parties de l'ouvrage est précédée d'un titre et, au début du volume, se trouve un frontispice gravé portant les mentions : « Imprimé à Venès chez l'auteur M DC III » et, au-dessous, « par Raimond Colomiès, imprimeur en l'Université de Tolose et par Antoine de Courteneuve, aux frais de l'autheur ». Les cinq autres « livres » sont datés de 1604. On remarquera sur les titres du deuxième « livre » la marque typographique de l'imprimeur bien connu Simon Colines qui vivait dans la première moitié du xvi⁰ siècle, du troisième une autre marque de provenance à déterminer, du quatrième la marque de Denis Duval, du cinquième les armes des Nautonier, du sixième une marque composée d'un cheval. Il paraît étrange de voir là des emblèmes étrangers à l'atelier de Colomiès.

Les six livres de *La Mécométrie*, à pagination continue (317 p.. plus 12 non chiffrées à la fin, de même que celles de la préface), sont suivis d'un *Premier livre de la Mécométrie arithmétique de l'eymant...* 1604, titre avec vignette analogue aux précédentes suivi de 6 pages non numérotées et 32 chiffrées.

Après ce « premier livre » qui est unique on trouve un frontispice gravé, en forme de portique dont la partie centrale est remplie par un long titre en trois langues (hollandais, français et latin) avec, au bas : « Inventione et opera Guillelmi Nauticœ Castelfranci occitani M DC III ». Le grand titre, au folio qui suit, porte la date de M DC II, par erreur, à moins que cette partie du volume n'ait été imprimée dans les derniers mois de 1602(?) et le frontispice préparé pour 1603 (?). Le titre en question est en anglais *The Mécographie of ye Loadstone...* et orné d'un simple fleuron. Il précède 195 *feuillets* chiffrés, garnis de tables des déclinaisons de l'aiguille aimantée; titre courant et têtes de colonnes sont aussi en anglais.

Je viens de décrire très sommairement l'exemplaire que possèdent les Archives du Tarn, au premier frontispice près qui nous manque et pour lequel j'ai dû recourir aux deux que conserve la Bibliothèque d'Albi (l'un provenant du legs de l'amiral de Rochegude). Un quatrième, celui de la Bibliothèque de Toulouse, a été minutieusement analysé par Desbarreaux-Bernard. Enfin un cinquième était, en 1891, la propriété de M. H. de La Vallière, de Blois. Il est probable qu'il en subsiste quelques autres, mais sûrement en petit nombre.

Ces divers exemplaires du même ouvrage diffèrent tous les uns des autres, soit par les parties composantes, soit par la langue dans laquelle l'une ou l'autre a été imprimée (hollandais, danois, anglais, etc.) et aux problèmes que posent ces divergences s'ajoute celui de l'impression même de *La Mécométrie*. Colomiès n'a pas, en effet, quitté Toulouse en 1603 et 1604; a-t-il envoyé à Lourmarié son ouvrier ou associé Ant. de Courteneuve? Tout cela reste à élucider.

Sur G. Nautonier voir : Desbarreaux-Bernard. *Histoire de l'imprimerie en Languedoc* (Toulouse, 1876, in-8), p. 232-246, — G. Dumons. *La famille de Nautonier de Castelfranc*, dans le *Bull. de la Soc. de l'hist. du protestantisme français*, sept.-oct. 1911, — J. Rouanet. *Monographie de la famille de Guillaume « Le Nautonier »...* dans la *Revue du Tarn*, t. XXX (1913), p. 253-274.

Nazon, François-*Henri*, peintre. — Fils de Jacques-Théodore, pasteur à Mazamet, et de Marie-Philippine-Zélie Cormouls, Henri Nazon naquit à Réalmont le 25 décembre 1821. En 1870 il quitta Paris où il résidait pour se rendre dans sa famille, à Montauban où il ne comptait passer que quelques mois; il s'y fixa et y est décédé en mai 1902.

Elève de Gleyre et de Delaroche, cet « artiste délicat, dont les paysages sont pleins de charme poétique » (Bénézit), a exposé, de 1848 à 1879 aux Salons parisiens et obtenu des médailles en 1843, 44, 46, 57, 64 et 66. Ses peintures cessèrent d'être appréciées à leur valeur vers 1877 sous l'influence des nouvelles tendances natura-

listes et, découragé, aigri, Nazon ne tarda pas à ne plus exposer;
il finit même par délaisser la peinture et, à sa mort, il était déjà
« un oublié », après avoir été comparé aux maîtres paysagistes.

De La Chavignerie et Auvray ont donné la liste des toiles qu'il
envoya aux Salons. Ce sont surtout des paysages, avec des effets
de lumière et de couleur suivant les heures du jour et les saisons,
pris dans la région pittoresque du Rouergue et du Quercy, parfois
aux alentours de Fontainebleau ou sur les bords de la mer. Son
Rocher de Caylus (1875), les *Bords de l'Aveyron* exposés à Munich
en 1883, une *Clairière d'automne* passent pour ses meilleures
œuvres avec celles qui sont conservées dans les Musées du Luxembourg (*Soir d'automne*, 1863), — de Montauban (*Moulin sur le
Tarn*, 1865, et autres), — de Limoges (*Les bords du Tarn aux environs de Montauban*, effet de soleil levant en été, 1864), — de Reims
(paysages). Son *Automne dans la vallée* a atteint dans une vente
récente le prix de 2050 fr. (Maurice Lang. *Annuaire des ventes de
tableaux...* 1921-22).

Sur Nazon voir : Bellier de La Chavignerie et L. Auvray. *Dict.
gén. des peintres français...* t. II, p. 154, — *Revue du Tarn*, t. IV
(1882-83), p. 320, t. VI (1886-87), p. 47, t. XIX (1902), p. 188, —
Emile Pouvillon. *Un oublié*, dans *La Dépêche* de Toulouse, n° du
7 mai 1902, — Bénézit. *Dictionnaire...*

Néboltry, brodeurs. — Le premier en date est Laurent, brodeur
à Albi, qui, en 1584, fournissait à un prêtre de Castelnau [de
Lévis] une chape, une étole et un manipule de futaine pour le prix
de 2 écus et 2 sous (Aug. Vidal. *L'ancien diocèse d'Albi...* n° 401).

Raimond, fils de Laurent sans doute, vendait, en 1594, du drap
« céleste » (nuance de bleu) à un particulier (Aug. Vidal. *L'art
albigeois au* xvie *siècle*, dans la *Revue du Tarn*, t. XXVIII (1911),
p. 324, note 2). On le retrouve, en 1601, établi dans la rue de
Saint-Etienne et c'est sur cette paroisse que mourut, le 26 novembre 1623, son fils « Girou » (Géraud) (Arch. d'Albi, CC. 41, f° 39
et GG. 41, f° 12 v°).

Négrier, Jean, sculpteur. — Ce « maître sculpteur du lieu de
Pampelonne » épousait, à Albi, le 7 juillet 1705, Jeanne Négrier
(Arch. d'Albi, GG. 20, f° 183 v°).

Nicolas, Guillaume, maçon. — Le « Guillelmus Nicholay » de
nos textes s'appelait, non pas Nicholay ou Nicolaï, comme on l'a

écrit, mais Nicolas ou (en roman) Nicolau; « Nicholay » n'est que le génitif de Nicolaus. Le 9 mars 1395 (nouv. style) « Poncius de Petrafita (ou Petrafica) et Guillelmus Nicholay, massonerii sive lapisside », travaillant ensemble à la construction du chevet de la nouvelle église de Lautrec, dite de Notre-Dame de paix, reconnaissent avoir reçu de la fabrique 57 livres de petits tournois pour eux et les ouvriers qu'ils ont amenés de Toulouse (operariis Tholose) (Arch. du Tarn, E. 358, f° 447). Le 20 du mois suivant, Pons de Pierrefite se retire de l'association et Guill. Nicolas reste seul entrepreneur. Il touche, le 31 août, 161 livres et 15 sous, le 8 décembre 1396, 121 livres, 2 sous, 9 deniers toujours de petit tournois... (E. 359, f°ˢ 160 v°, 162 v° et 166 v°). Enfin, le 25 mai 1397, ce « peyrerius loci de Sancto Anthonino de Quercino » (Saint-Antonin, Tarn-et-Garonne) reçoit le solde, soit 101 livres et des sous, du prix convenu qui était 750 livres de petits tournois (E. 354, f° 258 v°). Sur cette église disparue, qui fut alors reconstruite et dont l'origine était, parait-il, « très ancienne », voy. Elie Rossignol. *Monographies des com. du canton de Lautrec*, p. 96 (Toulouse, 1883, in-8).

Nicolas, Jacques, orfèvre. — Cet orfèvre de Castres fut, en 1562, l'un des acquéreurs de l'argenterie dont les protestants avaient dépouillé les Jacobins de cette ville (Arch. du Tarn, H. 585).

Nicolas, Laurent, musicien. — Le chapitre collégial de Saint-Michel de Gaillac baillait la maîtrise de son église à Laurent Nicolas, d'Avignon, le 1ᵉʳ juillet 1598 et le 12 juin de l'année suivante, s'engageant à lui donner, la première fois, 20 setiers de blé, 7 pipes de vin et 30 écus sol, la seconde fois 22 setiers de blé, 7 pipes de vin et 110 livres. Ce musicien exerçait encore les mêmes fonctions en 1602, époque où il lui fut accordé un congé d'un mois pour se rendre dans son pays (Arch. du Tarn, G. 478).

Noble, Guillaume, fontainier. — Les consuls de Lisle-sur-Tarn confient, le 16 septembre 1628, à ce « mᵉ fontainier, habitant de Tholoze », le soin de « réparer et tenir en bon estat les tuieaux sive corns de la fontaine de la présente ville despuis icelle [fontaine] jusques à la source appellée la crambete... pour le temps et espasse de trois années qui commenceront le vingt cinquiesme de ce mois... moienant le prix et somme de septante livres par an... » Noble devait fournir tous objets nécessaires « comme mastic, tuille, chaux, sable », rétablir les pavages auxquels il aurait à toucher et payer ses ouvriers (Arch. du Tarn, E. 2478).

Noblet, tapissier. — Les obsèques de Jean-Jacques Noblet, fils d'« autre Noblet », tapissier, ont lieu, dans l'église de Sainte-Martiane d'Albi, le 9 mai 1702 (Arch. d'Albi, GG. 62 f° 35 v°).

Noguier (de), verriers. — Antoine, « habitator veyrerie de Cabanas prope Campanhacum » (Campagnac, cant. de Castelnau-de-Montmiral), figure dans un acte de 1452 (Ch. Portal. *Extraits de reg. de notaires...* au mot Noguier).

Jean, « veyrier, habitan de la veyreria de La Faga » (La Fage dans la com. de Castelnau-de-Montmiral), tenait, en 1473, de Jean de Najac, damoiseau de Cahuzac-sur-Vère, une vigne au lieu dit « à Tornapuech » (inconnu) (Arch. du Tarn, E. 4620, f° 27). Le même « nobilis Johannes Noguerii », ou son fils, était « vitrerius loci de Vaor » (Vaour, ch.-l. de canton de l'arr. de Gaillac) en 1490 (Ch. Portal. *Op. cit.*). Sur cette famille de verriers, voy. *Les verriers du Languedoc*, par Saint-Quirin qui les appelle ordinairement Noguiès.

Noireterre (Jumel de), peintre. — Cet artiste tarnais donnait, en 1897, au Musée de Castres trois de ses toiles (*Bataille d'Inkermann, Le rêve, Duel*) et quatre dessins au crayon, en même temps que divers objets de provenance mexicaine (*Revue du Tarn*, t. XIV (1897), p. 74 et A. Chamayou. *Ville de Castres. Catalogue du Musée*, 4ᵉ éd. 1911).

Nouailher le jeune, Bernard, émailleur. — L'église de La Madeleine d'Albi possède un reliquaire en bois peint, orné d'un émail signé par Bernard Nouailher le jeune et daté de 1748 (mon. hist.). Les Nouailher, émailleurs de père en fils, étaient de Limoges.

Noyer, Claude, horloger. — De son mariage avec Françoise Ramond il eut plusieurs filles qui furent baptisées dans l'église de Sainte-Martiane d'Albi de 1731 à 1737 (Arch. d'Albi, GG. 69, fᵒˢ 144 v°, 166, 213 v° et 217 v°).

Numeister, Jean, imprimeur. — Originaire de Mayence où il passe pour avoir travaillé avec Gutenberg, Jean Numeister fut un imprimeur des plus nomades. On a constaté sa présence à Fuligno (Italie) de 1470 à 1472, à Mayence en 1479 et 1480, à Albi, où il introduit l'art nouveau de la typographie, de 1480 à 1484, enfin à Lyon de 1485 à 1507. Là se termine la carrière de « Johannes de Albia » comme on l'appelait en dernier lieu.

L'ouvrage que le libraire-bibliographe Claudin a consacré à Numeister est une savante dissertation sur ses pérégrinations et sur les livres sortis de sa presse, dans ses résidences successives. Je me contente d'y puiser les renseignements se rattachant à son atelier albigeois d'où sont sortis, d'une façon incontestable, au moins quatre volumes intitulés : *Epistola Æneæ Sylvii de amoris remedio*, « Albie impressa », sans date [fin de 1480 ou début de 1481] en caractères arrondis, — *Historia septem sapientium Romæ*, « Albie impressa », s. d. [même époque] et mêmes caractères, — *Meditationes cardinalis Johannis de Turrecremata*, « Impresse Albie anno Domini mil. cccc octuagesimo primo et die xvij mensis novembris », en caractères gothiques de force moyenne et gravures sur métal « éraillé », — *Ordo missalis secundum usum Romanæ ecclesiæ*, « Impressus Albie », s. d. [vers 1484] en gros caractères gothiques.

Les types arrondis de l'*Epistola Æ. Sylvii* et de l'*Historia septem sapientium* ont également servi à la composition de plusieurs autres ouvrages dont j'ai donné la liste dans la *Revue du Tarn*, t. XIII, d'après des indications fournies par Mlle Pellechet. A la dite énumération il convient d'ajouter : un traité de quelques feuillets *De orthographia* de Gasparinus Barzizius (à la Bibl. nat.), — une *Admonitio de profectu animæ* et une *Pastorale* de Gregorius magnus offerts par la librairie Rosenthal de Munich à sa clientèle en 1900, — un *Liber soliloquiorum beati Ysidori* porté sur un catalogue de Claudin en 1902. Toutes ces impressions, sans lieu ni date ni nom d'imprimeur, ont été attribuées à Numeister et à l'année 1480 ou environ. L'hypothèse n'a rien d'invraisemblable *a priori*, mais il ne serait pas défendu de supposer que notre imprimeur a peut-être vendu sa police de caractères arrondis et qu'un autre l'a employée à la confection de ces livres, cela à une époque qui reste incertaine.

Quoi qu'il en soit, je me permets de rappeler que j'eus la bonne fortune de découvrir dans la Bibliothèque d'Albi un des ouvrages inscrits sur la liste à laquelle je faisais tout à l'heure allusion. C'est une *Summa pisana* de Barthélemy de Sancto Concordio (Incunable n° 71), in-f° de 348 feuillets, dont un autre exemplaire a été trouvé à Verdun-sur-Meuse par Mlle Pellechet. Celui-ci offre cette très intéressante particularité de contenir deux notes manuscrites dont la première est ainsi conçue : « Fuit rubricata presens tabula anno Domini millesimo quadringentesimo septuagesimo octavo et die xx^a^ mensis aprilis per me de Cruce notarium et presbiterum loci de Cadalonhio ». La seconde indique que le volume appartient à Mathieu Boyer, prêtre de Cadalen, ch.-l. de canton de l'arr. de Gaillac, à 20 kilomètres environ d'Albi. Ce « labeur » de 348 feuillets, rubriqué le 20 avril 1478, a donc dû être imprimé pendant une partie au moins de l'année précédente, par Numeister probablement, où? on l'ignore. C'est là encore un problème à résoudre et qui intéresse la période de 1473 à 1478 pendant laquelle Numeister n'était plus à Fuligno et n'était pas encore revenu à Mayence. Toutes ces impressions en caractères arrondis, ne portant ni lieu ni date ni nom d'imprimeur, ne proviendraient-elles pas d'une localité où le nomade typographe aurait séjourné dans cet intervalle?

Voir : E. Jolibois. *Notes sur les origines de l'imprimerie à Albi*, dans la *Revue du Tarn*, t. II (1878-79), p. 176-177, — A. Claudin. *Origines de l'imprimerie à Albi en Languedoc*, 1480-84 (Paris, 1880, in-8, avec fac-similes), — Ch. Portal. *Bibliothèque d'Albi. Catalogue des incunables...* (Albi, 1892, in-8 avec fac-similes), — Marie Pellechet. *Quelques hypothèses sur l'imprimerie en Languedoc*, dans le *Journal de l'imprimerie et de la librairie*, janv. 1893, — Ch. Portal. *Note sur l'imprimeur J. Numeister*, dans la *Revue du Tarn*, t. XIII (1896), p. 225-227 avec fac-similes, — *Revue du Tarn*, t. XVI (1899), p. 175, t. XVII (1900), p. 100 et t. XIX (1902), p. 65.

Nussandle, Pierre, verrier. — Il est dit, en 1453, « veyrerius veyrerie del Guanag (ou Guavag), juridictionis de Cordua » (Cordes, Le Guanag ou Guavag est inconnu) (Ch. Portal. *Extraits de reg. de notaires...*).

Olivier, Jean-Joseph, graveur. — Né à Castres, cet artiste exposait au Salon de 1834 trois planches destinées au *Choix d'édifices publics construits en France* de Biet...; il collabora aussi à l'illustration des *Edifices de Rome moderne* de Letacouilly, d'un *Dictionnaire technologique* et autres publications (Bellier de La Cha-

— 223 —

vignerie et L. Auvray. *Dict. général des artistes français...*, t. II, p. 175 et Bénézit. *Dictionnaire...*).

Olombel, Pierre, orfèvre. — Le 28 mars 1730, Pierre Olombel se présentait devant les gardes de la corporation des orfèvres de Castres, qui, attendu qu'il avait fait les « essais et chef d'œuvre requis », le recevaient « en la profession et art de maistre orfèvre juré » (Arch. du Tarn, B. 13, f° 48). Olombel avait précédemment acheté l'outillage de Jacques Debrus (B. 151).

Outre (d'), verriers. — Un registre paroissial de Saint-Paul-de-Mamiac, aujourd'hui dans la commune de Penne, voisine de la forêt de Grésigne, apprend que, le 25 juillet 1694, « noble Jacques d'Outre, sʳ de Montpezat (Tarn-et-Garonne?), fils de Jean, verrier », fut le parrain d'une fille de Louis de Rabastens et de Claire de Resclause. Jacques d'Outre signe « Montpezat ».

Le premier novembre suivant, « noble Jean d'Outre, sʳ d'Eyguefonde (Aiguefonde, Tarn?), fils d'autre Jean et de demoiselle Louise de La Loubière de cette paroisse » (il signe d'« Eyguefonde »), épousait Suzanne du Breil, fille de feu Raimond et de Marie de Richomme, « habitante de la paroisse de Cairiech en Quercy » (Cayriech, Tarn-et-Garonne) (Arch. du Tarn, E. 4975). Sur la famille d'Outre, voy. Saint-Quirin. *Les verriers du Languedoc.*

Ozion, Jean, menuisier. — Ce maître menuisier de Rabastens s'engageait, en 1644, à faire, moyennant 60 livres, un rétable pour l'église de Saint-Roch située dans les faubourgs de la localité (Em. Marty. *Archives des notaires de Rabastens*, p. 169).

Pa, R., dit Raynaut, charpentier. — Les consuls de Cordes font faire en 1352, par R. Pa des « corredors de fusta » (un abri continu en planches) sur le « mur vielh del Planol » (3ᵉ enceinte) avec douze « gachis (guêtes) moyennant la somme de 126 écus d'or. Le 28 octobre 1357, ils passent avec le même « fustier » deux contrats, l'un pour la construction de « corredors » au Planol, complétant sans doute l'œuvre de 1352, l'autre pour la terminaison d' « una estaga en deforas sobre la porta que es al fons de la glieya de S. Miquel ». Ce logis ou comble, desservi par un « escalier de fusta », avec ouvertures et portes, n'existe plus; la porte du fond de l'église de Saint-Michel fut reconstruite au siècle suivant par C. Rogier (voy. ce nom). (Ch. Portal. *Extraits de reg. de notaires...* aux mots *Fortifications* et *Eglises*.)

Pacot, architecte. — Le Toulousain Pacot, architecte, fut l'entrepreneur de la démolition du château de Lombers, en 1633 (Arch. d'Albi, CC. 488). Peut-être faut-il le confondre avec le sculpteur Claude Pacot qui, en 1627, transformait en une Clémence Isaure une statue tombale (J. de Lahondès. *Les monuments de Toulouse*, p. 480).

Pagès, Jean, potier de terre. — Etait établi aux Roques, commune de Giroussens, en 1762 (Em. Rieux. *Les poteries de Giroussens*, p. 28).

Pagès, Pierre, serrurier-horloger. — Il réparait, en 1626, sous la direction d'un religieux Cordelier, l'horloge publique de Rabastens (Em. Marty. *Délibérations des conseils politiques de Rabastens*, dans la *Revue du Tarn*, t. XXI (1904), p. 112).

Palat, François, fontainier. — Ce « maître fontainier », habitant de la ville de Saint-Affrique, diocèse de Vabres (Aveyron), dressait, en 1726, un devis pour la réparation de la fontaine publique de Lisle-sur-Tarn (Arch. du Tarn, E. 2478).

Paleville (de), Auguste, peintre. — On fait naître à Albi Auguste de Paleville qui fut l'élève d'Henri Sieurac (1823-63). Le père de ce dernier, François, miniaturiste, mourut à Sorèze en 1833. De Paleville fut professeur à l'Ecole de Sorèze. Il exposait à Albi, en 1866, six paysages de la région de Sorèze (environs de Lampy, de Sorèze et vallée de Durfort) qui ont été lithographiées par Rivière, de Toulouse, — et à Castres, en 1879, un portrait de Mlle J. Un paysage du Sidobre fut acquis, la même année 1879, par le Musée de Castres (L. Desazars. *Rapports sur l'Exposition des beaux-arts...* d'Albi, 1866, p. 33, *Revue du Tarn*, t. II (1878-79), p. 305, A. Chamayou. *Ville de Castres. Catalogue du Musée*, 4e éd.).

Palhaud, fondeurs. — Jos. Berthelé a donné une liste de cloches fondues dans le département actuel de l'Aude par Guillaume Palhaud, de Carcassonne, au xvie siècle (*Ephemeris campanographica*, t. I, p. 322 et ss.). A la date du 4 février 1557 les consuls de Castres concluaient un accord avec G. Palhaud (nommé Pathain dans l'inventaire des archives communales, BB. 36) au sujet des frais de refonte d'une cloche.

Jean, son fils, né aussi à Carcassonne, louait une maison avec ouvroir à Albi, au fond de la place de la Verbie, en 1557. On le retrouve à Carcassonne en 1568 et c'est à Pézenas qu'il meurt en 1597 ou 1598. Il traite de nombreuses affaires durant l'année 1557 (et 1558 n. s.?) : il est créancier des consuls de Serviès à raison de la fonte d'une cloche, il s'engage à en refondre une autre pour l'église de Saint-Geniès dans la commune de Puygouzon, il en fond encore une pour Saint-Julien-Gaulène et, cette fois de concert avec son père, règle des comptes avec un forgeron d'Albi au sujet de fournitures et travaux concernant plusieurs cloches de la cathédrale (Jos. Berthelé. *Ephemeris campanographica*, fasc. XI-XIII (1913), p. 57-61, d'après une note d'Aug. Vidal).

D'autre part, j'ai attribué (*Notes sur quelques fondeurs...*) à un Jean Palanc, « fondeur de cloches, demeurant à présent au dict Alby (en 1557), un travail qui sûrement fut exécuté par Jean Palhaud. Le texte (Arch. du Tarn, G. 677, f° 42) paraît bien porter « Palanc », mais l'écriture très fine et très cursive permettrait aussi bien de lire Palaut qui, en mouillant le *l*, revient à Palhaut ou Palhaud. La présence à Albi, à la même date, de deux fondeurs de même prénom et de noms d'apparences très rapprochées est invraisemblable et j'estime que c'est à Jean Palhaud que la fabrique de Sainte-Martiane d'Albi commanda, en février 1557 (1558 n. s.?) la refonte de « quatre métalhons (clochettes) » rompus, du poids de 19 livres; le fondeur ajouta 18 autres livres de métal et toucha pour tout son dû 7 livres et des sous.

Pierre Palhaud, « de Rodez », parent sans doute de Jean, sollicitait des Etats diocésains d'Albi, en 1569, une rétribution pour avoir servi comme canonnier à la reprise d'Ambialet sur les protestants (Arch. du Tarn, C. 832).

Enfin Georges Palhaud, « fondeur et m^e canonnier ordinaire du roy », refondait, en 1580, deux cloches pour l'église de Saint-Salvi d'Albi (Aug. Vidal. *L'ancien diocèse d'Albi...*, n° 930).

Panis, Antoine, arbalétrier. — Ce « balestier » figure sur le cadastre d'Albi, de 1555, comme domicilié dans la gache du Vigan (Arch. d'Albi, CC. 23, f° 101).

Papilhot, Guillaume, peintre. — Les consuls d'Albi ayant fait construire une guérite près de la cathédrale, un procès s'en suivit avec l'évêque. A cette occasion le peintre Guill. Papilhot toucha 4 livres et des sous pour avoir peint sur parchemin l'objet du litige, en 1466 (Arch. d'Albi, CC. 200).

Paradis, peintres. — Le catalogue (manuscrit) d'une Exposition artistique qui eut lieu à Albi, en 1902, mentionne deux pastels (*Un bain aux Planques* et une étude) de L. Paradis et une toile (*Viaduc de Garabit*) de P. Paradis.

Parant, Philippe, sculpteur. — D'après un bail à besogne du 27 novembre 1701, Philippe Parant, « m^e esculteur, habitant de la ville de Carcassonne », doit construire pour l'église paroissiale de Lisle, dite Notre-Dame de La Jonquière, un tabernacle conforme au dessin par lui remis (et qui n'a pas été conservé) et avec les modifications suivantes. « Au lieu que, sur le dit dessein il est marqué que ce qui suporte le St Sacrement est une pièce de marbre suportée par des consoles, il y sera mis une pièce de bois suportée par un ange, un aigle, un lion, un bœuf (les quatre Evangélistes) et, à la porte du dit tabernacle, il y aura un exe homme (Ecce homo) avec la couronne d'espines et un roleau à la main ou deux bas reliefs qui est un de chaque costé de l'alle (aile) du tabernacle il y sera mis tel martyr qui sera délibéré et aux deux niches telles figeures qui sera aussi délibéré... » Le corps du tabernacle doit être en châtaignier et en bois « de till » (tilleul), les sculptures en bois de « till ». Une fois terminé, Parant fera porter à ses frais son travail de Carcassonne à Toulouse où la communauté de Lisle le fera prendre à ses dépens. Parant viendra le mettre en place et touchera 200 livres (Arch. du Tarn, E. 2545). Ce sculpteur était peut-être le père de celui qui, élève de Marc Arcis, a orné, au milieu du xviiie siècle, la façade du Capitole de groupes placés sur les pavillons en saillie (J. de Lahondès. *Les monuments de Toulouse,* p. 253 et 527).

Paris, Christophe, menuisier. — Il est dit « demeurant en la ville d'Alby » quand, le 28 décembre 1632, il traite avec le chapitre de Saint-Michel de Gaillac pour la façon d'un pupitre en bois de noyer moyennant 55 livres (Arch. du Tarn, G. 483, 518 et 539). Mais le 14 juin de l'année suivante, il est « à présent demurant au dict Gaillac ». A cette date, il promet de faire pour le même chapitre un « pistolier » (pupitre pour épistolier) large de trois empans (env. 0ᵐ67) et de hauteur convenable, plus un banc de 8 à 9 empans (1ᵐ79 à 2ᵐ01) pour les chantres, le tout au prix de 38 livres (Id.). C'est donc dans le premier semestre de 1633 que Christophe Paris s'est fixé à Gaillac; il a dû y mourir vers 1661 ou 1662 puisque les religieuses du couvent de Longueville, à Gaillac, lui payaient, en 1660, 290 livres pour divers travaux (H. 611) et que le chapitre déjà nommé était, en 1662, en procès avec sa veuve (G. 484), appelée Jeanne Delpech, qui figure parmi les tenanciers de Saint-Michel vers la même époque (G. 521).

Paris traita souvent avec le chapitre de Gaillac. Par un acte du 4 janvier 1636 il s'engageait à faire pour le maître-autel de Saint-Michel, moyennant 550 livres, un rétable en noyer où il mettrait « quatre colonnes entre lesquelles y aura une niche et, au dedans, les figures de sainct Pierre et de sainct Paul; au-dessus du frontispice un sainct Michel et à chasque cousté du dict frontispice la figure d'ung ange couché, à mi-bosse » (G. 483 et 557). Le paiement de ce travail paraît avoir été laborieux. La veuve de Paris n'était pas encore désintéressée en 1662, comme il a été déjà dit, et l'affaire ne se termina qu'en 1674 par une transaction (G. 484, 485 et 541).

C'est encore en 1636 que Paris faisait pour les Clarisses d'Albi un rétable en noyer, conforme à un dessin qu'il avait proposé, le prix stipulé était de 150 livres (Aug. Vidal. *L'ancien diocèse d'Albi...* n° 2023). L'année suivante, les mêmes religieuses lui commandaient ainsi qu'au sculpteur de Rodez Germain Cayrou un tabernacle de 7 empans et demi de haut sur 7 de large (env. 1ᵐ67 sur 1ᵐ56), doré avec soin; coût 340 livres (Id., n° 2025). Quelque temps après, notre menuisier est à Rabastens prenant la commande d'un rétable de moindre importance (50 livres), destiné à une chapelle du tiers ordre de Saint-François (Em. Marty. *Archives des notaires de Rabastens*, p. 168).

Enfin, en 1646, il confectionne pour le chapitre de Gaillac un meuble à renfermer des vêtements sacerdotaux, un pupitre et une petite armoire (Arch. du Tarn, G. 483) et, en 1651, il s'engage à faire pour l'église paroissiale de Lisle-sur-Tarn un grand rétable de 350 livres, suivant un dessin qui ne nous est pas parvenu (E. 2545).

Pascal, *Gaspard*-Denis-Joseph, peintre. — Le 18 février 1776, dans l'église de Sainte-Martiane d'Albi, était bénit le mariage de Gaspard-Denis-Joseph Pascal, peintre, originaire de la ville de Marseille, « habitant depuis plus d'un an de la présente ville, depuis environ un mois et demi sur la paroisse de Saint-Salvi et ci-devant sur la présente paroisse, âgé d'environ 39 ans, fils de feu Joseph, aussi peintre, et de Jeanne Aime, habitans à présent la ville d'Avignon », avec Maria Sol, âgée de 34 ans, fille de Pierre, brassier, et d'Elisabeth Cabrol d'Alban, « habitante depuis 4 ans de la présente ville et paroisse (Arch. d'Albi, GG. 65, f° 168). Sa femme mourut en 1789 (GG. 27, f° 485), après lui avoir donné une fille, en 1777, et en 1779, un garçon qui décéda à l'âge de 3 ans (GG. 26, f°ˢ 368 et 473, GG. 27, f° 94).

Pasquiou-Quivoron, Marie-Antonine, peintre. — Bien que cette personne passe pour être née à Albi, les tables décennales de l'état civil de la dite ville, de 1803 à 1852, ne contiennent pas son nom; peut-être a-t-elle vu le jour dans une commune voisine (?). Elève d'Ingres, d'Emile Signol et de Hugues Merle, elle exposa aux Salons de 1859 à 1869 plusieurs portraits et autres sujets. Une de ses toiles (*Fauconnerie*) est conservée au Musée de Rouen; parmi les autres on cite : *Fleur de lin, Le supplice de Tantale, Cervantès dans sa prison concevant son don Quichotte* (Bellier de la Chavignerie et L. Auvray. *Dict. général des peintres français...*, t. II, p. 313 et Bénézit. *Dictionnaire...*).

Passebosc, Eugène, dessinateur. — Né à Castres, exposait à Albi, en 1893, des *Bords du Tarn à Lagrave*, fusain (*Ville d'Albi. Exposition artistique et archéologique... 1893. Livret*).

Patron, François, imprimeur. — Après le prototypographe Numeister (voy. ce nom) Albi ne paraît pas avoir eu d'imprimeur jusqu'au jour (17 septembre 1670) où les consuls, en vertu d'une décision prise par eux le 18 juin précédent, concédèrent à François Patron, « natif de la ville de Lion, du présent résidant en la ville de Tholose », la jouissance d'une maison communale située près de la porte du Vigan, à charge pour Patron de « bien tenir en estat la dite imprimerie, de travailler et servir le public » (Arch. d'Albi, BB. 112, AA. 11, f° 373, *Hist. de Languedoc*, t. VII, p. 632-633, note de Desbarreaux-Bernard).

De 1673 à 1680, François Patron eut, de son union avec Pierrette Bruel, six enfants dont un seul garçon, Guillaume, né le 26 août 1680, n'est peut-être pas mort en bas âge. Sauf une fille, baptisée 6 ans après sa naissance, tous furent tenus sur les fonts de l'église de Saint-Etienne (Arch. d'Albi, GG. 42, f⁰ˢ 73 v°, 88, 91 v°, 104 v°, 117, 109 v° 116 v° et GG. 19, f° 109 v°). A la date du 8 septembre 1682 Pierrette Bruel était décédée et Patron épousa en secondes noces Marguerite Guibbal qui mourut le 6 mars 1687 après lui avoir donne un fils, Pierre, né le 30 janvier précédent. Cette même année, le 4 avril, Patron était inhumé dans l'église des Jacobins. Tous les actes de baptême et sépulture de 1680 à 1687 sont contenus dans un registre de la paroisse de Saint-Salvi ce qui ferait supposer que notre imprimeur avait abandonné, avant de se remarier, son premier domicile (GG. 19, f⁰ˢ 109 v°, 189 v°, 192 v° et 193). Peut-être eut-il un moment l'intention de quitter Albi puisque le diocèse lui octroyait, en 1677, une gratification de 30 livres pour qu'il continue d'y résider (Arch. du Tarn, C. 635).

Il se qualifiait d' « imprimeur du roy », d' « imprimeur de Monseigneur l'archevêque, de la ville et du collège » et il est dit parfois « marchand imprimeur ». Il tenait boutique de librairie comme le prouve notamment la procédure de saisie chez lui, en 1676, d'un livre imprimé à Lyon (Arch. d'Albi, BB. 115 et FF. 151).

Les brochures sorties de son atelier se retrouvent çà et là dans les archives locales et à la bibliothèque d'Albi. La première en date serait une *Ordonnance de Nosseigneurs les commissaires du roy et des Etats pour le règlement des dépenses ordinaires de la ville d'Alby* (1670). Parmi ses « labeurs » on cite un *Collyrium spirituale opusculum vere aureum de François Borgia* 1671, in-12) et *Le dictionnaire du P. Pierre Delbrun de la Compagnie de Jésus — à Alby chez Franc. Patron impri. et marchand libraire M DC LXXIIII avec privilège du roy*. Le frontispice, en forme de portique, qui contient au centre ce titre, est signé par l'artiste albigeois Etienne Pujol (Stephanus Puiol fecit). Ce gros volume petit in-4, d'environ 1100 pages, est un dictionnaire français-latin suivi d'un autre latin-grec. Il fut « achevé d'imprimer le 24 juin 1674 », le privilège du roi ayant été accordé le 2 décembre 1671. On aperçoit dans le bas du frontispice une petite vue d'Albi, prise de la rive droite du Tarn, avec le pont vieux et les maisons bâties sur ses piles, sa tête de pont fortifiée et la cathédrale. Le feuillet suivant, consacré au titre typographique, porte la marque, gravée au burin comme le frontispice, de l'imprimeur de l'ouvrage. C'est une image rectangulaire de 101 millimètres de large sur 50 millim. de haut dont la partie centrale est occupée par un médaillon ovale montrant une nef voguant sur les flots avec un nautonier au gouvernail; sur le bord est inscrite la légende IE NE CRAINS RIEN SOVS CE PATRON. A droite et à gauche sont (très mal) dessinés un Neptune avec son trident et une Océanide (?) appuyée sur une massue. Au point de vue typographique rien de particulier si ce n'est l'extrême rareté des j minuscules qui sont remplacés par des i et l'absence complète des J majuscules.

Après la mort de Patron, le 4 avril 1687, Boude dirigea l'atelier pendant quelques semaines; Jean Pech (voy. ce nom) en prit possession le 1ᵉʳ mai (Arch. du Tarn, C. 645).

L'exemplaire du dictionnaire de Delbrun que possède la bibliothèque d'Albi a été décrit par Em. Jolibois (*Note sur les origines. de l'imprimerie à Albi*, dans la *Revue du Tarn*, t. II (1878-79), p. 177-178).

Paulé, Jacques, serrurier-horloger. — Les consuls de Rabastens font réparer, en 1577, l'horloge de l'église paroissiale du dit lieu, moyennant 50 livres, par le serrurier de Graulhet Jacques Paulé (Em. Marty. *Archives des notaires de Rabastens*, p. 96).

Pauly, Jacques, passementier, mourait à Albi, le 27 décembre 1731, à l'âge de 35 ans (Arch. d'Albi, GG. 21, f° 366).

Pautalé, fondeur. — Le chapitre collégial de Saint-Michel de Gaillac faisait visiter les cloches de son église, en 1672, par Pautalé, fondeur de Toulouse (Ch. Portal. *Notes sur quelques fondeurs de cloches...*).

Payrol, Etienne, potier (d'étain?) — Un allivrement des contribuables d'Albi, de 1377, mentionne « Esteve Payrol que fa pechiers e botelhas » au « cunh (coin) d'en Rauza », dans la gache de Sainte-Martiane (Arch. d'Albi, CC. 4, f° 154 v°).

Pech, imprimeurs. — Les Pech ont imprimé pendant presque tout le xviiᵉ siècle et une partie du xviiiᵉ. Le premier en date, Jean, obtenait, le 24 mai 1612, une licence d'imprimeur-libraire à Béziers, qui ne fut enregistrée par le Parlement de Toulouse qu'en août 1617 (Ch. Pradel. *Notice sur l'imprimerie à Castres*, dans les *Mémoires de l'Acad. des sciences... de Toulouse*, 8ᵉ série, t. **IV**, p. 222).

Daniel (son fils?) était établi à Montpellier, au milieu du siècle et avait pour associé Jean Boude. Leur *Règlement sur la réformation des gabelles* fut reproduit à Castres, en 1655, par Bernard Barcouda (Id., p. 241).

Jean, probablement fils de Daniel, dirigea, à partir du 1ᵉʳ mai 1687, l'atelier de Fr. Patron (voy. ce nom). Toutefois ce prénom de Jean n'est pas indiqué par le trésorier du diocèse quand il porte sur ses registres notamment le premier paiement, le 1ᵉʳ juillet 1687, d'une subvention annuelle de 75 livres accordée à « l'imprimeur Pech en considération de sa résidence dans la présente ville [d'Albi] » (Arch. du Tarn, C. 645). La même remarque s'applique aux allocations municipales de même nature (Arch. d'Albi, CC. 365, 383, 511 et 515).

Quand Guillaume, frère de Jean, épouse à Albi, dans l'église de Saint-Salvi, le 28 avril 1691, Marthe Gausserand, il est qualifié de « libraire de la paroisse de La Daurade de Toulouse » (GG. 19, fᵒ 288) ce qui suffirait à prouver que c'est Jean qui se fixa à Albi en 1687. On retrouve son nom sur les rôles de la capitation de 1695 et 1701 (Arch. du Tarn, C. 531, fᵒ 10 vᵒ et C. 543, fᵒ 19 vᵒ), sur un livre de mutations cadastrales de la gache de Las Combes où il est « chargé » d'un immeuble en 1696 (Arch. d'Albi, CC. 46, fᵒ 459 vᵒ). Il n'est fait mention que d'un enfant issu de son mariage et à l'occasion de sa sépulture en 1719 (GG. 21, fᵒ 96, vᵒ). Guillaume mourut, à l'âge de 55 ans, le 20 juin 1720 et fut inhumé dans la chapelle des Pénitents noirs de l'église de Saint-Salvi (GG. 21, fᵒ 107 vᵒ). Sa veuve se remaria, le 30 septembre de l'année suivante, avec Jean-Baptiste Massot, imprimeur-libraire d'Albi (Id. fᵒ 132 vᵒ).

Jean avait imprimé seul, en 1687, un Arrêt du Conseil d'Etat relatif au mesurage par aune, qui lui fut payé (3 livres) le 22 août (Arch. du Tarn, C. 645), ainsi qu'un *Manuale ad visitandas ecclesias* (Bibl. d'Albi). En 1688 ce fut une Circulaire pour différer la tenue de l'Assiette diocésaine (Arch. du Tarn, C. 645). Il dut quitter momentanément Albi en 1689 puisqu'il imprimait alors à Toulouse, avec Guillaume, tous deux se disant « imprimeurs des Etats de Foix », un *Almanach journalier* pour cette année

(*Bull. de la Société des sciences... du Tarn*, 1922, p. 146). Peu après cette publication, Jean et Guillaume éditent à Albi, encore en 1689, un recueil de *Réflexions chrétiennes* d'Antoinette Salvan de Saliès (Em. Jolibois. *Notes sur les origines de l'imprimerie à Albi*, dans la *Revue du Tarn*, t. II (1878-79), p. 178).

Le mariage de Guillaume (1691) contribua à les fixer définitivement dans la capitale de l'Albigeois. Ils y éditaient, en 1695, des *Statuts synodaux du diocèse d'Alby* (Bibl. d'Albi).

Jean étant mort en 1700 (Em. Jolibois. *Op. cit.*), sa veuve et Guillaume imprimèrent ensemble, l'année suivante, une Ordonnance de Monsgr Le Goux de La Berchère rendue à la suite d'une visite de l'église cathédrale. La belle-sœur disparaît bientôt après et Guillaume imprime seul d'abord, en 1703 (Bibl. d'Albi), puis, à partir tout au moins de 1706, avec Antoine qui devait être son neveu (Mandement de Monsgr l'archevesque sur une bulle du pape Clément XI, à la Bibl. d'Albi). Il resterait à établir pendant combien de temps dura cette dernière association.

Pech, Edouard-*Gabriel*-Baptiste, sculpteur. — Jean-Pierre Pech, descendant probablement des imprimeurs de l'article précédent, était né à Toulouse le 25 juin 1829. Il s'établit comme lithographe à Albi où il épousa, le 1er septembre 1853, Adélaïde-Marie Durand, née dans cette ville le 18 septembre 1830. Gabriel Pech naquit de cette union le 22 mai 1854. Remarquons en passant que l'état civil, dans ce dernier acte, attribue au père les prénoms de Emile-Pierre et à la mère celui d'Adèle.

D'abord élève de l'Ecole des beaux-arts de Toulouse, Gabriel Pech fut admis, en 1878, à celle de Paris et pensionné par la ville d'Albi; il travailla dans les ateliers de François Jouffroy et des Toulousains Falguière et Mercié. Ses débuts à Paris lui valurent une première mention à l'Ecole pour un *Esclave romain* dont il fit don au Musée d'Albi. Dans la suite, de nombreuses médailles lui ont été attribuées tant dans les Salons annuels qu'aux Expositions universelles de 1889 et 1900, sans compter la rosette de la Légion d'honneur. Son œuvre est considérable et la nomenclature qui va suivre présentera sûrement des lacunes.

Etant encore à l'Ecole, il obtenait (1880) une médaille pour un *Christ au tombeau*. A partir de 1883, Pech envoie au Salon unique, puis aux Champs-Elysées et à la Société des artistes français : un portrait de l'abbé Hubert, médaillon terre cuite et *Dernière vision*, marbre (1883) donnée au Musée d'Albi, — un buste du physicien Eug. Péclet pour l'Ecole des arts et manufactures de Paris (1884), — la statue plâtre de *Guy d'Arezzo*, moine du xie siècle, célèbre dans l'histoire de la musique (1885), qu'on revit à Toulouse la même année, — le buste bronze de l'amiral de Rochegude (1886), placé dans le parc légué par lui à la ville d'Albi, — *Guy d'Arezzo*, marbre (1887), qui figura à l'Exposition universelle de 1889 et se trouve actuellement au Musée de Nancy, — la statue bronze du chimiste J.-B. Dumas, ornant le monument élevé à la mémoire de ce savant à Alais, et *Une étoile*, statue marbre (1888), — le buste plâtre de Cauvet, directeur de l'Ecole centrale (1889), — *Sophocle dansant*, statue plâtre (1890), conservée au Musée de Toulouse, — le portrait du sénateur Bernard Lavergne, médaillon bronze, et le buste plâtre du député Angély Cavalié (1891), au Musée d'Albi, — le buste marbre du même député Cavalié et celui, en marbre également, de Désiré Nisard, ce dernier à Châtillon-sur-Seine (1892), — les portrait de B. Lavergne, de Cavalié et du colonel Teyssier (buste plâtre) furent exposés à Albi l'année suivante, — le buste marbre de M. C., de l'Institut et *Sophocle dansant*, bronze (1893), placé en 1895 dans le parc Rochegude d'Albi, — le buste marbre de M. Jean de Ycaza (1894), faisant partie d'un monument funéraire. — le portrait de M. J. C., médaillon (1895), — *Un grand secret*, groupe plâtre (1896), acquis par l'Etat et attribué au Musée d'Albi en 1901, tandis que le coulage en bronze est au Musée Farnèse à Rome, — le portrait de Mlle M. J., médaillon plâtre (1897), — le buste du docteur Rochard, inspecteur du service de santé de la marine, au Musée de Saint-Brieuc, et *Pierrot rêveur* (1899) reproduit par la Manufacture de Sèvres, — le buste de M. C., plâtre (1901), — le buste plâtre de Mad. Y (1902), — la statue bronze du général Jaurès (1903), inaugurée à Graulhet le 27 septembre de la même année, — le buste de Mad. J. J. (1904), — la statue marbre de *Marie-Madeleine*, placée dans l'église de La Madeleine d'Albi, et dont le plâtre est au Musée de Lisle-sur-Tarn, et le buste marbre du docteur Codet-Gassicourt, de l'Académie de médecine (1905), — le portrait de M. C., médaillon aluminium (1906), — *Désolation* et portrait de Mad M. (1907), — *Cendrillon* et monument de *Charles Perrault* (1908) au jardin des Tuileries,

— le portrait de Mlles Marthe et Simone L., médaillon marbre, et le buste plâtre du capitaine Mauriès (1909), — les bustes plâtre de M. Lacroux, pharmacien de la marine, au Musée d'Albi, et de M. Jean Cancé (1910), — *En chaise, madame!* (1911), — le buste bronze du colonel Teyssier au Musée de l'armée et dans la famille, Eugénie et Maurice de Guérin, médaillon marbre, au cimetière du Cayla (1912), — le buste de Mad. D. (1913).

Ajoutons : *La pleureuse*, bas-relief plâtre donné en 1897 au Musée d'Albi, les bustes du ministre Constans (1890), de Tachereau, à la Bibliothèque nationale, de l'ingénieur Bourdel, au Musée des phares, avenue du Trocadéro, de Cailletet de l'Académie des sciences, un autre buste marbre du Musée de Besançon, un médaillon du docteur Rigal de Gaillac, le monument funéraire de M. A. au Père Lachaise, le monument de Miss Edith Cavell, victime de la barbarie allemande, la statue marbre du marquis de Saint-Vincent-Brassac, mort au champ d'honneur, qui orne le monument aux morts de Brassac, un médaillon bronze du bibliothécaire d'Albi Massol (1924), une maquette du général Séré de Rivières exposée à Albi en 1896 et dont la réalisation en marbre ou en bronze a dû être ajournée, le monument de Jaurès à Carmaux (1923). D'autre part, le Musée d'Albi vient de recevoir (1923) une intéressante collection de plâtres des principales œuvres de Gabriel Pech.

A s'en tenir à une appréciation sommaire, on peut dire que la manière de cet artiste se distingue par l'harmonie dans les proportions, par l'expression gracieuse ou touchante, suivant les cas, des physionomies et des attitudes, par un modelage s'inspirant d'une observation exacte de l'anatomie.

Voir : *Revue du Tarn*, t. II-XVII (1878-1900) *passim* (Cf. *Tables des 20 premières années*) et t. XVIII (1901), p. 60, 122, 364, — t. XIX (1902), p. 185, 364, — t. XX (1903), p. 123, 361, — t. XXI (1904), p. 128, 391, — t. XXII (1905), p. 193, — t. XXIII (1906), p. 97, 354, — t. XXIV (1907), p. 233, — t. XXV (1908), p. 257, 377, — t. XXVI (1909), p. 179, — t. XXVII (1910), p. 204, — t. XXVIII (1911), p. 199, 202, — t. XXIX (1912), p. 130, 132, — t. XXX (1913), p. 249, 384. — *Ville d'Albi. Exposition artistique et archéologique*, 1893. Livret. — *Premier Salon des artistes albigeois*, 1902. Catalogue. — *Le Tarn à Paris*, n° de juillet 1908

(Cf. *Revue du Tarn*, t. XXV (1908), p. 258-259). — Bénézit. *Dictionnaire...*

Pélegry, peintres. — Lisle-sur-Tarn n'a pas vu naître Arsène Pélegry, les registres de l'état civil sont muets sur ce point, mais sa famille habitait la localité. Cet artiste exposait à Toulouse, en 1858, deux vues de Cordes, la *Porte des Ormeaux* et la *Barbacane*. Celle-ci est conservée au Musée de Toulouse, de même que *Un village au bord d'un lac*. Toutes ces toiles sont datées de 1858. Quelques années après sa mort, survenue à Toulouse, son fils Maurice en donnait, en 1898, deux autres, deux paysages, au Musée de Lisle (*Soc. littéraire et scientifique de Castres. Procès-verbaux*, t. II (1858), p. 298, — *Revue du Tarn*, t. XV (1898), p. 101, — H. Rachou. *Catalogue des collections de peinture du Musée de Toulouse*, p. 105-106).

Augustin Pélegry, « de Gaillac », (né en 1866?), d'abord élève à l'Ecole des beaux-arts de Toulouse, fut admis, en 1890, à l'Ecole des arts décoratifs de Paris. Il a exposé à Albi, en 1893, une *Vue de l'abbaye de Gaillac* et un *Sous bois*. Il était probablement un fils ou neveu d'Arsène (*Revue du Tarn*, t. VI (1886-87), p. 112 et t. VIII (1890-91), p. 48, *Exposition artistique et archéologique d'Albi*, 1893. Livret).

Pelet, Richard, sculpteur. — Les consuls de Boissezon traitaient, le 31 mars 1676, avec Richard Pelet, sculpteur de Réalmont, et François Bessol, menuisier de Labruguière, pour la façon d'un rétable, d'une chaire et d'une balustrade destinés à leur église paroissiale, moyennant 275 livres (Arch. du Tarn, B. 99).

Pélicier, Bernard, orfèvre. — Cet « argentier » occupait, en 1343, une maison « à la roda de la plassa », quartier central d'Albi (Ch. Portal. *Notes sur l'orfèvrerie à Albi...*).

Pendariès, Jean-*Jules*, sculpteur. — Jules Pendariès n'est pas né à Cordes où ses parents s'étaient fixés, mais à Carmaux, le 29 mars 1862. Elève des Ecoles des beaux-arts de Toulouse et de Paris et des maîtres Aimé Millet, Falguière et Mercié, il a exposé, depuis 1885, d'abord au Salon unique, puis à celui des Champs-Elysées et à la Société des artistes français : *La jeune mendiante* (1885) dont le plâtre est à la mairie de Cordes, — le buste plâtre

du général Bézard (1886), — le buste plâtre de l'architecte Dro-
gard (1887), — les bustes de G. Lafargue, bronze, et de M. Villa-
longue, plâtre (1889), — deux autres bustes plâtre (1890), —
Maraudeur, statue plâtre (1891) qui obtint une mention honorable, — l'*Enfant à l'anguille*, statue bronze, et buste de Mad. V. P.
(1892), ce dernier exposé à Albi, l'année suivante, ainsi que celui
de Mad. D., — bustes de Mad. I., marbre et onyx, et de M. Paul
Petit, bronze (1893), — buste de Mad. Gillet, marbre, et *Adoles-
cent se mirant dans l'eau*, statue marbre et onyx (1894), — *La
prière du travailleur*, statue ayant obtenu une médaille de 3ᵉ
classe (1895), — *Saltatrix*, statue marbre, et buste de M. Dupuy-
Dutemps, marbre (1896), — *La fin du jour* (médaille de 2ᵉ classe)
et *Cher souvenir* (1897), — (médaille d'argent en 1900), — buste
marbre de Mad. M.-H. D. et portrait de M. Tellier, statuette
marbre (1901), — buste de Mad. de R. et *République*, statue
plâtre (1902), — *La Muse consolatrice*, groupe plâtre acquis par
l'Etat (1903), — *Tristesse de la vie* (1904), — buste de Mˡˡᵉ B. et
Jeune femme avant le bain (1905), — buste marbre de M. de
Selves et *La Muse consolatrice* (1906), marbre exécuté pour la
ville d'Albi et placé, l'année suivante, dans le parc Rochegude,
— buste de Mˡˡᵉ Jeanne et *Répit*, marbre acquis par la ville de
Paris (1907), — bustes de M. M. et de Mad. H. L., médaillon
plâtre de *La Tour d'Auvergne* (1908), — *L'entrave* et la *République*, marbre attribué par l'Etat à la ville d'Albi (1910), — buste
du *Marin*, partie d'un groupe *A la Patrie* et *Tête d'alpiniste* (1911),
— bustes de M. Pierre Maraud et de M. Ch. G. (1912), — *La perle
et le pêcheur* et *Aux champs* (1913). Il faut ajouter tout au moins :
un buste marbre de la *République* placé dans la salle des Etats à
Albi, le groupe bronze d'un *Monument aux morts* de 1870 à
Podensac, Gironde (1909), dont un plâtre bronzé a été donné aux
Invalides par l'auteur. Enfin Pendariès a été chargé, en 1922, de
la refaçon en pierre de deux groupes (*Tritons* et *Dauphins*) du
parc de Saint-Cloud.

L'œuvre de J. Pendariès, inspirée souvent par un sentiment de
tristesse bien rendu, est des plus honorables (Voy. *Revue du Tarn*,
t. V à XVII (1885-1900) *passim*. Cf. *Tables* des 25 premières
années, et t. XVIII (1901), p. 122, — t. XIX (1902), p. 185, —
t. XX (1903), p. 123, 363, — t. XXI (1904), p. 127, 128, 387, —
t. XXII (1905), p. 193, — t. XXIII (1906), p. 97, — t. XXIV (1907),

p. 233 à 235, — t. XXV (1908), p. 257, — t. XXVI (1909), p. 179, 285, — t. XXVII (1910), p. 204, 206, 406, — t. XXVIII (1911), p. 202, — t. XXIX (1912), p. 130, — t. XXX (1913), p. 249, — particulièrement t. XIV (1897), p. 320-321, — *Exposition artistique et archéologique d'Albi*, 1893. Livret, — Bénézit. *Dictionnaire...*, *Bull. de la Soc. des sciences, arts et belles-lettres du Tarn*, p. 154).

Pendariès, Pierre, fondeur. — Les fabriciens de Notre-Dame du bourg de Rabastens commandaient, le 1er janvier 1572, à Pierre Pendariès « peyrolier » (chaudronnier), une cloche de deux quintaux qui lui serait payée 32 livres en lui fournissant 65 livres de métal (Em. Marty. *Archives des notaires de Rabastens*, p. 80).

Penne (de), Barthélemy, arbalétrier. — « Berthomieu de Pena, balestier », figure sur le cadastre d'Albi de 1343 (Arch. d'Albi, CC. 2, f° 122 v°).

Périé, maçon. — Fut l'un des entrepreneurs en 1717 (avec Puget et Sarrasy) de la construction, dans l'église cathédrale de Castres, d'un mur destiné à « fermer le chœur du côté de la nef » (Arch. du Tarn, G. 272).

Périer, Jean, musicien. — Originaire d'Avignon, il était choisi, en 1612, par le chapitre de Saint-Michel de Gaillac, comme directeur de sa maîtrise et dut remplir ces fonctions jusqu'en 1615 (Arch. du Tarn, G. 481).

Pernet, François, dit Champagne, sculpteur. — Le mariage de François Pernet, « natif de la ville de Chalons en Champagne » (Chalons-sur-Marne), avec Marie-Jeanne Vaysse fut bénit dans l'église de Saint-Salvi d'Albi le 17 mai 1699 (Arch. d'Albi, GG. 20, f° 31 v°). Un synchronisme permet d'établir qu'il était né en 1664. Il eut de son union avec la dite personne trois garçons : Georges, né le 7 février 1700, François, le 2 février 1703, un autre François, le 7 mars 1705, et une fille décédée en 1712 à 16 mois (Arch. d'Albi, GG. 20, f°s 47 v°, 125 v°, 176 v° et GG. 34, f° 166 v°). Sa femme fut ensevelie, le 10 août 1712, dans l'église de Saint-Salvi (GG. 20, f° 345). Les rôles de la capitation de 1701 portent son nom (Arch. du Tarn, C. 543, f° 191) de même qu'un livre de mutations cadastrales pour une acquisition d'immeuble, en 1711, dans la gache de Verdusse (Arch. d'Albi, CC. 32, f° 42).

On ne connaît de ses travaux que la gravure des noms des consuls d'Albi sur une pierre commémorative de travaux communaux dans l'année consulaire 1720-21 (CC. 397) et la façon, à une époque indéterminée, d'un rétable pour la chapelle du Pont-neuf de Rabastens, rétable qui fut doré, en 1747, par Cazes et Houillac (Em. Marty. *Mémoires de l'abbé Gaubert*, dans l'*Albia christiana*, t. X (1913), p. 272).

Peyrelous, Sébastien, potier d'étain. — Le 22 mai 1638, dans l'église de Saint-Salvi d'Albi, était baptisé Antoine Peyrelous, fils de Sébastien, « tireur (batteur?) d'estain » (Arch. d'Albi, GG. 18, f° 15 v°).

Pezet, Pierre, maçon. — Par acte du 28 février 1439 (n. s.) les Cordeliers de Lautrec traitent avec Etienne Rouanet, de Labessière, commune de Montpinier, et Pierre Pezet, « habitator in pertinenciis loci de Lautrico », pour des travaux à exécuter à la nouvelle église de leur couvent, moyennant 140 moutons d'or (Arch. du Tarn, E. 381, f°⁸ 30 et 31).

Pezet, Raimond, tapissier. — Il mourut sur la paroisse de Saint-Salvi d'Albi le 21 juillet 1700 (Arch. d'Albi, GG. 20, f° 57). On relève son nom dans les rôles de la capitation de 1695 (Arch. du Tarn, C. 531, f° 34) et sur des livres de mutations cadastrales de la gache du Vigan (Arch. d'Albi, CC. 34, f° 422 v° et CC. 35, f° 460).

Pezeu, Charles-*Jean-Marie*, dessinateur. — Né à Pampelonne le 28 septembre 1875, exposait à la Société nationale des beaux-arts : en 1903 *Trottin*, dessin, — en 1904 *Le boa noir*, dessin, — en 1905 *Modiste*, dessin, et *Petite main*, aquarelle (*Revue du Tarn*, t. XX (1903), p. 123, t. XXI (1904), p. 128 et t. XXII (1905), p. 192).

Pezous, orfèvre. — Le chapitre de Saint-Michel de Gaillac faisait réparer par Pezous (sans indication de prénom), établi sans doute dans cette ville : deux calices en 1655 ou 1656, une grande croix en 1672 ou 1673, un calice en 1677 et un gros bourdon en 1682 (Arch. du Tarn, G. 540, 541 et 542).

Picard, menuisier. — Le chapitre cathédral de Castres approuvait, le 23 avril 1688, l'adjudication faite aux deux menuisiers

Picard et Pinart des travaux de boiseries du chœur de son église moyennant 3800 livres. Les entrepreneurs, n'ayant pas pu se procurer le chêne nécessaire, furent autorisés, le 15 octobre suivant, à employer du noyer. D'autre part, pour payer la forte somme stipulée, le chapitre dut, en 1691, faire un emprunt aux religieuses de l'abbaye de Vielmur (Arch. du Tarn, G. 269).

Picarel, Isidore, peintre. — Cet artiste amateur est né à Rabastens en 1839 et décédé en 1900 à Albi où il exerçait la profession de bijoutier. Il exposait à Castres, en 1879, *Une foule de chapeliers* et un portrait de M. de Berne-Lagarde; à Toulouse, en 1885 un *Vieux moulin à Saint-Juéry* et des *Bords du Tarn* au même lieu. En 1893 il obtenait, à Albi, une médaille de bronze pour toute une série de travaux : *Le Tarn à Albi*, le matin, *Le mendiant*, portrait de Mad. V. C., trois vues du ravin de *Caussels*, dont un fusain, *Récureuse de chaudron*, portrait de l'artiste, le *Vieux moulin de Saint-Juéry*, déjà cité, *Le Tarn à Ambialet* (*Revue du Tarn*, t. II (1878-79), p. 299 et 305, t. III (1880-81), p. 8, t. V (1884-85), p. 288, — *Exposition artistique et archéologique d'Albi*, 1893. Livret).

Pichon, Pierre-Auguste, peintre. — Né à Sorèze le 5 décembre 1805, P.-A. Pichon, fils d'un professeur à l'Ecole du dit lieu, est mort à Paris en octobre 1900. Il fut l'élève d'Ingres et exposa au Salon, à partir de 1835, de nombreux portraits énumérés (jusqu'en 1882) dans le *Dictionnaire* de La Chavignerie et Auvray ainsi que des compositions sur des sujets religieux. On lui doit notamment : *La Cène* (Salon de 1846), au Ministère de l'Intérieur, — *L'Annonciation* (1859) et *Saint Hemmie ressuscitant un enfant* (1861), au Ministère d'Etat de l'époque, — *Saint Clément, pape, envoie des premiers apôtres évangéliser les Gaules* (1859), à l'église de Saint-Séverin, à Paris, — *Le Sacré-Cœur de Jésus* (1866) et *l'Immaculée conception* (1868), à l'église de Jésus, — des peintures pour une chapelle de l'église de Sainte-Geneviève, un *Saint Charles* pour celle de Saint-Sulpice, *La religion inspirée par le Sacré-Cœur de Jésus* pour l'église de Vaugirard, un *Saint Joseph et l'enfant Jésus* pour Saint-Roch, un *Saint Pierre sur son trône* et 18 figures de saints pour l'église des Jésuites et, en dernier lieu, dans un genre tout différent, *Un coin de ma cuisine* (1887), — *Jour de blanchissage de la poupée* et *Intérieur de ferme* (1888).

Le Musée de Montauban possède de cet artiste le portrait du sculpteur Gatteaux, de l'Institut (1881) et un *paysage*, celui d'Orléans une *Jeanne d'Arc*, celui de Saint-Lô le portrait du docteur Blanchet (1868). Voir : *Revue du Tarn*, t. III (1880-81), p. 232, t. IV (1882-83), p. 272, t. V (1884-85), p. 64, t. VI (1886-87), p. 47 et 255, t. VII (1888-89), p. 48, t. XVIII (1901), p. 214, — Bellier de La Chavignerie et L. Auvray. *Dict. gén. des artistes français...* t. II, p. 265, — Bénézit. *Dictionnaire...*

Pierre, orfèvres. — L'abbaye de Candeil achetait, en 1727, à Pierre (sans prénom indiqué), orfèvre de Toulouse, un calice au prix de 212 livres et des sous (Communication de M. l'abbé Thomas).

En 1768, un Jean-Baptiste *de* Pierre, aussi orfèvre, à Albi probablement, était le parrain d'un enfant du sculpteur Rustan qui avait épousé sa sœur; le baptisé fut tenu sur les fonts de Sainte-Martiane (Arch. d'Albi, GG. 65, f° 19).

Pierre, Guillaume, potier (d'étain?) — Les Carmes d'Albi vendaient, en 1378 n. s., à ce « pechayrerius » un domaine situé dans les environs de la ville pour 12 livres (Arch. du Tarn, H. 139).

Pierrefite ou **Pierrefiche** (de), Pons, maçon. — On a vu (à l'art. Nicolas) que Pons de Pierrefite ou Pierrefiche travaillait, en 1395, à la construction de l'église de Notre-Dame de la paix de Lautrec.

Le 28 octobre de l'année précédente, le même « latomus peyrerius sive lapissida » avait pris en apprentissage un certain Jean « Lezeneve, de Chartras (Chartres) in Francia » pour quatre ans (Arch. du Tarn, E. 354, f° 158 v°). Il est à remarquer, sans qu'on en puisse provisoirement tirer une conclusion, qu'il existe deux agglomérations en Seine-et-Oise appelées Pierrefitte, très voisines de Chartres.

Pinart, menuisier. Voy. Picard.

Pinèdre, Pierre, architecte. — En l'année consulaire 1640-41, l'architecte d'Albi Pierre Pinèdre dirigea des réparations à la maison commune de cette ville (Arch. d'Albi, CC. 319).

Pivet-Destours, sculpteur et doreur. — La fabrique de la paroisse de Saint-Jacques de Villegoudou de Castres était, en

1764, en négociations avec cet artiste toulousain à l'occasion d'un projet de réparation du maître-autel de son église (Arch. du Tarn, G. 764).

Plancade, Guillaume, peintre. — Le testament de Guillaume Plancade, ermite à Saint-Barthélemy (commune de Salvagnac), en date du 27 juillet 1633, mentionne divers tableaux que ce religieux lègue soit à la chapelle de Saint-Barthélemy, soit à des particuliers. Ce sont : un *Saint Jean*, un *Saint Paul* et une *Descente de croix*, à la détrempe, une *Vierge avec l'enfant Jésus*, un *Saint Guillaume*, un *Saint Albert* ermite, un autre *Saint Guillaume* en pèlerin, une *Notre-Dame majeure*, qui devaient être son œuvre tout comme un *Saint Barthélemy* dont le prix, 8 livres, lui était encore dû (Em. Marty. *Archives des notaires de Rabastens*, p. 159).

Plumier, orfèvres. — Les Jacobins de Castres baillaient, en 1611, un terrain voisin de leur couvent à Gédéon Plumier pour y construire une maison (Arch. du Tarn, H. 451).

Alexandre Plumier, « ci-devant orfèvre », est inscrit sur les rôles de la capitation de Castres de 1695 (C. 1098, f° 100).

Poincaré, Joseph, fondeur. — Le 16 janvier 1754, se présentait au greffe de la Temporalité d'Albi « Joseph Poincaré, maître fondeur de cloches, originaire de Neufchâteau en Lorraine (Neufchâteau, Vosges), procureur fondé de s^r Jean-Baptiste Cornavin, aussy maître fondeur de cloches, de Brévan aussy en Lorraine » (Breuvanes, Haute-Marne), pour affirmer qu'il « resterait en la présente ville » pour la conduite d'un procès du dit Cornavin contre un marchand cartier (Arch. du Tarn, B. 805, f° 6 v°). Sur les Poincaré et les Cornavin voir Jos. Berthelé. *Enquêtes campanaires* et *Mélanges*.

Poncet, orfèvres. — Parmi les dix maîtres orfèvres de Castres qui, le 25 janvier 1666, signèrent un projet de statuts de leur corporation figure Poncet, sans indication de prénom (Arch. du Tarn, B. 10, f° 146 v°).

Il devait être le père d'un Samuel Poncet qui, âgé de 35 ans en 1691, était alors compagnon orfèvre et eut à répondre devant la justice locale du délit de travail clandestin et de violences exercées contre les deux gardiens de la corporation, Fr. Rion et Pierre Sévérac, à l'occasion de la constatation de ce délit (B. 245). Samuel Poncet est porté, comme orfèvre, sur les rôles de la capitation de Castres de 1695 (C. 1098, f° 100).

Poncet, fondeurs. — Étienne Poncet et François de Saint-Hubert, fondeurs de Castres, traitaient, le 28 mai 1575, avec les consuls de Saint-Paul-cap-de-Joux pour la façon de trois fauconneaux de deux quintaux et demi chacun (env. 102 kilogr.), plus 100 boulets pour chaque pièce et un moule pour en faire d'autres. La communauté devait fournir le cuivre et le fer nécessaires et payer la main-d'œuvre à raison de 12 livres par quintal pour les fauconneaux et de 10 livres aussi par quintal pour les boulets (L. Barbaza. *Recueil d'actes notariés... du pays castrais*, p. 129 (Castres, 1890, in-8).

Julien (ou Alexandre) Delbène, né à Lyon, parent des deux Alphonse Delbène qui occupèrent le siège épiscopal d'Albi de 1589 à 1634, ambassadeur de Catherine de Médicis en Pologne en 1574... mourut en 1613. Si son décès ne survint pas à Albi, ce qui n'aurait d'ailleurs rien d'invraisemblable, son corps y reposait dans le chœur de l'église des Clarisses quand, le 26 octobre 1614, sa veuve, Catherine Tornaboni, fit faire par Jean Poncet, fondeur de Toulouse, « ung tombeau de laiton ou cuivre jaulne pour mettre sur le sépulcre » du défunt. Cette plaque tombale devait mesurer onze empans de long (env. 2^m55) sur cinq un quart de large (env. 1^m72) et un demi-empan d'épaisseur (env. 0^m11). Aux quatre angles serait figurée une tête de mort et le centre serait occupé par les armoiries des Delbène et des Tornaboni précédant une inscription, le tout encadré par un filet. Cette plaque pesa 1935 livres (env. 789 kilogr.), et coûta, à raison de 12 sous la livre, la somme de 1161 livres (Aug. Vidal. *L'ancien diocèse d'Albi... n° 266*).

Vers la même époque, Nicolas Poncet, « maistre fondeur de Tholoze », s'engageait (en 1611) à refondre pour la communauté de Rabastens une cloche dite « des consuls » ou « Françoise » pour le prix de 90 livres (Ch. Peyronnet. *Documents sur quelques artistes du pays albigeois*, dans la *Revue du Tarn*, t. XIX (1902), p. 34 et Em. Marty. *Archives des notaires de Rabastens*, p. 131). Quelque temps après, en 1618, Nicolas Poncet et Jean Masse (voy. ce nom) travaillaient ensemble à la réparation d'une cloche de

Saint-Salvi d'Albi. L'année suivante, Poncet fournissait onze tuyaux de cuivre pour le « grifoul » du Bout-du-pont d'Albi, ainsi que 20 livres d'étain destinées à racommoder la lance et l'épée du saint Georges qui ornait cette fontaine (Arch. d'Albi, CC. 298). Enfin, en 1621, les consuls de Castres commandaient au même fondeur, dit cette fois de Montauban, une pièce d'artillerie du calibre de quatre pouces (env. 0^{m}11) et d'une longueur de 15 empans et demi (env. 3^{m}48) à raison de 12 livres par quintal de métal œuvré (Arch. de Castres, DD. 6).

Pons, fontainier (?). — Pons « aîné » rédigeait, en 1775, avec l'ingénieur Laroche, un rapport sur l'état de la fontaine de Verdusse d'Albi (Arch. d'Albi, DD. 39).

Pons, François, horloger. — Le 21 février 1785, décédait sur la paroisse de Sainte-Martiane d'Albi un enfant de 3 ans né du mariage de François Pons, horloger, et de Marie Rolland (Arch. d'Albi, GG. 66, f° 125).

Pontié, Bernard, verrier. — Etait, en 1582, l'un des tenanciers du chapitre collégial de Cordes à Puycelci (Arch. du Tarn, G.441).

Portes, Paul, graveur. — Né à Gaillac, exposait à Paris un *Saint Gérôme* en 1895 et un portrait, eau-forte, de M. F. en 1903 (*Revue du Tarn*, t. XII (1895), p. 128 et t. XX (1903), p. 300).

Poujol, sculpteur. — Il sculptait, vers 1682, deux statues de saint Roch et de saint Jacques pour la chapelle de Saint-Roch de Rabastens (Voy. Granier).

Pous, Durand, peintre. — Le trésorier des consuls d'Albi payait, en 1359, 4 livres, 16 sous à « Duran Pos, pengeyre, per talhar los senhals (armoiries) de la vila que foro meses en la torn nova del pe (du bas) de la costa » (Arch. d'Albi, CC. 149 et Aug. Vidal. *Comptes consulaires d'Albi*, 1359-60, p. 48). Le verbe « tailhar » signifie ordinairement sculpter. Le 29 mai de l'année suivante, « Me Duran lo penheire » reçut 3 « crozats » (monnaie de l'époque) pour avoir peint les armoiries de la ville sur des torches à l'occasion d'une fête religieuse (Aug. Vidal. *Douze comptes consulaires...*, t. I p. 6, d'après les Arch. d'Albi, CC. 150, f° 26).

Poux, Pierre, orfèvre. — Mourut à Albi, sur la paroisse de Saint-Salvi en 1742, à l'âge de 70 ans. De son union avec Barbe

Bounes (décédée en 1753) il avait eu deux filles en 1723 et 1727 (Ch. Portal. *Notes sur l'orfèvrerie à Albi...*).

Pouzols (de), Antoine, fondeur. — A Toulouse, le 3 mai 1659, « Antoine de Pouzeaulx, m^e fondeur de la présente ville », s'engage envers les consuls de Lisle-sur-Tarn à « faire une statue (groupe) de bronze composée de quatre enfans, assis chacun sur un daufin, de bonne et liquide matière, sur le modelle qui luy a esté déjà remis, avec leur pied d'estal, base et fleur de lis, le tout de la grosseur et espesseur suffisente pour résister à l'injure du temps et à la violence et force de l'eau qui rejalira en treize divers endroitz, sçavoir par la coquille de chacun des enfans, par la bouche des daufins et en cinq endroitz de la fleur de lis, à la fontaine de l'alentour du bassin du millieu de la place de la dite ville [de Lisle]. De plus, posera en un seul endroit, sur le pied d'estal, les armes de la ville et l'année courante avec le nom des quatre consuls qui sont présentement en exercisse sur les quatre faces du dit pied d'estal ». Ce travail, à exécuter dans deux mois, sera payé « cent quatre vingt livres et l'arbre de bronze qui servoit à la dite fontaine, pesant environ un quintal, en déduction de la dite somme ». Séance tenante, Pouzols recevait 90 livres, le surplus étant payable à la réception de l'ouvrage, ce qui eut lieu le 14 juillet 1661 seulement. Par une autre quittance du 26 du même mois, le fondeur déclare avoir reçu 110 livres sur les 142 auxquelles reviennent le « pied d'estal » et les robinets; d'autre part il adaptera à l'arbre quatre « masques » (mascarons) qui seront comptés 20 livres (Arch. du Tarn, E. 2478 et *Revue du Tarn*, t. II (1878-79), p. 63-64). Le sculpteur de Rabastens, Jacques Boucher (voy. ce nom) avait fourni les modèles des mascarons et des armes de la ville. Le groupe en bronze de la fontaine de Lisle existe toujours, il orne une vasque en plomb de la fin du xiiie siècle ou du début du xive transportée de la même localité au parc Rochegude d'Albi.

Pouzoulet, Blaise, potier d'étain. — Il faisait baptiser, le 11 février 1614, sur les fonts de Sainte-Martiane d'Albi, son fils Louis (Arch. d'Albi, GG. 56, f° 6).

Poyan, Jean, potier d'étain. — Le nom de ce « stanher » est porté sur un cadastre d'Albi du milieu du xve siècle (Arch. d'Albi, CC. 7, f° 171 v°).

Pradelles, Claude, maçon. — Ce maçon de Lavaur fut, en 1767, l'adjudicataire des travaux de réfection de la voûte de la nef de l'église paroissiale de Réalmont au prix de 8950 livres; le plan avait été dressé par l'ingénieur Gleyses (Arch. du Tarn, E. 3560, f° 65 v°). Le bail à besogne est aux minutes du notaire Estadieu, de Réalmont (Communication de M. l'abbé Thomas).

Prades, doreur et peintres. — François Prades, « père, maître doreur de la paroisse de Saint-Etienne d'Alby », se remariait, en 1688, avec Catherine Mariès, veuve Roubert, et, le même jour, son fils, François, épousait une fille du dit Roubert (Arch. d'Albi, GG. 60, f° 174 v°).

C'est probablement ce fils, de même prénom que son père, qui, à plusieurs reprises (en 1700, 1712, 1724), peignait les armes de la ville sur des torches destinées à la Fête-Dieu (CC. 510, 514, 400) et qui a exécuté 42 blasons sur le plafond de la grande salle, dite des Etats, de l'hôtel de ville d'Albi, en 1740 (CC. 524).

Jean Prades, peintre établi dans la paroisse de Saint-Etienne comme François père et sans doute le frère de celui-ci, perdait sa femme, Catherine Galtier, en 1688; cette personne fut ensevelie dans l'église (GG. 42, f° 165 v°).

Ces peintres étaient des peintres-vitriers et il se pourrait que François « père » fut le fils d'un troisième François Prades qui, en 1644, réparait les vitrages de l'église des Cordeliers d'Albi, notamment un grand vitrail placé au-dessus de la porte d'entrée (Aug. Vidal. *L'ancien diocèse d'Albi...* n° 1805).

Pradier, Antoine, peintre. — Cet artiste « habitant de la ville de Castres », s'engageait, le 10 novembre 1689, à faire pour les Capucins de Lavaur « un tableau représentant la figure de saint Antoine de Padoue, semblable et conforme à celuy qui est dans l'églize des pères capussins de Gaillac, de la grandeur du cadre qui se trouvera dans la chapelle nouvellement construite dans l'églize des révérens pères capucins du dit Lavaur. De plus fera le dit Pradier l'arceau du front espice de la dite églize et des deux chapelles qui sont à costé et aux deux arceaux une frize au milieu de laquelle mettra un cadre où il sera représenté la figure que les dits pères voudront », le tout pour 50 livres; les Capucins fournissant la toile et le chassis, plus la « despense de bouche » dans leur couvent du peintre qui devra avoir terminé son travail dans trois mois (Aug. Vidal. *Un peintre castrais au* xvii° *s.*, dans la *Revue du Tarn*, t. XI (1894), p. 28-30).

On retrouve Ant. Pradier en 1711, peignant la voûte du presbytère et un rétable de l'église de Graissac, commune de Lautrec (Communication de M. l'abbé Thomas d'après les Arch. du Tarn, E. 2244).

Prémilhac, Michel, fondeur. — Michel Prémilhac, fondeur de Castelnaudary, refondait, en 1598, une cloche de 20 quintaux pour les Jacobins de Castres moyennant 40 écus (Arch. de Castres, BB. 13).

Priou, Guillaume, forgeron. — Etabli au mas de La Cabrésié, commune de Moularès, il livrait, en 1698, au chapitre cathédral d'Albi, un battant du poids de 265 livres (env. 108 kilogr.) destiné à la grosse cloche de l'église métropolitaine, pour le prix de 110 livres (Aug. Vidal. *L'ancien diocèse d'Albi...* n° 721).

Pris, Bertrand, peintre-verrier. — Le « veyrié » de ce nom avait sa demeure, en 1538, dans la rue de Ronel, gache de Saint-Affric (Arch. d'Albi, CC. 19, f° 150 v°). En 1543, les consuls d'Albi lui faisaient peindre des armoiries (CC. 248).

Prouha, Pierre-Bernard, sculpteur. — Né au Born, Haute-Garonne, en 1822, mort à Paris en 1888, cet artiste n'intéresse le Tarn que par les statuettes qu'il a exécutées sur la façade de la cathédrale d'Albi. Il fut exposé dans cette ville, en 1893, deux de ses œuvres : *L'Amour domptant la force*, groupe terre cuite et *L'enfant*, buste terre cuite. Sur Prouha voir Stanislas Lamy. *Dict. des sculpteurs... au* xix° *s.*

Prouho, Paul, peintre. — Rabastens a vu naître Paul Prouho le 22 août 1849. Elève de Bonnat, cet artiste a exposé aux Salons depuis 1877 : *Les candidats* (1877), — un portrait de M... (1879), — *Un camparoulayré* (marchand de champignons, 1880), — un portrait de Mlle... et *Le charbonnier chez le peintre* (1881); et à Toulouse : un portrait (1888), — des *Bords du Tarn*, une *Vue de Rabastens* (1889)... En 1904 le ministère de l'Instruction publique approuvait un projet de Prouho pour la décoration d'une chapelle de l'église de Notre-Dame du bourg de Rabastens (*Revue du Tarn*, t. II (1878-79), p. 244, t. III (1880-81), p. 56, 200,

t. VII (1888-89), p. 112, 224, t. VIII (1890-91), p. 291, t. XXI (1904), p. 127, — Bellier de La Chavignerie et L. Auvray. *Dict. gén. des artistes français...*, t. II, p. 319, — Bénézit. *Dictionnaire...*).

Puech, maçons. — Pierre et Jean Puech (frères?), maçons de Virac, reconstruisirent, en 1532, l'église de Sainte-Martiane, dans la commune de Lescure, pour le compte des Annonciades d'Albi dont elle dépendait. L'ouvrage, mal exécuté, s'écroula, d'où surgit un procès (Arch. du Tarn, H. 768).

Puget, maçon. Voy. Périé.

Pujol, peintres et graveur. — Pierre Pujol fit, en 1603, un portrait du dauphin (le futur Louis XIII, alors âgé de 2 ans) pour la maison commune d'Albi et toucha de ce chef 18 livres (Arch. d'Albi, CC. 287 et Em. Jolibois. *Les beaux-arts dans le dép. du Tarn...* dans la *Revue du Tarn*, t. VI (1886-87), p. 259 et 262). Hugonnet (voy. ce nom) confectionna le cadre.

D'après Em. Jolibois (*Op. cit.*) Pierre Pujol laissa deux fils, peintres aussi. L'un de ses petits-fils Etienne, fut enseveli dans l'église de Saint-Salvi d'Albi le 13 mars 1678 à l'âge de 25 ans (Arch. d'Albi, GG. 19, f° 24 v°). Dans l'acte de son décès il est qualifié de « graveur ». On lui doit le frontispice du Dictionnaire imprimé en 1674 par Fr. Patron (voy. ce nom).

Jean, fils peut-être de Pierre, était établi à Gaillac quand le chapitre collégial de Saint-Michel lui fit peindre, en 1635, un tableau pour sa chapelle de sainte Catherine; la dite sainte devait être représentée « avec autres figures par le bas et le hault, reproduisant son jugement ». Le prix convenu était 60 livres (Arch. du Tarn, G. 483).

Un autre Pujol, (si ce n'est Jean), était fixé à Brens en 1661, époque où il fut appelé à émettre un avis sur des peintures exécutées à Lisle au banc des consuls dans l'église par J. Lafage. Son prénom n'est pas indiqué (E. 2545).

Pujol, Samuel, orfèvre. — Il fut reçu maître à Castres le 15 juillet 1719 (Arch. du Tarn, B. 331, f° 35 v°).

Py, Bernard, fondeur. — « M° fondeur de la province de Languedoc », B. Py rédigeait, en 1624, un rapport sur la fonte défectueuse de deux couleuvrines, exécutée pour la ville d'Albi par Jean Huin, fondeur de Cahors (Arch. du Tarn, C. 882).

Py, Jean, potier de terre. — Etait établi, en 1784, à La Verrière, commune de Coufouleux (Em. Rieux. *Les poteries de Giroussens,* p. 28). Il était en procès, deux ans après, à l'occasion d'un achat de terre aux Montels, commune de Giroussens (Arch. du Tarn, B. 393, f° 17).

Quenetret, Pierre, fondeur. — En 1632, Pierre Quenetret, fondeur de Toulouse, fondait une cloche pour les Cordeliers de Lavaur à raison de 3 livres, 10 sous le quintal et une autre, de deux quintaux environ, pour les Capucins de la même ville, à 9 sous la livre (Ch. Portal. *Notes sur quelques fondeurs de cloches...*).

Rabastens (de), Guy, orfèvre. — Le trésorier des consuls d'Albi payait, le 23 juin 1380, à « Gui de Rabastenxs, argentier » les frais de la réparation d'« una pechieira (coupe) d'argen » destinée à offrir au nouvel évêque, Dominique de Florence, le don en espèces que la ville avait coutume de faire en pareil cas (Arch. d'Albi, CC. 155, f°ˢ 28 v° et 53 v°, Aug. Vidal. *Douze comptes consulaires d'Albi...,* t. I, p. 302 et 324).

Gui de Rabastens est porté sur le cadastre de 1405 comme possédant maison et « obrador » (boutique) « à la plassa ». Son fils, Raimond, est aussi mentionné, sans indication de profession (CC. 6, f°ˢ 339 et 338 v°).

Rabastens (de), Jean, peintre. — Le 7 décembre 1397, « Johan de Rabastenxs, penheire », touchait une somme de 4 livres, 15 sous pour « la penchura que fe en la sala de la mayo cominal [d'Albi], que fe al cap de la sala Sede majestatis, am lo ramatge, et, al cap de l'escalier, s. Cristofol, e fe lo Crozific e la emagina de la mayre de Dieu, am lo ramatge que deu far à la çambreta, e fe las armas de la vila al portal de la mayo cominal. De que ac, am las colors, en diversas pagas, III libr. xv s. » (Arch. d'Albi, CC. 160, f° 53, Aug. Vidal. *Un peintre albigeois au xiv° s.,* dans le *Bull. de la Soc. archéol. du Midi,* 1899-1901, p. 341-343, article reproduit dans la *Revue du Tarn,* t. XIX (1902), p. 375-377 et, du même auteur *Douze comptes consulaires d'Albi du xiv° s.,* t. II (1911), p. 218).

Du Cange définit le Sedes majestatis — sedile (siège ou banc) in quo sacra celebraturus sedit. On peut donc concevoir, *mutatis mutandis*, un sujet sacré ornant le fond de la pièce principale où se tenaient les assemblées communales, sujet encadré par des dessins (ramatges) quelconques.

Il est bien entendu que les de Rabastens, l'orfèvre et le peintre, n'ont rien de commun avec la famille noble des de Rabastens.

Radurlès, Jean, potier d'étain. — Fils de Michel, il vivait à Albi en 1551-54 (Arch. du Tarn, H. 771).

Radurlès, Simon, libraire. — Ses héritiers étaient, en 1528, tenanciers de biens des Annonciades d'Albi situés à Lescure. On retrouve le nom de ce libraire d'Albi dans une lième de 1533 (Arch. du Tarn, H. 705 et 707).

Raffart, Pierre, fondeur. — Plusieurs personnes de Lautrec reconnaissaient, le 3 mai 1454, devoir « magistro Petro Raffardi et Johanni Roberti, campaneriis civitatis Clarmontis Alvernie » (Clermont-Ferrand) la somme de 15 écus d'or, tant pour la façon d'une cloche destinée à l'église « de Junqueriis » (Jonquières, cant. de Lautrec) que pour la valeur « sex viginti et quatuor librarum metalli » fournies par les fondeurs. L'acte est cancellé pour paiement le 11 avril 1455 (Arch. du Tarn, E. 432, f° 40 v°).

Raissiguier, Paul-*Emile*, sculpteur. — Bien que né à Oran (Bénézit. *Dictionnaire*), Emile Raissiguier appartient au Tarn par sa famille qui était castraise. La ville de Castres l'a pensionné à l'Ecole des beaux-arts de Toulouse et à celle de Paris et c'est à Castres qu'il offrait, en 1876, un premier essai (groupe plâtre), en témoignage de reconnaissance. A Paris il fut l'élève de Jouffroy.

Dès 1882, Raissiguier obtenait une médaille d'argent à l'Exposition de Niort pour un tableau et un buste de fillette. Il a exposé d'abord au Champ-de-Mars puis, à partir de 1902, aux Salons de la Société des artistes français : *Au bal*, buste plâtre (1896), — *Parisienne moderne* (1897), — un portrait de M. Emile Labbe, chef d'orchestre (1902), — un portrait de l'ingénieur Paul Bodin (1903), — le même buste et *Cupidon* (1904), — *Salomé* (1905), — *L'étendard du sultan du Maroc*, statuette bronze (1906), — un portrait de M. Maurice R. de C. (1907), — *Candeur* (1908), — *Eglantine* et un portrait de Mad. H. L. (1909), — *Amour vainqueur* et *La chute originelle* (1910), — *Frileuse* (1911), — *Jupiter et Léda* (1912), — *La France moderne* et *L'épave* (1913) (*Revue du Tarn*, t. I, II, IV, XIII, XIV, voy. les *Tables des 25 premières années*, et t. XIX (1902), p. 185, t. XX (1903, p. 132, t. XXI (1904), p. 128, t. XXII (1905), p. 193, t. XXIII (1906), p. 98, t. XXIV (1907), p. 234, t. XXV (1908), p. 257, t. XXVI (1909), p. 279, t. XXVII (1910), p. 204, t. XXVIII (1911), p. 202, t. XXIX (1912), p. 130, t. XXX (1913), p. 249).

Ramenc, G., arbalétrier. — Dans les premiers mois de 1360, les consuls d'Albi lui payaient la mise en bon état d'un certain nombre d'arbalètes (Arch. d'Albi, CC. 149, f° 65 v° et Aug. Vidal. *Comptes consulaires d'Albi*, 1359-60, p. 99-100).

Ramond, orfèvre. — Parmi les dépenses effectuées, de 1674 à 1706, pour la cathédrale de Castres figurent les prix d'un calice (153 liv.), d'une croix d'argent (363 liv.) et d'un bâton d'argent (170 liv.) fournis par Ramond, orfèvre de Toulouse (Arch. du Tarn, B. 124).

Ramond, Antoine, potier d'étain. Voy. Serven.

Randeynes, sculpteurs. — En 1731, André Randeynes, originaire de Villefranche-de-Rouergue, « du présent habitant la ville de Gaillac », faisait (ou terminait) un grand rétable pour l'abbaye de Candeil moyennant 550 livres; il construisait aussi un second rétable, destiné à la chapelle de saint Pierre du même monastère pour le prix de 400 livres, plus certaines fournitures, son entretien et celui de ses ouvriers qui travaillèrent durant huit mois (Communication de M. l'abbé Thomas). Un peu plus tard, en 1735, Randeynes traitait avec la fabrique de Notre-Dame du Château de Rabastens pour la façon, à 340 livres, d'un autre rétable (Ch. Peyronnet. *Documents sur quelques artistes du pays albigeois*, dans la *Revue du Tarn*, t. XIX (1902), p. 36).

Jean-Pierre Randeynes, frère peut-être d'André, et sculpteur aussi, était établi à Albi où il faisait baptiser, en 1739, une fille née de son union avec Catherine Soulier (Arch. d'Albi, GG. 22, f° 223 v°).

Raphard, Daniel, horloger. — Il est appelé, par erreur sans doute, Rastard sur les rôles de la capitation d'Albi de 1695 (Arch. du Tarn, C. 531, f° 75). Il mourut sur la paroisse de Sainte-Martiane le 23 mars 1701 (Arch. d'Albi, GG. 62, f° 19).

Raucoules, sculpteur. — Cet artiste, né à Sorèze, n'est cité qu'à l'occasion de l'envoi au Salon de 1890 d'un portrait de M. H. R. médaillon marbre (*Revue du Tarn*, t. VIII (1890-91), p. 48).

Raucoules (de), Jean, fourbisseur. — « Johan de Rocolas, espasier », figure sur le cadastre d'Albi de 1343 (Arch. d'Albi, CC. 2, f° 198 v°).

Raverolles (de), Charles, peintre. — Il était convenu, le 14 février 1669, entre les consuls de Cordes et le « s' Charles de Rave-rolles, m° peintre de Paris, à présent habitant du dit Cordes », que celui-ci ferait « un grand tableau pour servir au grand autel de l'esglise S¹ Michel,... d'hauteur pour le moins de vingt cinq pans et de largeur seitze » (env. 5ᵐ57 sur 3ᵐ57). Le peintre fournirait toutes les couleurs, notamment « la couleur de bleau apellé d'outre mer ». Il représenterait « un grand Crucifix mourant, la glorieuse Vierge, sa mère, saint Jean, la Magdeleine, saint Michel, patron de la dite esglise, aux costés, avec le diable sous les pieds de S. Michel..., moyennant trois cens livres » dont 200 payables par Jacques Loubers exécuteur testamentaire d'un legs pieux de ses frères. Les consuls donneront le châssis, la toile et les bois d'échafaudage nécessaires. Le travail fut laissé inachevé, à la suite d'un malentendu avec la communauté et Raverolles le déposa, le 11 février 1670, chez Jacques Loubers dont il avait fait entre temps le portrait. Il restait à terminer le manteau de la Vierge en bleu d'outremer que l'artiste prétendait n'avoir pas à fournir. Ce ne fut qu'en 1678 que fut effectué le paiement du solde dû. Le tableau existe toujours, adossé au chevet de l'église (Arch. dè Cor-des, DD. 6, BB. 72, 73 et CC. 195, 200).

Raynaud, maçons. — Le clocher actuel de l'église paroissiale de Cordes a été construit de 1369 à (environ) 1378. Le 2 octobre 1378, Catherine Gautier, veuve de Pierre Raynaud « peyrerii et habitatoris de Cordua », et Jean Raynaud, leur fils, reconnaissent avoir reçu, eux et le défunt, 135 florins d'or sur le produit d'une taille levée pour la construction du dit clocher (Ch. Portal. *Extraits de reg. de notaires...* au mot *Eglises*).

Au siècle suivant, Michel Raynaud, « peyrier » de Cordes, reconstruisait l'église rurale de Saint-Pierre de Crantoul, au bas de Cordes, démolie après la Révolution. D'après le bail à besogne du 28 juillet 1451, ce petit édifice devait comprendre deux travées qu'éclairaient quatre ouvertures, deux de chaque côté, plus deux autres s'ouvrant dans le chœur, deux entrées étaient aménagées l'une au fond de l'église, l'autre sur un des côtés. Il fut convenu que, pour la démolition des bâtiments alors existants et pour la construction des nouveaux, Raynaud recevrait 14 écus d'or, 8 setiers de blé et 2 pipes de vin, sans préjudice des 9 écus, 8 setiers de blé et 2 pipes de vin qui lui étaient promis pour l'extraction et la taille des pierres (Arch. de Cordes, DD. 11).

Raynaud, Léopold-François-*Camille*, sculpteur. — Né à Cordes, le 9 janvier 1868, élève de Falguière et de Ponscarme, Camille Raynaud fut admis en loge pour le prix de Rome en 1897; il avait reçu déjà, en 1893, un prix de l'Académie des beaux-arts pour la gravure en médaille; il est actuellement professeur à l'Ecole des beaux-arts de Toulouse. Il a exposé à Toulouse un portrait de jeune fille (1885), puis : au Salon une *Baigneuse*, plâtre (1891), — aux Champs-Elysées un médaillon, terre cuite (1894), — *Marthe*, médaillon (1895), — au Salon des artistes français des portraits (1907) (*Revue du Tarn*, t. V (1884-85), p. 288, t. VIII (1890-91), p. 260, t. X (1893), p. 387, t. XI (1894), p. 120, t. XII (1895), p. 128, t. XIV (1897), p. 321 et t. XXIX (1907), p. 234).

Rech, Antoine, potier de terre. — Etait établi, en 1784, à Raban, dans la paroisse de Giroussens (Arch. du Tarn, B. 942).

Régis, Charles, doreur. — La chapelle du saint Esprit, dans l'église de Notre-Dame du château de Rabastens, fut décorée, en 1772, par Ch. Régis, doreur de Gaillac, pour la somme de 61 livres (Ch. Peyronnet. *Documents sur quelques artistes du pays albigeois*, dans la *Revue du Tarn*, t. XIX (1902), p. 36 et Em. Marty. *Arch. des notaires de Rabastens*, p. 204).

Régy, orfèvres. — Pierre Régy fut reçu maître à Castres le 28 mars 1730 (Arch. du Tarn, B. 13, f° 49). S'il avait, à ce moment, environ 25 ans, ce qui le ferait naître vers 1705, c'est encore lui peut-être qui est porté, sans indication de prénom, sur les rôles de la capitation de 1772 (Id., Acquisition de 1920). Mais, selon toute vraisemblance, c'est son fils ou neveu qui figure sur la liste des orfèvres du Tarn dressée le 24 vendémiaire an VII-5 octobre 1798 (L. 258, f° 118 v°).

Remouret, brodeur. — La femme, originaire du Poitou, du brodeur Remouret mourait à Albi, sur la paroisse de Sainte-Martiane, le 27 août 1696 (Arch. d'Albi, GG. 45, f° 544 v°).

Renaud (Madame), peintre. Voy. Conscience.

Renaudin, fondeurs. — Les deux frères Claude et Nicolas Renaudin, Lorrains, fondaient, le 15 septembre 1742, pour les Annonciades de Rabastens une cloche de 84 livres (Em. Marty. *Mémoires de l'abbé Gaubert,* dans l'*Albia christiana*, t. X (1913), p. 577).

Le 30 du même mois, ils donnaient à la communauté de Boissezon, canton de Mazamet, la quittance suivante : « Je soubsigné, Claude Renaudin, faisant tant pour moy que pour Nicolas Renaudin, mon frère, lequel ne sçait pas signer, déclarons avoir reçu du sʳ Philippe Rouch, consul de la communauté de Boissezon, la somme de quarante livres à quoy nous avions convenu pour la refonte de la grande cloche de la paroisse de Sᵗ Jean du dit Boissezon... » (Arch. du Tarn, E. 1072).

Requirand, Antoine, brodeur. — Un registre du notaire Sabatié de Lautrec contient un acte du 18 septembre 1650 mentionnant un Jean Requirand, fils et héritier d'Antoine, brodeur de Saint-André au diocèse de Lodève (Saint-André de Sangonis, Hérault), et héritier aussi de Jean Requirand, prébendier du chapitre de Burlats (Communication de M. l'abbé Thomas).

Rességuier, orfèvre. — Etabli à Gaillac, l'un des 20 orfèvres du département en vendémiaire an VII (Arch. du Tarn, L. 258, f° 118 v°).

Réveille, Jean-Baptiste, fondeur. — On baptisait dans l'église de Saint-Salvi d'Albi, le 17 mars 1740, un enfant, Laurent, né le 4 de ce mois du mariage de Jean-Baptiste Réveille, fondeur, avec Françoise Monsirven. Le 22 juillet de la même année, ce ménage perdait un autre fils, Jean, âgé de 3 ans (Arch. d'Albi, GG. 22, fᵒˢ 258 et 266).

Revenu, Antoine, fondeur. — Les fabriciens de l'église paroissiale de Villefranche d'Albigeois, traitaient, en décembre 1699, avec Antoine Revenu, fondeur de Castres, pour la refonte de leur grosse cloche moyennant 150 livres, plus 12 sous par livre de métal à ajouter. Le résultat de l'opération fut défectueux et le procès qui s'en suivit se termina par une transaction d'après laquelle le travail dut être refait pour 140 livres. Dans l'intervalle un procès-verbal de visite épiscopale, en 1700, apprend que la cloche inutilisable pesait environ 10 quintaux soit 408 kilogr. (Note de M. l'abbé Barthe dans le *Bull. de la Société des sciences... du Tarn*, 22 déc. 1922 et *Albia christiana*, t. III (1895), p. 66).

Rey, Antoine, potier de terre. — Etait établi aux Roques, commune de Giroussens, en 1770 (Em. Rieux. *Les poteries de Giroussens*, p. 28).

Rey, *Henri*-Louis-Charles, peintre et graveur. — Sans être passé par aucune école de beaux-arts, H. Rey, né à Saliès, canton d'Albi, le 25 août 1893, a exécuté, au cours de la guerre de remarquables dessins et aquarelles de coins de paysages du front et de scènes diverses de la vie de tranchées. Depuis lors il grave sur bois des vues prises notamment dans le vieil Albi et à Brassac ainsi que des planches destinées à l'illustration de livres ou périodiques.

Rey, Jean, tapissier. — Il était parrain d'un nouveau-né le 5 janvier 1672 et mourait, sur la paroisse de Sainte-Martiane d'Albi, le 12 avril de la même année (Arch. d'Albi, GG. 26, fº 2 et GG. 59, fº 64).

Reydou, orfèvre. — L'un des signataires des statuts des orfèvres de Castres, en 1666 (Arch. du Tarn, B. 10, fº 146 vº).

Riballi, peintre. — En 1623, le peintre Riballi décorait des armes de la ville de Lisle-sur-Tarn les flambeaux que les consuls devaient porter à la procession de la Fête-Dieu (Arch. du Tarn, E. 2455).

Ricard, Jules-*Jean*-Victor-Liguori, peintre. — Jean Ricard, né à Villefranche d'Albigeois le 15 mars 1879, a passé son enfance à Paris et navigué comme pilotin à l'âge de 14 ans. Il a ensuite suivi les cours de l'Ecole des beaux-arts de Paris et reçu les leçons des peintres Gérôme et J.-P. Laurens.

Son œuvre, jusqu'à ce jour, dénote le constant souci de rendre, par une interprétation directe et personnelle, ces effets de lumière qui varient en raison de l'état de l'atmosphère, de la saison, de l'heure de la journée ou de la qualité même de l'éclairage quand il est artificiel. Le paysage se prête particulièrement à des études de ce genre, c'est pourquoi J. Ricard l'a fréquemment traité et avec succès comme l'ont prouvé son *Premier arbre fleuri*, le *Cimetière des Planques*, un *Coin du parc* (d'Albi), *Le coupé*, plusieurs vues parisiennes telles que *Le Pont-neuf*, le *Pont Alexandre III*, *Près du Pont de Solférino*, *Barques vertes*, *Banc du parc de Saint-Cloud*, sans compter maints sujets tarnais : *La terrasse de Puycelci*, *Le parc Rochegude*, le *Vieux pont d'Albi*, *Maisons d'autrefois* et *Ville rouge* (Albi au crépuscule).

Des groupes animent le paysage dans *Douce clarté*, *La Diane moderne*, tout comme dans *Cendres et tisons*, ronde de lutins devant un foyer. On lui doit encore des portraits, celui notamment, très expressif, d'*Un américain*. D'autres, à la mine de plomb, méritent une mention spéciale, étant donné la finesse et l'habileté de leur exécution. Ajoutons des portraits-charges, des caricatures insérées dans plusieurs Revues, l'illustration de *Nos animaux* de Pierre Coq.

Ce véritable artiste a exposé au Salon des artistes français : une nature morte (pommes, 1909), — *La dame en noir* et *Vieilles cendres* (1911), — *Douce clarté* (1912), — *Pommes dans la lumière verte* et *Intérieur de cuisine* (1913) (*Revue du Tarn*, t. XXVI (1909), p. 179, t. XXVIII (1911), p. 202, t. XXIX (1912), p. 130, t. XXX (1913), p. 249 et Roger Alizard. *Portraits méridionaux, M. Jean Rikar*, dans *Le cri du Midi* n° 18 (15-30 avril 1919).

Ricard, Mathieu, sculpteur. — On relève dans les archives des Trinitaires de Castres la mention, sans détails, du paiement de 230 livres fait, en 1663, à Mathieu Ricard pour la confection d'un rétable (Arch. du Tarn, H. 566).

Richard, Jean, libraire et relieur. — La première mention de « Johan Ricart, librayre » dans les comptes consulaires d'Albi est du 11 mars 1529, date à laquelle fut mandatée à son nom une somme de 12 sous, 6 deniers « per lo libre del moble », c'est-à-dire pour la reliure d'un registre cadastral (Arch. d'Albi, CC. 237, f° 24 v°). En septembre 1536 il touchait 5 sous pour la reliure de six états de répartition d'une imposition, un par gache (CC. 459).

Un peu plus tard, sur le budget de 1537-38, il lui était alloué 18 sous, 4 deniers « per aver cubert lo libre roge », qui devait être un cartulaire ou un cadastre (CC. 244, f° 25). Encore, en 1556, les fabriciens de Sainte-Martiane lui payaient 1 livre, 5 sous pour avoir recouvert de « basano tanado » trois grands livres de plain chant (Arch. du Tarn, G. 677, f° 36). Dans ce dernier cas Richard est appelé « mestre Jean lou libraire ».

Les archives départementales et celles de la ville d'Albi possèdent d'assez nombreux spécimens des travaux de ce relieur. Je citerai pour les premières les articles G. 181 et 183 provenant des prébendiers du chapitre cathédral d'Albi, H. 688, 689, 690, 693, 704, 708 du fonds des Annonciades, — pour les secondes CC. 239, 240 et il en est certainement d'autres qu'il serait facile de découvrir, même hors d'Albi, à Roquecourbe notamment (CC. 3). Les fers frappés à froid par Richard sur la basane naturelle, non colorée (sauf exception), mesurent 0^m012 de largeur sur des longueurs variables. Ils portent des fleurons, rinceaux et autres motifs de style Renaissance, avec, assez souvent, de petits médaillons remplis soit par une tête de profil, soit par les initiales I. R. Ces empreintes sont généralement disposées en bandes parallèles sur les plats des registres, très rapprochées les unes des autres. On les trouve aussi quelquefois en bordure, répétées au centre en carré ou en losange. L'effet est un peu mièvre, mais les dessins des fers sont délicats et gracieux.

Comme libraire, Richard vendait des livres, il en a même fait imprimer au moins un, en 1553, par le typographe toulousain Jacques Colomiès. C'est un *Synodale* ou plutôt un *Confessionale diocesis albiensis*, petit in-4 de 2 feuillets pour le *Synodale* et de 64 pour le *Confessionale*. Au bas du titre du début on lit « Venundantur Albie per Ioannem Richard. Cum privilegio »; l'explicit porte : « Tolosae. Ex praelo Ia. Colomies, Impensis providi viri Ioannis Richard. Anno dni millesimo, Quingentesimo, Quinquagesimo Tercio. Veneuntur Albie in domo eiusdem ». Em. Jolibois avait déjà signalé les reliures de J. Richard (*Revue du Tarn*, t. II (1878-79), p. 177).

Rieupeyrous, Jean, musicien. — Le chapitre de Saint-Michel de Gaillac décide, le 17 juin 1616, d'allouer 20 setiers de blé, 6 pipes de vin et 100 livres à espèces à Jean Rieupeyrous pour la

direction de sa maîtrise pendant un an (Arch. du Tarn, G. 481).
Plus tard, en 1622, il lui confère la prébende « cantoriale »
(G. 482.)

Rieux, Emile, peintre sur porcelaine. — Tarnais par sa famille
et par son domicile albigeois, Em. Rieux, né à Toulouse le 27
décembre 1861, s'est livré à la peinture sur porcelaine et sur verre.

Il exposait à Toulouse, en 1890, un vitrail polychrome (*Folas-
trerie*), à Pau, en 1891, un autre vitrail (*Le crépuscule*) et à Albi,
en 1893 deux plaques porcelaine décorées en camaïeu (*Revue du
Tarn*, t. VIII (1890-91), p. 292, et *Exposition artistique et archéol.
d'Albi*, 1893. Livret). De plus, il a publié dans la *Revue du Tarn*,
t. XVII (1900), p. 276-309 et à part une étude intéressante et très
documentée, avec fig., sur *Les poteries de Giroussens*.

Rigal, François, musicien. — Prêtre de Gaillac, il fut le directeur de la maîtrise de Saint-Michel du 12 juin 1615 à juin 1616
(Arch. du Tarn, G. 481). On le retrouve, prébendier de ce chapitre,
en 1621, époque où il fondait un obit (G. 482 et 498).

Rigal, orfèvres. — Pierre Rigal acquérait, en 1672, la boutique
de Guillaume Foulquier, orfèvre aussi et son oncle, située dans
la rue « de la porcaria » à Albi. Il mourut le 12 mars 1678 et fut
inhumé, le lendemain, dans l'église de Saint-Martiane, en présence
de son père, François, marchand de Monestiés, et de son frère
Jean-Pierre, orfèvre également mais on ne sait dans quelle localité (Ch. Portal. *Notes sur l'orfèvrerie à Albi...*).

Rigaud, libraire. — Originaire de Montpellier, Rigaud était
installé comme libraire à Castres en 1681 (Ch. Pradel. *Notice sur
l'imprimerie à Castres*, dans les *Mém. de l'Acad. des sciences... de
Toulouse*, 8e série, t. IV, p. 230 et 255).

Rigaud, Hyacinthe, peintre. — Le Musée d'Albi possède de ce
célèbre portraitiste (1659-1743) un portrait du premier archevêque
d'Albi, Hyacinthe Serroni, † en 1687. Cette toile a été décrite par
J. Bégué dans *Albi. Exposition de peinture...* 1863, p. 26.

Riols (de), verriers. — Abraham de Riols, gentilhomme verrier
de Paulin, représenté par Antoine Bardet, verrier, habitant de
Graulhet, était en désaccord, en 1629, avec le marchand Raimond
Roquelaure, de Graulhet, à qui il réclamait le paiement d'une

fourniture de verres (Communication de M. l'abbé Thomas d'après un reg. du notaire Clefeu, de Graulhet).

En 1698, Louis de Riols, sieur du Vergnas (Hérault?), reconnaissait tenir des Chartreux de Castres des biens situés dans la banlieue de cette ville (Arch. du Tarn, II. 216). — Sur les de Riols voir Saint-Quirin. *Les verriers du Languedoc.*

Rion, orfèvres. — Le premier en date signait, en 1666, les statuts de la corporation des orfèvres de Castres. Son prénom n'est pas indiqué (Arch. du Tarn, B. 10, f° 146 v°), mais tout porte, à croire qu'il s'agit de François Rion, troisième consul catholique de 1671-72, qui siégea, à ce titre, à l'Assiette diocésaine le 1ᵉʳ avril 1671 et jours suivants. A cette occasion, il est qualifié d' « orphèvre et graveur du roy » (Arch. de Castres, BB. 24 et du Tarn, C. 1030, f° 1). Le 23 décembre 1677, François Rion faisait enregistrer par la cour royale de Castres le brevet de « graveur ordinaire du roy » qui lui avait été accordé le 31 avril 1666 (Arch. du Tarn, B. 328, f° 67 v°); il émancipait son fils Charles, aussi orfèvre, le 15 janvier 1678 (Id., f° 68). On le retrouve, comme garde de la corporation, en 1686 (Id., f° 373 v°) et, à l'occasion d'un procès criminel intenté par le compagnon orfèvre Samuel Poncet (voy. ce nom), en 1691; à cette date il avait 60 ans (B. 245), ce qui le fait naître en 1631.

Charles, fils de François et d'Isabeau Manen, épousait, en 1678, Marie Fabre, fille de Jean, maître chirurgien de Castres, et de Rachel de Fos, les pactes sont du 16 février (B. 328, f° 77 v°). Il en eut tout au moins une fille, baptisée dans l'église de La Platé en 1681 (Arch. de Castres, GG. 14). Son nom figure sur la liste des consuls de Castres de 1682-83 et de 1683-84 (BB. 26). Il mourut en 1684, avant son père, et fut inhumé dans la nouvelle église des Jacobins (Arch. du Tarn, H. 423). Il est question de « ses héritiers » en 1700 (B. 122), ce qui fait supposer que, outre la fille déjà citée, il avait laissé d'autres enfants, notamment un garçon du prénom de Jean-Jacques.

Celui-ci était reçu maître orfèvre à Castres le 9 décembre 1717 (B. 331, f° 1 v°) et remplissait les fonctions de garde de la corporation en 1730 (B. 13, f° 48).

Les travaux exécutés par les Rion ont laissé peu de traces dans les archives locales. Une récapitulation de dépenses effectuées de

1674 à 1706 pour la cathédrale de Castres mentionne, sans préciser les dates, des réparations d'encensoirs et d'une croix payées à « Rion orphevre » (François ou Charles ou l'un et l'autre) (B. 124). Jean-Jacques toucha, en 1720, 21 livres et 10 sous pour la dorure d'un calice destiné à l'église de Saint-Agnan dépendant du chapitre cathédral et autres menues besognes (G. 284).

Enfin un dernier Rion, orfèvre aussi mais protestant, mourut à l'étranger avant 1711 (G. Dumons. *Les réfugiés du pays castrais*, partie manuscrite du travail dont la publication a été entreprise par la *Revue du Tarn*).

Riquet, Jean, potier de terre. — Ce maître potier de terre de Graulhet constitue, à Castres, en 1667, un procureur pour vendre tout ce qu'il possède dans le consulat de Saint-Julien-du-puy (Arch. du Tarn, E. 648, f° 211).

Rivalier, Antoine, facteur d'orgues. — Le chapitre de Saint-Salvi d'Albi traite, le 24 août 1619, avec ce facteur d'orgues, prébendier de l'église métropolitaine d'Auch, qui, pour le prix de 650 livres, conſtruira « à neuf ung orgue en la dite esglise [de Saint-Salvi], composé de treize jeuz, sçavoir la monstre d'estaing fin et sa suyte qui doibt porter sept jeuz, à sçavoir son unisson autrement bourdon de plomb, autre de fluste de trois pieds, bouche à biberon, plus son octave, sa quinziesme, sa vingtdeuxiesme et la doublete, qui faict trois tuyeaulx sur marchete en tout. Il y aura huict jeuz au plein jeu, parmi lesquels fera cinq jeuz qui représenteront le fifre, fluste doulce et forte, sifflet et simbale et les autres jeuz, jusques au dit nombre de treize, seront de fluste de trois pieds ouvert, nazard, de flajolet et hautboys et de trompete, auquel orgue fera de bons soufflets à suffisance, claviers, portevens, saumiers et généralement tout ce qui sera requis pour la perfection d'ung bon orgue ». Rivalier fournira les matériaux nécessaires et aura terminé son travail dans un an, le chapitre lui abandonne l'ancien orgue sauf le buffet qu'il se propose de faire refaire ou restaurer (Arch. du Tarn, G. 362).

Rivals, Jean, orfèvre. — Il est porté sur les rôles de la capitation de Lavaur de 1695 (Arch. du Tarn, C. 1208, f° 62).

Rivals, peintres. — Les Rivals appartiennent à Toulouse où ils ont vécu et dont ils ont grandement honoré l'école de peinture.

Mais Jean-Pierre (1625-1706) est né à La Bastide d'Anjou, Aude, et une pierre tombale du Musée de Toulouse porte qu'il était « originaire de Lavaur » ce qui doit s'entendre non de sa personne mais de ses ancêtres. L'église de Sorèze conserve une *Vierge au lis*, de Jean-Pierre Rivals, l'église de Saint-Benoît de Castres neuf autres de ses toiles, provenant de la Chartreuse de Saïx et représentant : *Melchissédec bénissant Abraham* d'après Raphaël, *Le buisson ardent*, *Oza foudroyé pour avoir touché l'arche*, *La multiplication des pains*, *Le triomphe de la religion*, *La manne*, *La conversion du duc de Guyenne par saint Bernard*, *La Cène* et *Elie au désert*.

Nous n'avons d'Antoine, fils de Jean-Pierre (1667-1735) qu'un *Martyre de saint Barthélemy*, à la cathédrale d'Albi. Le Musée de Castres possède un *Saint-Michel* du chevalier Rivals (Jean-Pierre II, fils d'Antoine, 1718-85).

Sur ces trois artistes, voir, outre les catalogues des Musées déjà cités (plus celui des peintures du Musée de Toulouse), Ch. Blanc. *Hist. des peintres*, — *Bull. de la Soc. archéologique du Midi*, 1881-82, p. 12, — Bernard Benezet. *Hist. de l'art toulousain*, dans *Toulouse*, vol. de l'Association franç. pour l'avancement des sciences, 1887, — J. de Lahondès. *Les monuments de Toulouse*, 1920, p. 54, 151, 215, 222, 224, 233, 295, 302, 309, 340, 355, 433, 502, 522-524, 526, — Bénézit. *Dictionnaire...* etc.

Rivière, Pauline, auteur de broderies d'art. — Madame Rivière, de Saint-Paul-cap-de-Joux, exposait, de 1907 à 1910 dans la section décorative du Salon des artistes français diverses broderies parmi lesquelles *L'onde harmonieuse*, dessus de piano (*Revue du Tarn*, t. XXIV (1907), p. 234, t. XXVI (1909), p. 179 et t. XXVII (1910), p. 204).

Rivière, Pierre, peintre. — Pierre Rivière, peintre du consulat de Lavaur, s'engageait, le 25 mars 1666, envers la fabrique de Saint-Alain le Vieux (église disparue) à « peindre à l'huile et en colleur les trois figures quy sont en relief dans les trois niches quy sont à l'autel du chœur de la dite esglise, sçavoir une Vierge tenant un petit Christ entre ses bras, saint Alain et saint Jean l'Evangéliste... ». Il peindra aussi « à l'autel quy est dans la nef de la dite esglise, à l'entrée du chœur à main gauche, ung Cru-

cifix et aux pieds d'icelluy, d'un cousté la Vierge et, de l'autre
cousté saint Jean pleurant... (et encore) ung Crucifix qui est en
relief au dit autel ». Enfin il fera « ung tableau de la longueur de
quatorze palms et quatre palms de largeur (env. 3^m16 sur 0^m90)
dans lequel seront séparément représentés saint Jean-Baptiste,
saint Alain, patron de la dite église, saint Aubin et sainte Catherine, à l'huile et en bonnes couleurs », le tout moyennant 18
livres et la toile du tableau (Communication de M. Bessery, de
Lavaur).

Rivière ou **Rivières,** orfèvres. — Jean Rivière, originaire de
Saint-Antonin (Tarn-et-Garonne), abjurait, en 1720, dans l'église
de Sainte-Martiane d'Albi, « l'hérésie de Calvin ». Sa première
femme, Catherine Mespoulié, mourut en 1750 après lui avoir
donné au moins quatre garçons et six filles. De la seconde, Cécile
Sudre, épousée en 1751, il eut encore deux filles. Jean Rivière
mourut le 21 mars 1757, à l'âge de 60 ans, ce qui le fait naître
vers 1697. Son testament donna lieu à un procès qui se termina
en 1759 par une transaction d'après laquelle l'un de ses fils, Charles-Augustin, né en 1729, clerc tonsuré, fut reconnu propriétaire
de la maison paternelle située dans la rue « de la coutelarié ».
La veuve dut continuer, au moins pendant quelque temps, le
commerce de son mari puisque les rôles de la capitation de 1760
mettent à sa charge « un garçon de boutique ». Le chapitre de
Saint-Michel de Gaillac avait fait faire par Jean Rivière une coupe
avec sa patène d'argent pour 83 livres, en 1732, et réparer, en
1738 et 1741 des bourdons et des encensoirs.

Pierre Rivière, né vers 1730 et établi à Gaillac, devait être un
neveu de Jean. Il faisait baptiser, en 1758, sur les fonts de Sainte-
Martiane d'Albi, une fille issue de son union avec Marguerite
Pujol. Le parrain fut Charles-Augustin Rivière, déjà cité, représentant David Rivière, marchand chaussetier de Saint-Antonin,
« son ayeul paternel ». C'est probablement vers cette époque que
Pierre se fixa à Albi où furent baptisés encore une fille et cinq
garçons dont un posthume. Il fut inhumé, le 28 juin 1772, dans
le cloître de Saint-Salvi, « s'étant noyé la veille au soir dans la
rivière [du Tarn], son cadavre a été trouvé ce matin près du
moulin de Gardès » (Ch. Portal. *Notes sur l'orfèvrerie à Albi...*).

Un autre David Rivière, orfèvre à Saint-Antonin, marié avec

Marie Vieusseux, en eut, au dit lieu, en 1754, une fille qui fut
sœur hospitalière à Albi (Arch. du Tarn, L. 665, 6).

Robert (de), verriers. — D'assez nombreux membres de cette
famille de gentilshommes verriers sont cités dans nos archives et
Saint-Quirin, dans son ouvrage sur *Les verriers du Languedoc*, fait
de fréquentes mentions des de Robert. Je me bornerai, autant
que possible, à donner ici des notes complétant Saint-Quirin.

Nos de Robert ont leurs fours dans la Montagne Noire et aussi
dans la Grésigne. Le 16 avril 1476, un bail emphytéotique est
consenti « nobili Amellio Robberti, veyrerio loci de Revello
(Revel, Haute-Garonne), habitatori ibidem » pour des biens acquis
de Nicolas de Robert, « dicti loci de Revello », et situés « à Rieu-
tort sive à La Veyrieyra » dans la paroisse de Coufinal, com. de
Revel (Arch. du Tarn, E. 468, fº 62 vº).

Quelques années plus tard, en 1486, noble Catherine Nyvard,
veuve de Bernard Olive, docteur en droit et conseiller au Parlement de Toulouse, vendait « nobili Antonio Robberti seniori,
domino loci de La Tutandie (?), contra rotulario camere compo-
torum », et à Agnès Nyvard, sa sœur, de Chaumont au diocèse de
Chartres (Loir et Cher), représentés tous deux par leur gendre
noble Jacques Malo, tous biens et droits pouvant lui revenir de la
succession de Jeanne Nyvard, femme de feu Jean Marigny, bourgeois de la ville de « Blays, diocesis carnotensis » (Blois, sans
doute), pour 358 livres ou 260 écus petits. Cet Antoine de Robert,
quoique n'étant pas verrier, il est qualifié de contrôleur de la
Chambre des comptes, appartenait sûrement à la famille dont il
est ici question (E. 482, fº 30).

Une branche avait adopté la religion calviniste comme le prouvent certains prénoms et, tout au moins, le baptême par le pasteur
de l'Eglise réformée de Réalmont, en 1615, d'une fille de « noble
Jacques Robert, veyrier demeurant à La Caune » (E. 3596).

« Noble Marc de Robert, mᵉ verrier, habitant du masage des
Escudiers, consulat du lieu d'Arfons », se reconnaissait, en 1618
et 1619, débiteur des Chartreux d'Escoussens, à raison d'achats
d'une paire de veaux et quelques setiers de blé (E. 321, fᵒˢ 117 vº
et 205 vº). Il était décédé en ou vers 1630 puisque, à cette date,
Abel de Robert, « écuyer », et un marchand d'Arfons, tuteurs de

ses enfants concluaient un accord avec les dits Chartreux au sujet des dettes laissées par le défunt (E. 323, f° 108).

Un autre accord relatif à des obligations contractées en 1612 par feu Louis de Robert, « écuyer, habitant des verrieres d'Arfons », et Abel, « marchand de Castres », était conclu, le 10 décembre 1641, avec un habitant d'Escoussens par Abraham de Robert, fils de Louis et son successeur à la verrerie d'Arfons (E. 326, f° 147). Abraham reparaît dans nos minutes notariales en 1657 à l'occasion d'une vente de « flacons de verre et autres choses » faite par lui, pour 217 livres et 12 sous, à un « marchand verrier du lieu d'Aigues juntes en Foix, diocèse de Rieux » (Ariège), appelé Antoine Calmens (E. 329, f° 183).

Le 10 septembre 1667, à Castres, « Isaac de Roubert, s^r du Bouscaud, fils ayné de noble Estienne de Roubert, s^r du Combal, gentilhomme verrier de la verrerie de Saint Amantz » (Saint-Amans-Valtoret), âgé de 25 ans, était émancipé par son père (B. 61, f° 404). C'est sans doute le même Isaac qui figure, avec le titre de s^r de Lalbarède, sur les rôles de la capitation de Saint-Amans en 1695, en même temps que Jacques, s^r de La Fabrègue, un autre Jacques, s^r du Terme, Abel, s^r de La Frégère, Gabriel, s^r de La Motte, un Robert de Fonclare et un Robert-Campaureil, « fort vieux et pauvre », tous verriers (C. 1209).

Joseph de Robert, s^r de La Serre, « habitant à présent aux verreries de Moussans » (Hérault), était en procès avec un métayer devant la juridiction de Brassac, en 1754 (B. 856, f° 1).

Pour les années 1765 à 1790 un registre de baptêmes, mariages et sépultures de Sauveterre, localité voisine de Saint-Amans, fournit un certain nombre d'actes concernant les de Robert. C'est, en 1765, le mariage d'une fille de feu Paul, s^r de La Prade, avec Jean-Baptiste de Grenier, le mariage, le 25 septembre de la même année, d'Etienne, s^r de La Jonquière, avec Gabrielle de Colon de La Prade, puis, le 27 septembre 1769, le mariage de Jean-Pierre, s^r de Moussac, avec Louise-Marguerite Martin de La Plazède, — le 18 juillet 1770, la sépulture d'Etienne-François-Antoine, s^r de La Jonquière, du hameau du Ver, — les sépultures, le 13 mai 1773, de Jacques-Barthélemy, « de la verrerie de Tournet », com. de Sauveterre, clerc tonsuré, le 29 juin 1785, de Jean-François, de La Garrigue, — le mariage, le 7 novembre 1786, de Jean-Louis-François, de Lasalle, avec Marguerite Amalric, — le décès, en 1790, de

Marie Dulaur, veuve d'un Robert du Bousquet (E. 4042, Sauveterre GG. 1).

D'autre part une instance était introduite, en 1787, devant la
juridiction de Cordes par Paul de Robert, sr de Saint-Paul [de
Mamiac], habitant de Hauteserre, verrerie située sur les confins
de La Grésigne, dans la commune actuelle de Sainte-Cécile du
Cayrou (B. 516).

Voir sur les de Robert : Jean Calvet. *Hist. de la ville de Saint-
Amans*, Castres, 1887, petit in-8, utilisée par Saint-Quirin.

Robert, Antoine, maçon. — L'évêque Alphonse Ier d'Elbène
traitait, le 8 mars 1604, avec le maître maçon d'Albi Antoine
Robert pour la façon des galeries de dix chapelles de la cathédrale
qui devaient être semblables à celles du pourtour du chœur et
porter les armes sculptées du prélat. Le prix convenu était de
70 livres par chapelle. Robert recevait, au mois de juin de l'année
suivante, un acompte de 80 livres (Aug. Vidal. *L'ancien diocèse
d'Albi...* n{os} 206 et 212).

Robert, Jean, fondeur. Voy. Raffart.

Robert, Martin, tapissier. — Noble Etienne Chabbail, cosei-
gneur de Labessière-lès-Arifat, achetait, en 1586, à Martin Robert,
résidant à Maurs en Auvergne (arr. d'Aurillac, Cantal), deux gar-
nitures pour un grand lit, en tapisseries, garnies de franges, l'une
à feuillages, l'autre à personnages, plus des rideaux pour les
mêmes couches, terminés par une petite frange. Robert devait,
en outre réparer cinq vieux tapis de Turquie (Communication de
M. Vidal, d'après un reg. de l'étude Malphettes à Albi, n° 181,
f° 201).

Deux ans après, le 15 avril 1588, le commandeur des Hospitaliers de Rayssac, près d'Albi, traitait avec le même artiste « tapissier du dit Albi » (en ce moment), pour la façon de tentures
destinées à la grande salle de la commanderie. Ces tapisseries
devaient mesurer « treize cannes, quatre palms de tour » (env.
24{m}12) et se composer de sept pièces de « quinze palms d'haulteur » (env. 3{m}40) sur lesquelles seraient figurés des « feuillages,
ramaiges et verdure » en même temps que « toutes bestes et
homes à pied et à cheval en forme de chasse ». Le travail serait
exécuté sur « filet de ce pays » que Robert fournirait ainsi que
toute autre matière première. Le commandeur le logerait et nour-

rirait tout le temps voulu, lui et ses ouvriers et lui donnerait
67 écus sol. Une note marginale apprend que, le 29 mars 1589,
le paiement de cette somme était complètement effectué (Aug.
Vidal. *L'art albigeois au* xvie *s.*, dans la *Revue du Tarn*, t. XXVIII
(1911), p. 355, et *L'ancien diocèse d'Albi...* n° 1682). Le « tour »
ou périmètre de ces tapisseries étant égal à 24^{m}12, il faut retran-
cher deux fois la hauteur de 15 empans, au total 6^{m}70 pour avoir
les dimensions de la largeur qui sera la moitié de 24,12-6,70, soit
8^{m}71. Sur les bâtiments de la commanderie voir Ed. Cabié. *Le
château de Rayssac*, dans la *Revue du Tarn*, t. XVII (1899),
p. 1-16, avec plans et fig.).

Robert, *Pierre-Guillaume*-Dominique, imprimeur. — D'après
Ch. Pradel, P.-G. Robert, docteur en philosophie, serait venu de
Toulouse se fixer à Castres vers 1760 et serait mort vers 1792. Il
est possible, à cette heure, d'être plus précis : nous possédons
(Arch. du Tarn, C. 1080) une quittance autographe de « Robert »,
du 30 avril 1753, pour paiement de 120 livres dont 100 représentent la pension que lui sert le diocèse et 20 les frais d'impression
des « mandes » d'impositions. D'autre part, quand sa veuve réclamait au département, le 25 ventôse an III (15 mars 1795), quelques arriérés de dettes, il était rappelé que P.-G. Robert était
décédé en septembre 1792 (L. 182, f° 99 v°).

Il ne travailla pas seulement pour le diocèse et le département,
Ch. Pradel a décrit vingt publications, plus ou moins importantes, imprimées par lui de 1764 à 1789, notamment une Grammaire latine, un « Propre » du diocèse de Castres, des cours
d'accouchement... et le fameux sermon, en patois, de l'abbé Pla-
zolles sur sainte Cécile (sans date, de 1785). Nous savons, d'après
un rapport adressé au Comité des décrets de la Convention, le
30 messidor an III (18 juillet 1795), que « au commencement de
la Révolution, le citoyen Robert, représenté par le citoyen Auger,
était le seul imprimeur établi à Castres ». Aux deux presses dont
il se servait tout d'abord il dut en ajouter deux autres pour servir
plus rapidement l'Administration (L. 190, f° 38). Il est à remarquer qu'il signe toujours « Robert », tandis que sur le titre de ses
impressions antérieures à la Révolution, son nom est assez souvent
précédé de la particule *de*. Sa veuve continua pendant quelque
temps de diriger l'imprimerie.

Voir encore pour quelques détails secondaires : Arch. du Tarn,
C. 1048, 1084, 1091, 1096, outre Ch. Pradel. *Notice sur l'imprimerie à Castres*, dans les *Mém. de l'Académie des sciences... de
Toulouse*, 8° série, t. IV, p. 228 et 250-255), et Estadieu. *Annales
du pays castrais*, p. 284.

Rodes, Pierre, potier de terre. — Etait établi, en 1766, à La
Pelforte, com. de Giroussens (Em. Rieux. *Les poteries de Giroussens*, p. 28 et 37).

Rodier, Joseph, dit Metge, maçon. — Exécutait des travaux de
réparation, au xviiie siècle, à la fontaine de Verdusse d'Albi (Arch.
d'Albi, DD. 39).

Rodière, Jean-Pierre-Paul, imprimeur. — Né à Castres le
28 avril 1771 et fils d'un ouvrier de l'imprimerie Robert, Rodière
fit de bonnes études à Toulouse et se fixa dans sa ville natale en
1792. Cette date paraît résulter des termes d'un rapport du 30 messidor an III, (18 juillet 1795) déjà cité (Voy. Robert) rappelant que
« depuis environ trois ans le citoyen Rodière s'est établi à Castres ». Il a imprimé notamment un abécédaire très répandu à
cette époque et, en 1797, *Le misanthrope travesti* de Daubian, en
patois.

Quand le chef-lieu du département eut été transféré de Castres
à Albi par une loi du 27 brumaire an VI (17 novembre 1797),
Rodière, qui travaillait pour l'Administration, la suivit dans sa
nouvelle résidence. Il y fonda, en 1813, une *Feuille d'annonces,
affiches et avis divers d'Albi* qui dut cesser de paraître vers 1830.
C'est là, après le *Journal du Tarn* dont la Société populaire de
Castres édita quelques numéros en 1792, le premier organe
d'informations périodiques dont le département ait été doté.

Rodière ne fut pas seulement imprimeur. Professeur au nouveau collège de Castres au début de la Révolution, substitut de
l'agent national à Castres en l'an II, il fut nommé, en 1815, juge
suppléant au tribunal de première instance d'Albi. Il mourut dans
cette dernière ville le 19 décembre 1847 après avoir, par testament
du 2 janvier précédent, légué à la commune de Castres une somme
dont les intérêts devaient être consacrés, tous les cinq ans, à
récompenser l'auteur du meilleur mémoire, en français ou en
latin, sur l'amour du travail (Estadieu. *Annales du pays castrais*,
p. 77, 283-284, Ch. Portal. *Le Tarn au xixe siècle*, p. 230).

Rogier, verrier. — « Rotgier lo veirier » est mentionné sur le cadastre d'Albi de 1343 (Arch. d'Albi, CC. 2, f° 196 v°).

Rogier, Conrad, maçon. — J'ai déjà donné (*Extraits de reg. de notaires*, au mot *Eglises*) le texte des conventions arrêtées le 31 juillet 1455 entre les consuls de Cordes et « Corando Rogerii, lapicide, nunc habitatori castri de Cordua », pour la reconstruction de la nef de l'église paroissiale. Cet édifice, récemment classé comme monument historique, présente cette particularité d'avoir été conçu avec le système de contreforts intérieurs qui caractérise la cathédrale d'Albi. La démolition de l'ancienne nef et les travaux de réfection sur un nouveau plan coûtèrent 2600 écus d'or, 400 setiers de froment, 120 pipes de vin et 50 quintaux de salaisons. Le dallage n'était pas achevé en 1493.

Entre temps, Rogier terminait, en 1458, avec son associé Jean Coupiac, la Chartreuse de Villefranche-de-Rouergue (Bion de Marlavagne. *Hist. de la cathédrale de Rodez*, p. 360).

A Cordes de nouveau, il s'engageait, le 1er novembre 1469, à construire « la capela del fons de la dicha gleysa [paroissiale] e lo portal », moyennant 50 écus d'or, 12 setiers de froment, 4 pipes de vin et 2 porcs (Arch. de Cordes, BB. 90 bis). Cette chapelle existe toujours, c'est celle qui se trouve à peu près dans l'axe de la nef, au-dessous de la grande rose et s'appuie d'un côté à la tour du clocher. Le nivellement de la petite place dite de Rambouillet rend actuellement inaccessible son « portal » amorti par un linteau droit appareillé, aux coins arrondis.

L'année suivante, le 14 septembre 1470, « Corrat Rogerii, lapicida, per nunc habitator civitatis predicte [Ruthene] », s'engageait, pour le prix de 180 écus d'or, à bâtir dans la cathédrale de Rodez un pilier avec une voûte basse qui doivent être localisés dans la deuxième travée du collatéral nord (Bion de Marlavagne, *Op. cit.*, p. 69 et 307).

Voir sur ce maître maçon une note d'Henry Pons dans les *Mémoirès de la Soc. des lettres de l'Aveyron*, t. XVII (1906-11), p. 314-315.

Rogier, Guillaume, maçon. — Cet ouvrier, de Monestiés, travaillait, en 1646, à la réparation du « griffoul » du Bout-du-pont d'Albi, à la solde de l'architecte Pierre Didry (voy. ce nom).

Rolland, Durand, maçon. — Il donnait quittance, le 1er mai

1374, aux consuls de Cordes de 21 francs et demi d'or « pro constructione cloquerii sancti Michaelis » à laquelle il avait travaillé (Ch. Portal. *Extraits de reg. de notaires...* au mot *Eglises*).

Rolland, Guillaume, potier (d'étain?) — Ce « pechayre » était imposé, en 1555, dans le quartier du Vigan (Arch. d'Albi, CC. 23, f° 52).

Roq, André, peintre. — Les consuls de Labruguière faisaient payer 3 livres, 4 sous à André Roq, peintre de Castres, pour la façon de quatre armoiries du duc de Ventadour, lors de son entrée dans leur ville, en 1625 ou 1629 (?) (Arch. de Labruguière, CC. 29, du Tarn, E. 2001, perdues).

Roque, Jean, potier (d'étain?) — Jean Roque, « pechayrié », figure sur le cadastre de la gache du Vigan d'Albi de 1600 (Arch. d'Albi, CC. 29, f° 51).

Roques, peintre. — L'église paroissiale de Cordes possède une *Vierge* peinte par Roques au xviie ou xviiie siècle (Ch. Portal. *Hist. de la ville de Cordes,* p. 543).

Roques, potiers de terre. — Un potier de Giroussens, du nom de Jean Roques, était, en 1640, tenancier du prieur du dit lieu (*Revue du Tarn,* t. II (1878-79, p. 98 et Em. Rieux. *Les poteries de Giroussens,* p. 30). Em. Rieux a signalé (*Op. cit.,* p. 36-37), pour l'année 1695, le décès de Jean, fils de Pierre, la naissance de Raimond, fils de Pierre, le mariage de Bernard, — pour 1712, le mariage de Jean, — pour 1714, le mariage de Bernard, — pour 1716 le mariage de Barthélemy. A cette dernière date, 1716, Jean et son fils Barthélemy travaillaient à la réparation de la fontaine publique de Lisle-sur-Tarn (Arch. du Tarn, E. 2478). Enfin on trouve, en 1785, un Pierre Roques établi aux Roques, commune de Giroussens (Em. Rieux. *Op. cit.,* p. 28).

Roques, Jean, ingénieur. — Il inspectait, en 1696, les travaux exécutés à la fontaine du Bout-du-pont d'Albi (Arch. d'Albi, CC. 373).

Roques, Zabulon, peintre. — Cet artiste, de Mazamet (?), élève des Ecoles des beaux-arts de Toulouse et de Paris, exposait à Albi, en 1877, une *Chasse au faucon* (copie de Fromentin), *Le Pouilleux* (copie de Murillo), une nature morte et un portrait de jeune fille, pastel gris (*Revue du Tarn*, t. I (1876-77), p. 336 et 349-350).

Roquette, Jean, potier d'étain. — On lit dans un cadastre non daté d'Albi (2ᵉ moitié du xvᵉ s.) : « Johan Roqueta, stanhier, ha hun hostal à la Sabbataria » (Arch. d'Albi, CC. 8, f° 147 v°).

Rossat, sculpteur. — Le chapitre de Saint-Michel de Gaillac faisait faire, en 1710, par Rossat, sculpteur de Toulouse, un Christ, moyennant 80 livres. Ce Christ fut doré par Canimond et placé au milieu du jubé (Arch. du Tarn, G. 544).

Rossignol, Claude, maçon. — En 1616, Claude Rossignol, maçon de La Gardié, commune du Séquestre, reconstruisait, pour la somme de 110 livres l'église de Saint-Sernin d'Entremons (Creyssens, com. de Puygouzon) pour le compte du chapitre de Saint-Salvi d'Albi dont elle dépendait. Le nouvel édifice fut bâti sur les fondations de l'ancien (Arch. du Tarn, G. 362).

Plus tard, en 1630, les Jésuites d'Albi traitaient avec le même maçon pour la construction de la chapelle de leur collège, à raison de 30 sous par canne, d'après un plan qu'ils avaient fait faire par une autre personne. Le 26 février 1634, Rossignol abandonna la besogne (Aug. Vidal. *L'ancien diocèse d'Albi...*, n° 1892).

Rouanet, Etienne, maçon. Voy. Pezet, Pierre.

Roumégous, Jacques, peintre. — Jacques Roumégous était établi dans la paroisse de Sainte-Martiane d'Albi. C'est dans cette église qu'il faisait baptiser, en 1680, une fille née de son union avec Anne Palasy. Sa femme mourut le 26 mai 1686 (Arch. d'Albi, GG. 60, fᵒˢ 12 et 136 v°).

Dès 1669, au plus tard, il était « au service » de l'évêque d'Albi (II, 70 et Arch. du Tarn, E. 751) et, l'année précédente, le peintre Roland Coupelet (voy. ce nom) avait, dans son testament, institué héritier le dit Jacques Roumégous « son disciple et serviteur depuis longues années » (Arch. du Tarn, H. 121).

Rouquet, papetiers. — Les archives d'Albi (HH. 15) conservent des spécimens des papiers fabriqués en 1739 par Jean Rouquet, habitant aux Avalats, et son fils François, de Saint-Juéry. Ils faisaient, l'année suivante, une déclaration conforme à l'arrêt du Conseil du 27 janvier 1739 (Id.). Le dossier d'un procès soutenu, en 1743, par les Augustins de Lisle-sur-Tarn, apprend que le moulin de Saint-Juéry appartenait à Pierre de Foucaud, seigneur du lieu, et que Jean Rouquet s'engagea, à cette époque, à servir à ce couvent une rente de 150 livres pour la dot d'une fille de Foucaud (Arch. du Tarn, H. 822).

Rous, Pierre, peintre. — L. Barbaza a publié dans son *Recueil d'actes notariés...* (Castres, 1890, in-8), p. 19, un bail à besogne conclu à Labruguière, en 1533, par les consuls de Cuxac-Cabardès, Aude, avec le peintre Pierre « Ros », pour la peinture et dorure d'un rétable de leur église paroissiale. L'acte fait mention de sculptures représentant saint Jean et une « vida de sanct Marti ». Le texte ne paraît pas toujours correct. Peut-être l'artiste était-il de Labruguière.

Rousseau, dit Saint-Phar, Edme-Gilles, peintre. — Marié avec Marie Vieu, il faisait baptiser à Castres, en 1753, une fille (Arch. de Castres, GG. 24). On le trouve, l'année suivante, mêlé à une rixe (Arch. du Tarn, B. 296), ses biens sont saisis en 1769 (B. 201); il figure sur les rôles de la capitation de Castres en 1772 (Acquisitions de 1920. Papiers Payrastre). Une seule fois il est question de ses travaux : il s'agit de plans et devis dressés en 1776 pour la construction d'un presbytère à Castres, qui lui furent payés 100 livres (Arch. de Castres, CC. 52).

Rousselet, A.-J.-P., peintre. — Il est possible que cet artiste appartienne à une famille parisienne de graveurs et sculpteurs des XVIIe et XVIIIe siècles, citée par Bénézit. Dans tous les cas, le premier archevêque d'Albi, Hyacinthe Serroni, confia, dit-on, en 1680, à Rousselet le soin de décorer de stucs et peintures la chapelle toujours existante de l'archevêché (Em. Jolibois. *Les beaux arts...*, dans la *Revue du Tarn*, t. VI (1886-87), p. 263, voy. aussi Lombard). Pour son successeur, Ch. Legoux de La Berchère, fut exécuté, en 1700, par « A. J. P. Rousselet » un luxueux *Pontifical* de l'église d'Albi, sur velin. Les archives départementales du Tarn possèdent quelques feuillets de ce manuscrit. C'est d'abord le grand titre en capitales coloriées, dans un encadrement doré, avec une très fine miniature représentant sainte Cécile, puis, en tête du premier feuillet de texte, une *Nativité* tenant toute la largeur de la justification, çà et là des initiales dorées et, à la fin des divisions de l'ouvrage, des bouquets de fleurs. Tout cela est admirablement traité et constitue une œuvre remarquable.

Roustan, *Laurent*-Pierre, sculpteur. — En 1903, Laurent Roustan donnait à Rabastens, sa ville natale, un buste, *Margot.* Il exposait : au Grand palais, en 1907, une *Eglantine,* buste en bois de tulipier, sur un socle de noyer portant les figures des quatre saisons, — à la Société des artistes français, en 1910, une pendule en bois d'acajou avec vase en terre cuite, — à Gand, en 1913, deux fauteuils en sycomore, ornés de fleurs et de laurier, et deux écrans, acquis par l'Etat pour le Musée des Gobelins. Roustan est l'auteur du buste d'Auger Gaillard, le « roudié » de Rabastens, qui décore une place de cette localité et dont la maquette a été donnée au Musée d'Albi (*Revue du Tarn,* t. XX (1903), p. 362, t. XXIV (1907), p. 234, t. XXVII (1910), p. 204, t. XXVIII (1911), p. 196 et 350, t. XXX (1913), p. 324).

Route, Pierre, papetier. — Le vicaire d'Arthès inscrit sur son cahier des sépultures de 1709 : « Pierre Route a été enseveli ce 28ᵉ septembre mil sept cens neuf dans le cimetière Saint-Pierre d'Arthès, ayant été trouvé noyé sur le rivage de notre paroisse... » et « Dorothée, femme du dit Route, papetié demurant aux Avalats, a été ensevelie ce 28ᵉ septembre mil sept cens neuf dans le cimetière d'Arthès, ayant été trouvée noyée sur le rivage de notre paroisse... » Accident ou suicide? (Arch. du Tarn, E. 917).

Rouziès, orfèvres. — Je ne reproduirai pas ici tous les détails déjà exposés ailleurs (*Notes sur l'orfèvrerie à Albi...*) au sujet des Rouziès qui, de 1628 environ à la fin du xixᵉ siècle, ont pratiqué l'art et le commerce de l'orfèvrerie à Albi. Je résume donc.

Le premier en date est Pierre Rouziès qui, marié avec Cécile Calmès, eut deux enfants (1628 et 1639) dont un garçon mort en bas âge, et décéda le 2 septembre 1641. L'inventaire qui fut fait, quelques jours après, de ses biens meubles, notamment de sa boutique, a été publié (*Op. cit.*) et n'est pas dépourvu d'intérêt.

Jean et Gaspard devaient être des frères ou cousins de Pierre. Jean n'est mentionné qu'une fois, en 1638, à l'occasion du mariage de Gaspard dont il fut le témoin en même temps qu'un François Rouziès, orfèvre aussi, établi à Gaillac. Gaspard eut de sa femme Cécile de Larivière trois filles et deux garçons et mourut en 1675. Il fut inhumé dans l'église de Sainte-Martiane; de même sa veuve en 1680.

Bernard, l'un de leurs deux fils, était né en 1646. Marguerite Chaynes, qu'il épousa en 1670, lui donna, de 1671 à 1697, six filles et huit garçons et mourut en 1708. Bernard fut enseveli, en 1716, dans l'église de Sainte-Martiane.

Son fils et successeur Pierre, né en 1674, n'eut pas moins de dix-neuf enfants dont neuf garçons, de 1704 à 1724, de son mariage avec Hélène Massol qui, malgré ses fréquentes maternités mourut à 98 ans, en 1770, veuve depuis 1753.

L'un de leurs garçons, Jean, né en 1709, épousa Marie-Anne Carrière et fut inhumé dans l'église déjà citée, en 1755.

Jean-Pierre, petit-fils sans doute de Pierre et né vers 1749, eut de son union avec Louise Artier deux filles et deux garçons, de 1773 à 1779, et mourut encore jeune, en 1783.

Louis succéda probablement à Jean-Pierre. Son nom figure sur la liste des orfèvres du département dressée le 24 vendémiaire an VII (15 octobre 1798). Sa femme, Victoire Cabantous, lui donna au moins un fils, Pierre-Louis, le 22 thermidor an XIII (10 août 1800). A cette date, Louis était âgé de 30 ans, ce qui le fait naître en 1770.

La maison Rouziès n'a changé de nom qu'en ou vers 1880.

Roy, Laurent, charpentier. — Les Annonciades d'Albi lui faisaient faire, en 1609, des réparations à une maison dite de La Guimarié, située derrière leur couvent (Arch. du Tarn, H. 678).

Roy, Paul, arquebusier. Voy. Leroy.

Royer, Simon, sculpteur. — Dans des recueils de baux emphytéotiques et des rôles de redevances exigibles, provenant des archives des Annonciades d'Albi et se référant aux années 1515 à 1533, on trouve mentionnés l' « ymaginator, ymagenaire, ou emagenaire » dont il s'agit et sa femme (Arch. du Tarn, H. 689, 701, 705, 707). Il est qualifié une fois de « peyrier et pinctre » (H. 704) et constamment appelé « Simon Rogié » ou « Rogier », orthographe fautive, comme je le montrerai tout à l'heure.

Cet artiste demeurait dans la rue du « Pots d'En Grezas » qui faisait partie de la gache de Sainte-Martiane (Arch. d'Albi, CC. 11, f° 90). Il dut mourir avant 1555 puisque sur un cadastre de cette année on a inscrit ses héritiers (CC. 21, f° 60 v°).

Dans ces deux derniers documents son nom est écrit « Royer »,
de même que dans des pièces de comptabilité de 1533 (CC. 458)
où l'on trouve la signature « Symon Royer », et la phrase : « S'ensuit ce que je, Symon Royer... » avec, au verso, de la main du
trésorier consulaire, « Roier ». La cause est donc entendue; c'est
la graphie du notaire ou homme d'affaires des Annonciades qui a
engendré une inexactitude désormais impossible.

Cette pièce des archives d'Albi CC. 458 présente un intérêt tout
particulier. Le roi François Ier, se rendant du Puy et Rodez à
Toulouse, en 1533, les Albigeois considérèrent comme certain son
passage dans leur cité et firent des préparatifs en conséquence.
Simon Royer, « imaginaire d'Albi », fut chargé de divers travaux
qu'il exécuta avec la collaboration de son fils (Antoine ou Benoît
qui suivent) et d'un serviteur, du 13 au 20 juillet. Tout cela fut
d'ailleurs inutile, le roi étant passé par Monestiés, Cordes et
Gaillac. Em. Jolibois a donné un résumé du mémoire présenté par
Royer aux consuls après le 22 du dit mois (*Passage de François Ier
dans l'Albigeois en* 1533, dans la *Revue du Tarn*, t. VII (1888-89),
p. 121-123); il est des détails qui méritent plus qu'une simple
analyse. Voici donc ce que Royer et ses aides avaient fait. C'était
« le pourtraict de la cité [d'Albi] pour le don du roy (et en ay
faict plusieurs, ajoute Royer),... le pourtraict de la couppe de
Mons. d'Alby », — il s'agit de cette œuvre d'orfèvrerie qu'il était
coutume d'offrir au nouvel évêque quand il faisait son entrée
solennelle dans sa ville épiscopale, cette fois le prélat était Antoine
Duprat, grand chancelier, — « le pourtraict des bastons du pavil-
lon, lesquels ay paincts et dorés,... les pourtraicts de la colonne
des trois géans pour faire le portal triomphal,... item pourtraict
et molle (moule) des dits géans, visaige, brats, mains, genoulx et
pieds et paincts et accoustrés et je ay faict ung aultre pourtraict
d'ung pourtal triomphant pour Mons. le Dauphin,... item ay faictes en terre trois salamandres (emblème allégorique de François Ier) de quoy (desquelles) la plus grande est mollée et achevée... » Suivent les frais occasionnés par la façon de la maquette
des salamandres, par la dessication des moules auxquels on
employa du papier, « tant du gros que du petit », de la colle forte,
de la farine, de la « glace pour faire dessécher le ciment des molles », de la cire pour les « renforcer », de l'ocre, des éponges, de
vieux linges, des clous de fer (« taches » et « mosquettes »), des

huiles de lin et de noix, du « vernis blanc », de la graisse. Il avait
fallu aussi des pots à couleurs, de l'or fin, du verdet, du machicot,
du vermillon, de l'azur et autres couleurs, plus de l'étain « pour
couvrir les salamandres », du fer blanc, de la toile sur laquelle
furent peintes les armes du Dauphin et encore divers objets, non
désignés, « pour faire le mouvement dans la colonne », ce qui
laisse entendre que les géants devaient être articulés.

Le mémoire s'élève à la somme de 82 livres, 3 sous et 8 deniers
dont 50 livres, 5 sous avaient fait l'objet d'un acompte le 21 juillet. On voit, d'après ce qui précède, que Royer fit œuvre à la fois
de sculpteur (ymagenaire) et de peintre. Alfred Franklin, dans son
Dictionnaire hist. des arts et métiers..., p. 559, constate que « au
moyen âge la coloration et la dorure étaient l'accompagnement
constant de la sculpture... » En 1533, le moyen âge est passé,
mais cette coutume survit encore, au moins dans notre région.

On estimera regrettable que « le pourtraict de la cité », c'est-à-
dire la vue d'Albi peinte par Royer, ne nous soit pas parvenue, pas
plus que le dessin de la coupe offerte à l'évêque Duprat, car, bien
qu'il soit assez souvent question de ce genre de présent dans nos
archives locales, on n'en possède aucun spécimen ni aucune représentation. Si le roi ne passa pas à Albi en 1533, le chancelier
évêque y vint et reçut, le 27 juillet, le don des consuls. Cette date
est fournie par des *Notes d'un bourgeois d'Albi au* xvie *s.* (dans la
Revue du Tarn, t. VIII (1890-91), p. 233). — Voy. ci-après Simon.

Royer, peintres. — Em. Jolibois a signalé dans la *Revue du
Tarn*, t. VI (1886-87), p. 259 un Antoine Royer restaurant, vers
1530, un tableau de l'*Annonciation* de l'Ecole mage d'Albi. Je n'ai
pas su retrouver le bail à besogne ou la quittance portant la signature de ce peintre, avec, dans son paraphe, une tête d'homme,
détail qui prouve que Em. Jolibois a bien eu sous les yeux le document dont il ne cite pas la provenance.

Benoît Royer, frère peut-être du précédent, était établi, en 1555,
dans la rue « de la Peyrelesca » (Arch. d'Albi, CC. 21, f° 176).
Les consuls lui ont fait exécuter, de 1556 à 1579, quelques petits
travaux : « portrait » du griffoul du Bout-du-pont en réparation,
en 1556, pour lequel il reçut 5 sous (CC. 256), armoiries de la
ville çà et là, notamment sur les torches qu'ils portaient aux
processions, sur une girouette de la tour dite de la Violette, sur

les portes de la ville lors de la venue de Damville en novembre
1576, inscription des noms des consuls et lettrines sur leurs registres, « portrait » des murs au-dessus du moulin, enfin armes de
la ville et de l'évêque-cardinal Strozzi à l'occasion de son entrée
solennelle dans sa cité épiscopale le 21 juin 1579, le blason des
Strozzi surmonté du « chappeu de triumphe » (Arch. d'Albi,
CC. 258, 264, 265, 266, 469, 471 et EE. 44). Les archives d'Albi
conservent le « portrait » des murailles, dont il est question
ci-dessus (EE. 44).

Royer, Jean, fondeur. Voy. Henriot.

Ruamps, Pierre, organiste. — Pour le retenir à son service, le
chapitre de Saint-Michel de Gaillac, traitait avec lui pour dix
années, en 1706 (Arch. du Tarn, G. 486).

Russano, Manaud, brodeur. — Fixé à Castres; les Trinitaires
du lieu étaient en procès avec lui en 1645 (Arch. du Tarn, H. 589).

Rustain, Jean, charpentier. — Il était convenu, le 18 juillet
1615, que le clocher de l'église de Montels, annexe de Cambon
d'Albi (aujourd'hui commune de Bellegarde) serait refait, moyennant 102 livres, 10 sous, par Jean Rustain, charpentier de Fréjairolles, pour le compte du chapitre de Saint-Salvi d'Albi dont
dépendait cette église (Arch. du Tarn, G. 362).

Rustan, menuisiers et sculpteurs. — Un Antoine Rustan, sans
profession indiquée, vivait à Pampelonne dans la seconde moitié
du xviiᵉ siècle et peut-être encore au début du xviiiᵉ. Il eut de sa
femme Antoinette Gayral au moins quatre garçons appelés
Antoine, Jean, Pierre et François qui tous étaient morts avant
1750.

Occupons-nous d'abord de ces deux derniers qui nous intéressent moins que Antoine II et Jean. Pierre fut menuisier à Carmaux
et son fils, Pierre II, exerça le même métier à Rabastens où il se
trouvait en 1756. François s'établit comme sculpteur à Rodez et
ne laissa qu'une fille.

Antoine II travailla d'abord à Pampelonne. On a de lui deux
quittances, de 1688 (la première écrite à Pampelonne) d'une
somme de 136 livres, 5 sous, dont 116 livres, 5 sous pour la façon
d'un tabernacle, 20 livres pour une « niche ajoutée » et le reste
pour quatre chandeliers, le tout commandé par l'archiconfrérie

du Suffrage des âmes de l'église de Notre-Dame de Cordes (Arch.
de Cordes, DD. 8).

Il dut se fixer à Albi en ou vers 1705. Cette année-là il y était
témoin d'un mariage (Arch. d'Albi, GG. 20, f° 183 v°) et y
épousait Jeanne Négrier, fille de feu Achille et de Marie Salvignol,
de la paroisse de Saint-Salvi; leur contrat est du 3 juin (Arch. du
Tarn, B. 758). De 1708 à 1719 diverses acquisitions et une aliéna-
tion d'immeubles sont portées à son article dans un registre de
mutations cadastrales de la gache de Saint-Affric. Il s'agit notamment d'une maison, où il demeure sans doute, située dans la rue
de Ronel, « au devant du collège des Jésuites » (Arch. d'Albi,
CC. 39, f° 152 v° et Arch. du Tarn, B. 758). Jeanne Négrier
exprima dans son testament du 8 mai 1739 le désir d'être inhumée
dans l'église de Saint-Affric et laissa à son mari tous ses biens
avec clause de substitution en faveur de deux nièces, Marie et
Marie-Rose Desplats, filles de feu Guillaume, tapissier d'Albi (B.
758). Elle mourut le 17 novembre 1742, à l'âge de 80 ans (Arch.
d'Albi, GG. 36, f° 18). Au décès, sans postérité, d'Antoine II, survenu le 18 octobre 1749, les substituées eurent à défendre leurs
droits contre les parents du défunt c'est-à-dire contre ses neveux
qui étaient : Jean II, sculpteur à Pampelonne, Antoine III, sculpteur à Toulouse et deux filles représentant Jean I, — Pierre II,
menuisier à Rabastens et deux filles représentant Pierre I, —
enfin la fille unique de François, à Rodez. Ce sont les pièces
produites dans ce procès (Arch. du Tarn, B. 758) qui fournissent ces détails et tous ceux aussi que je ne fais pas suivre d'une
référence.

Antoine II n'avait pas travaillé seulement pour Cordes. Une fois
domicilié à Albi, il exécuta, en 1720 et 1730, deux cadres destinés
à des thèses offertes à la ville, la première par un chapitre provincial des Cordeliers qui s'était tenu dans ses murs, la seconde par
un chapitre de Jacobins dans des circonstances semblables; il
reçut de ce chef 3 et 4 livres (Arch. d'Albi, CC. 396 et 518, 521).
En 1736, il sculpte sur pierre les armes du roi, de l'archevêque
et celles d'Albi au-dessus et à côté d'une plaque commémorative
en marbre (CC. 523. Voy. Darcis).

Jean I, frère des trois Rustan dont il vient d'être question
(Pierre I, François et Antoine II), fut sculpteur à Pampelonne où
il mourut le 17 juin 1783 à l'âge de 69 ans ce qui le fait naître en

1714. Sa femme, Marie Carrier, était décédée le 16 septembre 1773, à 56 ans (Arch. du Tarn, E. 3140, p. 119 et 93). C'est lui sans doute qui, en 1782, faisait un rétable pour la chapelle de saint Jean-Baptiste, dans l'église de Pampelonne, aux frais du s^r de Vers, appelé Maffre; il reçut de ce chef 24 livres (Arch. du Tarn. Don de Lacger, 1924).

Ce ménage eut d'assez nombreux enfants (E. 3139 et 3140) parmi lesquels Jean II et Antoine III. De ce dernier on ne sait qu'une chose, c'est qu'il était sculpteur à Toulouse en 1756 (Arch. du Tarn, B. 758).

Quant à Jean II, qui était sculpteur à Pampelonne à la même date de 1756, on le retrouve à Albi, à partir de 1767, habitant la paroisse et gache de Sainte-Martiane (Arch. d'Albi, CC. 37, f° 188). De son mariage avec Jeanne-Madeleine-Constance de Pierre il n'eut pas moins de neuf enfants, baptisés dans la dite église de 1768 à 1787 (GG. 65, 66 et 67). De ses six garçons trois pouvaient être vivants quand il mourut, le 22 août 1790, à l'âge de 55 ans (GG. 66, f° 174) : Louis-Joseph-Gabriel, né le 11 juillet 1773, Jean-François, né le 3 novembre 1776, et Paul-Jean-Joseph, né le 18 mai 1787.

La famille Rustan a donc fourni des sculpteurs et des menuisiers, dans la seconde moitié du xviie siècle et dans tout le cours du xviiie, non seulement à Pampelonne mais aussi à Carmaux, à Rodez, à Albi, à Rabastens, à Toulouse.

Sabatier, Pierre, vitrier. — Il réparait, en 1634, les vitraux de l'église des Cordeliers à Rabastens et, en 1650, la « montre » (cadran) de l'horloge communale de la même localité tandis que le peintre Richard Camp devait y représenter les armes de la ville accompagnées de divers ornements (Em. Marty. *Archives des notaires de Rabastens*, p. 160 et 175). Peut-être Pierre Sabatier était-il le fils ou neveu d'un peintre toulousain de mêmes nom et prénom qui coloriait, en 1579, un rétable de bois dans l'église de Montgeard, cant. de Nailloux, arr. de Villefranche-de-Lauraguais, Haute-Garonne (*Bull. de la Soc. archéologique du Midi*, 1906-7, p. 506).

Sabatier, peintres. — Jean Sabatier, « de Fangeaux », arr. de Castelnaudary, Aude, traitait, en juillet 1666, avec les consuls de Saint-Affrique pour la façon, moyennant 70 livres, d'un tableau destiné à l'église paroissiale du lieu, tableau dont le sujet n'est pas indiqué (Arch. du Tarn, E. 3701, f° 28). Plus tard, en 1679, « le peintre Sabatier » s'engageait envers le chapitre cathédral de Castres à peindre une toile « de grandeur convenable » pour l'église de Puechauriol, commune de Castres (Id., G. 268) et, la même année, les Jacobins de Castres lui versaient un acompte à raison de la façon de deux autres tableaux (Id., II. 465). Dix ans après (1689), le chapitre déjà cité lui demandait des croquis pour sept peintures à exécuter devant le maître-autel de la cathédrale; le prix de 12 livres pour chacune ayant paru trop élevé, l'affaire en resta là (Id., G. 269).

On retrouve Jean Sabatier, « de Fangeaux », à Labruguière, en janvier 1694, au baptême d'une fille de Dominique Sabatier, enfant dont il fut le parrain; il est, dans cette circonstance, qualifié de « doreur » (E. 2048, f° 27). On ne doit pas sans doute le confondre avec un autre Jean qui, le 29 du même mois, épousait, toujours à Labruguière, Marie Fabre. Celui-ci est dit « bourgeois (habitant) de St Phélitz de Caraman » (Saint-Félix, cant. de Revel, arr. de Villefranche-de-Lauraguais, Haute-Garonne) (Id., f° 28 v°).

Dominique Sabatier, frère cadet probablement de Jean « de Fangeaux » et peut-être aussi de Jean de Saint-Félix, s'était établi à Labruguière et avait pour femme Antoinette Fabre, la sœur selon toute vraisemblance de Marie. Tout porte à croire qu'il s'agit de Dominique dans l'achat fait à « Sabatier, peintre de Labruguière », par le chapitre de Castres, en 1720, de deux devants d'autel l'un pour la chapelle des Apôtres dans la cathédrale, l'autre pour l'église de Saint-Agnan de Brassac, à raison de 11 livres chacun (G. 272).

Sablon, horloger, est porté sur les rôles de la capitation à Castres en 1772 (Arch. du Tarn. Acquisitions 1920. Papiers Payrastre n° 36).

Sacy (de), Marc-Antoine, peintre. — Tout ce que l'on sait provisoirement de cet artiste « de la ville de Lyon » c'est que, établi à Albi, il fit baptiser sur les fonts de Sainte-Martiane trois garçons nés de son union avec Catherine Gonon ou Gounon : Gabriel né le 9 septembre 1679, Jacques le 17 novembre 1680 et Henri-François le 24 mars 1683 (Arch. d'Albi, GG. 59, f° 207, GG. 60, f°s 16 et 66).

Saint-Amour (de), libraire. — Il fut payé, en septembre 1538, à « M° Pierres de S. Amor, librayre », 30 sous pour la reliure de quatre registres « de las gachas » d'Albi, registres de mutations cadastrales sans doute (Arch. d'Albi, CC. 244, f° 28 v°). Plus tard, il recevait 10 sous, pour l'inscription des noms des consuls de 1550-51 sur le cartulaire municipal (CC. 253).

Saint-Gaudens, Pierre, arbalétrier. — Avait son domicile, à Albi, dans la gache de Saint-Affric en 1601 (Arch. d'Albi, CC. 39, f° 1).

Saint-Hubert (de), François, fondeur. Voy. Poncet.

Saint-Just (de), Jacques, organiste. — Le chapitre de Saint-Salvi d'Albi allouait pour un an les gages de 33 écus un tiers, le 22 mai 1583, à Jacques de Saint-Just, de Montolieu au diocèse de Carcassonne, cant. d'Alzonne, arr. de Carcassonne (Arch. du Tarn, G. 361).

Saint-Pierre (de), orfèvre. — Le chapitre cathédral de Castres autorisait, le 9 février 1720, le paiement au sieur de Saint-Pierre, orfèvre de Toulouse, de la valeur d'un bassin, deux burettes et une clochette en argent, du poids total de 5 marcs, 4 onces, 5 gros, à raison de 47 livres, 12 sous, 1 denier le marc, plus 40 livres pour la façon, 5 livres pour un écrin, plus encore les frais de contrôle et de port (Arch. du Tarn, G. 272).

Saint-Raimond (de), orfèvre. — Cet orfèvre toulousain livrait, en 1677, au chapitre cathédral de Castres un calice en argent du prix de 153 livres et, en février 1678, on lui avançait 150 livres pour la façon d'une croix processionnelle, aussi en argent, à laquelle il travaillait (Arch. du Tarn, G. 268). Le 15 mai suivant, de Saint-Raimond déclarait avoir reçu 363 livres, « partie de prix ou fasson de la dite croix pesant 12 marcs et demi, à raison de 30 livres le marc, compris le droit du roy, revenant à la somme de 375 livres et 100 livres pour la fasson, faisant en tout quatre écus septante cinq livres, sur quoy a esté bailhé pour parfaire le payement au dit s^r de St Raymond la vieille croix qu'a pesé 4 marcs, à raison de 28 livres le marc, laquelle, jointe à celle de 375 (*pour* 363) livres, faict en tout celle de 475... » (G. 284).

On retrouve en 1683 Saint-Raymond sommant le même chapitre de retirer un bâton pastoral qu'il a fait sur ses ordres et dont la façon coûte 50 livres (G. 268).

Salabert, Augustin-*Firmin*, peintre. — Firmin Salabert est né et mort à Gaillac (25 septembre 1811 - 21 juillet 1895). Après avoir suivi les cours de l'Ecole des beaux-arts de Toulouse, il se rendit à Paris où il travailla dans l'atelier de Ingres. Dès 1833 il exposait au Salon d'abord de nombreux portraits soit au pastel, soit à l'huile ou encore en dessin coloré, ceux notamment de plusieurs artistes du Théâtre italien, Rubini, Tamburini, Ivanoff, Révial, Mlle Amigo, etc., puis, à partir de 1861, après son mariage avec une jeune fille d'Annecy, Mlle Clotilde Dunant, des paysages de la région d'Annecy et encore quelques portraits. A Albi, en 1866, on vit de cet artiste le *Lac d'Annecy près de Talloire*, *Le congrès des maraudeurs*, amusante scène enfantine, une *Rue d'Annecy...*

Salabert faisait don à la ville de Gaillac, en 1891, de plusieurs peintures, dont *Les patineurs du lac d'Annecy*, et lui laissait, quatre ans plus tard, par testament une collection qui ne comprend pas moins de 223 portraits (19 au pastel, 202 à l'huile, 2 au crayon) 107 paysages (4 vues locales de Gaillac et 103 d'Annecy) et 102 études diverses. Son œuvre, un peu inégale, est en somme très honorable (*Revue du Tarn*, t. I (1876-77), p. 335, t. VIII (1890-91), p. 388, t. XII (1895), p. 264, — L. Desazars. *Rapport sur l'exposition des beaux-arts* à Albi en 1866, p. 17. — Bellier de La Chavignerie et L. Auvray. *Dict. général des artistes français*, t. II, p. 456, — *Mémorial de Gaillac*, n° du 26 juillet 1895).

Salinier, dessinateur et peintres. — *Frédéric*-Baptiste, prêtre missionnaire, mort au Tonkin le 8 mai 1853, était né à Calvel, com. de Cuq-Toulza, le 17 septembre 1824. Les diverses maisons religieuses où il a séjourné, plusieurs familles d'Albi et la sienne possèdent de ses dessins au crayon, habilement traités, et quelques peintures.

Joseph-Jean-Baptiste, son neveu, né aussi à Calvel, le 20 mars 1845, mort à Cuq-Toulza, le 4 septembre 1907, médecin et conseiller général du Tarn, débuta par des dessins à la plume, puis exécuta (à Paris) surtout des copies de Fromentin, de Corot et de d'Aubigny qui se trouvent actuellement au château de Cuq-Toulza. A Albi, M. Paul Andrieu conserve du même artiste amateur un *Vieux moulin de Saint-Juéry*, M. Boussac une *Tête de lion*. D'autre part, J. Salinier a fait quelques portraits, ceux notamment de MM. Camboulives et Lacroux (Albi), Fabre (Castres), M. et Mad. de Lamy.

Salvatges, Jean, charpentier. — Les Cordeliers de Lautrec baillaient, le 11 septembre 1650, à ce charpentier de Castres la façon du toit de la chapelle (qui n'existe plus) de leur couvent (Arch. du Tarn, H. 262).

Salve, Jean, charpentier. Voy. Barrau, Pierre.

Salvi, potiers d'étain. — De l'union de Guillaume Salvi avec Jeanne Coronet naquirent deux garçons, tous deux appelés François, qui furent baptisés dans l'église de Saint-Salvi d'Albi le 25 mai 1627 et le 30 août 1630 (Arch. d'Albi, GG. 18, f°s 19 et 37, GG. 69, f° 32).

Blaise Salvi, frère (?) de Guillaume, perdit sa femme, Cécile Groc, en 1665, et mourut le 25 mai de l'année suivante, « en l'hostel Dieu », il fut inhumé dans l'église des Cordeliers (GG. 18, f° 86 et GG. 58, f° 164). On constate pour ce ménage le baptême d'une fille en 1634, les décès d'un garçon et d'une fille en 1659 (GG. 57, f° 10 v°, GG. 69, f° 44, GG. 18, f° 68 v°).

Salvy, Guillaume, horloger. — Les consuls de Graulhet faisaient réparer, en 1758, leur horloge communale par Guillaume Salvy, horloger d'Arfons, et Georges Sudre, horloger de Lisle-sur-Tarn, le prix convenu était de 205 livres (Reg. du notaire Demonricous, de Graulhet. Communication de M. l'abbé Thomas).

Santost, Pierre, libraire. — Il faisait baptiser deux filles en 1625 et 1627 dans la paroisse de Saint-Julien d'Albi; sa femme s'appelait Jeanne Clarenc (Arch. d'Albi, GG. 69, f°s 29 et 34 v°).

Sarrasy, maçon. Voy. Périé.

Sassac, Durand, arquebusier. — En 1563, les consuls de Rabastens achetaient à Durand Sassac, « de St Flors d'Auvergne » (Saint-Flour, Cantal), pour la somme globale de 148 livres, 15 sous, 27 arquebuses et 14 hallebardes (Em. Marty. *Arch. des notaires de Rabastens*, p. 66).

Saumiès (de), Jean, orfèvre. — Cet « argentier » occupait, au milieu du xve siècle, une maison située « à la roda de la plassa », quartier central d'Albi (Ch. Portal. *Notes sur l'orfèvrerie à Albi...*).

Sauvage, Guillaume, musicien. — Originaire de Clermont-Ferrand, il se trouvait à Cordes en 1612 et sollicitait un secours du bureau des pauvres (Arch. de Cordes, GG. 163).

Savarie, peintre. — L'église paroissiale de Cordes possède une toile représentant saint Roch, signée « Savarie » et datée de 1822; elle est sans aucune valeur.

Schmit, facteur d'orgues. — Un Boisset-Glassac écrivait de Toulouse, en 1780, au chapitre de Saint-Michel de Gaillac pour lui recommander, au cas où il voudrait faire reconstruire son orgue, un facteur Allemand du nom de « Schemit ». Il est dit dans cette lettre que « le Père Witte, fameux compositeur Portugais, fort connu par ses rares talents et sa profonde connaissance de l'orgue... répond de la capacité de cet artiste qu'il a connu en Espagne et qui cherche à se faire connaître en France par un ouvrage qui lui fasse honneur » (Arch. du Tarn, G. 564).

Ségui, G., verrier. — Le plus ancien cadastre d'Albi, celui de 1343, mentionne G. Ségui, « veirier » (Arch. d'Albi, CC. 2, f° 29 v°). On le retrouve dans le même registre *passim* tenant, c'est-à-dire occupant « un osdal (maison) en que laura » (où il œuvre).

Sentis, Simon, peintre. — D'après Em. Jolibois (*Les beaux-arts dans le dép^t du Tarn... dans la Revue du Tarn*, t. VI (1886-87), p. 262) le « toulousain » Simon Sentis serait venu se fixer à Albi après la mort (27 août 1668) de Rolland Coupelet dont il aurait terminé les peintures laissées inachevées (voy. Coupelet). Je n'ai pas su découvrir la source de cette dernière affirmation.

Dans tous les cas, Simon Sentis, marié avec Marie Bonnet, faisait baptiser dans l'église de Sainte-Martiane sept enfants, de 1670 à 1688 : trois garçons appelés Alexis né le 17 juillet 1670 (l'acte de baptême porte que le père est un « peintre de Tolose »), Louis, né le 21 novembre 1675, Jean, né le 1er avril 1684, et quatre filles; un quatrième garçon, le second dans l'ordre chronologique, Barthélemy, né le 7 décembre 1671, fut tenu sur les fonts de Saint-Salvi (Arch. d'Albi, GG. 59, f°s 8, 143 v°, 171 v°, 207 v°, — GG.60, f°s 45 v°, 85 v°, 171, — Arch. du Tarn, E. 718, f° 17 v°). Simon

Sentis mourut le 18 septembre 1701 (Arch. d'Albi, GG. 62, f° 25 v°) et fut inhumé dans l'église de Saint-Affric (GG. 34, f° 18 v°).

Une de ses filles, née en 1682, eut pour parrain un peintre de Saint-Affrique en Rouergue (Aveyron), du nom de Pierre Peyre, et pour marraine Madeleine Bonnet, femme de noble Antoine de Roquefeuil, sœur de la mère (GG. 60, f° 45 v°). Cette fille ou une autre épousa le financier albigeois Antoine Cassan (GG. 34). Ces détails tendraient à faire supposer que Simon Sentis jouissait d'une assez bonne situation.

Sepet, sculpteur. — Le chapitre cathédral de Castres décidait, le 27 avril 1764, d'affecter 450 livres à la façon par le sculpteur de Castres Sepet de quatre piédestaux en pierre destinés à supporter les colonnes « qu'on pourra faire dans les suites » à l'autel de la cathédrale. Cette somme fut payée au mois de septembre suivant. Il est question, dans une délibération du 13 juin 1766 de ces colonnes qu'on venait de débarquer à Cette et qui, selon toute vraisemblance, provenaient d'Italie (Arch. du Tarn, G. 274). On retrouve le sculpteur Sepet sur les rôles de la capitation de Castres en 1772 (Arch. du Tarn. Acquisitions 1920. Papiers Payrastre).

Sermoise, Pierre, fondeur. — Le 4 mars 1638, le chapitre de Saint-Michel de Gaillac ratifiait un traité conclu avec Pierre Sermoise, fondeur lorrain, pour la façon de deux cloches de 13 et 3 quintaux. On devait fournir à Sermoise 17 quintaux de métal et lui payer 54 livres qu'il toucha par acomptes (Ch. Portal. *Notes sur quelques fondeurs de cloches...*). Un Sermoise, portant le prénom d'Eloi, est cité, à la date de 1620, par Jos. Berthelé; il était originaire de Lévecourt, canton de Bourmont, arr. de Chaumont, Haute-Marne (*Enquêtes campanaires*, p. 412).

Serres, Jacques-*Hippolyte*, peintre. — Né à Castres le 25 mars 1816, fut l'élève de Jean-Paul Alaux, directeur de l'Ecole de dessin de Bordeaux. Le Musée de Castres possède de cet artiste une nature morte datée de 1849. Serres exposa presque exclusivement des natures mortes à Toulouse en 1858, à Albi en 1866. *Le chevreau mourant* envoyé à cette dernière exposition lui valut une médaille de bronze (*Catalogue du Musée de Castres*, 4° éd., *Société littéraire et scientifique de Castres. Procès-verbaux des séances*, t. II (1857-58), p. 298, *Exposition des beaux-arts... à Albi*, 1866, livret et *Rapport* par L. Desazars, p.29).

Serres, Provin, sculpteur. — Le *Dictionnaire* de Bellier de La Chavignerie et Auvray, ainsi que celui de Bénézit font naître cet artiste à Gaillac. L'état civil de cette commune ne le mentionne pas, mais il y a lieu de croire que sa famille était originaire de Gaillac (ou de Montans). Serres suivit les cours de l'Ecole des beaux-arts de Paris et reçut les leçons de Mathurin Moreau. Il fit ses débuts aux Salons en 1879 avec *Un Sauveteur*, statue plâtre; l'année suivante, il exposait une *Madeleine*, buste plâtre. En 1886 il obtint une mention honorable. Il fait partie, depuis 1893, de la Société des artistes français (Voy. les *Dictionnaires* cités).

Servel, Bernard, fondeur. — Par acte du 15 juin 1370 les Jacobins de Castres reconnaissent tenir *nomine precario* de la communauté du dit lieu une cloche de 19 quintaux fondue par Bernard Servel de Castres, et placée dans le clocher de l'église de Saint-Vincent (Arch. du Tarn, H. 448).

Serven. Voy. Sirven.

Seurot, fondeurs. — Cette famille de fondeurs, de Lévecourt, Haute-Marne, est souvent citée par Jos. Berthelé (*Enquêtes campanaires, Mélanges, Ephemeris campanographica* fasc. XI-XIII (1913), p. 57, 67 et 68). Son nom est parfois écrit Cereau, Serot, Sureau, Surrou ou Çarrou, mais la bonne graphie est Seurot, qui est celle de la signature même des intéressés.

Blaise est le premier en date dans nos documents tarnais. En 1626, il fondait, avec Claude Jolly (voy. ce nom), une cloche pour l'église de Loupiac, en 1629 un mortier pour un particulier d'Albi, en 1631, avec Maré, une cloche pour l'église de Saint-Jacques de Montauban (voy. Maré).

Pierre était domicilié au Bout-du-pont d'Albi quand il épousa, en 1657, Catherine Gausel, fille d'un forgeron de l'endroit. Il était fils de Jean, aussi fondeur, de Lévecourt. Le contrat est du 9 janvier (Berthelé. *Ephemeris...* p. 57, d'après une note d'Aug. Vidal), la bénédiction nuptiale dans l'église de Saint-Julien du 19 (Arch. d'Albi, GG. 68, f° 32 v°). Dans cette même paroisse il fit baptiser deux filles en 1659 et 1660; la première eut pour parrain son grand père, Jean (Id., f°ˢ 153, 159, 196 v°). Il mourut le 24 mai 1662 et fut « sépulturé » le lendemain dans l'église déjà nommée (Id., f° 196).

Le 8 juin 1658, Pierre Seurot fondait dans l'église des Cordeliers d'Albi quatre messes obituaires en abandonnant au couvent
16 livres qui lui restaient dues sur les 80 représentant les frais de
fonte, métal et façon, d'une petite cloche (Ch. Portal. *Notes sur
quelques fondeurs de cloches...* et Aug. Vidal. *L'ancien diocèse
d'Albi*, n° 1810). Le 8 août de la même année, il traitait avec les
mêmes religieux pour la refonte de deux cloches, l'une du poids
de 50 livres, l'autre « en la forme qu'elle est à présent ». On devait
lui fournir la terre et les briques destinées aux moules, 50 sous
pour l'achat de charbon, trois vieilles poutres pour alimenter le
feu, plus le métal à ajouter et les frais d'entretien. S'il y avait du
métal en excédent, Seurot le prendrait à raison de 10 sous la
livre; enfin le couvent se réservait la cendre du foyer. L'ouvrage
était livré le 31 du mois (Aug. Vidal. *L'ancien diocèse d'Albi*,
n° 1811 et Berthelé. *Ephemeris*, p. 68).

Séverac, Pierre, orfèvre. — De la fin du xvie siècle à celle du
xviie les Séverac ont joué dans la vie municipale de Castres un
rôle important : plusieurs d'entre eux, qui étaient avocats, ont
rempli la charge de consul et représenté parfois la communauté
aux Etats généraux de la province (Arch. de Castres, *passim* et
Gaches. *Mémoires*, éd. Pradel, p. 407 et 473).

C'est certainement à cette famille qu'appartenait Pierre Sévérac qui fut, en 1666, l'un des signataires des statuts des orfèvres
de Castres (Arch. du Tarn, B. 10, f° 146 v°) et exerça les fonctions
de « garde » de la corporation en 1691 (B. 245). Son nom paraît
pour la dernière fois sur les rôles de la capitation de 1695 (C.
1098); cette même année, il mariait avec le notaire Henri Lava-
bre sa fille Judith, issue de son union avec Marthe Clerc (Arch.
de Castres, GG. 17). Ses travaux d'orfèvrerie n'ont laissé dans les
archives jusqu'ici explorées que d'assez rares traces. Il s'agit, en
1659, d'un ciboire en argent ciselé fourni aux Trinitaires de
Castres pour 112 livres, 10 sous (Arch. du Tarn, H. 566) et, après
1673, de réparations diverses, notamment d'une croix et d'un
encensoir, pour le compte du chapitre cathédral (B. 124).

Sicard, François, sculpteur. — On doit à cet artiste contempo-
rain, né à Tours, élève de Barrias et de Félix Laurent, le buste en
bronze, sur socle en pierre du Poitou, du sénateur Edouard Barbey
(1831-1905) qui fut à trois reprises ministre de la marine (1887,

1889-90 et 1890-92). Ce monument a été inauguré à Mazamet le 27 septembre 1908.

Sicard, Raimond, fourbisseur. — Ce « m^e fourbisseur de Tholose » avait acquis, au milieu du xviie siècle, une maison à Albi, rue de l'Oulmet; il en fut « déchargé » en 1698 sur un registre de mutations de la gache de Verdusse (Arch. d'Albi, CC. 31, f° 127 et CC. 32, f° 145).

Sieurac, François-*Salvi*, horloger. — Sieurac, né et mort à Gaillac (19 mars 1815 - 3 décembre 1877), n'était qu'un cultivateur, mais il a passé sa vie à construire ou à projeter des horloges monumentales. Dès l'âge de 23 ans, en 1838, il entreprenait une imitation de l'horloge de Strasbourg qui fut terminée et exposée à Paris en 1844. L'inventeur s'y ruina, son chef-d'œuvre, saisi pour dettes, disparut. Un rapport présenté à la Société d'encouragement pour l'industrie nationale, où l'on relève la signature de Moinet, auteur d'un traité d'horlogerie, exprime à Sieurac « ses sentiments d'estime et d'intérêt » et fournit une description de son « horloge moderne, sonnant les heures et les quarts au moyen de figures mouvantes et indiquant l'heure des divers plans du globe et conduisant un système planétaire complet, exécutée dans le goût de l'ancienne et célèbre horloge de Strasbourg ». Les « figures mouvantes » étaient celles des douze Apôtres passant devant le Christ, de la servante de Pilate, de saint Pierre, des quatre Evangélistes, de trois coqs. La construction mesurait 4^m80 de hauteur.

Sieurac ne se tint pas pour battu. La même année 1844, il offrait au Préfet du Tarn de faire pour la cathédrale d'Albi une horloge de dimensions encore plus fortes, avec ou sans personnages. Le premier devis (avec personnages), dont nous avons le texte, s'élevait à la somme de 18960 fr.; il devait y être représenté les quatre Evangélistes, la Science de la mécanique, les douze Apôtres, une servante, les Divinités planétaires. Le Conseil général se contenta de voter à l'inventeur un « encouragement » de 500 fr. Mieux inspiré, il eût doté notre belle cathédrale d'une œuvre curieuse.

On ne trouve plus trace de ce malheureux Sieurac après 1844. Toutefois il n'est peut-être pas téméraire de lui attribuer la paternité d'une horloge portative de 1^m50 de hauteur environ, rappelant celle de Strasbourg, qui, vers 1870, était exposée çà et là dans l'arrondissement de Gaillac (*Nouvel annuaire du Tarn* pour 1845, p. 233-235, Ch. Portal. *Une imitation de l'horloge de Strasbourg par un Tarnais*, dans la *Revue du Tarn*, t. XXVII (1910), p. 49-62 et à part, 14 p. in-8).

Sigaudes, Jean, serrurier. — Dans un bail à besogne conclu par les consuls de Boissezon, le 22 mai 1744, avec le serrurier de Castres Sigaudes il est stipulé que celui-ci confectionnera une croix de fer conforme au dessin qu'il a proposé, « du pois de cent soixante livres, dont les trois fleurs de lis seront bronzées, de même que l'inscription, le millésime et le ruban qui joint la lance et l'éponge, la pointe de la lance au rouge vif, de même que les têtes des trois clous, et l'éponge en blanc, toutes ces peintures à l'huile et au cinabre, le tout mis en place, plombé de la manière la plus solide au charbon... pour la fonte du dit plomb... » moyennant 60 livres, plus « la dépense de bouche » de Sigaudes et d'un ouvrier. La quittance est du 6 juin suivant (Arch. du Tarn, E. 1061).

Siguier, orfèvre. — Est au nombre des signataires des statuts des orfèvres de Castres en 1666 (Arch. du Tarn, B. 10, f° 146 v°).

Silvant, François, orfèvre. — Il n'était que « garçon orfèvre » lors du baptême d'une fille, en 1782, et d'un garçon, Jean-François-Joseph, le 16 mars 1785, nés à Albi de son union avec Marie-Cécile-Antoinette Rigal (Arch. d'Albi, GG. 27, f°ˢ 59 et 213).

Siméan, Jean, peintre. — Cet artiste, dont le lieu de naissance n'est pas connu, mourut à Albi le 18 septembre 1667 et fut inhumé, le lendemain, dans l'église de Saint-Julien (Arch. d'Albi, GG. 68, f° 201 v°).

Em. Jolibois a donné dans la *Revue du Tarn*, t. II (1878-79), p. 98-99 un résumé d'une pièce curieuse (Arch. du Tarn,, E. 295) relative à la liquidation de sa succession. Ce document apprend que Siméan avait séjourné à Rodez, assez longtemps probablement, chez un « hoste » — nous dirions à l'hôtel — et que, n'ayant laissé que 18 livres et des sous, il fallut procéder à la vente de son mobilier pour satisfaire ses créanciers. De ce mobilier faisaient partie plusieurs peintures qui furent, les unes vendues, les autres cédées aux ayants droit. Tout cela produisit une somme de 77 livres et... 306 messes. Le P. Faure, Jacobin d'Albi et confesseur du défunt, s'adjugea une *Fuite en Egypte* (pour 30 livres), une *Notre-Dame* (pour 40 messes), un petit *Saint François de Paule* et deux paysages (pour 20 livres, 15 sous), plus deux petits « regards » (vues), une *Charité*, des portraits de Mad. Cantoinet, de M. et Mlle Foulquier, de Rodez. Le P. Salvian, qui avait assisté Siméan à ses derniers moments, prit, pour 40 messes, une *Notre-Dame couronnée*. A M. Foulquier passèrent son propre portrait (2 livres) et un second portrait de Mad.Cantoinet; à un M. Patrix un portrait de l'abbé Olier (3 livres); à M. Delmur, de Gaillac, une *Descente de croix* (72 messes); à un marchand de Rodez une autre *Descente de croix* et un petit *Saint Jean* (40 livres). L'« hoste » de Rodez eut un portrait de « Monseigneur d'Albi », Gaspard de Daillon du Lude, sans doute, qui occupa le siège épiscopal de 1635 à 1676. Enfin une seconde *Notre-Dame* fut vendue 5 livres et 30 messes. Il ne serait pas impossible que l'on retrouvât dans notre région quelques-unes de ces toiles.

Parmi les autres objets de la succession Siméan il faut noter « deux livres de portraicture et un livre où sont les douze Apôtres », plus « une boîte à portrait, d'or esmaillé, où il y avoit des diamants dessus », laquelle fut payée 22 livres par le chanoine de Graves, du chapitre cathédral d'Albi.

Simon, sculpteur. — « Me Simo lo ymagenaire » fut en procès avec les consuls d'Albi de 1516-17 (Arch. d'Albi, CC. 228, f° 25 v°). — S'agirait-il de Simon Royer (ci-dessus)? l'hypothèse est fort vraisemblable.

Simon, Guillaume, fondeur. Voy. Lavocat.

Simonet, peintre verrier. Voy. Guillaumet.

Simonneau, Jean, fondeur. — A sa mort, le 24 mai 1738, Jean Simonneau était âgé de 30 ans ce qui le fait naître en 1708; l'acte de sépulture porte qu'il était originaire de la ville de Toulouse (Arch. d'Albi, GG. 22, f° 197 v°). De son mariage avec Françoise Gillet il avait eu trois enfants qui furent tenus sur les fonts de l'église de Saint-Salvi : Pierre-Jean, né le 3 mars 1732, une fille, née en 1734 et Jean-Baptiste, né le 21 décembre 1737 et mort en 1739 (Id. f°s 31 v°, 98, 185 v° et 228). Françoise Gillet décéda le 6 juin 1766 (GG. 25, f° 315). L'aîné des garçons avait épousé, en 1760, Madeleine Carrier (GG. 24, f° 530). A ces notes purement généalogiques on ne peut ajouter que la mention d'une acquisition faite, en 1735, par Jean Simonneau dans la gache de Verdusse (CC. 32, f° 350). Sur les « Simonnot », de Breuvanes, cant. de Clermont, arr. de Chaumont, Haute-Marne, vivant au xviii° s., voir Jos. Berthelé. *Enquêtes campanaires* et *Mélanges*.

Sirven, potiers d'étain. — Jean Sirven, « estaighé », était fixé à Albi, rue « del Tibal » (aujourd'hui Timbal), au milieu du xv° siècle (Arch. d'Albi, CC. 11 f° 21).

Guillaume, « stanhé », est mentionné en 1524 sur le cadastre de la gache de Las Combes (CC. 12, f° 73 v°).

Un peu plus tard, en 1555, un autre Jean « Serven », demeurant à Lavaur, achetait à son confrère d'Albi, Ant. Ramond, un *saumon* d'étain pesant un quintal et demi, soit 150 livres (61 kilog. 188 au poids d'Albi) pour 31 livres, 10 sous (Aug. Vidal. *Termes techniques de divers métiers* dans le *Bull. philologique du Comité des trav. hist.*, 1922).

Sirven, Victor, brodeur. — Tous les actes de catholicité concernant Victor Sirven et sa famille sont portés sur les registres paroissiaux de Saint-Salvi d'Albi. Sirven épouse, le 14 septembre 1698, Claire Jacme; il est dit « natif de Cunac », cant. de Villefranche d'Albigeois (Arch. d'Albi, GG. 20, f° 15). Sa femme lui donne, de 1700 à 1711, huit enfants, tous du sexe masculin : François, né le 10 janvier 1700, Laurent, né le 12 avril 1701, Jean-Baptiste, né le 6 avril 1703, François, né le 17 août 1704, Jean, né le 29 septembre 1707, Jean-Pierre, né le 19 janvier 1709, Philippe-François, né le 24 mars 1710 et Victor-Raimond, né le 30 août 1711. La mère meurt quelques jours après cette dernière date, le 10 septembre (Id., f°ˢ 45 v°, 76, 129 v°, 161 v°, 235 v°, 265, 293, 319 v° et 320).

Victor Sirven, fils de feu Jean et de Cécile Lespinasse, se remarie, le 14 mai 1720, avec Françoise Bonnet, veuve de Pierre Rahou (GG. 21, f° 105) et perd, le 20 décembre 1741, cette seconde femme, âgée à ce moment de 62 ans (GG. 23, f° 33). Il meurt à son tour, le 1ᵉʳ octobre 1745, à l'âge de 85 ans ce qui reporte sa naissance à l'année 1660 (Id., f° 139). Il avait acquis quelques immeubles dans la gache du Vigan, de 1695 à 1716 (CC. 35, f° 468 v°).

Soller, Jean, fourbisseur. — Le cadastre d'Albi de 1601 fait mention de la veuve de cet « espasié » (Arch. d'Albi, CC. 29, f° 70).

Sompayrac, Jean, imprimeur. Voy. Gauzy.

Soubiran, armurier. — D'après E. Jolibois, l'armurier et graveur Soubiran, de Brassac, aurait, vers 1649, inventé un fusil ou pistolet tirant 50 coups sans avoir à être rechargé (*Revue du Tarn*, t. II (1878-79), p. 38).

Soulié, Jean, fondeur. Voy. Austry (pour 1763), Aubron (pour 1765). Il est toujours à Castres, en 1787 (Note de M. l'abbé Thomas).

Soulié, Léon, dessinateur et peintre. — Soulié naquit à Pompignan, cant. de Grisolles, arr. de Castelsarrasin, Tarn-et-Garonne, en 1807. Son caractère mélancolique le conduisit au suicide : le 5 mai 1862, il se précipitait du haut du clocher de Saint-Sernin, à Toulouse. Sa vie s'est écoulée principalement à Toulouse, mais il appartient aussi à Albi où il séjourna quelques années et exécuta une bonne partie de son œuvre.

On a évalué à environ 4000 le nombre de ses dessins, croquis et aquarelles, y compris quelques tableaux. Diverses expositions albigeoises en ont montré des spécimens au public en 1863, 1866, 1893 et 1905. C'était des vues d'Albi (bords du Tarn, archevêché et cathédrale, panoramas des deux rives, dont l'un ne mesure pas moins de 3 m. de large sur 1ᵐ20 de haut, vieilles rues et places, paysages des environs), quelques vues de Toulouse, une vue de Castres, un portrait de M. B., son propre portrait, une *Fileuse au coin du feu*, un *Intérieur à la campagne*, toiles...

Ses dessins à la plume ou au crayon, parfois rehaussés d'une légère teinte d'aquarelle ou, pour les grands morceaux, d'encre de Chine ou de sépia, sont bien supérieurs à ses peintures. J. de Lahondès y a judicieusement constaté « une rare acuité de vue et un sens affiné du pittoresque » et déclaré que Soulié eut « à un haut degré le sens de la perspective dans les lignes ». Peut-être pourrait-on faire un grief à ce dessinateur consciencieux et minutieux de n'avoir, le plus souvent, rien mis en valeur dans ses compositions où il se borne à copier fidèlement la réalité; tout cela est un peu terne. Au demeurant, on y trouve fréquemment une curieuse documentation locale. Les tableaux ne sont que « d'une couleur sèche et parfois aigre ». D'autre part, dans le domaine de la peinture décorative, Soulié exécuta, vers 1845, la restauration du plafond à la française du grand salon de l'archevêché d'Albi ([Abbé de Lacger]. *Le palais de la Berbie* [Albi], 1924, in-8 de 8 p. avec fig.).

La Société archéologique du Midi de la France possède notamment une vue de l'archevêché et de la cathédrale d'Albi, don d'Em. Cartailhac; la Société des sciences, arts et belles-lettres du Tarn une vue du Pigné; divers particuliers, à Albi (MM. Corbière, Rieux, Cavalié...), ont ou ont eu des Soulié. On en conserve un certain nombre au Musée d'Albi (dont un grand panorama de la ville), au Musée de Castres (*Intérieur de cuisine* et *Un marché.* toiles), au Musée de Toulouse (*L'écluse Bayard, Le port de Saint-Cyprien, Revendeuses toulousaines,* aquarelles, — un *Moulin près d'Albi,* toile, — des types toulousains, *Le port de la Daurade, L'ancienne porte du Pont-neuf, Autour du rémouleur, Un excentrique,...* dessins).

Sur cet artiste, voir : J. Bégué. *Albi. Exposition de peintures anciennes et modernes... juillet 1863,* p. 36-37 (extrait du *Journal de Toulouse*), — *Albi. Exposition artistique et archéologique... 1866. Livret,* p. 35, — *Exposition artist. et archéol. d'Albi, 1893. Livret.* — J. de Lahondès. [Note sur l'exposition des œuvres de S. à Albi en 1905] (dans le *Bull. de la Soc. archéol. du Midi,* 1903-6, p. 379-381), — *Revue du Tarn,* t. XVI (1879), p. 324 et 326, t. XX (1903), p. 124, t. XXI (1904), p. 391, t. XXII (1905), p. 168 et 426-427, t. XXIII (1906), p. 81, t. XXVII (1910), p. 310, — *Catalogue du Musée de Castres,* 4e éd., — H. Rachou. *Catalogue des peintures du Musée de Toulouse,* avec citation de deux articles publiés par Eug. Boilly et Jules Buisson dans la *Revue de Toulouse,* t. XV, p. 513 et 522.

Soyer, Jean-Baptiste, fondeur. Voy. Alexandre.

Subject, Jacques, serrurier. — Il fut condamné, en 1622, pour violences envers deux consuls d'Albi, à faire amende honorable, à genoux, un cierge à la main, à être banni de la ville pendant trois ans et à payer une amende de 25 livres (Arch. d'Albi, FF. 140).

Sudre, Dominique, relieur. — Il épousait, à Albi, le 23 mai 1762, Guillaumette Clavin et mourut, le 14 septembre 1773, à l'âge de 45 ans. Sa veuve lui survécut jusqu'en 1787 (Arch. d'Albi, GG. 25, f° 66 et GG. 66, f°ˢ 32 v° et 146).

Sudre, Georges, horloger. Voy. Salvy.

Sudre, Jean-Baptiste, orfèvre. — Son mariage avec Marie-Madeleine Estadieu était bénit, le 1ᵉʳ mars 1737, dans l'église de Saint-Salvi d'Albi et il mourait, le surlendemain, âgé de 30 ans; son corps fut inhumé dans l'église de Sainte-Martiane. Sa veuve décéda en 1766 (Ch. Portal. *Notes sur l'orfèvrerie à Albi...*).

' **Sudre,** Jean-*Pierre*, lithographe. — Ce Tarnais, qui n'a guère vécu qu'à Paris, naquit à Albi le 19 septembre 1783 et fut baptisé, le lendemain, sur les fonts de l'église de La Madeleine. Il était fils de Jacques, négociant, et de Françoise Vignes (Arch. du Tarn, E. 4569, f° 17 v°). Il est mort à Paris au mois de juillet 1866.

Elève de David, Sudre s'adonna à la lithographie dès son introduction en France. On lui doit l'édition d'un recueil d'une centaine de portraits, en 2 vol. in-f°, datée de 1825 et de 1827, sous le titre de *Panthéon français ou collection de portraits des personnages célèbres* [de Charlemagne à Talma]... *publié par P. Sudre.* Tous ces dessins ne sont pas de lui, il en est de signés N.-H. Jacob, J. Beaume, F. C., Maurin; quelques-uns ne portent aucun nom.

De 1824 à 1866, Sudre a exposé aux Salons de nombreux dessins qui lui valurent, en 1827, une 2ᵉ médaille et, en 1834, une première. Disciple et admirateur de Ingres, c'est surtout l'œuvre de ce grand artiste que son crayon s'est attaché à vulgariser en reproduisant son *Odalisque*, sa *Chapelle Sixtine* (1834), *Roger et Angélique*, *Œdipe et le Sphinx*, *Le Christ et la Vierge*, le portrait de Cherubini, *La muse Adyre*, etc. Il imita à l'aquarelle (salons de 1846 et 47) des vitraux exécutés à Sèvres pour la Chapelle de Saint-Ferdinand d'après Ingres, où se voient divers saints, une Charité et une Espérance.

Son premier portrait exposé (1824) fut celui du chimiste académicien Berthollet (1748-1822). Il fit ensuite ceux de l'avocat Chauveau-Lagarde (1756-1841), le fameux défenseur de Marie-Antoinette et de Charlotte Corday, d'après Rouillard, de Michel-Ange, Poussin et Raphaël, d'après Girodet, d'Alain Chartier, d'après

Beaume, du comte de Rambuteau, préfet de la Seine (1781-1869), d'après H. Scheffer. On peut ajouter : *La Vierge à la chaise de Raphaël*, *Deux baigneuses* de Rioult, *La Vierge au silence* d'Annibal Carrache, une étude de tête de Léonard de Vinci, le *Christ en croix* de Lebrun, une *Tête de Christ* de Guido Reni, *L'innocence* de Greuze,...

On vit à Albi, en 1866, la *Chapelle Sixtine*, *Œdipe et le Sphinx*, *Angélique enchaînée* et un *Christ* de Ingres, avec *L'innocence* de Greuze, le *Christ* de Lebrun, la *Vierge à la chaise* de Raphaël et le portrait de Chauveau-Lagarde de Rouillard.

Sudre a beaucoup produit et si son œuvre ne vient pas sur le premier plan de la lithographie, on peut tout au moins dire avec Bénézit qu'elle « contient nombre de pièces intéressantes » (*Albi. Exposition artistique et archéologique*, 1866. Livret, p. 25, L. Désazars. *Rapports sur l'exposition des beaux-arts* (ci-dessus), p. 4-6, Bellier de La Chavignerie et L. Auvray. *Dictionnaire général des artistes français...* t. II, p. 531, H. Bouchot. *La lithographie*, p. 241, (Paris, 1895, in-8), Bénézit. *Dict.*).

Sudre, Pierre, organiste. Voy. Boat.

Suère, Jean, verrier. — Dans l'église de Saint-Salvi d'Albi, le 8 juillet 1683, était bénite l'union de Jean « Soubère » (*sic*), « verrier de Maubezin en Foix, diocèze de Rieux de Baubestre » (Volvestre), avec Jeanne Baron, veuve du notaire Antoine Viguier (Arch. d'Albi, GG. 19, f° 124 v°). La localité dont il s'agit est Mauvezin-de-Sainte-Croix, com. de Sainte-Croix, arr. de Saint-Girons, Ariège. Sur les gentilshommes verriers du nom de Suère voir Saint-Quirin. *Les verriers de Languedoc.*

Tailhades, Jean, fondeur. — Etabli à Castelnaudary, Tailhades était en procès, en 1768, avec un chaudronnier de Durfort à l'occasion d'un achat de métal (Arch. du Tarn, B. 921). Il est probablement l'ancêtre d'un autre fondeur du même nom qui vivait à Castres au xixe siècle.

Talamy, Marie, comédienne. Voy. Dumortier.

Talhard, Antoine, musicien. — Le chapitre collégial de Saint-Michel de Gaillac décidait, le 19 juin 1624, de confier la direction de sa maîtrise à Antoine Talhard, musicien de Toulouse (Arch. du Tarn, G. 482).

Taurines, Léopold, peintre. — Exposait, en 1902, plusieurs paysages des abords d'Albi et une *Vue de Castelnau* (*1er Salon des artistes albigeois*, 1902).

Tautil, Jacques, maçon. — Tautil a été fréquemment en relations avec les Jacobins de Castres. Ces religieux traitaient avec lui, le 22 mai 1699, pour la réfection du chœur de leur chapelle, à raison de 3 livres par canne de maçonnerie. Ils lui payaient plusieurs acomptes, le mois suivant et en 1700 (Arch. du Tarn, H. 447 et 467). En 1701, ils lui faisaient construire un grenier (H. 467), en 1711, une maison attenant à leur chapelle (H. 447). D'autre part ils lui affermaient pour un an, en 1706, leur domaine de La Carlarié, com. de Saïx (H. 524) et, plus tard, en 1728, lui louaient une maison dans la rue conduisant de la place publique au pont neuf (H. 452). Par son testament, de la même année 1728, Tautil laissa aux Jacobins 100 livres à charge de service obituaire (H. 429).

Termes, Jean, potier d'étain. Voy. Delsol.

Teysset, François, orfèvre. — Il était témoin, le 3 septembre 1781, du baptême d'un enfant de Jacques Augé, orfèvre d'Albi (Arch. d'Albi, GG. 67, f° 60). Il n'est pas dit qu'il habitât cette ville.

Teyssier, Jean-Antoine, doreur. — Un enfant en bas âge, né de son union avec Jeanne Boubiniac, mourait, sur la paroisse de Saint-Salvi d'Albi, en 1731 (Arch. d'Albi, GG. 21, f° 360 v°).

Teyssonnières, maçons et architectes. — Depuis 200 ans, la famille Teyssonnières fournit à Albi des maçons et des architectes, termes qui s'équivalent d'ailleurs très souvent dans l'ancien langage.

Le premier en date de cette « dynastie » est le « maçon » Jean Teyssonnières qui, en 1730, dressait un devis de réparations à effectuer à la fontaine de Verdusse; il ne savait pas écrire (Arch. d'Albi, DD. 39).

François et Raimond, dont les signatures voisinent dans maints actes de baptême et de mariage, étaient frères (Arch. du Tarn, E. 741, f° 141 v°) et sans doute fils de Jean.

Raimond, fixé sur la paroisse de Saint-Julien, paraît dans nos registres de catholicité en 1757, à l'occasion du décès d'une fille

qu'il avait eue de son alliance avec Marguerite Peytavi (E. 740,
f° 45 v°). On ne le retrouve plus qu'une fois, en 1770, au mariage
d'une autre fille, Cécile, alors âgée de 20 ans, avec le chapelier
Pierre Caussé (E. 741, f° 112).

François, habitant d'abord la même paroisse de Saint-Julien,
puis celle de Sainte-Martiane, eut pour femmes Geneviève Laval
qui mourut en 1773 (E. 727, f° 80) et, en secondes noces, Marguerite Cognes. De 1759 à 1774 il n'eut pas moins de onze enfants
dont beaucoup moururent en bas âge (E. 726, f°ˢ 119, 126, E. 727,
f°ˢ 14 v°, 34, 39 v°, 80, 89, 118, 159 v°, 170, 219, E. 740, f°ˢ 72 v°,
106, 143. E. 741, f° 9 v°). En 1780 et 1781, il s'occupait, à la
requête des consuls d'Albi, de travaux d'aménagement d'un cimetière destiné aux paroissiens de Saint-Salvi et de Sainte-Martiane
sur un terrain situé à côté de l'hôpital; en 1782, il eut à procéder
à la vérification de l'ouvrage (Arch. d'Albi, DD. 43). A la même
époque (1781), il évaluait le chiffre des dépenses qu'entraînerait
la reconstruction projetée du presbytère de Sainte-Martiane (DD.
40). On voit, par ces deux citations, que le « maçon » qui nous
occupe faisait réellement fonction d'architecte.

Des trois garçons qu'il laissa, sur les cinq dont il avait été père,
l'un, Pierre-François, né le 3 novembre 1771 (Arch. du Tarn, E.
727, f° 34) et maçon, épousa Elisabeth Taurines dont il eut François-Frédéric, né le 29 fructidor an XIII (16 septembre 1805) et
maçon également. Du mariage de ce dernier avec Marguerite-
Julie Poujal naquit, le 6 juin 1834, Pierre-Frédéric-Salvi qui fut
graveur et dont il sera question un peu plus loin

La profession traditionnelle des Teysonnières a continué d'être
exercée par Jean-Pierre-Salvi (10 sept. 1807 - 22 sept. 1862), frère
cadet de François-Frédéric, marié avec Marie-Joséphine Rey, par
leur fils Oscar-Frédéric-Auguste (28 avril 1837 - 23 nov. 1903) qui
épousa Cécile-Rosalie Yèche et fut père, le 15 août 1875, de
Charles-Salvi-Marie-Louis. Salvi et son fils Oscar ont bâti à Albi
la caserne de La Visitation.

Teyssonnières, graveurs. — Il a été déjà dit que *Pierre*-Fré-
déric-Salvi Teyssonières naquit à Albi le 6 juin 1834; il est mort
à Paris le 1ᵉʳ avril 1912. Fonctionnaire au corps des Ponts-et-
chaussées à Prades, puis à Bordeaux, il quitta cette administration

Il exposait au Salon dès 1868, obtenait, en 1877, une mention honorable et, l'année suivante, une médaille de 3e classe. A partir de 1894 il a envoyé ses œuvres aux Champs-Elysées, puis (en 1900 et ss.) à la Société des artistes français.

Alors qu'il résidait à Bordeaux, il peignait et gravait des vues de cette ville et de la Gironde. On peut citer : *Le pont de Bordeaux*, eau-forte (1868), *La rue Quentin*, peinture, des *Bords de la Garonne à Lormont*, eaux-fortes (1869), *Notre-Dame d'Arcachon*, peinture (1870),... *Le quai de la Monnaie* à Bordeaux, aquarelle (1876)... Ceux de ses paysages qui nous intéressent plus particulièrement sont : *La rivière du Dadou près de La Bressolle*, com. de Graulhet (1872), des *Bords du Cérou*, *Le pont et la cathédrale d'Albi*, gravures.

Parmi les sujets de genre gravés, Teyssonnières a exposé *Les oubliés de la Bastille* (1869), *Les buveurs* (1870), *Saint Ambroise instruisant Honorius enfant*, *La mort du duc d'Enghien*, *Le pape Formose*, d'après J.-P. Laurens (1874), *Saint Bruno refusant les présents du comte Roger*, d'après le même peintre, la *Maseppa* de Géricault (1876), *Eliézer et Rebecca* de Tiepolo (1877), *La chasse au faucon* de Fromentin (1878), *La Madeleine* de A. de Beaulieu (1880), *Le charmeur de serpents* (1884), *Deux filles de la mer* de Delobbe (1886), *Non ci coglie* (Il n'y parviendra pas) de Moralès (1887), un *Retour à la ferme* d'Em. Vernier et *Le duel* de Beaulieu (1888), un *Retour de pêche* de Feyen-Perrin (1889)...

Il y a lieu aussi de mentionner, parmi ses portraits gravés, ceux du député Bartissol (1891), du romancier Pierre Maël (1896), du poète catalan Verdaguer (1911), de la comtesse d'Haussonville d'après Ingres, de Thomas Corneille d'après Jouvenet, de Pierre Corneille d'après Lebrun.

Teyssonnières a encore exécuté des séries d'eaux-fortes pour illustrer les œuvres de Molière, d'après Bayard, et le *Décameron* de Boccace.

On vit à Albi, à plusieurs reprises, des peintures et des gravures de cet artiste : en 1866, douze gravures, dessins, lavis à l'encre de Chine, plus un pastel (*L'amour*) et même une sculpture (*L'arrestation*); en 1881, dans une exposition particulière, à la mairie, trente toiles représentant des paysages des Pyrénées et de nombreuses eaux-fortes; en 1885, à l'hôtel Rochegude, une collection encore plus importante de gravures parmi lesquelles les *Bords* du *Cérou*, *Le pont et la cathédrale d'Albi*, la *Mazeppa* de Géricault, *La chaumière* d'Hobbema, *La chasse au faucon* de Fromentin, etc. Enfin, en 1893, on put voir son illustration du *Décameron*, le *Retour de pêche* de Feyen-Perrin, la *Comtesse d'Haussonville* de Ingres...

L'œuvre de Teyssonnières, qui fut surtout un aquafortiste possédant bien là technique du procédé, dépasse, a-t-on dit, 400 pièces dont la plupart sont des interprétations de peintures de maîtres tels que Rembrant, Rousseau, Corot, Hebbema, Detaille, Ingres, J.-P. Laurens, etc. Ses toiles et, d'une façon générale ses créations, n'offrent qu'un intérêt assez secondaire.

Le Musée de Bordeaux possède 34 eaux-fortes de Teyssonnières, celui d'Albi quelques peintures et plusieurs gravures. D'autre part M. Charles Teyssonnières, à Albi, conserve quelques bonnes épreuves de diverses planches de son parent, notamment de *L'apparition du Christ à la Madeleine* et de *L'alcoolique* de A. de Beaulieu, des deux portraits de Thomas et Pierre Corneille, d'après Jouvenet et Lebrun.

Voir : *Albi. Exposition artistique et archéologique*, 1866. Livret et L. Desazars. *Rapports*, p. 33, — *Revue du Tarn*, t. III à XVII (1880-1900) Cf. *Tables des 25 premières années* et particulièrement t. V (1884-85), p. 351, plus les t. XX (1903), p. 300, t. XXIV (1907), p. 234, t. XXVI (1909), p. 179, t. XXVII (1910), p. 204, t. XXVIII (1911), p. 203, — Bellier de La Chavignerie et L. Auvray. *Dict. gén. des artistes français...* t. II, p. 553, — Théod. Guédy. *Dict. des peintres*, éd. 1892, — Albi. *Exposition artistique et archéologique* 1893. Livret, — Bénézit. *Dictionnaire.*

Fille et élève de Pierre qui précède, Mlle Mathilde Teyssonnières, née à Toulouse, a exposé aux Salons depuis 1881. Elle envoyait à ceux de 1886 et 1887 deux eaux-fortes : un *Arabe porteur d'eau* et un portrait de femme. Une mention honorable lui fut attribuée en 1888 (*Revue du Tarn*, t. VI (1886-87), p. 48 et 255, Bénézit. *Dict.*).

Thietry (de), Salomon, verrier. — Le 27 janvier 1643, « le s^r Salomon de Titry (*sic*), faisant tant pour soy que pour et au nom du s^r de Tissac, son associé, gentilhommes verriers demurant en commun à La Prade, [verrerie] appartenant à Monsr le comte de Bieule » (La Prade, cant. du Mas-Cabardès, arr. de Carcassonne),

vend au couvent des Chartreux « lès Castres » et au prieur de la
communauté cirtercienne de La Rode (com. de Lempaut, cant.
de Puylaurens) « deux cents liens de verre pour fere des vitres »,
dont 91 pour La Rode. Il déclare avoir reçu de ce chef 227 livres,
10 sous et promet de livrer la marchandise à La Prade le 1ᵉʳ avril.
Il signe « S. de Thietry » (Arch. du Tarn, E. 326, fº 365). Un *lien*
de verres est un paquet de six tables ou feuilles de verre blanc
(Littré).— Saint-Quirin (*Les verriers de Languedoc*, p. 343), donne
les armes des Tisac ou Thizac : d'azur à 3 glands de chêne versés
d'or et des Thietry : même écu avec une étoile en abîme.

Tholza, Jean, potier d'étain. Voy. Delsol.

Thomas, *Charles*-Tristan, architecte. — Ch. Thomas, né et
mort à Paris (1825 - 1871), fut l'architecte départemental du Tarn
de 1853 à 1859. On lui doit notamment un agrandissement de la
préfecture et les prisons de Castres. A Paris il a construit l'amphi-
théâtre de la rue Gerson, en 1867 (Ch. Bauchal. *Nouv. dict. des
architectes français*, p. 724).

Thomas, Huc, maçon. — « Hugo Thome, lapicida loci de
Cauna (Lacaune), albigensis diocesis et senescallie castrensis »,
traitant, le 31 août 1444, avec un chanoine de Saint-Salvi d'Albi,
s'engage à construire une chapelle dans l'église de ce nom, dont
il aura licence « frangere quandam parietem quam oportet frangere ». Il recevra 61 écus d'or, 12 setiers de blé et 3 pipes de vin
pur. Bien que les termes de l'acte soient d'une concision excessive,
il est cependant permis de croire que cette chapelle est celle à
laquelle donne accès une petite porte, à l'extrémité méridionale
du bras du transept. Elle se compose d'une travée correspondant
au rez-de-chaussée, voûté d'arêtes, d'une tour carrée de style
roman et d'une abside polygonale en briques, voûtée d'ogives.
C'est cette abside que dut construire Huc Thomas; l'ouverture
mettant ce petit édifice en communication avec l'église nécessita
de « frangere parietem », comme il est dit dans le bail à besogne
(Arch. du Tarn, E. 308, fº 10, document publié par le baron de
Rivières dans le *Bull. archéol. du Comité des travaux hist.*, 1898,
p. 130-132).

Tissac (de), verrier. Voy. Thiétry.

Toulouse-Lautrec (de), Charles, sculpteur. — Exposait à Albi, en 1866, un *Cheval de course*, statuette cire (Albi. *Exposition des beaux-arts et de l'industrie...* 1866. Livret et *Rapports* par L. Desazars, p. 30). Il n'est peut-être pas indifférent de constater l'aptitude artistique d'un parent du grand Lautrec qui dessina avec une prédilection particulière chevaux et cavaliers.

Toulouse-Lautrec (de), *Henri*-Marie-Raymond, peintre. — La vie et l'œuvre de cet artiste, né à Albi le 14 novembre 1864, mort le 9 septembre 1901 au château de Malromé dans la Gironde, com. de Saint-André des bois, ont été l'objet d'assez nombreux travaux dont les principaux sont les suivants : Arsène Alexandre. *Toulouse-Lautrec*, dans le *Figaro illustré*, numéro spécial d'avril 1902, avec fig., — Gustave Coquiot. *Henri de T.-L.*, (Paris, 1913, in-4 avec fig.), — et article dans *L'art et les artistes*, 1914, avec fig., — Paul Leclercq. *Autour de T.-L.*, dans *La grande revue*, 1919 et à part, 1921, in-4 avec fig., — Loys Delteil. *Le peintre graveur illustré*, tomes X et XI (Paris, 1920, in-4), — Théodore Duret. *Lautrec* (Paris, 1920, in-8 avec fig.), — Gust. Coquiot. *Lautrec* (Paris, 1921, in-8 avec fig.).

Ce dernier ouvrage fournit un « Essai de catalogue » des œuvres datées et non datées, énumère leurs expositions posthumes, donne les titres des livres et articles de revue qui leur ont été consacrés et une liste des portraits de Lautrec exécutés, en peinture, gravure dessin ou fusain, par Anquetin, Javal, Léandre, Ch. Maurin, H. Rachou, Max. Dethomas, Ad. Albert et l'artiste même.

Il serait superflu de rappeler ce que fut au physique et au moral ce malheureux Lautrec à qui la nature avait refusé une taille normale et qui vécut presque exclusivement dans un milieu qui n'avait rien d'aristocratique. Ce qui importe c'est son œuvre dont les critiques les plus compétents proclament la haute valeur. Cette œuvre comprend des peintures, aquarelles, dessins, lithographies et affiches dont Coquiot donne une liste depuis 1881 pour les peintures et aquarelles, depuis 1882 pour les dessins et lithographies et depuis 1892 pour les affiches. Un grand nombre de lithographies et d'affiches sont reproduites en fac-similés réduits dans *Le peintre graveur* de L. Delteil.

Lautrec a fait quantité de portraits de personnages de toute espèce dont La Goulue, Jean Avril, Alfred La Guigne... Il a représenté des scènes diverses inspirées de ses fréquentations, telles que : *Bal au moulin de la Galette, Fille à la fourrure, Fille au caraco, Les valseuses, Départ de quadrille, A la mie, L'écuyère au cirque Fernando, Mlle Lender dansant, Jockeys, L'assommoir, Femme en clownesse, La clownesse, Les deux amies...* et, en dernier lieu (1901), *Un examen à la Faculté de médecine.* De ses dessins il en est qui ont paru dans *Le courrier français* (1886), dans *Le mirliton* (1887), dans *L'estampe* (1892). *La Goulue et sa sœur,* dans le *Figaro illustré* (1893 et 1895), dans *La revue blanche* (1894-95), dans *Le rire* (1895-97) et dans *L'escarmouche.* Dans cette catégorie, affiches comprises, on peut citer *Une redoute au Moulin rouge, Eros vanné, Yvette Guilbert, Babylone d'Allemagne, La Goulue au Moulin rouge, Le divan Japonais, Aristide Bruant, Jane Avril au Jardin de Paris, May Belfort, La vache enragée, La Gitane* (pour un drame de Richepin)...

Le Salon des indépendants a montré au public, de 1889 à 1897, plusieurs des œuvres de Lautrec et, après la mort de l'artiste, il a été fait quelques exhibitions que signale Coquiot. Les catalogues des ventes publiques accusent parfois des prix très élevés, celui, par exemple, de 17500 fr. pour la toile dite *Les deux amies* (Maurice Lang. *Annuaire des ventes de tableaux...* t. IV, 1921-22).

On trouverait des « Lautrec » un peu partout, chez ses amis et ses parents et chez des amateurs. Il y en a aussi au Luxembourg, au Musée de Toulouse (sept pointes sèches) et ailleurs sans doute. Mais la collection la plus importante est celle qui a été donnée à la ville d'Albi par sa famille, particulièrement par son cousin germain le docteur Tapié de Céleyran. Elle comprend environ 300 pièces, croquis, dessins, peintures, affiches qui, du fait de leur groupement et de leur classement judicieux, mettent en pleine lumière les manifestations variées du talent de Lautrec et l'évolution de sa carrière artistique (Cf. *Inauguration du Musée d'Albi et de la galerie Henri de T.-L.,* 30 juillet 1922. *Discours,* — et *Galerie Henri de T.-L. Catalogue* (Albi, 1924, in-8, de 37 p. in-8, avec fig.).

Lautrec, qui fut surtout un dessinateur et un dessinateur des plus remarquables, n'avait fait que passer dans les ateliers de Bonnat et de Cormon. « C'est de l'entourage de ce grand Degas, écrit L. Gillet dans l'*Histoire des arts,* p. 549 (t. IX de l'*Hist. de la nation française* de Hanotaux), c'est des exemples de cet impressionniste repenti, qui finissait par des lambeaux de Michel-Ange, que procèdent quelques-unes des œuvres de ce temps, les plus rares et les plus durables : celle du mordant Lautrec, ce gnome de génie, ce maître surprenant de la grimace et du trait « rosse », qui semblait dessiner avec du vitriol, ce qui, dans ses sujets ignobles, tous pris dans le cercle des cabotins, des arsouilles et des filles, met une distinction inouie de raffinement et d'imprévu et tant de beauté de race ». D'autre part, Léon Rosenthal (*La gravure*, Paris, 1909, in-4, p. 381), considérant particulièrement les affiches coloriées, affirme que « un nom domine, celui de T.-L. qui, d'un métier très sobre, très original, très voulu, avec un sens aigu et elliptique du dessin, a étudié la vie mondaine, les actrices, les danseuses, les champs de course et les habituées des cafés et des bals de nuit; analyste extraordinaire par sa vision âpre et l'autorité de sa notation ». On peut conclure avec Bénézit (*Dict.*) que « on peut ne pas aimer les sujets choisis par Lautrec... mais pour tout esprit éclairé et de bonne foi il est impossible de méconnaître le génie avec lequel il les a traités ».

Tousery, *Antoine*-Imbert, orfèvre. — Il était le parrain, en 1788, d'une fille de Jean-Pierre Augé, orfèvre à Albi (Arch. d'Albi, GG. 27, f° 404) et épousait, le 11 janvier 1790, Cécile Rey; en cette circonstance il est qualifié de « garçon orfèvre », fils de feu Pierre-Imbert et de Marie Poux, il avait alors 26 ans (Id., f° 487). Une fille naquit de cette union le 18 mai de la même année (Id., f° 503) et Cécile Rey mourut, à 23 ans, le 23 octobre 1791, son mari est dit alors « orfèvre » (GG. 28, f° 32 v°).

Toussaint, *Gaston*-Henri, sculpteur. — Le hasard des garnisons a fait naître G. Toussaint, fils de militaire, à Rocquencourt, Seine-et-Oise, le 7 septembre 1872, mais ses parents s'étant fixés à Castres, deux ans après, c'est dans cette localité qu'il a été élevé et c'est la même ville de Castres qui l'a pensionné à l'Ecole des beaux-arts de Toulouse puis (1897) à celle de Paris où il a été le disciple d'Ém. Bourdelle.

Dès 1899 Toussaint obtenait pour son *Enfant riant* un premier prix au Salon de la société nationale des beaux-arts où il a continué, dans la suite, d'exposer ses travaux tels que *L'aïeule*, buste plâtre, *Joie maternelle*, groupe marbre, et *L'enfant riant*, marbre, en 1902, — une *Bacchante*, plâtre, et *L'homme à la pipe* (1903), — une *Faunesse* (1904), — *Recueillement*, tête de femme, marbre,

et *L'éternel sommeil* (1905), — un portrait de Mad. B. et un buste
de M. X. (1906), et au Salon d'automne de la même année deux
pastels : *Baigneuse* et *La toilette*, — *Femme riant* et une tête de
femme (1907), — *La douleur*, statue plâtre, et *L'inspiration*, plâtre
(1908), — *Ravissement*, marbre, *Léda*, bronze et le portrait de
Mad. B. en marbre (1909), — une *Nymphe*, marbre, et *La joie*,
groupe pierre (1910), — la *Baigneuse*, un portrait de M. Frédéric
Abelous, un buste de femme, marbres, et une tête de vieillard,
plâtre (1911), — *Deux amis*, pierre, *La nymphe Io*, pierre et marbre, *La terre*, statue plâtre, et *Fleur penchée*, ciment (1912), —
Supplication, bronze, *Le premier sourire*, marbre, et *La prière*,
bois (1913)... enfin un haut relief bronze, *L'immortalité* (1921)
destiné au Monument aux morts de la ville de Mazamet inauguré
le 7 octobre 1923. Le même artiste exposait encore, en 1913, un
bronze à New-York et la maquette d'une *Ronde de printemps*
(ronde d'enfants) à Castres. D'autre part, il collaborait, à la
même époque, avec Bourdelle à la sculpture des bas-reliefs du
nouveau théâtre des Champs-Elysées. Il a été chargé, en 1906,
par Mad. Briguiboul de reproduire en marbre *Le fauconnier*,
statue bronze de son mari, placée dans le jardin de l'évêché de
Castres. On lui doit aussi un buste de M. Birot, chanoine et
archiprêtre d'Albi.

Le Musée de cette ville possède des moulages de *L'enfant riant*
et de *L'aïeule*, le groupe marbre de *La joie maternelle* et une
traduction en bas-relief de la *Mise au tombeau* de la chapelle de
Monestiés. En 1911, Toussaint a donné au Musée de Lisle-sur-
Tarn la maquette de *La joie*.

L'œuvre de cet artiste respire cette vigueur qui caractérise la
manière de son maître Bourdelle et fait honneur au département
du Tarn (*Revue du Tarn*, t. XIII (1896), p. 224, t. XIV (1897),
p. 75, t. XVI (1899), p. 239, t. XVII (1900), p. 230, t. XIX (1902),
p. 186, t. XX (1903), p. 123 et 300, t. XXI (1904), p. 128, t. XXII
(1905), p. 192, t. XXIII (1906), p. 97 et 356, t. XXIV (1907), p. 234,
t. XXV (1908), p. 256 et 392, t. XXVI (1909), p. 179, t. XXVII
(1910), p. 204, t. XXVIII (1911), p. 203 et 351, t. XXIX (1912),
p. 130, t. XXX (1913), p. 249, — A. Chamayou. *Catalogue du
Musée de Castres*, 4ᵉ éd., — J. Laran. *La sculpture aux Salons de
1907*, dans *Art et décoration*, juin 1907 (au sujet de *La femme
riant*, avec fig.).

Toussaints, passementier. — Le 5 janvier 1694, décédait sur la paroisse de Saint-Julien d'Albi Marguerite Fabre, âgée de 55 ans, femme du passementier Toussaints (Arch. d'Albi, GG. 42, f° 198).

Trantoul, Jean, maçon. — Les deux maçons de Castres Jean Trantoul et Jean Affre s'engageaient, le 14 novembre 1631, à construire pour les Trinitaires de cette ville une chapelle « de mesme façon que celle de la grande esglise cathédrale du dit Castres ». On les trouve ensuite travaillant, en 1633, à un escalier et à des portes, à sept arceaux de pierre de taille au-dessous du réfectoire (1635). La veuve de Trantoul reconnaissait, en 1638, avoir reçu, avec Affre, 143 livres pour la façon de deux grands arceaux du cloître et autres ouvrages et s'engageait à faire terminer les constructions entreprises par son mari (Arch. du Tarn, H. 553).

Les mêmes maçons touchaient, en 1632, des acomptes des Jacobins de Castres sur le prix convenu pour la réfection de leur couvent (H. 458).

Traversac, Mathieu, fondeur. — Sylvie Davie, « vefve à feu Mathieu Traversac, mestre fondeur de cloches », mourait, à Cordes, le 3 mai 1656 (Arch. de Cordes, GG. 176). Je n'ai trouvé nulle part ailleurs le nom de ce fondeur.

Triadou, Amans, fondeur. — Elie Rossignol donne dans ses *Monographies communales de l'arr. de Gaillac*, t. III, p. 273 l'inscription d'une cloche de l'église de Penne, datée de 1784 et portant le nom de AMANS TRIADOU F [fecit]. Sur les Triadou (de Rodez) voir Jos. Berthelé. *Enquêtes campanaires* et *Ephemeris campanographica*, fasc. XI-XIII, nov. 1913.

Tricotet, Guillaume, menuisier. — Les consuls d'Escoussens traitent, le 18 août 1636, avec Guillaume Tricotet et Noël Masson, « m^es menuisiers de la ville de Paris », pour la façon d'un tabernacle destiné au maître-autel de leur église paroissiale. Le travail devra être exécuté, conformément à « la figure qu'ils (les menuisiers) ont faicte sur un fulhet de papier », dans les trois mois, moyennant 100 livres dont 50 payables « à demy bezoigne »; la communauté fournira « tous les bois, clous et ferremens nécessaires » et les entrepreneurs « la colle ». « De plus (que ne le prévoit la « figure » dont il n'est donné aucune description) seront tenus les dits Tricotet et Masson de fere ung advancement supporté de quatre consoles au-devant du dit tabernacle au domine (? sommet) d'iceluy, de la largeur d'ung palm (0ᵐ225) ou davantage, comme ils jugeront. Néantmoings fairont les colomnes canelées et enrichies au tiers. Item seront tenus fere à chasque niche la figure d'un sainct tel que leur sera nommé par les dits consuls, saulf à la niche du milieu du dit tabernacle, à laquelle fairont la figure quy leur sera marquée par les mesmes consuls...» (Arch. du Tarn, E. 325, f° 286). Ce tabernacle ne se trouve plus à Escoussens, peut-être a-t-il été porté, à la Révolution, dans quelque autre église.

Trortol, Jean, verrier. — Il est dit, dans un acte de 1409, habitant de Laguépie, cant. de Cordes, et dirigeant une verrerie « in juridictione ejusdem loci » (Ch. Portal. *Extraits de reg. de notaires*).

Troy, Antonin, orfèvre. — Au mois d'octobre 1684, Antonin Troy, orfèvre de Toulouse, donnait quittance au chapitre collégial de Saint-Salvi d'Albi d'une somme de 214 livres, 15 sous, solde du prix convenu pour la façon d'un soleil et pour la valeur du métal qu'il avait fourni.

Le 23 avril de l'année suivante, les mêmes parties traitaient au sujet d'une croix d'argent, d'un grand et d'un petit calices, d'un autre soleil et d'un ciboire, aussi d'argent. La croix devait être ornée de « trois fleurons de trois testes de chérubins de chaque costé et la croix toute unie, avec un crucifix de ronde bosse, et le pied sera à trois faces, avec vase (base) à culot garny de trois testes de chérubins, avec ses festons et cartouches unies du pied, à la réserve d'une [cartouche] que le dit entrepreneur y syzillera (ciselera) un sainct Salvy, et le dit pied sera porté par trois griffes avec de boulles par dessoubs, laquelle croix sera du pois de cinq marcz, comme aussi un grand calice argent avec sa patène du poix de quatre marcz, tout sizillé, avec sa fausse couppe, garny de trois testes de chérubins avec les armes de la Passion et le vase (base) garny de trois termes, les bras joignans, et garny des armes de la Passion, le pied du dit calice tout sisillé, avec les nœuds et collectz (collets), le tout selon l'art de l'orphevreurie, la couppe et patène dorés, selon la rubrique de l'église et suivant le dessain quy en a esté faict,... comme aussy un autre petit calice argent du poix d'un marc et demy, la couppe et la patène dorés au dedans, avec une fausse couppe sizillée, avec quelques ornemens,... finalement un solel avec son pied et une couppe de ciboire argent portant sur le mesme pied du solel, du poix de dix onces, dont la couppe du dit ciboire sera dorée au dedans... » Il est convenu que Troy recevra 12 marcs, 5 onces d'argenterie ancienne et touchera pour son travail 90 livres. Quelques mois plus tard, le 4 octobre, le chapitre réglait définitivement ses comptes avec l'orfèvre et l'on constatait que le poids total des objets livrés par lui s'élevait à 13 marcs, 3 onces et 3 gros, le marc d'argent valant 30 livres (Arch. du Tarn, G. 363. Le texte complet du bail à besogne ci-dessus a été publié par le baron de Rivières dans le *Bull. de la Soc. archéol. du Midi*, 1901-3, p. 34-35).

Troy, brodeur. — Le chapitre cathédral de Castres décidait, le 16 avril 1723, d'acheter au sieur Troy, à Toulouse, cinq chasubles pour le prix total de 96 livres, 13 sous (Arch. du Tarn, G. 272). Le prénom de cet ouvrier n'est pas indiqué pas plus que sa profession qui devait être celle de brodeur. Le dit Troy pouvait être le fils ou neveu de l'orfèvre toulousain de même nom.

Turène, Etienne, arquebusier. — Ce « metre arquebusier » d'Albi reconnaît, le 1er juin 1760, avoir reçu du trésorier consulaire la somme de 9 livres pour avoir « esculturé les armoiries de la ville pour plasser au banc [des consuls dans l'église] de S. Salvy » (Arch. d'Albi, CC. 528). Il s'agit là, selon toute vraisemblance, d'un travail de ciselure ou gravure sur métal.

Ubert, Thomas, maçon. Voy. Guiraud.

Ughesti, Antoine, fondeur. — Le mestre de camp général Hercule de Chastenet de Puységur remboursait, le 8 mai 1720, les consuls de Rabastens d'une somme de 200 livres qui lui avaient été prêtées. Ces fonds étaient livrés au fondeur Antoine Ughesti « pour avoir soudé (?) trois cloches, sçavoir deux à l'église [de Notre-Dame] du Bourg et une à celle de Notre-Dame du château (Arch. du Tarn, E. 3493).

Valade, papetiers. — Deux papetiers de ce nom (père et fils?) étaient établis à Mazamet en 1739 et 1789 (Léon Dutil. *L'état économique du Languedoc à la fin de l'ancien régime*, p. 603 et 606).

Un très gros registre de nos archives départementales (H. 38) contenant un inventaire détaillé des titres de l'abbaye de Candeil a été rédigé, de 1739 à 1741, sur un beau et fort papier portant les filigranes L VALADE au-dessous d'un soleil rayonnant et, sur l'autre moitié de la feuille, MASAMET.

Valat, Paul, peintre. — Paul Valat, de Gaillac, exposait, en 1891, au Salon toulousain (*Revue du Tarn*, t. VIII (1890-91), p. 291).

Valats, Bertrand, potier de terre de Giroussens, fournissait, en 1606, des tuyaux pour le griffoul (fontaine) de Lisle-sur-Tarn (Arch. du Tarn, E. 2478).

Valens, Antoine, sculpteur. Voy. Viguier.

Valerys ou **Valois,** Jacques, orfèvre. — Il figure, en 1589, dans un procès comme tuteur et oncle des enfants de feu Jean Lacortiade, orfèvre d'Albi, comme lui. En 1601, cet « argentié » habitait un immeuble situé en face de l'église de Sainte-Martiane (Ch. Portal. *Notes sur l'orfèvrerie à Albi...*).

Valeton, fondeurs. — Jean-Baptiste Valeton, originaire de Mende, fondait, en 1763, pour les Jacobins d'Albi une grosse cloche moyennant 250 livres, y compris la valeur de 183 livres de métal qu'avait livré le couvent à raison de 16 sous la livre. Détail à noter, le fondeur s'engage à procéder à ses frais à une nouvelle fonte si la cloche « venoit à casser par les endroits défectueux qui se trouvent entre le troisième et cinquième points de compas, là où commence le renflement de la cloche, lesquels défauts j'ai reconnus » (Ch. Portal. *Notes sur quelques fondeurs de cloches...*).

Un autre Valeton, Louis, parent sans doute de Jean-Baptiste et de Mende aussi, refondait, en 1781, pour l'église de Saint-Julien du-puy une cloche pour le prix convenu de 100 livres (Jos. Berthelé. *Ephemeris campanographica*, fasc. XI-XIII, nov. 1913, p. 76, d'après une communication de M. l'abbé Thomas).

Valette, dessinateurs et peintres. — Jean Valette, né à Toulouse le 12 juin 1782, est mort le 17 janvier 1843, à Castres où il s'était fixé. Il était professeur de dessin. Le Musée de Castres possède son portrait (photographie) et une copie faite par cet artiste du portrait de l'évêque Jean Sébastien de Barral peint par Léonard de France (Voy. ce nom et le *Catalogue du Musée de Castres*, 4ᵉ éd.).

Son fils, Joseph-*Charles*-Adrien, né et mort à Castres (15 janvier 1813 - 18 avril 1888), succéda à son père comme professeur de dessin, après avoir été l'élève de Paul Delaroche. Dès 1847 il produisait des fusains, genre qui est resté sa spécialité sans exclure le simple dessin ni l'aquarelle. Il exposait à Toulouse, en 1858, quatre dessins et un fusain et débutait, l'année suivante, au Salon avec un *Site d'Auvergne*, fusain. Dans la suite, il a envoyé aux Salons de 1864 une *Vue prise dans le Sidobre*, — de 1868 *L'Agout près de Guitalens*, et *Le vallon de Saint-Amans-Soult*, — de 1869 des *Bords du Cérou* près de Carmaux, fusains. A Albi, en 1866, il obtenait une médaille d'argent pour une *Vue d'Ambialet*, deux *Vues du vallon du Cérou* à Carmaux, et 18 autres fusains constituant un recueil de *Promenades dans le Tarn*. D'autres expositions locales ont montré de ses œuvres au public, celles notamment de Carcassonne, en 1876, de Castres en 1879 (*L'Agout à La Gravière*, *Le Carras* de Castres, un *Site dans la Corrèze*, aquarelles, et des fusains dont les *Bords du Cérou* et un *Effet de matin* dans le Lot-et-Garonne), à Auch, en 1880, à Toulouse, en 1885 (*Bords de l'Agout*, fusain).

La ville de Castres possède ce dernier fusain, ainsi qu'une *Vue prise dans la forêt de Fontainebleau*, peinture datée de 1840, l'un et l'autre placés au collège, tandis que le Musée conserve son portrait en photographie. Au Musée d'Albi Valette faisait don, en 1886, de ses *Bords de l'Agout*, fusain.

Parmi les élèves qu'il a formés on peut citer Léopold Batut et Léon Julia.

Inventeur d'un ellipsographe, en 1857, Valette s'est beaucoup intéressé à tout ce qui touche à l'enseignement du dessin et aux arts d'imitation. Les *Séances de la Société littéraire et scientifique de Castres*, de 1857 à 1861, puis la *Revue du Tarn*, de 1881 à 1885, ont publié ses notes ou dissertations sur le daguerréotype, sur le réalisme et l'idéalisme en peinture, sur les arts d'imitation depuis la Révolution, sur l'enseignement du dessin au collège de Castres, sur la photographie, sur l'état actuel de la peinture de paysage, sur le dessin à l'exposition scolaire de Toulouse en 1885.

On lui doit, comme critique d'art (dans les mêmes recueils), des études sur une tête de Christ trouvée dans l'église de Salles, de la fin du xve siècle, un Christ du Mas-Cabardès, Aude, l'exposition des beaux-arts de Toulouse en 1858, les expositions des beaux-arts en province, l'« Union artistique » et l'exposition de Toulouse en 1861, *La Cigale* et *La femme adultère* de Cambos, des notes archéologiques sur un voyage en Auvergne, en 1860 et enfin — il était herboriste — un compte rendu du livre de Doumenjou sur l'*Herborisation dans la Montagne noire* (*Société littéraire et scientifique de Castres. Séances*, t. I (1857), p. 44, t. II (1858), p. 28, 100, 201, 225, 291, 298, t. III (1859), p. 19, 55, 184, t. IV (1860), p. 101, 195, 324, 512, t. V (1861), p. 74, 185, 280, 148, 438, 504, — *Exposition des beaux-arts à Albi*, 1866. Desazars, *Rapports*, p. 19, — *Revue du Tarn*, t. I (1876-77) à VI (1886-87) Cf. *Table des 25 premières années*, — Bellier de La Chavignerie et L. Auvray. *Dict. gén. des artistes français...*, t. II, p. 612, — *L'écho du Tarn* et *L'avenir du Tarn*, nᵒˢ du 19 avril 1888, — Em. Jolibois. *Adrien Valette*, professeur de dessin, dans la *Revue du Tarn*, t. VII (1888-89), p. 62, — Bénézit. *Dict.*).

Jules-Germain-Alexandre Valette, l'un des fils de Charles, est né à Castres le 23 novembre 1848 et mort en 1912 à Paris où il exerçait la profession d'architecte. Elève de son père, il a surtout produit des aquarelles dont plusieurs ont été exposées, dès 1877, aux Salons annuels : *Au Bas Meudon* (1877), *Bois de Bellevue* (1878), *Un moulin à Cernay*, Seine-et-Oise (1879), *La villa Mandar* à La Varenne et *Environs de Castres* (1880). Le *Moulin de Cernay* reparut à Castres en 1879 avec deux autres aquarelles. Peut-être est-ce à lui qu'il faut attribuer deux paysages, une *Vue du palais de Monaco* et *Une rue* exposés à Albi en 1893 (*Revue du Tarn*, t. II (1878-79), p. 313, — Bellier de La Chavignerie et L. Auvray. *Dict. gén. des artistes français*, t. II, p. 612, — *Exposition artistique et archéologique d'Albi*, 1893. Livret).

Maurice-Charles-Adrien Valette, autre fils de Charles, né à Castres le 11 février 1851, religieux de l'ordre des Franciscains (le Père Léon), puis curé de Notre-Dame de La Drèche, a passé 17 années, de 1877 à 1894, à peindre l'intérieur de cette église d'après les 81 cartons dessinés par Bernard Bénezet et se rattachant à la vie de la Vierge. On en trouvera une description détaillée dans la brochure publiée en 1911 par l'abbé Valette sous le titre de *Notre-Dame de La Drèche*, petit in-8 de 48 p. avec fig.

Vallières, Clément, peintre. — Cet artiste, né à Fiac en 1857, exposait une aquarelle au Salon de 1887 (*Revue du Tarn*, t. VI (1886-87), p. 255).

Valle, François, fondeur. — Une cloche, de médiocre volume, de la chapelle du Saint-Crucifix, à Cordes, portait le nom de Franciscus Valle (qui) fecit et la date de 1788. Elle a été fondue et remplacée par une autre en 1906 (Elie Rossignol. *Monographies de l'arr. de Gaillac*, t. III, p. 104 et Quérel. *Hist. du pèlerinage du Saint-Crucifix*, 2ᵉ éd., Albi 1924, in-12, p. 59).

Valle, Pierre, peintre. — En 1505, Pierre Valle, d'Albi, fils de feu Bernard, était en apprentissage, à Toulouse, chez le peintre Pèlegrin Frison (H. Graillot. *Contributions à l'hist. de l'art méridional, dans les Annales du Midi*, t. XXX (1917-18), p. 437).

Valois, Jacques, orfèvre. Voy. Valerys.

Vaslisé, Clément, doreur. — Fils de feu Jean, doreur, « de la ville d'Aix en Provence », et de Madeleine Malgoubérié, Clément Vaslisé, aussi doreur, épousait, le 24 novembre 1701, à Albi, paroisse de Saint-Etienne, Jeanne Ramond, fille de feu Jean, fougassier (Arch. d'Albi, GG. 42, fᵒ 234 vᵒ).

Vayssière, Pierre, horloger. — Les consuls de Graulhet confiaient, en 1625, à Pierre Vayssière, « horologeur de Castres », la réparation de leur horloge publique à laquelle il « fera de neuf la roue de rencontre, la verge ou aiguilhe du balancier » (Communication de M. l'abbé Thomas, d'après un reg. du notaire Clefeu, de Graulhet).

Veirat, imprimeur. — Ch. Pradel a signalé les fréquents voyages dans notre région, vers la fin du xvıᵉ siècle, de l'imprimeur de Lyon Veirat qui venait y vendre ses livres et, en même temps, servait d'agent de liaison entre les consistoires calvinistes de Castres et de Lyon (*Notice sur l'imprimerie à Castres*, dans les *Mémoires de l'Académie des sciences... de Toulouse*, 8ᵉ série, t. IV (1882), p. 221).

Veissière, Louis, graveur. — Dans l'église de Sainte-Martiane d'Albi, le 16 septembre 1770, était bénit le mariage de Louis Veissière, graveur, âgé de 31 ans, « demeurant sur la paroisse depuis environ quatre ans, fils de feu Jean, marchand, et d'Elisabeth Dejeu, du lieu et paroisse de Chalignargues, diocèse de Sᵗ Flour » (Chalinargues, arr. et canton de Murat, Cantal), avec Marie-Claire Lombergot, âgée de 23 ans, fille de feu Jean-Antoine, praticien, et de Françoise Vallée (Arch. d'Albi, GG. 65, f° 60). Sur les fonts de la même église furent baptisés, de 1771 à 1784, cinq garçons : Jean-Louis-Guillaume-Antoine, né le 18 septembre 1771, Jean, né le 25 octobre 1774, mort en 1778, Jean-Pierre, né le 28 février 1777, Jean-Louis, né le 25 septembre 1779, et un second Jean-Pierre, né le 6 octobre 1784 (GG. 65, f°ˢ 77, 141 v°, 188, 234, GG. 66, f° 61 et GG. 67, f° 150 v°).

L'un de ces fils, Jean-Louis, bijoutier à Paris, rue Saint-Anastase n° 552, héritier pour moitié de sa mère, donnait procuration, le 8 nivôse an XI - 29 décembre 1802, à un notaire d'Albi pour, conjointement avec son frère Pierre (le second Jean-Pierre sans doute), liquider et partager la succession maternelle (Arch. du Tarn, Acquisition de 1913, don Vidal). On ne connaît pas la date de la mort du père.

Celui-ci touchait, en 1769, la somme de 42 livres pour avoir gravé deux sceaux destinés au Collège d'Albi « avec les armes de la ville et de Monseigneur le cardinal de Bernis, l'un en grand et l'autre en petit » (Arch. du Tarn, D. 11). La quittance est signée « Veissière », comme l'acte de mariage et plusieurs autres.

Ce n'est que beaucoup plus tard, en 1793, qu'on retrouve ce graveur à qui le directoire du district d'Albi faisait faire alors, moyennant 175 livres, huit cachets pour les justices de paix de la circonscription (L. 697, f° 96). Le 5 floréal an VI - 24 avril 1798, Veissière réclamait à la municipalité cantonale de Castelnau-de-Lévis le prix (18 fr.) d'un cachet qu'il lui avait fourni (L. 266, f° 87).

Il est plus que probable qu'il en a gravé d'autres, peut-être même beaucoup d'autres, à la même époque révolutionnaire.

Ces travaux le classent dans la catégorie des graveurs de sceaux. Toutefois il a buriné au moins un portrait, celui de l'hebdomadier albigeois Claude Boyer (1618-98), poète et membre de l'Académie. Une épreuve de cette planche faisait partie de la collection (dispersée) de M. Bécus, à Albi. Il existe, d'autre part, quelques ex-libris signés *Veissière, Alby;* M. P. de Berne-Lagarde, à Albi, en possède un aux armes des Roquefeuil.

Vène, Joseph, organiste. — L'union de Joseph Vène, « domicilié depuis plus d'un an sur la paroisse Sᵗᵉ Martiane » d'Albi, avec Catherine Teulier fut bénite, le 15 juillet 1767, dans cette église (Arch. d'Albi, GG. 65, f° 7 v°).

Verdié, papetier. — Un registre provenant d'une étude notariale de Lisle-sur-Tarn et se rapportant aux années 1653-54 est fait d'un papier dont le filigrane donne le nom du fabriquant VERDIE. Sur le premier feuillet est imprimé en rouge, à l'aide d'un bois gravé, une marque rectangulaire de 78 sur 71 millimètres, avec, au centre un coq et dans une bordure : en haut les mots PAPIER FAICT, en bas A GALHAC, à droite et à gauche un W (Arch. du Tarn, E. 590).

Verdier, Guillaume, potier de terre. — Le nom de cet artisan d'Albi figure dans un acte retenu par un notaire de Graulhet, Guill. Cléfeu, en 1626 (Communication de M. l'abbé Thomas).

Vergnes, Jean-Baptiste, papetier. — Par testament du 19 novembre 1734, J.-B. Vergnes, « marchand papetier » du Bout-du-pont d'Albi, fondait un obit dans l'église de ce faubourg (Arch. du Tarn, G. 704).

Vermond, Géraud, orfèvre. — Les consuls de Cordes de 1623-24 faisaient payer 24 livres pour la réparation des reliquaires de l'église paroissiale du lieu à cet orfèvre dont le domicile n'est pas indiqué (Arch. de Cordes, CC. 162).

Vernaire, Jean, menuisier. — Il n'était que « compagnon » menuisier, travaillant pour François Gontier (voy. ce nom), quand celui-ci s'engageait, en 1625, à faire un rétable pour les Pénitents bleus de Rabastens; Vernaire devait « faire et parfaire » cet ouvrage (Ch. Peyronnet. *Documents sur quelques artistes du pays albigeois*, dans la *Revue du Tarn*, t. XIX (1902), p. 34).

Viala, papetiers. — Jean Viala, établi à Castres, recevait, en 1624, une allocation de 30 livres des Etats diocésains (Arch. du Tarn, C. 1025). Deux ans après, il imprimait un *Diaire* posthume de Guill. de Nautonier de Castelfranc, il n'est plus question de lui après cette date (Ch. Pradel. *Notice sur l'imprimerie à Castres*, dans les *Mémoires de l'Académie des sciences... de Toulouse*, 8e série, t. IV, p. 225 et 236).

Il a été dit ailleurs (voy. Cazal) que François Viala, père et fils, ont fabriqué du papier à Burlats de 1774 à 1781.

Vidal, imprimeurs. — Une imprimerie fut fondée à Castres en ou vers 1792 par François et Baptiste Gauzy (voy. ce nom), Jacques Vidal, leur beau-frère, et J. Sompayrac. François Gauzy resté à la tête de cet établissement le céda, en 1820, à Vidal qui le dirigea jusqu'à sa mort survenue en 1826. Les deux fils de ce dernier, Louis et Prosper, lui succédèrent. A partir de 1830 Louis fut le seul propriétaire de cette imprimerie qui passa, en 1846, à son gendre Massiès (Arch. du Tarn, L. 190, f° 38 et Estadieu. *Annales du pays castrais*, p. 285).

Vidal, Paul, architecte. — Un des consuls de Castres, en 1768, porte le nom de Vidal (Arch. de Castres, BB. 32). Il faut sans doute le confondre avec Paul Vidal, architecte de la même ville en 1789 (CC. 21).

Vieuseux ou **Vieusseux,** orfèvres. — La véritable orthographe est Vieuseux. C'est le plus souvent celle des documents des xvi⁰ et xvii⁰ siècles concernant des marchands et bourgeois de ce nom qui possédaient alors des immeubles à Albi et à Cordes. C'est encore celle d'un poinçon marquant des pièces d'orfèvrerie de table de la fin du xviii⁰ siècle. Toutefois l'usage a prévalu d'écrire Vieusseux, les intéressés même l'ont adopté comme il ressort de leurs signatures.

Je ne reviens pas sur maints détails généalogiques que j'ai déjà exposés dans des *Notes sur l'orfèvrerie à Albi...*, me bornant à reproduire ou résumer les parties essentielles de ce travail auquel je renvoie également pour les références et n'ajoute que celles qui ont trait à des informations complémentaires.

Le premier Vieusseux qui nous intéresse portait le prénom de Jean. Le registre paroissial de Sainte-Martiane d'Albi où est consigné son mariage, le 6 février 1726, avec Marie-Anne Petriny, le qualifie de « marchand orphèvre, natif de la ville de Saint-Antonin en Rouergue, habitant depuis deux années dans la présente ville, paroisse Sainte Martianne ». Peut-être descendait-il d'un des Vieusseux d'Albi, des siècles précédents, qui, pour cause de religion, serait allé se fixer dans la localité calviniste de Saint-Antonin. Des neuf enfants de Jean six furent des garçons dont trois se retrouvent chanoines du chapitre collégial de Saint-Salvi, paroisse où furent d'ailleurs célébrés tous les baptêmes ainsi que les sépultures du père, mort le 24 mai 1752, et de la mère, en 1783.

Jean Vieusseux recevait, en 1735, des consuls d'Albi la somme de 100 livres « pour la dorure de la couronne de la Vierge et petit Jésus qui est en dépôt dans le monastère des religieuses [Annonciades] de Fargues, à l'occasion du vœu fait par la ville pour demander à Dieu la cessation de la pluye, la dite Vierge sortie le dimanche 7e aoust 1735 ». Cette statuette, en argent doré, avait été donnée par l'évêque Béraud de Fargues au prieuré séculier fondé par lui en 1325. Les vêtements de la Vierge et de l'Enfant étaient ornés de pierreries, des anges supportaient le siège sur lequel elle était assise et dont la partie inférieure abritait sous des arcades les quatre Evangélistes en bas-relief. Cette curieuse pièce d'orfèvrerie fut fondue sous la Révolution. On retrouve Vieusseux en 1742, époque où les Jacobins d'Albi lui payaient 123 livres, 10 sous pour la façon, droit de contrôle compris, d'un encensoir d'argent. Un peu plus tard, il réparait un grand calice de l'église de Saint-Michel de Gaillac.

Jean-Bernard, né le 29 octobre 1733, succéda à son père. Il épousa, le 26 novembre 1761, dans l'église de Sainte-Martiane, Marie-Anne Bellet qui lui donna sept enfants dont cinq garçons et mourut à l'âge de 38 ans en 1773. Elle fut probablement inhumée dans « le caveau de saint Augustin » de l'église de Saint-Salvi, qui recevait, neuf ans plus tard, le corps du chanoine Pierre-Jean. On ignore la date du décès de Jean-Bernard qui vivait encore en 1794.

Son nom est assez fréquemment cité dans les pièces d'archives ecclésiastiques à partir de 1752, c'est-à-dire de la mort de son père. De cette époque à l'année 1775, il travaille pour divers établissements religieux : pour le chapitre collégial de Saint-Michel de Gaillac qui lui fait réparer un grand calice et un bourdon, puis refaire, moyennant 58 livres, 4 sous, un goupillon; pour le séminaire d'Albi qui lui confie la remise en bon état d'un calice du prieuré de Brens dépendant de sa mense; pour les Jacobins d'Albi qui lui font « augmenter » une « nouvelle croix » du poids de 12 marcs pour la somme de 427 livres, plus 16 autres livres et des sous à raison d'un fleuron qu'il y a ajouté; pour l'église paroissiale de Cordes dont il redore un ciboire et refond une croix d'argent, le tout au prix de 456 livres. Vieusseux fabrique, d'autre part, de l'argenterie de table et c'est, selon toute vraisemblance, son poinçon auquel j'ai déjà fait allusion que j'ai reproduit dans les *Notes* ci-dessus citées.

Son magasin a dû être très achalandé. Il se trouvait dans la rue

du Bourguet nau (neuf), dite aujourd'hui de la Croix blanche
(Arch. du Tarn, B. 761). Notre orfèvre dut s'adjoindre, dès 1773
au plus tard, un bon ouvrier, Antoine Aldibert (voy. ce nom).
La Révolution paraît avoir causé quelque perturbation dans cette
situation prospère. En juin 1793, Bernard « père » est à Toulouse,
rue Pharaon, puis rue des Filatiers, avec ses deux fils Jean-François-Joseph et Marie-Jean-Baptiste-Michel; il y était encore en
mai 1794; il avait été déclaré suspect au mois de novembre précédent (Arch. du Tarn, L. 329, 62-67 et 297, *41* et *70*). Il revint
mourir à Albi le 3 vendémiaire an VII (24 septembre 1798).

Marie-Jean-Baptiste-Michel, né le 7 mai 1771, était à Toulouse,
rue Pharaon, en juin 1793, avec son père et l'un de ses frères,
comme il vient d'être dit. Il a dû résider quelque temps dans cette
ville (L. 329, *68*), mais, en vendémiaire an VII (15 octobre 1798),
son nom figure sur la liste des 20 orfèvres du Tarn. La maison
Vieusseux n'a disparu que dans le cours du xixe siècle.

Vignes, Etienne, orfèvre. — La confrérie de saint Jacques,
établie dans l'église de Notre-Dame du château de Rabastens,
baille, le 6 juillet 1615, « à faire une chasse de l'imagie du dict
sainct Jacques à Estienne Vignes, maistre orphèvre de Tholose.
Le dict Vinhes sera tenu fere la dite chasse d'argent de marque,
du pois de quatre marcs d'argent, avec un angie (ange) de laton
argenté de chasque cousté et quatre muffles de lion de laton
argenté sur lesquels la dicte chasse se portera, avec une cauquille
sur le chappeau et de bourdons tel nombre que le dict maistre
jugera estre nécessaire. Et sera tenu le dict entrepreneur dourer
la dicte coquille, ensemble le poil et barbe du dict ymaige et
[mettre] ung petit fillet d'or autour du collet et autre fillet aussy
doré au fons du corps et, plus bas, mettra les armoiries de la
ville et à icelle chasse mettra le dict entrepreneur six pierres à telz
endroictz que cognoistra estre requis, laquelle chasse aura d'auteur deux pams et demy (env. 0^m56), sans comprendre les muffles
de lion, et ce moyennant cent soixante livres » (Em. Marty. *Arch.
des notaires de Rabastens*, p. 136). Peut-être cet Etienne Vignes ou
Vinhes était-il un descendant de l'orfèvre, toulousain aussi, appelé
Guillaume de Las Vinhes, qui vivait en 1542 (S. Macary. *L'orfèvrerie à Toulouse aux* xve *et* xvie *s.*).

Vigulé, Jean, potier (d'étain?). — Un cadastre d'Albi, de 1555, cotise, dans la gache du Vigan, le « pechayré » Jean Viguié (Arch. d'Albi, CC. 23, fº 110).

Viguler, sculpteurs. — On a vu ailleurs (à l'article Rogier) que, en 1468, Conrad Rogier et Jean Coupiac terminaient la construction de la Chartreuse de Villefranche-de-Rouergue. L'auteur d'une remarquable monographie de l'atelier monétaire de cette ville, Urbain Cabrol, a découvert que, pour l'exécution des sculptures, ces « lapicidæ » firent appel à Pierre Viguier « imagier de Salles d'Albigeois » (Salles, canton de Monestiés). Peu après, Viguier était engagé par le maître de l'œuvre de la cathédrale de Rodez et, avec un autre sculpteur appelé Guillaume Desfosses, il fit les statues qui ornaient jadis les voussures du portail Sud ainsi que le jubé selon toute vraisemblance. A cet effet Desfosses se rendit, en mai 1460, à Magot, dans la commune actuelle de Livers-Cazelles, voisine de Salles, pour dégrossir sur la carrière un gros bloc de pierre destiné à la représentation du Christ au sépulcre (Bion de Marlavagne. *Hist. de la cathédrale de Rodez*, p. 61 et 63).

Les recherches d'U. Cabrol n'ont pas abouti seulement à révéler la participation artistique de Pierre Viguier à l'œuvre de la Chartreuse de Villefranche, elles apprennent aussi que cet « imagier » travailla à la cathédrale de Rodez en collaboration avec son fils Hugues et que, leur tâche terminée, tous deux revinrent à Villefranche où ils employèrent leur talent à sculpter des « Pietas » pour les églises de la région, à orner de reliefs de toute nature des édifices civils ainsi que l'église de Notre-Dame de Villefranche dont ils furent les maîtres d'œuvre. A ces diverses occasions ils durent faire venir de Salles plusieurs ouvriers aptes à les seconder et parmi lesquels figure Antoine Valens. Celui-ci devint leur associé et, par son mariage avec Delphine Viguier, en 1496, le gendre de Pierre.

Pierre II et Bernard, autres fils du dit Pierre, ont travaillé à la sculpture des stalles en bois de Notre-Dame de Villefranche (Communication de M. Urbain Cabrol).

Viguler, peintres. — Les consuls d'Albi faisaient peindre, en 1478, par Philippe Viguier les armoiries de la ville pour les cérémonies de la Fête-Dieu (Arch. d'Albi, CC. 202).

Elie Viguier, descendant peut-être du précédent et peintre aussi, organisait, en 1607, les réjouissances des Albigeois à l'occasion de la naissance d'un fils de Henri IV, qui mourut en 1611 (CC. 291).

Viguier, potiers de terre. — Jean Viguier, potier de terre à Graulhet, fils de feu Barthélemy, testait le 26 octobre 1622 (Communication de M. l'abbé Thomas, d'après un reg. du notaire Escrive, de Graulhet).

En 1674, toujours dans la même localité, un Pierre Viguier se reconnaissait débiteur de son père Jacques; tous deux étaient potiers (Même source, d'après un reg. du notaire L. Aymeric).

Viguier, Bernard, fondeur. — En 1813, Viguier, fondeur à Toulouse, fournissait une cloche à l'église de Graissac, commune de Lautrec (Communication de M. l'abbé Thomas, d'après les reg. paroissiaux du lieu). Le prénom de Viguier est donné par J. Berthelé sous la forme abrégée B^d qui peut s'interpréter par Bernard plutôt que Bertrand (*Enquêtes campanaires* et *Mélanges*).

Villars, François, peintre. — La fabrique de Notre-Dame du château de Rabastens passe, le 14 avril 1603, un contrat avec le peintre toulousain François Villars pour la façon, moyennant 80 livres, d'un tableau destiné au maître-autel de cette église. Il est stipulé que « le dit tableau sera de toile, de quatorze pamps de largeur sur dix de hauteur (env. 3^m15 sur 2^m25), dans lequel sera faict le portraict de la Vierge Marye apportant sur son giron l'image de Jésus Christ et, par dessus la teste de la Vierge, le Père et Sainct Esprit et, à chasque costé de la dite Vierge, le pourtraict merchant (marchant, en pied?) de Guillaume Ichier, praticien de Rabastens, et ung prophète tenant une inscription où sera escript ce que sera désigné par les dits ouvriers (fabriciens), lequel tableau le dit Villars sera tenu venir dresser au devant du grand autel et y fere les moulleures, décorations et dorures hutilles, sans que les dits ouvriers soinct tenus rien fournir ny frayer que sa despence de bouche » (Em. Marty. *Archives des notaires de Rabastens*, p. 122).

Villettes, dit Clermont, serrurier. — Pour s'être porté, au cours d'une émeute, à des violences contre deux consuls d'Albi, en 1622, Villettes se vit condamner à dix ans de galères et 25 livres d'amende, pénalités que confirma, en appel, le Parlement de Toulouse (Arch. d'Albi, FF. 140).

Vinagre, Guiraud, ingénieur militaire. — Le bâtard de Mauléon, chef d'une bande d'aventuriers Anglais, s'était emparé du château de Thuriès, près de Pampelonne, dans les premiers jours du mois d'octobre 1380. Effrayés de ce nouveau voisinage, les Albigeois, avec l'appui de plusieurs communautés de la région, s'empressèrent de réunir une troupe et les engins nécessaires pour reprendre cette forteresse. On envoya quérir à Castres, le 27 du dit mois, Guiraud Vinagre, « maestre de las bombardas », qui reçut mission de diriger la manœuvre des pièces d'artillerie ainsi nommées et d'examiner la possibilité de briser la résistance de l'ennemi au moyen de quelque machine de siège. C'est sans doute d'après les plans de Vinagre que fut construite une « trucia » (truie, bélier) pour battre les murs (Arch. d'Albi, CC. 155, f°s 85 et 86, Aug. Vidal. *Douze comptes consulaires d'Albi*, t. I, p. 345 et 347). L'affaire traîna en longueur et les Anglais restèrent maîtres de la place.

Deux ans après, en avril 1382, les consuls d'Albi faisaient encore appel au talent du « maestre dels engiens de Castras » pour confectionner une « brida » (CC. 156, f° 48 et Aug. Vidal. *Op. cit.*, t. II, p. x et 27 donnant la description de cette machine de jet).

D'après ces textes, Vinagre paraissait être un ingénieur expert dans l'art, tout nouveau alors, d'utiliser l'artillerie et de monter des engins offensifs ou défensifs. Aucune autre conclusion ne s'en pouvait tirer quand Edm. Cabié, dans un substantiel article paru dans la *Revue du Tarn*, t. XV (1898), p. 297-304 (G. *Vinagre, de Castres, fabricant de bombardes au* xive *siècle*), publia un acte du 9 mai 1380 relatif à l'achat fait, peu de temps auparavant, par les consuls de Montgiscard, Haute-Garonne, à G. Vinagre, « fabro seu magistro instrumentorum vocatorum bombardas », de deux canons de ce genre pour la somme de 20 francs d'or. Il est donc certain que notre Castrais *fabriquait*. Ses bombardes étaient-elles forgées ou fondues? Cabié penche vers la première hypothèse qui semble la seule admissible. En effet, outre que le terme de « faber » (fabre, faure, fèvre) ne s'est jamais appliqué à un fondeur, on n'a guère coulé de canons avant le xve siècle et, sur les champs des batailles de Granson et de Morat notamment, batailles livrées en 1476, les bombardes qu'on a recueillies sont encore faites de douves en fer forgé serrées par des cercles, tout comme des tonneaux, et ouvertes aux deux extrémités, le chargement se faisant par la culasse. C'est sûrement ainsi qu'étaient celles de Vinagre.

Celui-ci, forgeant des bombardes, ce qui est du ressort d'un forgeron, construisant des machines (truie, bride) où le bois est la matière essentielle et qui sont du domaine de la charpenterie, il convient de le qualifier d'ingénieur militaire au sens primitif du mot « engingneur », fabricant d'engins de guerre.

Viste, P., maçon. — Les consuls de Cordes faisaient livrer, en 1451, à « P. Viste, peyrier » des objets de literie alors qu'il « bastia (bâtissait) la tor de la Botelharia » (Arch. de Cordes, GG. 99). Il s'agit sans doute de la porte (démolie) du faubourg de la Bouteillerie et de l'exécution d'un contrat d'après lequel le maître d'œuvre devait être logé par la communauté.

Vivarès, sculpteur. — Les pavillons abritant des reliques des saints Roch et Jacques, dans la chapelle nouvellement reconstruite de Saint-Roch, à Rabastens, furent l'œuvre, en 1747, de Vivarès, de Lavaur. Houillac et Cazes, de la même ville, les dorèrent (Em. Marty. *Mémoires de l'abbé Gaubert*, dans l'*Albia christiana*, t. X (1913), p. 273).

Witte ou **Witt,** musicien. — « Le Père Witte, fameux compositeur Portugais », dont il est question, à la date de 1780, dans l'article Schmit (voy. ce nom), pourrait bien être un Allemand résidant alors dans la péninsule ibérique et apparenté avec les Witt à qui le *Dictionnaire* de Fétis consacre plusieurs notices.

TABLE ALPHABÉTIQUE

DES

PRINCIPAUX NOMS DE PERSONNES

LIEUX et **MATIÈRES**

N.) Les noms des personnes qui ont fait l'objet d'une notice ne se retrouvent ici que groupés sous la rubrique de leur spécialité à moins qu'il n'y ait eu une raison particulière pour les y reporter isolément.

Les noms de lieux qui ne sont pas suivis d'une indication géographique appartiennent au Tarn; toutes précisions désirables sur leur situation sont fournies dans le texte.

phe), Toulouse-Lautrec (de) (lithographe), Valette.

Dijon, Côte-d'Or, 114.

Donnazac, 121, 122, 204.

Doreurs — Bicau, Cailhive, Canimond, Cazes, Despois, Estavialle, Houillac, Lafontaine, Launet, Prades, Régis, Teyssier, Vaslisé. — Voy. aussi les Sculpteurs.

Drouyn, Léo, graveur, 295.

Ducros, Gabriel, médecin, 85.

Dumont, Augustin, sculpteur, 108.

Duprat, Antoine, cardinal évêque d'Albi, 273, 274.

Dupuy-Dutemps, Ludovic, député et ministre. Buste, 236.

Durenque, rivière, affluent de l'Agout, 18, 56, 132, 143, 146.

Durfort, 293. — Vues, 224.

Duval, Denis, imprimeur, 216.

Ecully, Rhône, 119.

Emailleur — Nouailher.

Entraygues, Aveyron, 134.

Epingliers — Couderc, Gillet, Nadal.

Escot, père. Portrait, 120.

Escot, Jean. Portrait, 120.

Escoussens. Eglise. Cloche, 176; — rétable, 82; — tabernacle, 303, 3^4. — Voy. aussi Pas-de-l'Apost.

Escudiès (Les). Verrerie, 262.

Espalion, Aveyron, 2.

Etain, Meuse, 212.

Etex, Antoine, sculpteur, 93.

Exbrayat, Etienne-Victor, sculpteur, 119.

Fabre, de Castres. Portrait, 281.

Fabry, Pierre, imprimeur, 55 et son article.

Facieu (Docteur). Portrait, 120.

Fage (La). Verrerie, 220.

Falguière, Alexandre, sculpteur, 31, 67, 232, 235, 252.

Fangeaux, Aude, 277, 278.

Felletin, Creuse, 146.

Ferlus, François, directeur de l'école de Sorèze, 17.

Ferrière. Eglise. Objets d'orfèvrerie, 148, — de fonte, 77.

Fiac, 308.

Florence (de), Dominique, évêque d'Albi, 248.

Floressas, Lot, 148.

Foix (de), Odet, vicomte de Lautrec, 119.

Fondeurs (*campaniers, artilleurs, senherii*) — Alexandre, Aubron, Augé (chaudronnier), Avril, Bajolet, Bardou, Besot, Bonbon, Boudret, Bras,

Brenel, Camara, Casaux, Cereau (voy. Seurot), Chanay, Chenevet, Chrétienot, Clément, Cornavin, Couderc, Curier?, Daniac, Dayma, Debesse, Delbrun, Duhamel, Espinassolle, Fabre, Fay, Fomperossa, Fourcade, Fournier, Fraisse, Gélade, Gérard ou Girard, Gillet (épinglier), Girard (voy. Gérard), Goual, Greffelhe, Guédon, Guor, Henriot, Huin, Imbert, Jalade (voy. Gélade), Joly ou Jolly, Labeyrie, Lafon, Lafont, Lamy, Lanier, Larroque, Laurens, Lavocat, Lortal, Mabille, Maré, Masse, Mazars, Méhoult, Molinier, Mollot, Mon (tapissier), Morant, Palhaud, Pautalé, Pendariès (chaudronnier), Poincaré, Poncet, Pouzols (de), Prémilhac, Py, Quenetret, Raffert, Renaudin, Réveille, Revenu, Robert, Royer, Saint-Hubert (de), Sermoise, Servel, Seurot, Simon, Simonneau, Soulié, Soyer, Tailhades, Traversac, Triadou, Ughesti, Valeton, Valle, Viguier.

Fontainiers — Barrau, Bridel, Capelle, Ferray, Metge, Noble, Palat, Pons.

Fontiès-Cabardès, Aude, 41.

Forgeron — Priou.

Fossé (de), Jean II, évêque de Castres, 61.

Fourbisseurs (*espasiés*). Voy. Armuriers.

Fournials (Les). Eglise, tableau, 210.

Frédeau, Ambroise, peintre, 8 et son article.

Fréjairolles, 275.

Frison, Pélegrin, peintre, 309.

Fuente de Todos, Aragon, 141.

Fuligno, Italie, 220, 222.

Fusil ou pistolet à répétition, 290.

Gabriac. Eglise. Tableau, 154.

Gaches, Jacques, chroniqueur, 55.

Gaillac, 37, 59, 61, 67, 71, 84, 86, 120, 121, 165, 175, 193, 237, 243, 250, 253, 256, 257, 261, 271, 280, 284, 286, 306. — Mont aux morts, 68.
— Vues, 59, 235, 280.
— Hôtel de ville, Tribunal et Collège, 185. — Parc d'Huteau, 188. — Moulin à papier, 311.
— Eglise de Saint-Michel. Bâtiments, 57, 58, 148, 208; — peintures murales, 153; — jubé, 4, 5, 66, 269; — portail du chœur en bois, 22; — autel, 21; — statue, 67; — cloches, 80, 81, 129, 144, 162, 179, 180, 230,

ALBI. — IMPRIMERIE COOPÉRATIVE DU SUD-OUEST. — 1925.